٢

سلسلة تعليم ذوي الاحتياجات الخاصة

طرق تعليم ذوي الاحتياجات الخاصة

المفهوم ، الفئات ، الاستراتيجيات ، القضايا والتطبيقات

تأليـــــف :

أ . د / عبد اللـه علي إبراهيـــم

أستاذ تعليم العلوم بكليـــة التربيـــة

جامعتي الأزهر والملك خالد بأبها

د / ناديـــــة محمـــد شريـــف

أستاذ مساعد تقنيات التعليم

كلية البنات جامعة الملك خالد بأبها

الطبعة الأولى (٢٠١٠م)

طرق تعليم ذوي الاحتياجات الخاصة

المفهوم ، الفئات ، الاستراتيجيات ، القضايا والتطبيقات

- **الكتـــاب** : طرق تعليم ذوي الاحتياجات الخاصة.

- **المؤلــفان** : أ. د / عبد الله علي محمد إبراهيم.

  د / نادية محمد شريف عبد القادر.

- **الطبعــــة** : الأولى .

- **تاريخ الإصدار**: ٢٠١٠م – ١٤٣١هـ .

- **حقوق الطبـــع**: جميع الحقوق محفوظة للسلسلة

- **رقم الإيـــداع** :

- **ردمــــك** :

- **الترقيم الدولي**:

الناشـــــر :

سلسلة تعليم ذوي الاحتياجات الخاصة

جمهورية مصر العربية ـ بنها

هاتف : ٠٠٢٠١٣٣٢٣٦٦٣٣

رئيس تحرير السلسلة : أ . د / ماهر إسماعيل صبري

محمول : ٠٥٦٥١٩٣٨٢٩ /٠٥٦٦٦٩٨٢٥٣ السعودية

بريد إلكتروني : mahersabry21@yahoo.com

التوزيـــــع بالمملكة العربية السعودية

مكتبة الشقري

الرياض : هاتف : فاكس :

جـدة : هاتف : فاكس :

بسم الله الرحمن الرحيم

((سبحانك لا علم لنا إلا ما علمتنا إنك أنت العليم الحكيم))

(سورة البقرة : الآية ٣٢)

إهـــداء

إلـــى :

فلـــذات أكبـــادنا .. وقـــرة عيـــوننا .. الـــذين تحمـــلوا الكثـــير .. حفظـــهم الله ونفـــع بهـــم

شريف – دينا – محمد

((المؤلفان))

• **مقدمــــة :**

كان هذا الكتاب يوما من الأيام حلما يطوف بخيالَيْنَا حتى جاء اليوم الذي ولد فيه هذا الكتاب وأصبح عيانيا بعد قراءات متأنية في هذا المجال المتعلق بذوي الاحتياجات الخاصة (المعاقين بأنواعهم المختلفة والموهوبين والمتفوقين) الذي يموج بالجديد كل يوم ، ألا وهو تدريس العلوم لهذه الفئات المتنوعة ، بغية الكشف عن بعض خفاياه وأسراره الكثيرة في مجال التعليم بوجه عام ومجال تدريس العلوم بوجه خاص خاصة وأن مجال تعليم العلوم لهذه الفئات أصبح واقعا لا يمكن تجاهله في مؤسساتنا التعليمية المختلفة ، ومن ثم أضحي علي كل من يمارس مهنة التعليم في مجال تدريس العلوم لذوي الاحتياجات الخاصة أن يلم بالمفاهيم المتعددة والمهارات المتنوعة في مجال تدريس العلوم.

وغني عن البيان أن المكتبة العربية تفتقر إلي إصدارات جديدة تهتم بتدريس العلوم لذوي الاحتياجات الخاصة ، حيث لا يوجد إلا القدر القليل في هذا المجال بوجه عام والذي جاء مترجما عن كتب أجنبية أو مقتبسا منها، فضلا عن كونه صعب الفهم للقارئ المبتدئ في مجال ذوي الاحتياجات الخاصة ، الأمر الذي يشير إلي وجود أزمة في الأدب التربوي المعاصر، فيما يتعلق بوفرة المؤلفات ووضوحها للقارئ المتخصص، وغير المتخصص في مجال تدريس العلوم لذوي الاحتياجات الخاصة بوجه عام الأمر الذي يعزز الحاجة إلي هذا الكتاب ، لعله يسد بعض النقص في مكتباتنا العربية في مجال تدريس العلوم لذوي الاحتياجات الخاصة من ناحية ، ويفيد القائمين علي التدريس في المؤسسات التعليمية المعنية بتعليم هذه الفئات من ناحية أخري .

وقد ازداد الاهتمام بالتربية الخاصة في الفترة الأخيرة كأحد أطياف التربية الحديثة، ولقد جاء هذا الاهتمام من منطلق حق الأشخاص من ذوي الاحتياجات الخاصة في التعليم والعمل ، شأنهم في ذلك شأن جميع أفراد المجتمع . وفي هذا الإطار تسعى التربية الخاصة كذلك إلى تنمية الأشخاص غير العاديين ، والعمل على إدماجهم مع المجتمع الذي يعيشون فيه وتحويلهم إلى أشخاص طبيعيين يسهمون في أنشطه المجتمع ، وهى بذلك تسهم فى تنمية المجتمع اقتصاديا في الوقت الذي تؤكد فيه ذاتيتهم وتعيد لهم ثقتهم بأنفسهم.

وقد تزايدت الرؤى الإيجابية لذوي الاحتياجات الخاصة عبر العصور في جميع أنحاء العالم، مما دفع القائمين علي إعداد البرامج التربوية إلى البحث عن آلية جديدة لتعليم العلوم لذوي الاحتياجات الخاصة حيث تطورت وظيفة التربية الخاصة حينما تم تخصيص فصول منفصلة في مدارسها العامة لمن تجده في حاجة إلى رعاية خاصة إلى تخصيص مدارس بأكملها لرعاية الفئات المختلفة من التلاميذ الذين تواجههم صعوبات متشابهة في التكيف المدرسي، فأصبحت هناك مدارس لكل فئة على حدة تبعاً لنوع الإعاقة أو الحاجة لديها- كالمكفوفين والصم والموهوبين والمتفوقين ــــ وهكذا وجدت التربية نفسها مطالبة بأن يستقل جانب من

فلسفتها ليخدم ذوي الاحتياجات الخاصة علي اختلاف أنواعها، وأن توجه عدداً من أهدافها نحو تحقيق آمالهم وتطلعاتهم في إطار معايير الجودة، التي يمكن تحقيقها من خلال تطوير المقررات الدراسية ، الكتب ، والمراجع ، والوسائل التعليمية والأنشطة المدرسية ، والأنشطة الإثرائية، وأساليب التقويم التربوية وأساليب التدريس ، بجانب التوجيه والإرشاد النفسي والاجتماعي المناسب لهذه الفئات . كما أن هذه الفئات هم أحد فئات المجتمع، ولكن حاجاتهم الخاصة المتعلقة بالنواحي التربوية والتعليمية، جعلتهم يحتاجون إلى نوع مختلف عما يتطلبه المتعلمين الآخرين في المدارس العادية.

إن التربية الخاصة لذوي الاحتياجات الخاصة، ليست ترفا يمكن إهماله أو تأجيله ، ويجب أن تتغير النظرة إليها من مجرد كونها نظرة عاطفية إلى أنها أكثر من ذلك بكثير، فهي تتعلق بحق من حقوق الإنسان الذي تقره جميع الشعوب المتحضرة في العصر الحاضر، حيث لم يعد الفرد من ذوي الاحتياجات الخاصة هو الشخص المنبوذ الذي يتلقى كلمات الرثاء، لكنه فرد له كيانه في المجتمع ، وله حقوقه وواجباته في حدود إمكاناته ، واستعداداته الطبيعية . ومن الخطأ أن يُهْمَل ذوي الاحتياجات الخاصة ، ليتحولـوا إلي عبء ثقيل علـي المجتمع بـدلا مـن تحويلهم عـن طريق التعليم والتربية إلي أفراد مثقفين ومنتجين بقدر إمكاناتهم ، وبما يسهموا به من إنتاج يعود عليهم وعلي مجتمعهم بالخير. ورغم ذلك فإن المتخصصين في مجال تدريس العلوم يؤكدون على أن تدريس العلوم يعتبر مجالا حيويا وضروريا لجميع فئات الطلاب المعاقين والموهوبين والمتفوقين ، حيث يتيح ذلك للطلاب بمختلف فئاتهم اكتساب المعارف، والمهارات والاتجاهات التي تشكل في مجموعها مقوما أساسيا من مقومات تكفيهم مع البيئة.

ويختلف ذوي الاحتياجات الخاصة في حاجاتهم وقدراتهم، مثل العادين، فدرجة الإعاقة بمختلف أنواعها ، والسن، والبيئة ، والذكاء ومشكلات التعليم المختلفة متغيرات تعتبر فروقـا فرديـة بين ذوي الاحتياجات الخاصة . وهذا يتطلب تصميم برامج تربوية تناسب هذه الفئات المتنوعة ، التي تتيح لهم عملية التقدم في التعليم كل حسب قدراته واستعداداته وميوله . وفي هذا الإطار قام المؤلفان بالاطلاع علي العديد من الأدبيات التربوية والمؤتمرات القومية والعالمية ، والنـدوات العلميـة والكتب الأجنبية والعربية القليلة في مجال تدريس العلوم لذوي الاحتياجات الخاصة، وتحليلها لفهم القضايا الكثيرة والخفية وكيفية تطبيقها في مجال تعليم وتعلم العلوم لهذه الفئات .

وانطلاقا من أهمية تعليم العلوم لـذوي الاحتياجات الخاصة ، يتضح حاجة هـذا المجال إلي كتابات جديدة توضح وتفسر كيفية توظيفه وفق إطار متكامل في مجالي تعليم وتعلم العلوم لهذه الفئات بلغة سهلة وميسرة يفهمها المتخصصون وغير المتخصصين ، ومن ثم كان حرصنا علي أن يقدم هذا الكتاب المساعدة والعون للقائمين علي تدريس العلوم حديثي الخبرة لهذه الفئات ، أو من ذوي الخبرة التدريسية الذين سبق لهم تدريس العلوم لهذه الفئات.

وتأسيسا علي ما سبق خط المؤلفان هذا الكتاب استجابة لتلك الحاجة الملحة لتعليم العلوم لذوي الاحتياجات الخاصة، وعليه تضمنت رحلة الكتاب أحد عشرفصلا ، هي :

- **الفصل الأول** : مفاهيم وفئات ذوي الاحتياجات الخاصة.
- **الفصل الثاني** : المعاقين بصريا ، طرق تعليمهم ، وكيفية اكتسابهم للمفاهيم.
- **الفصل الثالث**: استراتيجيات تدريس العلوم للمعاقين بصريا.
- **الفصل الرابع**: المعاقين سمعيا ،المفهوم، طرق الكشف عنهم واستراتيجيات تعليمهم العلوم:
- **الفصل الخامس**: المعاقين عقليا المفهوم ، فئاتهم ، طرائق تعليمهم العلوم.
- **الفصل السادس**: تدريس العلوم لذوي صعوبات التعلم والمتأخرين دراسيا ، المفهوم وطرق تعليمهم العلوم.
- **الفصل السابع**: الموهوبين والفائقين ، فئاتهم ، وطرق الكشف عنهم.
- **الفصل الثامن**: فلسفة تعليم العلوم للموهوبين والمبدعين
- **الفصل التاسع**: مفهوم الذات والاتجاهات نحو تدريس العلوم لذوي الاحتياجات الخاصة .
- **الفصل العاشر**: إعداد معلم العلوم لذوي الاحتياجات الخاصة.
- **الفصل الحادي عشر**: تقنيات تدريس العلوم لذوي الاحتياجات الخاصة.

كما تضمن الكتاب عرضا لبعض النماذج والرموز المتعلقة بذوي الاحتياجات الخاصة في ثنايا فصول الكتاب ، ليتمكن القارئ والباحث والمعلم من كيفية تصميم مقررات العلوم لذوي الاحتياجات الخاصة بالإضافة إلي تنمية مهارات القارئ والمعلم في ذلك المجال.

وقد يكون من الإنصاف النظر إلي هذا الكتاب علي أنه رؤية جديدة بعيون متفحصة ، ومحللة ، وناقدة للقائمين علي تعليم العلوم لذوي الاحتياجات الخاصة ،والباحثين ،وطلاب الدراسات العليا في مجال طرق تدريس العلوم بوجه خاص الذين تتوفر لديهم المهارات الأولية والأساسية عن كيفية تعليم العلوم لهذه الفئات.

وفي النهاية يتوجه المؤلفان بخالص شكرهما وتقديرهما لأصحاب الفضل ممن اطلعوا علي الكتابات الأولية لهذا الكتاب ، وقدموا المشورة السديدة والصائبة.

وأخيرا يدعوا المؤلفان الله عز وجل أن يجعل هذا العمل خالصا لوجهه الكريم .

وآخر دعوانا أن الحمد لله رب العالمين ، وصلي الله علي سيدنا محمد وعلي آله وصحبه أجمعين.

المؤلفــــان

٣

طرق تعليم ذوي الاحتياجات الخاصة

طرق تعليم ذوي الاحتياجات الخاصة

طرق تعليم ذوي الاحتياجات الخاصة

الفصل الأول

((مفاهيم وفئات ذوي الاحتياجات الخاصة))

- مقدمة.

- مفاهيم ذوي الاحتياجات الخاصة، وفئاتهم.

- مبادئ أساسية لتعليم ذوي الاحتياجات الخاصة

- الخصائص النفسية لذوي الاحتياجات الخاصة.

- الخصائص الاجتماعية لذوي الاحتياجات الخاصة.

- تصنيفات ذوي الاحتياجات الخاصة وقدراتهم.

الفصل الأول :

مفاهيم وفئات ذوي الاحتياجات الخاصة

• مقدمة :

إن التربية تعمل على تهيئة الفرص المناسبة لكل فرد (سوى أو معوق) في الحصول على نوع التعليم المناسب له، كي يتمكن من تأدية دوره بشكل يجعله يشعر بأهميته وقيمته في المجتمع ، فإذا كان هذا ينطبق على الأسوياء بدرجة ما فإنه ينطبق على المعاقين بدرجة أكبر، لأنهم في أشد الحاجة للشعور بقيمتهم وأهميتهم في المجتمع .

• أولا : مفاهيم التربية الخاصة :

يستخدم مصطلح التربية الخاصة للإشارة إلى العملية التي تستخدم مع الأطفال غير العاديين Exceptional Children ، وهى عملية غير عادية تستدعى تطبيق أساليب تركز في المقام الأول على الفرد، ورغباته وقدراته ، وإمكاناته كالتركيز على مبدأ الفروق الفردية وتفريد التعليم ، واستخدامه تقنيات تربوية مناسبة ، والتعلم عن طريق اللعب والممارسة ، والتعلم ضمن إطار المجموعة وأساليب التعلم المبنى على الحاجة . أي إنها نوع من التعليم الهادف الذي يعنى بتربية المعاقين والمتفوقين على حد سواء وتنشئتهم تنشئة خاصة يستطيعون من خلالها التكيف والتعايش ضمن إطار المجتمع، حيث تحدث هذه التنشئة في بيئات تعليمية تتناسب مع طبيعة هذه الفئات ومستوياتهم وإمكاناتهم.

وفي هذا الإطار يعرف جاكسون Jackson التربية الخاصة بأنها تلك التي تتم في مؤسسة خاصة ، وتمد الأطفال والشباب من ذوى القصور العقلي أو الجسمي بالخدمات التعليمية المناسبة لقدراتهم كما أنها مجموعة الخدمات العامة الهادفة التي تقدم للطفل غير العادي وهو الذي يبعد عن مستوى الأطفال العاديين فيتفوق عليهم ، أو يقصر دونهم، وذلك لتوفير ظروف مناسبة له كي ينمو نمواً سليماً يؤدى إلى تحقيق الذات .

ومن التعريفات السابقة يمكن استخلاص التعريف التالي : يقصد بالتربية الخاصة أنها : ذلك النوع من التعليم الهادف الموجه إلى الأطفال غير العاديين الذين يحتاجون لخدمات تعليمية خاصة تعتمد على تحقيق نموهم وتأكيد ذواتهم على هذه الخدمات ، وتؤدى في النهاية إلى تكامل الفرد غير العادي مع العاديين في التعليم ، وبالتالي في المجتمع ، لكي تحقق لهم أكبر قدر ممكن من استثمار إمكاناتهم المعرفية والاجتماعية، والانفعالية المهنية طوال حياتهم ولصالح مجتمعهم ومتضمن صفات سلوكية قابلة للتعديل والتغيير .

• تطور الاهتمام بالتربية الخاصة :

خطت التربية الخاصة خطوات ناجحة في الآونة الأخيرة بعد أن حققت في مجال التعليم الخاص بذوي الاحتياجات الخاصة خطوات سريعة وناجحة ، كما تطورت برامجها تطوراً مذهلاً على المستوى العالمي من أجل مساعدتهم على الاندماج بفاعلية مع أقرانهم العاديين فعلى المستوى العالمي مضى ما يزيد على عشرة أعوام منذ صدور قرار التعليم لجميع فئات الأطفال المعاقين (قانون ٩٤ ـ ١٤٢) "Children ACT Education for all handicapped" الذي ينص على ضرورة استمرار تقديم المنح لتعليم ذوي الاحتياجات الخاصة بجانب إجراء التعديلات التي توسع استخدام هذا القانون ، لتشمل أكبر عينة من فئاتهم المختلفة، كما ينص القانون على منح الولايات حق التمويل للمساعدة في تطوير وتحسين مناهج التربية الخاصة مع ضمان حقوقهم من التعليم المجاني والمناسب لجميع فئاتهم ، بالإضافة إلى ملاءمة البرامج مع النظام البيئي وتوافر التعليم الفردي لكل طفل في نطاق احتياجاته ومشاركة الآباء في هذه البرامج وبرنامج التعليم الفردي Individual education program (IEP) وهو عبارة عن وثيقة تلخص البرنامج التعليمي للطالب من ذوي الاحتياجات الخاصة، حيث يهدف البرنامج الفردي إلى:

◄ تحديد الأهداف التعليمية لكل طفل حسب حاجته الخاصة .

◄ تحديد الخدمات التعليسية التي تقدمها المدرسة لتحقيق تلك الأهداف .

◄ تعزيز الاتصال بين الآباء والقائمين على تنفيذ هذه البرامج الفردية آي عمل تحليل لنقاط القوة والضعف لدى الطلاب .

◄ اشتراك الآباء والمعلمين والخبراء سنويا في مراجعة هذه البرامج وتعديلها بما يلائم الطلاب وتحقيق الأهداف التعليمية .

وعلى المستوى المحلي بدأ الاهتمام بتعليم ذوي الاحتياجات الخاصة في مصر في أواخر القرن التاسع عشر بجهود خاصة ، حيث حظيت برعاية بعض الجمعيات الخيرية ، وفي النهاية تتولى الدولة الأمر ، بيد أن المناهج والاستراتيجيات والأنشطة المستخدمة في تعليم ذوي الاحتياجات الخاصة هي نفسها المستخدمـــــــة مع العاديين، دون مراعـــاة لطبيعتهم وحاجاتهم ، مـما يستوجب تعديل وتطوير هذه البرامج لتحقق اندماجهم في المجتمع ، حيث تسعى التربية الخاصة إلى تحويلهم إلى أشخاص طبيعيين يسهمون في أنشطة المجتمع ، بما يؤكد ذاتيتهم ، وتعيد ثقتهم بأنفسهم.

• أهداف التربية الخاصة :

إن التأثير المتبادل بين تقدم المجتمع واهتمامه بتعليم أبنائه العاديين وغير العاديين، أدى إلى ازدياد الرعاية بالأطفال ذوي الاحتياجات الخاصة، وتربيتهم وتأهيلهم، ومحاولة إدماجهم في الحياة العامة التي هي حق لكل معاق.

وتأكيداً لأهمية رعاية ذوي الاحتياجات الخاصة أعلنت الأمم المتحدة عام ١٩٨١ عاماً دولياً للمعاقين.

ونظراً لأن التربية في جوهرها عملية إنسانية تهدف إلى الاهتمام بالإنسان وتحقق سعادته ، وإزاحة المعاقات التي تعوقه، فلا تختلف أهداف التربية الخاصة عن أهداف التربية العامة، فكل منهما يهدف إلى إعداد المواطن الصالح عن طريق :

◄ العمل على إزاحة المعاقات المختلفة التي تحول دون توافق الطفل مع نفسه ومع الآخرين .
◄ مساعدة الطفل على تحصيل قسط من المواد التعليمية يمكنه من توظيفها في حياته العادية .
◄ المساعدة في إعداده مهنياً، وعمليا،واجتماعيا .
وقد تعددت أهداف التربية الخاصة ، نذكر منها:
◄ إعادة تنظيم شخصية المتعلم من ذوي الاحتياجات الخاصة بعد أن تكون قد تأثرت بتلك المواقف المحيطة ، وذلك الفشل المستمر الذي يقابله، فتساعده على تعديلها.
◄ تحقيق توافقه مع بيئته ، وتتحقق هذه الأهداف بتقييم قدرات المتعلم المختلفة مع وضع خطة لرعايته على أساس هذا التقييم المستمر .
◄ تحديد مدى فاعلية الأساليب التربوية الخاصة، وأثرها في المتعلم من ذوي الاحتياجات الخاصة ، وبالتالي الاستمرار فيها أو تعديلها .
◄ ترجمة الأساليب التربوية إلى برامج دراسية وتدريبية تختلف حسب نوع الإعاقة ، فتساعدهم على كيفية الاعتماد على أنفسهم واستغلال قدراتهم.
◄ تهيئة الطفل المعاق لتقبل الحالة التي وجد عليها والرضا عنها وتهيئة المجتمع المحيط به.
◄ مساعدة ذوي الاحتياجات الخاصة على النمو نمواً متكاملاً في جميع النواحي الجسمية، والعقلية ، والوجدانية إلى أقصى حد تصل إليه قدراتهم واستعداداتهم ، وتزويدهم بالقدر الضروري من المعرفة الأساسية التي تناسبهم واستغلال كل ما لديهم من قدرات ليكونوا بقدر الإمكان قوة عاملة منتجة .
◄ التأهيل التربوي للمعاق، بإتاحة الفرصة أمامه حسب ما تبقى لديه من قدرات في تعلم أساسيات المعرفة ، من كتابة، وحساب ، وقراءة وكل ما يتعلق بأوجه النشاط الأخرى التي تساعده على النمو والتكيف الشخصي والاجتماعي، والاندماج في الحياة الاجتماعية .

كما تهدف مدارس وفصول ذوي الاحتياجات الخاصة أيضا إلى تحقيق ما يلي:
◄ بث الثقة في نفس الطالب من ذوي الاحتياجات الخاصة ، ومساعدته على تقبل إعاقته.
◄ الارتقاء بإدراكه الذاتي والتقليل من أثر ضغوط الإحساس بالإعاقة.
◄ تزويده بالخبرات المعرفية التي تساعده على التعامل مع أفراد مجتمعه والبيئة المحيطة به.

- مساعدته على الاستقلال بقضاء حاجته اليومية فى أمن وسلام واطمئنان.
- مساعدته على الخروج من عزلته والتنقل من مكان إلى مكان معتزاً بكيانه وراضياً عن ذاته .

- **ثانيا : ذوي الاحتياجات الخاصة:**
- **المفاهيم :من هم ذوو الاحتياجات الخاصة؟ :**

هم فئة من فئات المجتمع، ولكن حاجاتهم الخاصة ، وخاصة في النواحي التربوية والتعليمية ، جعلتهم يحتاجون إلى نوع مختلف من التعليم عما يتطلبه المتعلمون الآخرون في المدارس العادية. كما تعد أصعب أنواع ذوي الاحتياجات الخاصة، الاحتياجات غير المرئية أو التي لا تلاحظ من الآخرين، والتي يصعب أيضا تحديدها من أي فئة من فئات ذوى الاحتياجات الخاصة.

- التربية الخاصة: يقصد بها مجموعة البرامج والخطط والاستراتيجيات المصممة ، لتلبية الاحتياجات الخاصة بالأطفال غير العاديين , وتشتمل على طرائق تدريس، وأدوات، وتجهيزات ،ومعدات خاصة ، بالإضافة إلى خدمات مساندة .
- الفئات الخاصة: يقوم هذا المصطلح على أساس أن المجتمع يتكون من فئات متعددة ، وأن من بين تلك الفئات فئات تتفرد بخصوصية معينة ، ولا يشتمل هذا المصطلح على أي كلمات تشير إلى سبب تلك الخصوصية.
- ذوي الاحتياجات الخاصة :يقوم هذا المصطلح على أساس أن في المجتمع أفراداً يختلفون عن عامة أفراد المجتمع , ويعزو المصطلح السبب في ذلك إلى أن لهؤلاء الأفراد احتياجات خاصة يتفردون بها دون سواهم , وتتمثل تلك الاحتياجات في برامج، أو خدمات، أو طرائق، أو أساليب، أو أجهزة وأدوات، أو تعديلات تستوجبها كلها، أو بعضها ظروفهم الحياتية ، وتحدد طبيعتها وحجمها ومدتها الخصائص التي يتسم بها كل فرد منهم.
- المعاقون : هم فئة من الفئات الخاصة ، أو من ذوي الاحتياجات الخاصة ، وقد عرف نظام رعاية المعاقين، المعاق بأنه "كل شخص مصاب بقصور كلي أو جزئي بشكل مستقر في قدراته الجسمية، أو الحسية، أو العقلية، أو التواصلية أو النفسية،إلى المدى الذي يقلل من إمكانية تلبية متطلباته العادية في ظروف أمثاله من غير المعاقين وهذا المصطلح تندرج تحته جميع فئات ذوي الاحتياجات الخاصة المختلفة مثل: المعاقين بصرياً ،وسمعياً، وعقلياً ، وجسمياً وصحياً وذوي صعوبات التعلم ، والمضطربين تواصلياً ، وسلوكياً وانفعاليا والتوحديين ، ومزدوجي، ومتعددي الإعاقة، إلى غير ذلك.
- تعدد الإعاقة : هو وجود أكثر من إعاقة لدى التلميذ من الإعاقات المصنفة ضمن برامج التربية الخاصة، مثل : الصمم ، وكف البصر أو التخلف العقلي والصمم ، أو كف البصر والتخلف العقلي والصمم .... الخ ، تؤدي إلى مشاكل تربوية شديدة لا يمكن التعامل معها من خلال البرامج التربوية المعدة خصيصاً لنوع واحد من أنواع الإعاقات .

- التلميذ العادي : هو الذي لا يحتاج إلى خدمات التربية الخاصة.
- التلميذ غير العادي : هو التلميذ الذي يختلف في قدراته العقلية، أو الحسية أو الجسمية والصحية، أو التواصلية، أو الأكاديمية اختلافاً يوجب تقديم خدمات التربية الخاصة.
- الفصل الخاص : هو غرفة دراسية في المدرسة العادية تتلقى فيها فئة محددة من ذوي الاحتياجات التربوية الخاصة برامجها التربوية معظم أو كامل اليوم الدراسي .
- غرفة المصادر : هي غرفة ملحقة بالمدرسة العادية يحضر إليها التلميذ ذو الاحتياجات التربوية الخاصة لفترة لا تزيد على نصف اليوم الدراسي بغرض تلقي خدمات تربوية خاصة من قبل معلم متخصص
- الدمج : هو تربية وتعليم التلاميذ غير العاديين في المدارس العادية مع تزويدهم بخدمات التربية الخاصة .
- الخدمات المساندة : هي البرامج التي تكون طبيعتها الأساسية غير تربوية ولكنها ضرورية للنمو التربوي للتلميذ من ذوي الاحتياجات الخاصة ، مثل : العلاج الطبيعي والوظيفي وتصحيح عيوب النطق والكلام , وخدمات الإرشاد النفسي.
- المفهوم التربوي لذوي الاحتياجات الخاصة : ويعنى به أن المتعلم به عيوب أو قصور يمنعه من الاستفادة بالخدمات التي تقدمها المؤسسات التعليمية العادية، بهدف إعداد الفرد للمعيشة في المجتمع كمواطن يستطيع أن يتفاعل مع الآخرين، وأن يتحمل مسئولياته الشخصية، ومسئولية من يعولهم من أفراد أسرته فيما بعد وأن يسهم مع الآخرين فى تطوير الحياة الاجتماعية والنهوض بها في مختلف جوانبها .

إن التربية الخاصة لذوي الاحتياجات الخاصة ليست ترفا يمكن إهماله أو تأجيله ويجب أن تتغير النظرة إليها من مجرد كونها نظرة عاطفية إلى أنها أكثر من ذلك بكثير، فهي تتعلق بحق من حقوق الإنسان الذي تقره جميع الشعوب المتحضرة في العصر الحاضر، حيث لم يعد المعاق هو الشخص المنبوذ الذي يتلقى كلمات الرثاء، لكنه فرد له كيانه في المجتمع ،وله حقوقه وواجباته في حدود إمكاناته واستعداداته الطبيعية. ومن الخطأ أن يُهْمَل ذوي الاحتياجات الخاصة ليتحولوا إلي عبء ثقيل علي المجتمع بدلا من تحويلهم عن طريق التعليم والتربية إلي أفراد مثقفين ومنتجين بقدر إمكاناتهم ، وبما يسهموا به من إنتاج يعود عليهم وعلي مجتمعهم بالخير.

كما يختلف المتخصصون في مجال التربية الخاصة في تعريف ذوي الاحتياجات الخاصة؛ إلا أن الاختلاف غالبا ما يقتصر علي التفصيلات فالغالبية منهم تري من وجهة النظر التربوية أنهم أولئك الذين تتطلب حالاتهم إحداث

تعديل وتكييف في المادة التعليمية والطريقة التي تقدم بها، حتى يمكن تلبية احتياجاتهم التربوية إلى أقصى حد ممكن تسمح به قدراتهم.

وإذا نظرنا للاختلاف بين هؤلاء المتخصصين، نلاحظ أن الاختلاف يرجع إلى فئة الإعاقة، حيث يصنفهم كيرك " Kirk " إلى الفئات التالية:

◄ مشكلات التواصل وتشمل صعوبات التعلم والكلام .

◄ التخلف العقلي .

◄ الإعاقة الحسية وتشمل الإعاقة البصرية والسمعية .

◄ الإعاقة البدنية والصحية .

◄ المشكلات السلوكية .

ونجد براين وبراين " Bryan & Bryan "، يصنفان حالات الإعاقة إلى ما يلي :

◄ الإعاقة البصرية .

◄ الإعاقة السمعية .

◄ الإعاقة البدنية أو الصحية .

◄ صعوبات التعلم .

◄ المشكلات السلوكية .

◄ التخلف العقلي .

◄ الإعاقة المتعددة .

◄ الإعاقة التربوية .

◄ مشكلات اللغة أو الكلام أو كلاهما.

◄ مشكلات النمو .

ومن التصنيفات السابقة يتضح أن هناك تفاوتاً في تصنيف ذوي الاحتياجات الخاصة، حيث أحدث هذا التفاوت قدرا من التداخل بين هذه الفئات المختلفة كما أنه أدى إلى التركيز على التصنيف والتسمية مع إغفال الهدف الأساسي للتربية الخاصة، والذي يتلخص في ضرورة التعرف عليهم لتقديم الخدمات لهم . ولعل هذا هو السبب الرئيسي الذي حدا ببعض من ذوي الاحتياجات الخاصة إلى المناداة بضرورة الابتعاد عن التركيز على التصنيفات ، لما لها من مردود سلبي عليهم،كما أن ذلك يؤثر سلبا على إمكانية تحقيق الهدف الأساسي للتربية الخاصة .

كما يطلق على ذوي الاحتياجات الخاصة بأنه الشخص الذي نقصت قدراته عن القيام بالوظائف بحيث تعتبر حاجزا أو عائقا أمام أداء مهامه اليومية.

• **المبادئ الأساسية لتعليم ذوي الاحتياجات الخاصة :**

هناك العديد من المبادئ الهامة لتعليم ذوي الاحتياجات الخاصة منها:

◄ الحب والعطاء والابتسامة .

◀ التقليد.

◀ المحاولة والتدرج.

◀ التشكيل .

◀ تقسيم النشاط إلى خطوات صغيرة.

◀ الحث (المساعدة).

◀ إشارات البدء .

◀ الطريقة المناسبة للتعلم.

◀ إيجاد الدافع للتعلم .

◀ التحلي بالصبر.

◀ الانتباه والتركيز.

◀ التعزيز والمكافأة (الحصول على المكافئة بعد النجاح).

◀ الاهتمام بترتيب الفصل .

◀ اختيار الوقت المناسب .

◀ تحديد مستوى الإتقان .

◀ التعديل السلوكي.

◀ معرفة الصواب والخطأ.

◀ تعدد القنوات الحسية .

◀ المواد المستخدمة .

◀ معدل العرض ومدته .

◀ المحتوى والخطوات.

◀ حالة الأخصائي .

◀ تفريد التدخل.

◀ العمل مع مجموعات.

◀ الاعتماد على المحسوسات.

◀ الاتصال المباشر بالأشياء (التعايش الطبيعي للموقف).

◀ التكيف والمرونة .

◀ الانطلاق من المألوف.

◀ توزيع التدريب.

◀ التذكير المستمر بالجوانب التي تعلمها المتعلم.

◀ عدم إطالة حصص التعلم.

◀ التركيز على النواحي العملية للمواد الدراسية .

◀ التأكيد على جوانب القوة أكثر من جوانب الضعف .

◀ الممارسة والاستعادة مع المساعدة .

◀ الاحتفاظ بالمعلومة والتعميم .

◀ تحليل الفشل والمحاولة مرة أخرى.

◀ الدمج مع الأسوياء .

◀ القياس والتقويم.

● الخصائص النفسية والاجتماعية لذوي الاحتياجات الخاصة :

إن استعراض ما تـوافر مـن معطيـات في الأدبيـات التربويـة، يشـير إلى أن الدراسـات المرتبطـة بالخصائص الشخصية لذوي الاحتياجات الخاصة قد أخذت منحيين :

أ-المنحى الأول : ويمكن تسميته منحى الانحرافات،الذي يركز على الفروق الفرديـة بين الأشخاص مـن ذوي الاحتياجات الخاصة، وأقرانهم ممن يوصفون بأنهم عاديين، حيث يتم معالجة الفروق بوصفها مؤشرات على الانحراف. ويؤخـذ على هـذا المنحـى أنه ينطـوي عـلى درجـة مـن التحيـز ضـد ذوي الاحتياجات الخاصة وأن الفائدة منه بالنسبة إلى هذه الفئة ضئيلة أو غير مؤثرة.

ب-المنحى الثاني : ويمكـن تسـميته المنحـى الـنمائي الطبيعـي، فيهـتم بتحليـل الخصائـص النفسـية والاجتماعية لذوي الاحتياجات الخاصة ليس من أجل تحديـد أوجـه الاختلاف بينهـم وبين أقرانهم العاديين؛ وإنما مـن أجـل تحديـد الظروف التي ينبغـي توفيرهـا لكي ينمو هؤلاء الأشخاص ـ ذوي الاحتياجات الخاصة ـ نمـوًا صحيحًا إلى أقصى درجة ممكنة. ويوصف هذا المنحى بالإيجابية، لأنه يقـوم على افتراض أن شخصية الإنسان من ذوي الاحتياجات الخاصة تنمو تبعًا لذات المبادئ التي تنمو تبعًا لها شخصيات العاديين، وأن الفروق بينهم هي، في حقيقتها، فروق في الدرجة، وليست في النوع .

ومع ذلك؛ فإن أصحاب المنحيين يتفقان في أن مصطلح ذوي الاحتياجات الخاصة يؤكد أن لكل فئة منهم مطالب وحاجات نمو خاصة، تختلف باختلاف ماتتميز به كل فئة نتيجة مـا يـنقص بعضهـا من أعضاء الحس المختلفة (كالعُمي والصُم، والبُكم، وضعاف العقول) أو مـا يزيد لـدى بعضها عـما لدى أقرانهم العاديين (كالموهوبين والمتفوقين ، والعباقرة ، المبدعين).

وعلى الـرغم مـن وجـود هـذه الاختلافـات، فإنهم يشـتركون في المطالـب والاحتياجـات النفسـية والاجتماعية التي تمثل حقًا طبيعيًا لهم، وتتمثل هذه الحاجات فيما يلي:

◄ التوافق مع نفسه، ومع العالم من حوله.

◄ الشعور بالأمن النفسي، و بقيمته كفرد، وأن يتقبل ذاته.

◄ يدرك قدراته ويتقبل حدودها، وأن يتقبل الآخرين ويتقبل الفروق بينه وبينهم، وكل ذلك مـما يعبر عن مؤشرات صحته النفسية التي تمثل عماد نموه، ومصدرًا مـن مصـادر حيويـة تعلمـه، وسلامة نموه .

إن شخصية الفرد في بدايتها ، وفي نهايتها ، في بوادر بزوغها، وفي اكتمال نضـج جوانبها المستقرة؛ تؤكد الدور الأساسي للبيئة التي فيها يحيا الطفل الإنسـاني بصفة عامة، والطفل ذوي الاحتياجات الخاصة على وجه التحديد. كـما تؤكد

الشخصية - ضمنيًا - دور الاستعدادات والمميزات الذاتية، لهذا الطفل النامي، فيما يكتسبه: عقليًا، وحركيًا ووجدانيًا، وأخلاقيًا.

وفي هذا الإطار ، فإنه لا يوجد اختلاف بين مفهوم الفاعلية في التربية الخاصة والتربية العادية؛ إلا بقدر اختلاف الأهداف بينهما .

• تصنيفات ذوي الاحتياجات الخاصة:

صنفت الأدبيات التربوية ذوي الاحتياجات الخاصة تحت الفئات التالية:

- بطيء التعلم.
- المتأخرين دراسياً.
- اضطرابات التعلم (عجز التعلم أو من يعانون مشكلات واضطرابات سمعية أو بصرية أو من يعانون من عيوب في النطق وأمراض الكلام).
- ذوي الإعاقات البصرية.
- ذوي الإعاقات السمعية .
- الموهوبون والمتفوقون.

وفيما يلي عرض موجز لهذه الفئات:

١- بطيء التعلم:Slow learners

يعرف الفرد بطئ التعلم بأنه الفرد الذي لديه انخفاض واضح في التحصيل الدراسي ويشمل كل المهارات الأكاديمية الأساسية ويمكن التعرف عليه عن طريق قياس القدرة العقلية ، حيث إن نسبة ذكاءهم أقل من ٩٠% وأكثر من ٧٤% .

كما يعاني التلميذ بطيء التعلم من اضطرابات في واحدة أو أكثر من العمليات النفسية الأساسية التي تشترك في فهم احساسيات اللغة والتي تظهر صعوبة في الاستماع أو التفكير أو الكلام.

إن المتعلم الذي يحقق أقل من ٥٠% من مستوى النجاح طوال العام الدراسي ويخفق في اجتياز اختبار نهاية العام الدراسي ويرسب في مادة أو أكثر هو طفل لديه بطء في التعلم، ويحدث هذا مع بذل أقصى جهد في محاولة للنجاح وبأسلوب جدي واضح.

لذا يتوجب تصميم برامج علاجية خاصة وتعديل مناهجهم وطرق التدريس واستخدام الوسائل المناسبة لقدراتهم.

• أسباب بطء التعلم :

هناك العديد من أسباب بطء التعلم ،منها:

- ضعف التذكر البصري .
- ضعف الانتباه وقصوره.
- عدم القدرة على التميز .
- محدودية الذكاء .

• أسس بناء مناهج بطئ التعلم:

هناك مجموعة من الأسس التي تصمم وفقها مناهج بطيء التعلم منها :

◄ مسايرة الأهداف للواقع .

◄ مناسبة الموضوعات للمتعلمين .

◄ الأنشطة الصفية واللاصفية من البيئة المحيطة بهم.

◄ الاعتماد على الخبرة المباشرة والمشاهدة .

◄ الاعتماد على توضيح المادة العلمية بالوسائل التعليمية .

◄ تكرار الممارسة والتدريب للمهارات والعادات.

◄ تنوع التكرار .

◄ تدريب للمستويات العليا للتفكير بأبسط الأنشطة والتمارين .

◄ استمرار عملية التقييم .

◄ التدريب على التركيز والانتباه .

◄ اعتماد التمارين والأنشطة على الربط وإدراك العلاقات .

◄ البدء بالمحسوسات والتدرج إلى المجردات.

◄ تنمية الدافعية للتعليم عن طريق المكافآت والتشجيع .

◄ تقديم أنشطة صفية وتمارين لممارسة اللغة والحديث عما رأوا وسمعوا

◄ تنمية الثقة بالنفس عن طريق إبراز الجوانب الإيجابية في السلوك والأداء.

◄ تقديم برامج تدريبية لاكتساب مهارات الحياة اليومية .

◄ تقديم برامج تدريبية لإنجاز العمل في أقل وقت وجهد.

◄ تقديم برامج تدريبية لتنمية القدرة على حل المشاكل اليومية بأبسط الطرق

◄ تقديم برامج تدريبية نفسية واجتماعية لتعديل السلوك ، ومن ثم العمل على تنمية التكيف الاجتماعي، وكيفية تكوين الصداقات والعلاقات الاجتماعية .

◄ تقديم برامج تدريبية لتنمية القدرات لديهم والهوايات المناسبة لإمكاناتهم العقلية والجسدية.

• الاختبارات والمقاييس التي يمكن تطبيقها علي بطئ التعلم :

تعددت المقاييس والاختبارات التي يمكن تطبيقها علي بطئ التعلم منها:

١- مقياس وكسلر للذكاء .

٢- مقياس توني ومصفوفات وينقين .

٣- "مقاييس السلوك التكيفي .

٤- مقياس القدرات .

٥- مقياس فرو ستيج بلادرات البصري .

٦- اختبار الذاكرة لوكسلر .

٧- اختبار الذاكرة والتميز السمعي .

٢ - المتأخرين دراسياً Dropout or under Achievement Retardation :

تشكل هذه الفئة نسبة كبيرة من المجتمع ، حيث يكون لديهم نقص في المقدرة على التحصيل الدراسي أو التعثر دراسياً بسبب تأثير عوامل مختلفة والتي قد تكون اجتماعية واقتصادية ، أو انفعالية ، أو نفسية، أو عقلية ، أوقد تتعلق بالأسرة أو بالمدرسة ، أو بالمتعلم نفسه ، ويكون التأخر الدراسي في كل المواد الدراسية أو بعضها،حيث تتراوح نسبة الذكاء بين ٧٠ : ٩٠ (متوسط ودون المتوسط).

- **طرق علاج التأخر الدراسي : تكمن طرق العلاج فيما يلي:**
  - تحديد حاجات المتعلمين وقدراتهم .
  - تحديد المستويات والخبرات والمعلومات والمهارات .
  - تصميم برنامج علاجي تربوي .
  - تقديم برامج جماعية وبرامج فردية.
  - التقييم المستمر .
  - الإكثار من استعمال الوسائل التعليمية والتوضيحية لتنمية أداء حواس المتعلم .
  - استخدام المعينات السمعية (ضعف السمع)، المعينات البصرية (ضعف البصر)، تدريب نطق (اضطرابات كلام) .
  - وضع برنامج صحي لعلاج (سوء التغذية - ضعف عام - ضعف بنية ....).
  - وضع برنامج لعلاج الضعف المعرفي (عدم القدرة على التذكر أو التركيز أو السرحان أو أحلام اليقظة) .
  - وضع برنامج نفسي واجتماعي لحل المشاكل النفسية، والاجتماعية للمتعلم .
  - وضع برامج رياضية وترفيهية، لعلاج الخوف، والتردد، وتنمية التعاون ، والمحبة والصداقة، والمنافسة، والرغبة في الانجاز .
  - مراعاة الفروق الفردية بين المتعلمين .
- **الصعوبات التعليمية للمتأخرين دراسيا :**

تعرف الصعوبة التعليمية بأنها: عجز عن واحدة أو أكثر العمليات النفسية الأساسية التي تدخل في فهم واستخراج اللغة المكتوبة ، أو في اضطرابات التفكير والاستماع ، والكلام ، والعمليات الحسابية .

وهناك العديد من الاضطرابات التي تعاني منها هذه الفئة ، نذكر منها:

- تعانى هذه الفئة قصورا في التعبير اللفظي ، وحركة زائدة ونشاط .
- شرود ذهني في التميز (قصور في التميز السمعي أو التميز البصري) .
- قدرة عقلية متوسطة أو عالية ، في احد المهارات الأكاديمية .
- انخفاض القدرة العقلية في بعض المهارات الأكاديمية .
- وجود فروق واضحة بين المقدرة والتحصيل العلمي، مما يستدعى التدخل بالعلاج التربوي الفردي.
- عدم التآزر الحركي .

◄ عدم تكوين جمل سليمة، مثل عكس الكلمات، أو ترديدها بالخطأ .

◄ عدم ارتباط العجز عن التعلم بالتخلف العقلي .

◄ عسر في القراءة Dyslexia .

وفي هذا الإطار نادي العالم النفسي (باتمان) Batman بضرورة إيجاد مصطلح علمي غير هؤلاء الأطفال الذين يسجلون معدلات منخفضة في التحصيل الدراسي ،علي الـرغم مـن أن نسبة ذكائهم تقع ضمن المعدل العادي أو فوق العادي.

• طرق علاج صعوبات التعلم للمتأخرين دراسيا :

هناك العديد من طرق العلاج التي يمكن تطبيقها مع هذه الفئة نذكر منها ما يلي:

◄ التقييم التربوي الشامل .

◄ تعرف حالة المتعلم الصحية والتأكد من عدم وجود إعاقة مصاحبة .

◄ تطبيق اختبارات معيارية لمعرفة الأداء ولقياس التحصيل الأكاديمي

◄ مقارنة أداء المتعلم مع أقرانه من نفس العمر والصف .

◄ تطبيق اختبارات القراءة .

◄ ملاحظة المتعلم وتسجيل أداء المهارة التي اكتسبها.

◄ إعداد البرنامج العلاجي التربوي المناسب لطبيعة المهارة.

◄ إعداد تقرير عن الخبرات السابقة للمتعلم، لتحديد مدى مناسبتها لعمره الزمني.

ومن الاختبـــارات التي يمكن تطبيقها، لتعرف مدي تقدم المتعلم(المتأخر دراسيا) معرفيا ومهاريا وانفعاليا:

◄ الاختبارات التحصيلية .

◄ اختبارات العمليات النفسية .

◄ اختبار القراءة (جراري للقراءة الشفوية) .

◄ اختبار (مونرو لتشخيص القراءة) .

◄ استبانة قراءة .

◄ اختبار (سباسي لتشخيص القراءة) .

◄ اختبارات الرياضيات مثل (اختبار مفتاح الحساب للرياضيات)

◄ اختبار ستانفورد للرياضيات .

٣- اضطرابات التواصل :

تعددت المفاهيم المتعلقة باضطرابات التواصل ، نذكر منها :

◄ اضطرابات التواصل : هي اضطرابات ملحوظة في النطق أو الصوت أو الطلاقة الكلامية أو تأخر لغوي، أو عدم نمو اللغة التعبيرية ، أو اللغة الاستقبالية الأمر الذي يجعـل الطفـل بحاجـة إلى بـرامج علاجيـة ، أو تربويـة خاصـة. وتأخـذ

اضطرابات التواصل شكلين أساسيين هما: اضطرابات اللغة ، واضطرابات الكلام كما يلي:

◄ **اضطرابات اللغة:** تعرف إجرائيا بأنها ضعف أو غياب القدرة على التعبير عـن الأفكار ، أو عـن تفسيرها وفقاً لنظام رمزي مقبول بهدف التواصل(نادية شريف ٢٠٠٧).

◄ **اضطرابات الكلام :** تعرف إجرائيا بأنها ضعف القدرة الفسيولوجية على تشكيل الأصوات بشكل سليم ،ومن ثم استخدام الكلام بشكل فعال .

• اضطرابات اللغة والكلام :

يعاني كثير من ذوي الصعوبات التعليمية من واحدة ، أو أكثر من مشكلات الكلام واللغة ، فقد يقع هؤلاء الطلاب في أخطاء تركيبية ونحوية ، حيث تقتصر إجاباتهم عـلى الأسـئلة بكلمة واحـدة لعدم قدرتهم على الإجابة بجملة كاملة. وقد يقومون بحذف بعض الكلمات من الجملة ، أو إضافة كلمات غير مطلوبة وقد لا يكون تسلسل الجملة دقيقاً ، وقد يجدون صعوبة في بناء جملة مفيدة ، على قواعد لغوية سليمة (القاسم،٢٠٠٢).

ومن أنواع الصعوبات المتعلقـة باضطرابات التـعلم صعوبات الـتعلم النمائيـة Development Learning Disabilities : (Bissonnette ,1995) ، (عجـاج ١٩٩٨). ويشـمل هـذا النـوع الصعوبات التي يحتاجها الطفل بهدف التحصيل في الموضوعات الأكاديمية ويقسم هذا النوع إلى :

◄ **صعوبات أولية :** وتشمل الانتباه، والذاكرة، والإدراك والتي تعتبر وظائف أساسـية متداخلـة مـع بعضها البعض , فإذا أصيبت باضطرابات فإنها تؤثر على النوع الثاني من الصعوبات النمائية .

◄ **صعوبات ثانوية :** وهي خاصة باللغة الشفهية والتفكير.

ويعد الحاسوب كوسيلة تعليمية ذو أهمية خاصة لذوي اضطرابات التعلم ربما أكثر من التلاميذ العاديين، حيث يمكنهم من النجاح في أشكال دراستهم (فهي تساعدهم في تحقيق أهدافهم).

وعلى الرغم من أن التلاميذ ذوي اضطرابات التعلم يكونون مجموعـات مختلفـة الأشـكال ، إلا أن البيانات التي تصف خصائصهم الديموجرافية تشير إلي أن أكثر من نصف هؤلاء التلاميذ ممن يتلقون خدمات خاصة معظمهم من الذكور،وذلك في المـرحلتين الابتدائية أو المتوسـطة ، كـما أن معظمهـم لديهم صعوبة واضحة ،ولكن لـديهم مشـكلات قـد تكـون أكاديميـة أو عاطفيـة ، أو اجتماعيـة ، أو سلوكية.

وفي هذا الجانب يجب إمداد هذه الفئة بخدمات تعليمية خاصة بالإضافة إلي تقديم برامج فردية مصممة تناسب قدراتهم وحاجاتهم التعليمية التي تمكنهم مـن الاندماج في صفوف العاديين ، وذلك من خلال تعديل المقررات والأنشطة؛ لتقابل

هذه الحاجات التي يمكن أن يمارسها داخل الفصول الدراسية وخارجها(NJCLD,2007).

٤- المعاقون بصريا :

تعددت المفاهيم المتعلقة بذوي الإعاقات البصرية ، نذكر منها :

- **المعاق بصريا** : هو الشخص الذي لديه فقد بصر أياً كان مستواه بدرجة تؤثر على تحصيله الأكاديمي للمادة العلمية التي تقدم لأقرانه العاديين بحيث يستلزم تقديم برامج تعليمية تتلاءم مع طبيعة و درجة إعاقته البصرية .
- **العوق البصري** : هو مصطلح عام تندرج تحته ـ من الناحية الإجرائية ـ جميع الفئات التي تحتاج إلى برامج وخدمات التربية الخاصة بسبب وجود نقص في القدرات البصرية.

والتصنيفات الرئيسية لهذه الفئات هي :

- **الكفيف** : هو الشخص الذي تقل حدة إبصاره بأقوى العينين بعد التصحيح عن ٦ / ٦٠ مترا (٢٠ / ٢٠٠ قدم) أو يقل مجاله البصري عن زاوية مقدارها (٢٠) درجة.
- **ضعيف البصر** : هو الشخص الذي تتراوح حدة إبصاره بين ٢٤/٦ و ٦٠/٦ مترا (٨٠/٢٠ ، ٢٠٠/٢٠ قدم) بأقوى العينين بعد إجراء التصحيحات الممكنة.

ويشمل مصطلح المعاقون بصريا الفئات التالية:

- حالات فقد البصر الكلى ممن تقل حدة إبصارهم عن ٦/٦ بالعينين أو بالعين الأقوى بعد العلاج و التصحيح بالنظارة .
- ضعاف البصر من لا تقل حدة إبصارهم عن ٦/٦ بالعينين أو بالعين الأقوى و لا تزيد عن ٢٤/٦ بعد العلاج و التصحيح بالنظارة الطبية.
- الأعمى : اصطلاح يقصد به تلك الحالات التي تتراوح بين العمى الكامل وحالات أخرى من ذلك و التي تبلغ حدة البصر ٢٠٠/٢٠ أو أقل في العين الأقوى وذلك بعد استخدام النظارة ، و يقدر الأطباء هذا الفقدان بمقدار ٨٠% وكذلك أي شخص يعانى من عيب في مدى الإبصار بالكيفية المذكورة يعتبر أعمى.
- المكفوفون من الناحية التربوية Educational definition أقرت هيئة اليونسكو تعريف المكفوف بأنه " الشخص الذي عجز عن استخدام بصره فى الحصول على المعرفة ".
- الطلاب غير العاديين : يعرف ايسليديك "Yssldyke" (١٩٨٤) الطلاب غير العاديين بأنهم الطلاب الذين يختلفون إيجاباً أو سلباً عن العاديين .

- **التعريف القانوني لكف البصر :**

يعرف كف البصر من الجانب القانوني بعدم القدرة علي الرؤية وتعرف درجة الإبصار ٢٠/ ٢٠٠ في العين الأقوى مع التصحيح بالنظارة وأن معظم أسباب كف البصر عضوية ، ولكن يوجد كف بصر وظيفي أو نفسي ويكون عادة كف بصر هستيري . وقد أشارت دراسات الشخصية إلي أن الأشخاص الذين يولدون مكفوفي البصر لديهم مشكلات في الشخصية عن هؤلاء الذين فقدوا بصرهم في مرحلة متأخرة من الحياة.

- **الخصائص النفسية والاجتماعية للطفل الكفيف (الأعمى):**

يعاني الطفل الكفيف عجزاً خلقيًا فسيولوجيًا، هو العجز عن الرؤية. ولأن العوامل الجسمية تنعكس على سلوك الفرد؛ فإن هذا العجز هو مصدر اختلاف أنماط سلوكه، مقارنة بأقرانه من المبصرين. وهو بحكم هذا العجز،لا يدرك من الأشياء التي تحيط به إلا الإحساسات التي تأتيه عن طريق الحواس الأربع الباقية: اللمس، والسمع، والذوق ، والشم.

وتلعب بيئة الكفيف دورها في نمو شعوره بعجزه. وهو دور يتراوح بين المواقف التي تغلب عليها سمات المساعدة والمعاونة المشوبتين بالإشفاق والمواقف التي تغلب عليها سمات الإهمال، وعدم القبول. ويعتاد الكفيف أحيانًا، قبول المساعدة من الآخرين حتى ولو كان قادرًا على الاستغناء عنها، فيصبح بذلك أميل إلى الاعتماد على الآخرين في قضاء حاجاته. ومثل هذا الموقف يؤثر تأثيرًا كبيرًا على علاقاته الاجتماعية مع الأفراد المحيطين به. وقد يتخذ الكفيف موقفًا مغايرًا من المساعدة التي تقدم إليه، فيرفضها . وهو إما أن يرفض بذلك عجزه، فينمو باتجاه الشخصية القسرية، أو يقبله ويرفض المساعدة، فينمو باتجاه الشخصية الانسحابية، وكلا الموقفين يؤديان إلى سوء التكيف.

وتقع بين هذين الموقفين المتطرفين المواقف المعتدلة التي تغلب عليها سمات المساعدة الموضوعية، التي تهتم بتنظيم شخصية الكفيف لتنمو في اتجاهات استقلالية سليمة. و تصدر من الكفيف ردود أفعال، توصف بأنها ملائمة، أو غير ملائمة، وعلى أساس هذه الردود يتم قياس وتقدير ما يحتاجه الكفيف حتى ينمو ويتعلم وفق ما تتيح له إمكاناته ، وقدراته الحسية والعقلية.

- **فئات المعاقين بصريا :**

◄ **المصابون بالعمى العميق** : يكون رصيد الرؤية المتبقي أفضل، ويتمكن من تمييز الألوان، كما تتمكن هذه الفئة من القراءة والكتابة العاديتين القريبة ويستطيع هؤلاء قراءة العناوين الكبيرة وتبين رسم ما ،والنظر في خريطة جغرافية، وتبلغ درجة الإبصار من ٣/ ٥٠ - ٤ / ٥٠ .

- **المصابون بالعمى المتوسط أو الخفيف :** يُمَكِّن المتعلم من الرؤية عن قرب ومن فرص التعليم بواسطة الكتابة العادية وتبلغ درجة الإبصار من ٢٠/١ -١/ ٤ / ١٠، ويصنفون آخرون إلي ثلاثة فئات : مكفوفين مطلقا ، و مكفوفين جزئيا ومكفوفين من غير علة ظاهرة.

ولقد أخذ الكاتبان بالتعريف التالي للكفيف وهو مشتق من التعريفات السابقة لكف البصر، ويتمشي مع التعريفات العلمية التي تأخذ بها غالبية الدول لاعتمادها علي القياس الطبي:

- فقد البصر التام Total Blindness
- أن تكون درجة إبصار الكفيف أقل من ٦ــ ٦٠ في العينين معا، أو في العين الأقوى مع العلاج والتصحيح بالنظارات الطبية .
- عجز بصري في زاوية الإبصار من ١/ ٢٠ .
- ويقدر الأطباء هذا الفقدان بمقدار ٨٠ % .

٥- المعاقين عقليا :

تعددت المفاهيم المتعلقة بذوي الإعاقات العقلية ، نذكر منها : التخلف العقلي وهو حالة تشير إلى جوانب قصور ملموسة في الأداء الوظيفي الحالي للفرد وتتصف الحالة بأداء عقلي أقل من المتوسط بشكل واضح يكون متلازماً مع جوانب قصور في مجالين أو أكثر من مجالات المهارات التكيفية التالية : التواصل ، العناية الذاتية الحياة المنزلية ، المهارات الاجتماعية ، استخدام المصادر المجتمعية ، التوجيه الذاتي ، الصحة والسلامة ، المهارات الأكاديمية الوظيفية ، وقت الفراغ ومهارات العمل ويظهر التخلف العقلي قبل سن الثامنة عشرة .

ويصنف التخلف العقلي تربوياً إلى :

- **القابلون للتعلم :** وهم الذين تتراوح درجة ذكائهم مابين(٧٥ – ٥٥) درجة تقريبا على اختبار وكسلر ، أو ٧٣ – ٥٢ درجة تقريبا على اختبار ستانفورد بينيه ، أو ما يعادل أيا منهما من اختبارات ذكاء مقننة أخرى .
- **القابلون للتدريب :** وهم الذين تتراوح درجة ذكائهم مابين(٥٤ – ٤٠) درجة تقريبا على اختبار وكسلر ، أو (٥١ – ٣٦) درجة تقريبا على اختبار ستانفورد بينيه ، أو ما يعادل أيا منهما من اختبارات ذكاء مقننة أخرى .
- **الفئة الاعتمادية :** وتكون درجة ذكائهم أقل من(٤٠)درجة على اختبار وكسلر ، أو(٣٦) درجة تقريبا على اختبار ستانفورد بينيه ، أو ما يعادل أيا منهما من اختبارات ذكاء مقننة أخرى .

وفي هذا الإطار لا بد للمربين العاملين مع ذوي الحاجات الخاصة أن يتذكروا دائما إبراز الخصائص المميزة للمعاقين عقليا، خاصة ذات الصلة المباشرة في القدرة

على التعلم ، وتكييف المواد والأساليب التعليمية المقدمة لهم على ضوء تلك الخصائص.

- **الخصائص النفسية والاجتماعية للمعاقين عقليا :**

تأتي مسألة قصور المهارات الاجتماعية لدى الأطفال المتخلفين عقليًا في مقدمة العديد من القضايا التربوية والاجتماعية التي ينبغي بحثها وطرحها للدراسة والمعالجة، حتى يتسنى العمل على رفع مستوى الكفاءة الاجتماعية لدى أفراد هذه الفئة وفق ما تمكنهم إمكاناتهم وقدراتهم. الأمر الذي يعني أن هناك هدفًا آخر لايقل أهمية ، عن الهدف التعليمي المعرفي، يجب تحقيقه ، وهو البحث عن أفضل الطرق التربوية لتعليم هذه الفئة من الأطفال المواءمة الاجتماعية أو التوافق الاجتماعي بمعني إيجاد القدرة على التكيف للمواقف المختلفة بطريقة فيها استقلالية، خالية من الإشراف والتوجيه ، معتمدين على أنفسهم. ومن هنا نجد أن عبء إدارة فصل خاص بضعاف العقول يعتبر في حد ذاته مشكلة صعبة. وهذا مايدعو إلى القول بأن معلم التربية الخاصة ، الذي يبذل مجهودًا أكبر في إدارة فصله عن معلم فصول التلاميذ العاديين يحتاج إعداده ، وتدريبه ، من خلال برامج متخصصة لتربية وتعليم هذه الفئة من الأطفال.

وفي هذا الإطار ، فهناك بعض الحاجات اللازمة لهذه الفئة ، منها:

١-الحاجة إلى الأمن ، والانتماء: فالطفل المعاق عقليًا يشعر دائمًا بالخيبة عندما يعجز عن القيام بما يطلب منه من أعمال في المواقف الاجتماعية المختلفة، كما أن الجماعة، وبسبب قصوره وعجزه وكثرة فشله؛ تهمله، وقد تسخر منه. كل ذلك لا يجعله يشعر بأنه عضو مفيد في الجماعة التي يعيش فيها' ويشعر عندئذ بأنه مخلوق مهدد نفسيًا واجتماعيًا .

٢-الحاجة إلى العمل والنجاح : وهى حاجة تتحقق عندما يقوم الإنسان بعملٍ ما وينجزه ، فيشعر بالسعادة والرضا عن نفسه والنتيجة المنطقية لعدم إشباع هذه الحاجات الأساسية أن يصبح الطفل المعاق عقليًا عاجزا عن التكيف.

ومن هنا تكون أهمية البرامج التعليمية، وبرامج الصحة النفسية؛ في رعاية وتربية ، وتعليم هذه الفئة من الأطفال المعاقين عقليًا ، والتي تقتضي تحديد الاحتياجات الفردية لهؤلاء الأطفال ، وذلك في ضوء خطط مدروسة ، وإجراءات قياس وتقويم متعددة ، ومتنوعة.

٦- المعاقين سمعيا :

تعددت المفاهيم المتعلقة بالمعاقين سمعيا، منها: العوق السمعى ، وهو مصطلح عام تندرج تحته – من الناحية الإجرائية – جميع الفئات التى تحتاج إلى برامج

وخدمات التربية الخاصة بسبب وجود نقص فى القدرات السمعية. ومن التصنيفات الرئيسية لهذه الفئات :

◀ **الأصم** : هو الفرد الذي يعاني من فقدان سمعي يبدأ بـ ٧٠ ديسبل فأكثر بعد استخدام المعينات السمعية، مما يحول دون اعتماده على حاسة السمع في فهم الكلام .

◀ **ضعيف السمع** : هو الشخص الذي يعاني مـن فقدان سـمعي يـتراوح بين (٣٠ ، ٦٩) ديسبل بعد استخدام المعينات السمعية ، مما يجعله يواجه صعوبة في فهم الكلام بالاعتماد على حاسة السمع فقط.

◀ **المفهوم التربوي للصم وضعاف السمع**:يركز المفهوم التربوي للإعاقة السمعية على العلاقـة بـين فقدان السمع وتعلم اللغة والكلام فهي خلل وظيفي ينتج عنه ضعف تعلم اللغة والكلام بالطريقة العادية.

ويذكر الشخص(١٩٨٥) أن المعاق سمعيا من حرم حاسة السمع منذ ولادته أو قبل تعلمه الكلام بدرجة تجعله غير قادر على تعلم الكلام المنطوق فيضطر إلى استخدام لغات أخرى ، مثل : لغـة الإشارة ، ولغة الشفاه ، وغيرها من أساليب التواصل .

ويشير عبدالرحيم(١٩٩٠)إلى تركيز المنظور التربوي للإعاقة السمعية على العلاقـة بـين فقدان السمع وبين نمو الكلام واللغة، فيلزم أصحاب هذه الفئة استخدام أساليب تعليميـة ذات طبيعـة خاصة.

• **فئات المعاقين سمعيا** :

وتنقسم إلى فئتين رئيستين هما :

◀ **الأصم**: هو الذي فقد قدرته السمعية لدرجة عدم فهمه للكلام المنطوق مع استعمال المعين السمعي.

◀ **ضعيف السمع** : لا يستطيع أن يسمع بعض الكلام وقد تتطور لغته باستخدام المعين السمعي.

ومن أنواع الإعاقة السمعية أيضا:

١-الإعاقة الطفيفة :

لا يستطيع الأطفال الذين يعانون من صعوبة سمع طفيفة من سماع الأصوات الخافتة أو البعيدة مع عدم وجود صعوبات في التعليم. ومن الضروري الانتباه إلى تطوير مفرداتهم، وتوفير مقاعد وإضاءة جيدة في الفصول ، تسهم في تحسين التعلم وقد يستفيد الأطفال مـن تعلم قراءة الشفاه ، وقد يحتاجون إلى تصحيح الكلام.

٢-الإعاقة المتوسطة:

يفهم الأطفال الذين يعانون من صعوبة سمع متوسطة أحاديث الآخرين عندما يكونون وجهاً لوجه وعلى مسافة قريبة تقدر بثلاثة إلى خمسة أقدام ، أما إذا كان

الكلام خافتاً أو ليس في مستوى نظرهم، فقد يفقدون ٥٠% من فهم الحوار. مع العلم أن مفرداتهم محدودة ومصاحبة باضطراب في كلامهم. وإذا وجدت مدارس مختصة لهذه الفئة يفضل إلحاقهم بها، لتتحقق الاستفادة من المعين السمعي ولابد من الحصول على مقعد في مكان جيد في الفصل مع القيام بتدريبات خاصة لتطوير المفردات ،والقراءة،و قراءة الشفاه.

٣-الإعاقة الملحوظة:

لابد أن نتحدث مع الأطفال من هذه الفئة بصوت مرتفع لكي يستوعبوه. هؤلاء الأطفال يعلنون صعوبة واضحة في الكلام واللغة الاستقبالية والتعبيرية مع العلم أن مفرداتهم محدودة. ولا بد أن يلحقوا بمدارس خاصة تتعامل مع هذا النوع من الضعف السمعي ليحصلوا على تدريبات خاصة، لتحسين مهاراتهم اللغوية والقراءة والكتابة، وقراءة الشفاه، و تصحيح النطق.

٤-الإعاقة الشديدة:

يسمع الأطفال من هذه الفئة الأصوات العالية التي تبعد قدماً واحداً عنهم وقد يتعرفون على أصوات البيئة من حولهم ، ويميزون بعض أصوات العلة ، فاللغة و الكلام عندهم متأثرة بشكل كبير. ولذلك فهم بحاجة إلى إلحاقهم بمدارس للصم مع التأكيد على تطوير مهارات اللغة ، و الكلام ، وقراءة الشفاه ، والتدريب السمعي باستخدام المعين السمعي.

٥-الإعاقة التامة:

قد يسمع الأطفال من هذه الفئة بعض الأصوات العالية ولكنهم في الحقيقة يدركون اهتزاز الصوت أكثر من معرفته ، ويعتمدون على قدراتهم البصرية عوضاً عن القدرات السمعية للتواصل مع الآخرين وهذا النوع من الضعف يعد إعاقة حقيقية للغة وللكلام. لذلك فهم بحاجة إلى إلحاقهم إلى مدارس الصم التي تشمل برامجها تطوير مهارات اللغة وقراءة الشفاه والكلام وتدريبات التآزر بين الاتصال الشفهي والإشارة وتدريب السمع الجماعي أو الفردي .

- **الكشف المبكر للإعاقة السمعية:**

يعتبر الكشف خلال السنتين الأوليتين من عمر الطفل مهم جداً حيث يساعد في التعرف على المشكلات السمعية، ومن ثم البدء في العلاج والتشخيص والاستشارة، مما يؤدي إلى النمو الانفعالي، والجسمي والمعرفي للطفل.

- **أسباب الإعاقة السمعية:**

هناك مجموعة من الأسباب المتعلقة بالإعاقة السمعية ، منها:

- ◄ **أسباب وراثية:** وتتمثل في مجموعة الأسباب الخاصة بالعوامل الوراثية الجينية أثناء الحمل ،وخاصة اختلاف العامل الرايزيسي بين الأم والجنين.

- **أسباب بيئية :** وتتمثل في مجموعة الأسباب الخاصة بالعوامل البيئية والتي تحدث بعد عملية الإخصاب أي قبل مرحلة الولادة وأثناءها وبعدها ، مثل : سوء تغذية الأم الحامل ، والتعرض للأشعة السينية، وتعاطي الأدوية والعقاقير دون مشورة الطبيب، وإصابة الأم الحامل بالحصبة الألمانية ، والزهري ونقص الأكسجين أثناء عملية الولادة والتهابات الأذن ، والحوادث التي تصيب الأذن .

• خصائص النمو العقلي والنفسي والاجتماعي للصم وضعاف السمع :

يلاحظ أن حرمان الأصم من حاسة السمع كان له الأثر في عاداته السلوكية، وعدم تناسق حركاته، ومدى التحكم في إصداره للأصوات وإحساسه لها وتقليده لها، وقد تبين أن الأطفال الصم وضعاف السمع لديهم نفس التوزيع العام في الذكاء كباقي الأطفال العاديين بالإضافة إلي عدم وجود علاقة مباشرة بين الصمم والذكاء، إلا أن الحرمان الحسي السمعي يترك بعض آثاره على النشاط العقلي للطفل كما يلي:

١-التحصيل الدراسي:

يتأثر هذا المجال بعمر الطفل عند حدوث الإعاقة السمعية، فكلما زاد السن الذي حدث فيه الصمم كانت التجارب السابقة في محيط اللغة ذات فائدة كبيرة في العملية التعليمية ،حيث أظهرت البحوث أن السن الحرجة والخطيرة عند الإصابة بالصمم ، هي ما يقع بين السنة الرابعة والسادسة، وهي الفترة التي تنمو فيها اللغة، وقواعدها الأساسية. لهذا فكل من الأطفال المولودين بالصمم ، أو من فقدوا سمعهم فيما بين(٤-٦)غالباً ما يعانون تخلفاً في التحصيل الدراسي في المستقبل ، إذا ما قورنوا بمن أصيبوا بالصمم في سن متأخرة عن ذلك.

علي الجانب الآخر يتأخر الأصم وضعيف السمع في النشاط العقلي بمقدار سنتين وخمس سنوات دراسية عن زميله العادي؛ إلا أن هذا الفرق يتضاءل قليلاً بالنسبة لمن أصيبوا بالصم بعد ست سنوات، مما يتعذر معه أن يحصل الأصم على نفس المقدار العلمي الذي يحصل عليه التلميذ العادي.

٢-الذاكرة:

أشارت الأدبيات التربوية إلي أن هناك أثر للحرمان الحسي والسمعي على التذكر ، ففي بعض أبعاده يفوق المعاقون سمعياً زملاءهم العاديين وفي بعضها الآخر يقلون عنهم ،فعلي سبيل المثال ، تذكر الشكل أو التصميم ، وتذكر الحركة يفوق فيه الصم زملاءهم العاديين ، بينما يفوق العاديون زملاءهم الصم في تذكر المتتاليات العددية.

- **المتطلبات التربوية للنمو العقلي للمعاقين سمعيا:**

هناك مجموعة من المتطلبات التربوية للنمو العقلي للتلميذ الأصم وضعيف السمع، منها:

- ربط مجموعة الكلمات التي يتعلمها الأصم بمدلولاتها الحسية.
- تحقيق مبدأ التكرار المستمر في تعليمه .
- استخدام الوسائل التعليمية البصرية لأن الصم يسمعون بعيونهم .
- إتاحة الفرصة للأصم لتحقيق النجاح والشعور بالثقة والأمان.
- عدم مقارنة الأصم بغيره من التلاميذ ومتابعة تقدمه بمقارنة إنتاج وتحصيله هو، لا بتحصيل غيره.

- **الخصائص النفسية للأصم وضعيف السمع :**

تؤثر الإعاقة السمعية بشكل مباشر، على التنظيم النفسي والانفعالي الكلي للإنسان ، وهذا لا يعني أنها تؤدي بالضرورة إلى سوء التوافق، حيث يختلف تأثيرها من إنسان إلى آخر بصورة تعتمد على المعنى الذي تحمله بالنسبة إليه.

وقد ينتج عن هذه الآثار التي يتركها فقدان السمع على شخصية الطفل الأصم ضعف القدرة على إنشاء العلاقات الاجتماعية الطبيعية والفعالة مع الآخرين، وذلك بسبب عدم قدرته على التواصل اللغوي بشكله المنطوق. فينشأ عنده شعور بعدم الثقة في قدراته على التواصل الأمر الذي يؤدي إلى مظاهر عصابية مختلفة.

كما أن مستوى ذكاء المعاقين سمعيًا لا يختلف عن مستوى ذكاء أقرانهم العاديين، وأن المعاقين سمعيًا لديهم القابلية للتعلم والتفكير التجريدي. وعلى أية حال فثمة جدل مستمر حول أثر الإعاقة السمعية على النمو المعرفي ، حيث أشارت بعض الأدبيات التربوية إلي أن النمو المعرفي لايعتمد على اللغة بالضرورة ، ولذلك فهم يؤكدون علي أن المفاهيم المتصلة هي وحدها الضعيفة لدى المعاقين سمعيًا وأن لغة الإشارة وحدها هي لغة الحقيقة. كما يري بعض الباحثين ممن يرون أن النمو المعرفي يعتمد على اللغة؛ فهم يعتقدون أن النمو المعرفي ، لدى المعاقين سمعيًا، سيتأثر بالضرورة .

وفي هذا الإطار تتمثل الخصائص النفسية للمعاقين سمعيا، فيما يلي:

- سوء التكيف الذاتي والمدرسي والاجتماعي
- الجمود بمعنى صعوبة تغيير السلوك لتغير الظروف .
- مستوى الطموح غير الواقعي: ويتمثل في ارتفاعه كثيراً عن الإمكانيات والقدرات أو انخفاضه كثيراً عنها .
- سرعة الانفعال أو شدته أو زيادة حدته أو التقلب الانفعالي .
- الانقباض بمعنى زيادة الحزن ولوم النفس

- الانطواء الانسحاب من المجتمع .
- العدوان والتمرد والعصيان .
- الشك وعدم الثقة في الغير
- حب السيطرة.
- الخوف وعدم الاطمئنان.

• المتطلبات التربوية للنمو الانفعالي للمعاقين سمعيا :

تتمثل هذه المطالب فيما يلي:

- إحاطة المعاق بجو من العلاقة الدافئة والتقبل، مما يقوى ثقته بنفسه وبالآخرين .
- العمل على أن يتقبل المعاق إعاقته ، وأن يمتصها في إدراكه الذاتي وأن يعمل وينتج ، ويعيش في ظلها كحقيقة واقعة ، حيث لوحظ أن المعاق لا يتقدم في التكيف ما دام متعلقاً بالأمل في استرداد إعاقته .
- إشعاره بالاحترام والحب والحنان والأمن حتى ينتزع من نفسه أحاسيس الخوف والقلق.
- الاهتمام بالأنشطة التعليمية والاجتماعية التي تخلق صفات سلوكية سليمة والعمل على حل المشكلات التي تواجهه.
- توعية الآباء بأصول تربية الصم وكيفية التعامل معهم والاتصال بهم.

• خصائص النمو الاجتماعي للأصم وضعيف السمع :

يمر النمو الاجتماعي للإنسان بثلاث مراحل هي :

المرحلة الأولى : وتتمثل في رعاية الإنسان لنفسه بأداء حاجاته الضرورية حيث يكتمل نمو الطفل اجتماعيا في هذه المرحلة عند(٧-٨ سنوات).

المرحلة الثانية : وتتمثل في تمكنه من توجيه نفسه وقدرته على اختبار متطلباته، وتكتمل هذه المرحلة في سن ١٨ سنة .

المرحلة الثالثة : وتتمثل في قدرته على التخطيط للمستقبل ومساهمته في أنشطة المجتمع العام، وقيامه بدور فعال في رعاية الآخرين، وتكتمل هذه المرحلة في سن (٢٥) سنة تقريباً .

وقد أوضحت الدراسات النفسية للنمو الاجتماعي أن المعاقين سمعياً في المرحلة الأولى لم يظهر لديهم أي قصور في النمو الاجتماعي ، علي الجانب الآخر ظهر أن للحرمان الحسي السمعي آثار سلبية على معدل النمو الاجتماعي في مجموعات المعاقين سمعياً فوق سن(١٥-١٧) سنة.

• المتطلبات التربوية للنمو الاجتماعي للمعاقين سمعيا:

تتمثل هذه المتطلبات فيما يلي:

- الشعور بالتقبل ممن حوله في الأسرة والمدرسة والمجتمع، لما للتقبل الاجتماعي من دور كبير في تحقيق نمو التوازن الانفعالي.

◄ عدم إجبار المعاق سمعيا علي اختيار المجال المهني الذي سيعده للمهنة التي سيكسب بها عيشه. .

◄ تعويده على تحمل المسئولية وإتاحة الفرصة لممارستها، حتى يتعلم كيف يخدم نفسه ويخدم البيئة المحيطة به.

◄ تشجيعه على تكوين علاقات جديدة مع جماعة الرفقاء.

◄ تعويده عن الاستقلال العاطفي عن الوالدين والكبار.

◄ تكوين قيم سلوكية تتفق والفكرة العملية الصحيحة عن العالم المتطور الذي يعيش الفرد في إطاره.

• طرق و أنماط التواصل لدى المعاقين سمعياً :

أ-مفهوم التواصل اللغوي للمعاقين سمعيا:

للتواصل اللغوي مفاهيم عدة، ودلالات متنوعة ، ترد إلى ذهن المتخصصين لحظة ورود هذا المصطلح عليهم. وقد عرف الجيوسي (٢٠٠٢، ٢٥) التواصل الإنساني بأنه "عملية معلوماتية معقدة، يتم التعبير من خلالها – بين مرسل ومستقبـــل -عن المشاعر والأفكار والوقائع, بواسطة رسالة ذات أشكال مختلفة، بهدف تحقيق وظائف متنوعة"، بينما عرف الحديبي (٢٠٠٥، ١٣) التواصل اللغوي بأنه: "عملية تبادل الرسالة اللغوية من المرسل إلى المستقبل، عن طريق المشاركة والتفاعل اللغوي من خلال وسيلة لفظية، أو غير لفظية ، أو كليهما معاً ويتم ذلك في بيئة لغوية مناسبة ، لإحداث تغيير في خبرات ، ومعلومات ومهارات كل منهما". وإطلاق كلمة التواصل يحمل العديد من المعاني لعل من أهمها ما أشار إليه أبو نمرة (٢٠٠١، ٩٨-١٠٠) كما يلي:

ب-المعنى الاجتماعي للتواصل:

العملية التي يتم بمقتضاها تكوين علاقات بين أعضاء المجتمع وتبادل المعلومات والآراء ، والأفكار ، والتجارب فيما بينهم. فالتواصل عملية أساسية في حياة المجتمع. وكل ما يتعلق بانتقال الأفكار والمعلومات من فرد لآخر أو من جماعة لأخرى يدخل ضمن هذه العملية سواء أكانت هذه الأفكار والمعلومات ذات طبيعة اجتماعية أم ثقافية أم علمية أم إدارية. ويشير التواصل بهذا المعنى إلى علاقة بين طرفين أو إلى انفتاح الذات على الآخرين في علاقة متجددة لا تنقطع حتى تبدأ من جديد.

ج-المعنى السيكولوجي (الذاتي) للتواصل:

يشير المفهوم السيكولوجي للتواصل إلى عملية الاتصال الذاتية التي تحدث بين المرء وذاته في نطاق أحاسيسه وتجاربه وسمات شخصيته كما هي الحال عند مراجعة الفرد الذاتية لأفكاره وآرائه الخاصة أوحين يدرس ذاته ويضعها موضع التحليل والنقد والمحاسبة، وقد يُجري بناء على ذلك تغييرات فيها.

د-المعنى التربوي للتواصل:

يشير المفهوم التربوي إلى تلك العملية التي تحدث في الموقف التعليمي التعلمي بين عناصره المتعددة التي تشكل الإدارة الرئيسة في تنظيم عملية التعليم من أجل تحقيق الأهداف التعليمية المنشودة. وتسير عمليات التواصل الصفي عبر قنوات متعددة ومتنوعة سواء كانت لفظية أم غير لفظية أم كتابية، تتراوح بين اللغة المسموعة والمقروءة وما يرافقها من حركات وإيماءات ، وبين الانتباه، والاستماع أو استخدام الأجهزة ، والأدوات ، والبرامج ، والكتب ، والصور ، والأفلام ، فالتواصل على هذا النحو عملية تفاعل بين المتعلم والوسط الذي يحيط به ، وهي عملية تستهدف إحداث التغييرات المرغوب فيها في سلوك الأطراف المشاركة في هذا التفاعل.

هـ-المعنى الآلي للتواصل:

التواصل بهذا المعنى يشير إلى العملية التي يتفاعل فيها المرسل مع المستقبل في نطاق رسائل معينة باستخدام وسيط مفهوم بين الطرفين المتواصلين ، فالحدث التواصلي يشتمل على مصدر مرسل ينقل رسالة أو إشارة عبر قناة معينة إلى طرف مستقبل، بهدف إحداث تأثير معين. وفي هذا الموقف ينتظر أن يتبادل كل من المرسل والمستقبل أدوارهما.

و-عناصر التواصل اللغوي:

لما كانت عملية الاتصال اللغوي بين المتحدث والمستمع ، أو الكاتب والقارئ تمر بعدة خطوات في غاية الدقة، فالمتكلم أو الكاتب لابد أن يكون لديه فكرة يريد التعبير عنها ، ثم يختار الرموز المناسبة لها ، ثم يضع هذه الرموز في نظام معين لنقلها إلى المستقبل من خلال وسيلة ، وبعدها يظهر المستقبل استجابة بناء على فهم الرسالة وتأثره بها (الحديبي، ٢٠٠٥، ٨).

وقد تناولت الأدبيات التربوية التي عنيت بالتواصل اللغوي ، مثل (زيتون ، ٢٠٠٣ ٤٠١-٤٠٣)، و(عصر، ٢٠٠٥، ٨)، و(الجيوسي، ٢٠٠٢، ٢٦-٢٧) العناصر اللازمة لإتمام عملية التواصل اللغوي، وهذه العناصر هي:

- **المرسل :** هو مصدر الرسالة والقائم بصياغتها، وتقع عليه مهمة ترميز الرسالة، أي صياغة أفكاره في رموز تعبر عن المعنى الذي يقصده ، ووضعها في صورة ألفاظ أو رسوم أو أشكال قابلة للفهم من جهة المستقبل.
- **الرسالة :** هي المحتوى المراد إبلاغه، أو التشارك فيه، أو الحوار بشأنه وهي التي يدور حولها التواصل بين المتشاركين في عملية التواصل.
- **المستقبل :** وهو الشخص المتلقي للرسالة والمستهدف من قبل عناصر الاتصال الأخرى لإحداث أثر معين فيه؛ لذا فهو معيار الرسالة سواء في اختيار رموزها أو محتواها أو الأداة الناقلة لها.

ز-أنواع التواصل اللغوي:

قسم الحديبي (٢٠٠٥) التواصل اللغوي إلى تواصل لفظي يشمل الشفوي والكتابي، والمصور أو المرسوم، وإلى تواصل غير لفظي، يشمل تعبيرات الوجه واللمس وغيرها من التعبيرات الجسدية، وإلى تواصل لفظي/غير لفظي (بين الشفوية والإشارية). بينما قسمه الخمايسة (٢٠٠٣)، و القحطاني (١٤١٨هـ)، و الغامدي (١٤٢٦هـ)، والبجة (٢٠٠٥)، في ثنايا حديثهم عن أنواع التعبير ومجالاته إلى تعبير من حيث الأداء أو الشكل يتفرع إلى شفوي وكتابي، وتعبير من حيث الغرض يتفرع إلى التعبير الوظيفي والتعبير الإبداعي، وقسمه البشري (١٤٢١هـ) من حيث وسيلته التي ينتقل بها إلى شفهي وكتابي، ومن حيث الموضوعات إلى إبداعي ووظيفي.

٧- الموهوبين والمتفوقين .

الموهوبون هم الذين يمتلكون أو لديهم القدرة على تطوير هذا الترتيب من الخصائص والسمات واستخدامها في أي مجال من المجالات الإنسانية وهؤلاء الموهوبون يحتاجون إلى فرص تربوية وخدمات تعليمية لا تتوافر عادة من خلال الدراسة العادية في المدارس.

ويعد السبب الرئيسي لاهتمام العلماء بهذا التعريف هو أن أي موهوب من الضروري له في أي مجال من المجالات أن يستخدم الخصائص الثلاث وهي قدرة عقلية عالية ، قدرة ابتكارية مرتفعة ، ودافع قوى للإنجاز والمثابرة.

ويعرف الطالب الموهوب بأنه الذي يوجد لديه استعدادات فطرية وقدرات غير عادية أو أداء متميز عن بقية أقرانه في مجال أو أكثر من المجالات التي يقدرها المجتمع، وخاصة مجالات التفوق العقلي، والتفكير ألابتكاري، والتحصيل العلمي والمهارات والقدرات الخاصة.

إن الموهوبين والمتفوقين ينتمون إلى مجتمع ذوي الاحتياجات الخاصة ومن حقهم أن يحصلوا على فرص تربويه متكافئة تنسجم مع قدراتهم واستعداداتهم انطلاقا من نفس المنطق الذي يستخدم لتبرير إدخال تعديلات على البرامج التربوية العامة لحل مشكله الطلاب الذين يقعون في أدنى سلم القدرة العقلية أو الذين يعانون من صعوبات في التعلم.

- **الخصائص النفسية والاجتماعية للموهوبين والمتفوقين :**

يعرف الطفل الموهوب والمتفوق بأنه: الطفل الذي تصل نسبة ذكائه إلى ١٣٥ : ١٤٠ وتتوافر لديه قدرات فائقة في التحصيل والاستيعاب ، بما لا يتناسب مع سنه وعقليته أي المرحلة العمرية التي يمر بها .

كما يتميز الموهوبين والمتفوقين بمجموعة من المهارات ، منها:

- التعلم الأسرع .
- التعلم بقليل أو بدون تلقى التعليمات أو المساعدة .

◄ فهم مناقشات الكبار، وحواراتهم .

◄ بداية التحدث مبكرًا عن المعتاد.

◄ معرفة كثير من المفردات مع استخدامها في جمل بطريقة صحيحة .

◄ الاهتمام بالقراءة .

◄ ذاكرة قوية .

◄ حل الألغاز بسرعة .

◄ الإنصات للقصص والمناقشات .

◄ مناقشة الأفكار بشيء من التفصيل .

◄ الاهتمام بالموضوعات المعقدة.

◄ الاهتمام بالمشاكل التي تفوق السن أو الخبرة .

◄ الملاحظة الجيدة .

◄ عدم الصبر، والملل بسهولة من المهام الروتينية .

◄ تفضيل مصادقة من هم أكبر سنًا.

◄ التحدث مع الأشخاص الكبار .

◄ المعرفة العقلية للقيام ببعض المهام والتي لا يستطع إنجازها جسديا.

كما توجد مجموعة من الخصائص التي توصف بأنها طبيعية لدى الموهوبين والمتفوقين :

◄ الأفكار المعقدة والعميقة .

◄ العواطف الحادة (المتطرفة).

◄ طرح العديد من الأسئلة .

◄ الحساسية الشديدة .

◄ حب الفضول .

◄ حب التحدي .

◄ توافر قدر كبير من الطاقة .

◄ حس غير مألوف من روح الدعابة .

◄ الإثارة والغضب من الظلم .

◄ البحث عن معنى للحياة.

◄ الشعور بالحزن والأسى تجاه العالم .

◄ الاتصال الروحي بالحياة .

◄ البحث عن القواعد والسلطة .

◄ التحلي بالمعتقدات الأخلاقية الصحيحة.

◄ الاعتداد بالنفس .

وعلى الرغم من اختلاف العوامــل والأسـباب ، والمـداخل والمقدمات فإن المـوهوبين والمتفوقين ، وأقرانهم من المصابين بعاهات حسـية (عقلية وبدنية) يشــتركون في مظاهر سلوكية نفسية ، وانفعاليـة ، واجتماعيـة تميزهم ، حيث

أشارت الأدبيات التربوية إلى أن هؤلاء الأطفال يشتركون في المظاهر النفسية والانفعالية الاجتماعية الآتية :

- عدم النضج الوجداني والعاطفي ، متمثلاً في الحساسية ، وحدة المشاعر فيوصفون بتطرف المشاعر ، وتعقدها.
- الخوف من المجهول ، والقلق والشعور بالذنب ، والاهتمام بالموت والميل للوحدة.
- الشعور بالغربة ، والاكتئاب ، وإدراك كبير للظلم والنفاق، والافتقار المعرفي.
- حدة النقد الذاتي لأنفسهم ، وردود الفعل المبالغ فيها عند نقد الآخرين لهم.
- الشعور بالإحباط في بعض الأحيان عند إدراك الإخفاق.

كما أشارت الأدبيات التربوية إلي أن حاجة الموهوبين والمتفوقين إلى الرعاية والاهتمام لا تقل عن حاجة الفئات الأخرى من ذوي الاحتياجات الخاصة، وأن الإخفاق في مساعدتهم لبلوغ أقصى طاقاتهم ؛ ربما يعتبر مأساة لهم وللمجتمع على حد سواء. إنهم ينتمون إلى مجتمع ذوي الاحتياجات الخاصة ، ومن حقهم أن يحصلوا على فرص تربوية تنسجم مع قدراتهم واستعداداتهم ، انطلاقًا من نفس المنطق الذي يُستخدم لتبرير إدخال تعديلات على البرامج التربوية العامة لحل مشكلة الطلاب الذين يقعون في أدنى سلم القدرة العقلية، أو الذين يعانون من صعوبات أو عجز في التعلم.

- **خصائص الطلاب الموهوبين والمتفوقين دراسياً في العلوم:**

أورد فان تاسل وباسكا (1998) Van tassel & Baska خصائص الطلاب الموهوبين والمتفوقين في العلوم ، منها:

- لديهم اهتمامات علمية متنوعة.
- البحث فيما وراء الأشياء والأفكار.
- اكتشاف العلاقات عند إجراء تجربة علمية.
- استخدام الخامات والأدوات بمهارة.
- امتلاك حصيلة لغوية علمية كبيرة.
- حب الاستطلاع عن الظواهر الطبيعية والبيئة المحيطة.
- الرغبة في الاشتراك بالأنشطة العلمية ، الاستقصاء فيما وراء الأشياء فهو لايتقبل الشيء على علّته.
- يصمم كثيراً من المشروعات في مجال العلوم.

- **حاجات الطلاب الموهوبين والمتفوقين دراسياً في العلوم:**

أكدت نتائج دراسات براندوين (Brandwein, 1995) ، وبلشر وفلتشر (Belcher, Fletcher, 1999) إلى ضرورة تعرّف احتياجات الطلاب الموهوبين والمتفوقين في العلوم ، وتوفير مناهج للعلوم تناسبهم وخاصة فيما يتعلّق بالجانب العملي ، والأنشطة الإثرائية، والقيام بالرحلات العلمية ، وإجراء الأبحاث والمشروعات الفردية والجماعية. وقد حدد كل من فورت (1990) Fort وفان تاسيل

وتريفز Trefz (1996) Van tassel & Baska (1999) أهم حاجات الطلاب المتفوقين في العلوم كما يلي:

◀ الحاجة إلى التعلم من خلال البحث والاستكشاف والتجريب.

◀ الحاجة إلى إثراء المحتوى بالعديد من الأنشطة العلمية الإضافية الملائمة لقدراتهم.

◀ الحاجة إلى معلّم واعٍ باحتياجاتهم، قادر على تصميم مشاريع وأنشطة تستنفذ كل قدراتهم.

◀ تهيئة البيئة التعليمية المناسبة لحل المشكلات العلمية.

◀ تهيئة البيئة التعليمية لإجراء المشروعات المختلفة "الفردية منها والجماعية".

◀ تنمية مستويات التفكير العليا لديهم.

◀ تنمية مهارات استخدام التكنولوجيا كأداة علمية، لتسهيل الاتصال مباشرة بالعالم الخارجي لتبادل الخبرات.

◀ الحاجة إلى اكتساب مهارات التفكير والبحث العلمي وفحص الأفكار والبحث عن الحلول ، وفرض الفروض ، واختبارها في عالم الواقع ومناقشة النتائج الربط بين الأشياء والأفكار ، واكتشاف العلاقات عند إجراء تجربة علمية وإتاحة الفرصة لاستخدام الخامات والأدوات المختلفة.

• مراجع الفصل الأول :

١. إبراهيم محمد شعير(١٩٨٨): "دراسة تقويمية لمناهج العلوم الخاصة بالمعاقين بصريا بمرحلة التعليم الأساسي" . دكتوراه غير منشورة . المنصورة . كلية التربية. جامعة المنصورة .١٩٨٨ .

٢. أحمد حسين اللقاني وأمير القرشي (١٩٩٩). **مناهج الصم** . القاهرة: عالم الكتب.

٣. توماس ج .كارول (١٩٦٩).**رعاية المكفوفين نفسيا ومهنيا واجتماعيا** . ترجمة صلاح مخيمر ،الأنجلو المصرية .

٤. جان جودان (١٩٨١). " اليونسكو " والتعليم الخاص للأطفال المعاقين . مجلة اليونسكو . **طرق جديدة للتعليم** العام الدولي للمعوقين .العدد ٢٤٣ .أكتوبر.

٥. جمهورية مصر العربية (١٩٩٤). اتحاد هيئات الفئات الخاصة والمعاقين . **نحو مستقبل أفضل للمعوقين. المؤتمر السادس** .القاهرة من ٢٩ ـ ٣١ مارس.

٦. حسين مصطفى عبد الفتاح (١٩٩٧). أساليب الاتصال لتعليم **ذوى الاحتياجات السمعية الخاصة"** الصم وضعاف **السمع".** القاهرة، شبرا: مكتبة الطلاب

٧. حمدي أبو الفتوح عطيفة (١٩٨٧). تعليم العلوم للمعاقين في مصر . واقعه . مشكلاته. **مجلة التربية** .المنصورة : كلية التربية. جامعة المنصورة.

٨. رفعت محمود بهجات (٢٠٠٤). **أساليب التعلم لذوى الاحتياجات الخاصة**. القاهرة: عالم الكتب.

٩. سامي محمود عبد الله (١٩٩٦). التعليم للجميع في المدرسة الشاملة ومدرسة المعاقين وغير المعاقين .**مجلة كلية التربية** . العدد٦١١ القاهرة : كلية التربية . جامعة الأزهر . أبريل . ص ٣٦١ ـ ٣٧٩ .

١٠. سعد الدين إبراهيم (١٩٨٢). قضية المعاقين في الوطن العربي الملامح والمعالجة .**مجلة المستقبل العربي** . العدد ١٣ .السنة ١٢ . ١٩٨٢.

١١. سعيد حسنى العزة (٢٠٠١). الإعاقة السمعية واضطرابات الكلام واللغة. عمان: الدار العلمية الدولية للنشر والتوزيع.

١٢. سميرة أبو زيد عبده (١٩٨٨). مدى ملاءمة البيئة التربوية للتلاميذ المكفوفين بالمرحلة الأولى من التعليم الأساسي لاحتياجاتهم . المؤتمر السنوي للطفل المصري تنشئته ورعايته . المجلد الأول القاهرة : جامعة عين شمس. مركز دراسات الطفولة ، ٤٤٦-٤٧١.

١٣. سميرة أبو زيد عبده (١٩٩٠). تصور مقترح الطفل المعاق مع الطفل العادي في مرحلة رياض الأطفال . المؤتمر السنوي الثالث للطفل المصري. تنشئته ورعايته . المجلد الثاني ،١٤٤١- ١١٥٥.

١٤. عادل أحمد عز الدين (١٩٨٧). موسوعة التربية الخاصة .القاهرة: مكتبة الأنجلو المصرية.

١٥. عبد العزيز السرطاوى, يوسف القريوطى وجلال القاري (٢٠٠٢). معجم التربية الخاصة .الإمارات العربية المتحدة- دبى: دار القلم للنشر والتوزيع.

١٦. عبدالله علي محمد إبراهيم(١٩٩٨).أثر برنامج مقترح في العلوم علي التحصيل ومفهوم الذات في العلوم والاتجاهات نحوها للطلاب المعاقين بصريا بالمرحلة الإعدادية،دكتوراه غير منشورة ، كلية التربية ،جامعة الأزهر.

١٧. عصام حمدي الصفدى (٢٠٠٢). الإعاقة السمعية. الأردن: دار اليازورى العلمية للنشر.

١٨. فتحي السيد عبد الرحيم (١٩٩٠) سيكولوجية الأطفال غير العاديين واستراتيجيات التربية الخاصة. ج٢. الكويت: دار القلم للنشر والتوزيع.

١٩. ماجدة السيد عبيد (٢٠٠٠). السامعون بأعينهم . القاهرة: دار صفاء للنشر والتوزيع.

٢٠. ماجدة السيد عبيد (٢٠٠١). مناهج وأساليب تدريس ذوى الاحتياجات الخاصة. القاهرة: دار صفاء للنشر والتوزيع.

٢١. مجدي عزيز إبراهيم .(2002) مناهج تعليم ذوى الاحتياجات الخاصة. القاهرة: مكتبة الأنجلو المصرية.

٢٢. نادية محمد شريف(٢٠٠٧).فعالية برنامج مقترح لتنمية بعض مهارات استخدام تكنولوجيا الحاسوب وثقة تعلم الطالبات المعلمات به في التدريس لذوات اضطرابات التعلم،مجلة دراسات عربية في التربية وعلم النفس ، المجلد الأول ، مكتبة الرشد.

23-Buchanan, Mary & Weller, Carol & Buchanan, Michelle. (1997). **Special education desk reference.** London: Singular Publishing.

24-Group Inc.13-Jacobs Leo, M. (1989). **A deaf adult speaks out. 3rd Edition.** Washington: Gallaudet University Press.

25-Medwid, Daria J. (1995). **Kid-friendly parenting with deaf and hard of hearing children.** U.S.A.: Gallaudent University Press.15Paul

26-Peter V. (1994). **Language and Deafness.** 2nd ed. San Diego: Singular Publishing Group Inc.

★★★★★★★

طرق تعليم ذوي الاحتياجات الخاصة

الفصل الثانى

((المعاقون بصريـا ، طرق تعليمهم ، وكيفية اكتسابهم للمفاهيم))

- مقدمة.
- الفروق الفردية لدي ذوي الإعاقة البصرية.
- دمج المعاقين بصريا مع العاديين.
- برامج وطرق تعليم العلوم للمعاقين بصريا.
- أسس تدريس العلوم للطلاب المعاقين بصريا.
- القدرات العقلية للمعاقين بصريا.
- تطور المفاهيم عند الكفيف.
- مشروعات وبرامج تعليم العلوم للمعاقين بصريا.

الفصل الثاني :

المعاقون بصريا طرق تعليمهم وكيفية اكتسابهم للمفاهيم

● **مقدمة :**

علي الرغم من الاهتمام المتزايد بالمتعلم المعاق بصريا بضرورة تعليمه وإكسابه قدرا من الثقافة العلمية؛ إلا أن واقع تعليم الأطفال المعاقين بصريا يشير إلي وجود العديد من العقبات والمشكلات المتعلقة بمناهج دراستهم، مما دعا المؤتمرات الخاصة بالمعاقين إلي التوصية بضرورة الاهتمام بالبحوث العلمية في تطوير مناهج ذوي الاحتياجات الخاصة بصفة عامة ومناهج المعاقين بصريا بصفة خاصة .

● **أولا : الفروق الفردية لدى ذوي الإعاقة البصرية :**

يتسع مجال الفروق الفردية بين المعاقين بصرياً لاختلاف نوع وطبيعة ودرجة الإعاقة ونوع الخدمات التأهلية والتعليمية والتربوية.

وتتضح أهم الفروق الفردية بين المعاقين بصريا ، فيما يلي:

◄ من المعاقين بصرياً من يعاني من التذبذب السريع اللاإرادي للمُقلتين والبعض يعاني من الحساسية الشديدة للضوء، والبعض الآخر يعاني من عمى الألوان وغير ذلك.

◄ يختلف المعاقون بصريا في درجة إعاقتهم ، فمنهم فاقد البصر كلياً فيحتاج الى طرق ووسائل تعتمد على الحواس غير البصرية كالتعلم باللمس، أو السمع ، والبعض ضعيف البصر ، أو فاقد البصر جزئياً يحتاج إلى طرق ووسائل تشترك فيها الكلمات والنماذج البصرية ، والصور الكبيرة ، والطرق اللمسية والسمعية.

◄ يختلف المعاقون بصريا في زمن وقوع الإعاقة ، فمنهم من ولد كفيفاً، ومنهم من أصيب في مرحلة متأخرة، ويعرف بالعمى الخلقي قبل أن يتعرف على ما في البيئة من مفاهيم ومدركات بصرية ومنهم من أصيب في مرحلة متأخرة ويعرف بالعمى الطارئ بعد تعرفه على مفاهيم ومدركات البيئة فيحتاج إلى دعم نفسي وتقبل اجتماعي.

◄ يتباين المعاقون بصريا في قدراتهم ، وميولهم ، واستعداداتهم واتجاهاتهم نحو أنفسهم ، وأسرهم ، ومجتمعهم ، وفي درجة اعتمادهم على أنفسهم واستقلالهم الذاتي في أمور ومتطلبات حياتهم.

◄ يختلف المعاقون في قدرتهم على التحرك ، واستخدام المعينات وفاعلية الحواس الأخرى، مثل السمع ، واللمس ، والشم.

● **ثانيا : أهم العوامل المسببة الإعاقة البصرية:**

تأتي العوامل المؤثرة في مرحلة ما قبل الميلاد والتي تشتمل المشكلات الوراثية الولادية في مقدمة العوامل المسببة للإعاقة البصرية وتمثل ٦٥% من الحالات

ولايمكن الوقاية من الإعاقات البصرية التي ترجع إلى ظروف تحدث فيما قبل الميلاد إلى أن يتم فهم العلاقات المسببة بين هذه العوامل ، وبين الإعاقات بشكل أفضل . وتأتي الأمراض المعدية، مثل: الزهري Syphilis كسبب آخر للإعاقات البصرية عند الأطفال (حوالي ٣٠%) من الحالات التي تقل أعمارهم عن خمس سنوات ، وما يقرب من ١٦ % من الإعاقات البصرية عند الأطفال والشباب، ترجع إلى عوامل غير محددة ، وتحدث فيما بعد الميلاد ، مثل هذه النسبة المرتفعة من حالات الإعاقة البصرية أو الناتجة عن أسباب مجهولة تشير إلى مدى الحاجة إلى بحوث طبية شاملة في هذا الجانب ، كما أن هناك بعض الأمراض العامة مثل السكر والاضطرابات الدموية ، وحالات مثل: الجلوكوما Gloucoma ، والموبيا Myopia التي تعتبر مجهولة الأصل يمكن أن تؤدي إلى إعاقات بصرية عند الأفراد من جميع الأعمار كما كثرت فترة بين الأربعينات و الخمسينات تليف خلف العدسة العينية ، وهي حالة تنتج عن زيادة كمية الأكسجين تؤثر على شبكية العين ، وهو العامل المسئول عن النسبة المرتفعة من هذه الإعاقة البصرية.

أما الإعاقات البصرية التي ترجع إلى أسباب غير محدودة فتحدث قبل الميلاد والحالات التي لم يفهمها العلم حتى الآن يبدو أنها سوف تستمر في الإسهام في المشكلات البصرية جنبا إلى جنب مع الإصابات الناتجة عن الحوادث بمختلف أنواعها.

ويبدو أن ميدان الإعاقة البصرية من الميادين التي حظيت باهتمام كبير منذ وقت مبكر ، فلقد مرت تربية وتعليم المكفوفين على مستوى العالم بأربعة مراحل رئيسية هي :

◄ العـــزل separation .
◄ الوصاية Ward status .
◄ التحرر الذاتي Self Emancipation .
◄ مرحلة التكامل Integration .

وهي التي جاءت نتيجة لتغيير الاتجاهات الاجتماعية نحـو المكفوفين في معظـم أنحـاء العـالم ، والتي نمت وتطورت على مدى مئات بل آلاف السنين.

ويعتبر الشخص معاقاً بصريا من المنظور التربوي إذا لم يستطع أن يـتعلم مـن الكتـب والوسـائل والطرق البصرية التي تستخدم مع العاديين في نفس سنه، بحيث يحتاج إلى طرق وأدوات تعليمية، خاصة المكفوفين منهم ، أولئك الذين يصابون بقصور بصري حاد، مما يجعلهم يعتمدون على القراءة بطريقة برايل . أما ضعاف البصر فهم الأفراد الذين يستطيعون قراءة المادة المطبوعة، على الرغم مـما قد تتطلبه هذه المادة أحيانا من بعض أشكال التعديل، مثل :استخدام عدسات مكبرة أو تكبير حجم المادة ذاتها .

كما أن المدرسة التي تفتقد الإمكانات المادية والنفسية المهيئة للـتعلم قـد لا تكون سببا في ظهور حالات التأخر الدراسي ، بل إنها قد تكون سببا في حدوث حالات التسرب الدراسي .

لذا تتجه تربية المكفوفين إلي تحقيق العديد من الأهداف التالية :

◄ مساعدة الكفيف أو المعاق بصريا علي تحقيق النمو الشامل المتكامل لجميع جوانب شخصـيته الجسمية، العقلية ، واللغوية ، والانفعالية والاجتماعية إلي أقصي حد ممكن تسـمح بهـا قدراتـه وطبيعة إعاقته .

◄ مساعدة الكفيف لأخذ دوره في المجتمع بتزويده بقدر مناسب من المعرفة الثقافية حتى يتمكن المعاق بصريا من التكيف والاندماج في بيئته وعدم الانعزال عنها .

◄ معاونة الكفيف لعلاج الآثار النفسية التي تتركها الإعاقـة لديـه وإشعاره بالرضـا مـن ذاتـه، واستقراره النفسي، والتكيف الاجتماعي .

◄ الاستفادة من باقي الحواس بأقصى حد ممكن .

ولتحقيـق هـذه الأهـداف يـري كـل مـن هازيكـامب Hazekamp وهيـوبنر Huepner ١٩٨٩ أن الكفيف بحاجة إلى ثمانية احتياجات ضرورية يجب أن توضع في الاعتبار ، خاصة الذين يتعاملون مـع الكفيف، تتمثل في الاحتياجات التالية:

◄ أكاديمية.
◄ اتصالية.
◄ وجدانية.
◄ اجتماعية.
◄ حسية .
◄ الحركة والتوجه.
◄ مهارات الحياة اليومية .
◄ مهنية وظيفية .

وبالنظر إلي كيفية تلبيـة هـذه الاحتياجـات للكفيف في مختلـف بلـدان العالـم لـوحظ أن هنـاك أسلوبين رئيسين هما :

أ -عزل المكفوفين في مدارس خاصة بهم ، حيث تقدم لهم كل أنواع الرعاية والاهتمام التـي تتناسب مع إعاقتهم ، وتلبى جميع احتياجاتهم وهذا هو الأسلوب المتبع حاليا في مصر .

ب -إلحاق المكفوفين بمدارس العاديين (المبصرين) وهو ما يطلق عليه اسم mainstreaming (وهذا هو الأسلوب المتبع في المعاهد الأزهرية، وبعض مدارس المندمجين دراسيا علي المستوي العربي) حيث يتم تعليم الكفيف والمبصر في فصل واحد و هذا يستلزم ما يلي :

◄ ضرورة تدريب المعلم على كيفية شرح الدرس بطريقة تمكن كل من المبصر   والكفيف بتتبعـه في نفس الوقت .

◄ في حالة عدم توافر المعلم المدرب يلحق بالفصل معلم خاص بالمكفوفين يوضح لهـم أي لـبس أو غموض .

◄ إعداد الكتب والمناهج الخاصة بالمكفوفين وهي نفس كتب المبصرين ولكن بلغة برايل وبطريقة تلاءم إعاقتهم البصرية .

◄ ضرورة وجود حجرة للأنشطة والوسائل التعليمية خاصة بالكفيف Resource Room يوضع بها الأجهزة المعدلة والخامات البسيطة السهلة التي يستخدمها الكفيف أثناء التعلم .

◄ يمنح الكفيف بعض الحصص الإضافية التي يتعلم من خلالها بعض الدروس التي لها صلة بإعاقته مثل: التدريب علي كيفية الكتابة والقراءة بطريقة   برايل.

◄ وجود قسم داخلي بالمدرسة يلتحق به بعض المكفوفين الذين يعانون من بعض المشكلات ،والتي يمكن للمنزل مساعدتهم في علاجها ،مثل: عدم قدرتهم علي التوجـه والحركة ،أو التـدريب عـلي مهنة ما ، حيث يقوم القسم الداخلي بتدريبهم في أوقات تاليه للدراسة .

ومن الملاحظ أن تعليم المكفوفين بالأزهر يقوم علي إدماج المعاقين بصريا والمكفوفين مع العاديين طوال السنوات الدراسية المختلفة . أما في مدارس التعليم العام فيتم عزل المعاقين بصريا والمكفوفين في مدارس خاصة بهم ، مما قد يعرضهم إلي مخاطر منها ،مثلا :عدم اندماجهم بفاعلية مع المجتمع .

● ثالثا: مفهوم دمج المعاقين بصريا مع العاديين وطرق تعليمهم:

تعددت مفاهيم دمج المعاقين بصريا في فصول العاديين ، فهي تعني وجود أطفال معـاقين داخل فصول مدرسية عادية، ويتابعون تعليمهم في ظروف الأسوياء نفسها . وتعني عند البعض الأخر وجـود أطفال معاقين داخل فصول دراسية عادية مع تحرير جزئي في وسائل وظروف التعليم مثل الاعتماد علي بعض طرائق التربية الخاصة والاستفادة من دعم تعليمي خارجي .

وتعني عند فريق آخر استفادة المعاقين من بعض المواد المدرسية المدرجة ضمن الفصول العادية، مثل: الحساب ، والرياضة ، والرسم مع مواصلة بقية تعليمهم بمراكز التربية الخاصة .

كما يعني الدمج وجود فصول للمعاقين داخل المدارس العادية لها مربوها المختصون ووسائلها المناسبة ، ولا يختلط المعاقين بالأسوياء إلا في فناء المدرسة، أو في بعض المناسبات ، مثل الرحلات والحفلات.

يتضح من المفاهيم السابقة للدمج عدم اتفاقها في أسلوب أو طريقة واحدة للدمج .

وفي ضوء ما سبق يقصد الكاتبان بالدمج قضاء المعاقين بصريا كل أوقات تعليمهم في فصول العاديين لإعدادهم للمجتمع، وما يترتب على ذلك من توافر النماذج والمجسمات التعليمية البارزة تبعا لظروفهم التعليمية الملائمة، وتأهيل المعلم المعد نفسيا، واجتماعيا، ومهنيا للتعامل مع المعاقين بصريا بصفة خاصة والمعاقين بصفة عامة، وإجادته لطريقة برايل ، وتيلر الملائمتين لطبيعة الإعاقة البصرية.

● رابعا : برامج وطرق تعليم العلوم للمعاقين بصريا :

هناك العديد من البرامج والطرق المتعلقة بتدريس العلوم للمعاقين بصريا نذكر منها ما يلي:

١- بعض البرامج التي أعدت لدمج المعاقين :

أ- مشروع "Head start " بأمريكا :

تقوم إستراتيجية هذا المشروع علي تصميم برنامج يناسب الأطفال المعاقين في أماكنهم وتعزيز بعض الإجراءات العلاجية، لتصحيح أي قصور عندهم سواء كانت غذائية ، أو طبية ، أو خبرات يعيشها الأطفال. وفي عام (١٩٧٢) تقرر أن يشمل هذا البرنامج الأطفال المعاقين بنسبة ١٠% علي الأقل، أي وضع أطفال معاقين مع أطفال عاديين mainstreaming ويعد هذا من أهم أنشطة هذا البرنامج .

ب- تسكين المعاقين بالفصول الدراسية المنتظمة Mainstreaming :

وهذا يعني إعطاء الأفراد ذوي الحاجات الخاصة فرص الاشتراك في جميع الأنشطة ، وتتمثل في :

- النظر إلي الحاجات التربوية للأطفال بدلا من التصنيفات التشخيصية والعلاجية، مثل: بطيء التعلم ، والمعاق جسمانيا والمعاق سمعيا ، والمعاق بصريا، والموهوب والمتفوق .
- البحث عن بدائل تساعد التربويين علي مساعدة المعاقين في التعلم والتكيف والاستعانة بتوجيهات المدرسين والمتخصصين في طرق التدريس لتحقيق الأهداف.
- توجد المهارات التي تعلم في التربية الخاصة والعامة حتى ينال الجميع فرصا متساوية .

وقامت هذه البرامج علي أساس المبادئ السلوكية لواطسون وسكينر وآخرون واستراتيجيات النمو العقلي لبياجيه ، والأساليب التي صممتها مونتورى ، كما أفادت هذه البرامج بدورها كأساس لتطوير برامج نموذجية يمولها مكتب التربية الخاصة بالولايات المتحدة ، حيث تحقق هذه المشروعات هدفين :

طرق تعليم ذوي الاحتياجات الخاصة

- تقديم نماذج من الخدمات المثالية التي يمكن تطبيقها مع المعاقين .
- تقديم معلومات تشجع علي هذا التطبيق .

جـ- برنامج التربية الخاصة الفردية Individual Education Program .

يقوم هذا البرنامج على أساس التسليم بأن كل طفل معاق يجب أن يحصل على برنامج تربية فردية ومستعد لها ، وتوضع الأهداف في صيغة إجرائية تشمل مايتوقع أن يحقق الفرد في فترة زمنية محددة ، والذي عادة ما يكون عاما دراسيا تقسم إلى أشهر ثم أسابيع.

٢- بعض تجارب الإدماج علي المستوي العالمي :

أ- في السويد :

اتخذ الإدماج صورة " إدماج الخدمات" الذي يقضى بتخصيص فصول دراسية خاصة بالمعاقين في مباني المدرسة العادية. ومن الأهداف التي تسعى إلى تحقيقها تكوين أشخاص أسوياء متوازيين من المتخلفين القابلين للتعلم الذين يستطيعون معالجة مشكلاتهم الشخصية.

ب- في الاتحاد السوفيتي :

هناك نوعان من الدمج: الأول، تعليم المعاقين في مدارس العاديين الذين تؤهلهم قدراتهم على متابعة الدراسة ،مع توافر الأنشطة والوسائل التعليمية الخاصة بهم والدمج الثاني للمكفوفين يتعلمون فى فصول خاصة بهم ، ويتم دمجهم في فصول خاصة مع العاديين من خلال الأنشطة.

جـ- في الولايات المتحدة :

قامت Sharon Raver بمسح لكل الدراسات التي تمت حول إحداث الدمج بين المعاقين والعاديين في فصول ما قبل المدرسة ، ووجدت ما يلي : إن مجرد وضع أطفال متأخرين مع عاديين في نفس البيئة، لا يؤدى بالضرورة إلى تفاعل بينهم. لذلك فاختيار الأطفال يجب أن يكون على أساس النمو العقلي وليس العمر الزمني.

ويرى " Bricker " أن البرنامج المتكامل الذي يحتوى على أطفال معاقين وغير معاقين ، يسهم في تغيير الأفكار الاجتماعية ، وفى نفس الوقت يستخدم المصادر التربوية بطريقة أكثر فاعلية ، ويساعد المعاقين على أن يتعلموا في نفس البيئات التعليمية العادية ، ويفي بحاجة المتعلم للتفاعل مع بيئة متقدمة ونامية فيها تحد أكبر له، وهذا من خلال تعليم الأطفال المعاقين في نفس البيئات " العادية ".

كما يرى الخبراء ضرورة التنويه بالمزايا الإيجابية لعملية الإدماج؛ إذ إنه يقلل من إنشاء المدارس الخاصة الأكثر تكلفة، واستخدام هيئة عالية الكفاءة من المعلمين المتخصصين ، وكذلك تتيح للبلاد النامية الخدمات التعليمية إلى إعداد أكبر قدر من الطلاب ، فكلما بكر المتعلم المعاق بالاندماج في حياة المجتمع كان تكيفه مع هذه الحياة أسرع ، وأن المتعلم غير المعاق يشب مع المعاق ويتربى معه ويتكيف مع إعاقته منذ البداية.

٣- طرائق تعليم المكفوفين والمعاقين بصريا :

توجد طريقتان شائعتان لتعليم المكفوفين والمعاقين بصريا:

أ- طريقة برايل:

وتستخدم لتعليم المكفوفين القراءة والكتابة ،وقد اخترعها" لويس برايل " Louis Braille "
عام ١٨٢٤ وتطورت فى صورتها النهائية ١٨٢٩ وهى عبارة عن: تمثيل للحروف بنقاط بارزة
حيث يمثل كل حرف باستعمال نقطة أو أكثر، ويبلغ عدد النقاط التى تشكل منها
الحروف الهجائية بطريقة برايل ست نقاط ترتب بطريقة معينة، ويعرف ذلك الترتيب
بخلية برايل كما فى الشكل التالى،
حيث تحول الحروف الهجائية إلى
نظام ملموس من النقاط البارزة
التى تأخذ شكل خلايا وتعد الخلية
الوحدة الأساسية لتشكيل النقاط
البارزة حيث تتكون الخلية من
ست نقاط .

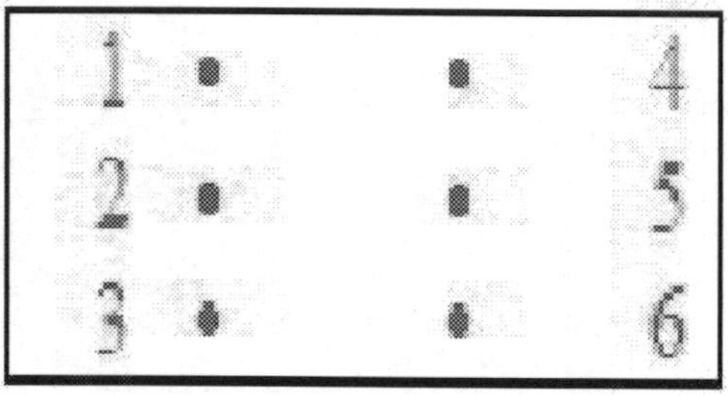

شكل رقم (١) خلية برايل

تعطى كل نقطة رقما معينا يبدأ من (١) وينتهى بـ (٦) ومن خلالها يستطيع الكفيف أن يجمع
الحروف .

وتتلخص طريقة برايل فيما يلي :

◄ قلم عبارة عن مسمار مثبت في قطعة من الخشب أو من الألمنيوم مناسبة من حيث الحجم والشكل،
بحيث تمكن الكفيف من الكتابة بواسطته بطريقة سهلة

◄ مسطرة معدنية مكونة من فرعين متصلين من طرف واحد بواسطة مفصلة بحيث يتحرك الفرعان
بسهولة ، ويقسم الفرع العلوي إلى خانات في صفوف ويختلف عدد الصفوف والخانات باختلاف
حجم المسطرة ، وكل خانة مقسمة إلى ستة أقسام وكل قسم يمثل رقما كما بالشكل السابق. ومن
هذه الأقسام الستة يستطيع الكفيف أن يكون جميع الحروف، أما السطح السفلى وإن كان مقسما
إلى خانات إلا أنها غير مفرغة وكل خانة تحتوى على ست نقاط تقابل الستة أقسام التي فى الفرع
العلوي .

◄ تتحرك المسطرة على لوحة خشبية عريضة بعرض المسطرة تقريبا ويوجد على جانبيها أخدودان غير
عميقين يحتويان على ثقوب متقابلة تثبت فيها المسطرة عن طريق بروزين يوجدان على الفرع
السفلى للمسطرة ويوجد في الطرف العلوي من اللوحة الخشبية مفصلة فائدتها تثبيت الورقة على
اللوحة .

◄ يستخدم الكفيف ورقا سميكا، مثل : ورق خرائط الجغرافيا لملاءمته لنوع الكتابة والقراءة البارزة .

طرق تعليم ذوي الاحتياجات الخاصة

وقامت منظمة اليونسكو بإجراء تعديلات فى طريقة برايل ، لتلائم كل اللغات؛ الأمر الذي أدى إلى انتشار هذه الطريقة فى كل لغات العالم ، وأصبح من السهل تعليم هذه الفئة من المعاقين وإكسابهم قدرا من الثقافة والتعليم يؤهلهم لأن يكونوا قادرين على القيام بدورهم فى المجتمع، ويوضح شكل رقم (٢) الحروف الهجائية بطريقة برايل .

شكل رقم (٢) : الحروف الهجائية العربية بطريقة برايل

د	خ ح	ج	ث	ت	ب أ
ط	ض ص	ش	س	ز	ر ذ
م	ل ك	ق	ف	غ	ع ظ
		ى	لا	و	هـ ن

ب ـ طريقة تيلر :

ابتكرت عام(١٨٣٨) ، وتفيد فى حل جميع العمليات الحسابية والجبرية ، ويتم من خلالها حل العمليات الرياضية التى لا يمكن أداؤها بطريقة برايل وحدها وهذه اللوحة عبارة عن لوحة معدنية بها ثقوب على شكل نجمة ثمانية الأفرع فى صفوف رأسية وأفقية فى نفس الوقت أما الرموز والأرقام ، فهى عبارة عن منشورات رباعية مصنوعة من المعدن ويوجد نوعين من الأرقام ، الأول ينتهى أحد طرفيه من أعلى بنتوء على هيئة شريط ، والطرف الآخر ينتهى ببروزين على هيئة نقطتين والنوع الثانى ينتهى من أحد طرفيه بنتوء على شكل (ماذا) والطرف الآخر ينتهى بنتوء على شكل زاوية قائمة .

يتضح مما سبق أن حاسة البصر تعد من أهم وسائل الاتصال بين الإنسان وبيئته، فعن طريق هذه الحاسة يدرك الإنسان ، ويميز بين الأشياء من ناحية أشكالها، وأحجامها، وألوانها، وأبعادها ، بالإضافة إلى أنه يستطيع أن ينظم الأفعال والحركات التى تتلاءم مع حاجاته المختلفة ، كما أن العجز فى الحواس له تأثير مباشر على سلوك المعاق نظرا لأن العجز فى الحواس يمنع مؤثرات البيئة من الوصول إلى الفرد.

كما تعد الإصابة بالعمى من أخطر إصابات الحواس ، لأن اللغة هى أساس التفاعل الإنسانى ولابد من قراءتها عن طريق العين.

ومن الأمور بالغة الأهمية فى تعليم المكفوفين ، هى أن يتم توفير الكتب والمواد المقروءة بكافة جوانبها ، قصص ، مناهج ، دوريات ، مقالات ، أنشطة فى صورة صوتية مسموعة، وذلك لفتح أبواب المعرفة لدى الكفيف وحفز تدفق المعلومات لهذه الشريحة من المجتمع ، وكما نقول دائما، إن التعليم حق للجميع ، فيجب عند ترجمة هذه العبارة إلى واقع ، أن يفتح المجال للجميع للتعلم وكسب المعرفة وذلك وفقا لاحتياجات كل شريحة وإمكانياتها وقدراتها.

كما توجد طرق وبدائل لتعليم المعاقين بصريا ،مثل : استخدام أجهزة التسجيل، وشرائط اللعب، وضواغط الكلام ، والآلات الحاسبة الناطقة، ودائرة التليفزيون المغلقة ،والماكينات الناطقة بما فى الكتب وهى عبارة عن جهاز به كاميرا يصور الكلمة ويخرجها بارزة من الناحية الأخرى فينطقها الطالب.

وهذه الوسائل الخاصة ضرورية للمعاقين بصريا ، والإرشاد فى استخدام الوسائل الحسابية العددية ، مثل : العداد والآلة الحاسبة الناطقة، وتقدم هذه الوسائل حسب الحاجة بعكس إرشادات برايل . وقد طورت آلة العد الحسابى لتساعد الطلاب المعاقين بصريا على إجراء العمليات الحسابية كالجمع، والطرح، والضرب والقسمة للأعداد الصحيحة ،والكسور ،وكذلك فى حساب النسب ، والجذور التربيعية ويتكون المعداد الحسابى وهو مستطيل الشكل من ١٣ عمودا متوازيا فى كل منها خمس خرزات تتحرك بسهولة إلى الأعلى والأسفل كما تقسم أفقيا إلى جزأين ، الجزء العلوى وفيه خرزة واحدة فى كل عمود والجزء السفلى وفيه ٤ خرزات فى كل عمود ، كما توجد فى أسفل كل جزء نقاط بارزة تعمل كفواصل فى قراءة الأرقام الحسابية.

كما ظهرت فى السنوات الأخيرة أجهزة متخصصة لتطوير مهارات الاستماع والقراءة والكتابة من أهمها أجهزة الكتب الناطقة، أو أشرطة التسجيل ، والأجهزة الناتجة عن التنظيم الآلى ، مثل : جهاز (كيروزيل) حيث يساعد جهاز الصوت اليدوى على قراءة الرسائل والكتب عن طريق تحويل المادة المطبوعة إلى مادة مسموعة باستخدام طريقة (الراديتكون) فهى تهدف إلى تنمية مهارات القراءة والكتابة باستخدام طريقة برايل والعمل على تنمية قدرات التواصل الاجتماعى والاندماج فى المجتمع.

٤- السمات العامة لشخصية الكفيف :

هناك العديد من السمات التي يتمتع بها الكفيف، منها:

- تتحدد شخصية الكفيف بالعوامل الفسيولوجية من جهة ، والعوامل الاجتماعية من جهة أخرى ، فبالنسبة للعوامل الفسيولوجية تتأثر الشخصية بنشاط الأعضاء ودقتها ، وبقيامها بوظائفها بوجه أو بآخر.

- إن عجز الكفيف عن الرؤية ينعكس على سلوكه بأشكاله المختلفة حيث يرتبط بالعديد من المشاكل،كما يمكن أن تصنف الجوانب الفسيولوجية لمثل هذه المشكلات تحت قطاعات رئيسية ثلاثة هي : مجال الوظائف المعرفية ، مجال المهارات الحركية ، مجال المهارات الشخصية والاجتماعية.
- يعتمد الكفيف على الحواس الأربع الباقية في الحصول على الخبرات والمعلومات، وهذه الحواس هي (اللمس ، السمع ، التذوق ، الشم) فهو يعتمد على اللمس في إدراك الأشكال وحجومها ، ولكن هناك فرق بين ما تؤديه حاسة البصر في هذا الميدان وبين ما تؤديه حاسة اللمس ،لأن مدى ما تتطلع إليه العين يفوق كثيرا ما تستطيع حاسة اللمس أن تدركه ،علاوة على أن حاسة اللمس لا تستطيع إدراك المسافات البعيدة عن العين أو إدراك الحجوم الكبيرة والألوان أو الأشياء المؤدية التي إذا لمسها الكفيف تعرض للأذى . ولهذا فإن الكفيف في مجال الإدراك أقل حظا من المبصر ، والعالم الذي يعيش فيه عالم ضيق محدود لنقص الخبرات التي يحصل عليها سواء من حيث النوع أو المدى .
- إن الكشف عن السمات العامة المكونة لشخصية المكفوف تساعد كثيرا في تقديم العون التربوي بما يدعم إيجابيات هذه الشخصية.
- إن حركة الكفيف تتسم بكثير من الحذر واليقظة حتى لا يصطدم بعقبات ومثل هذا الموقف يؤثر كثيرا على علاقات الكفيف الاجتماعية مع الأفراد المحيطين به، وقد يتخذ موقفا مغايرا من المساعدة التي تقدم إليه فيرفضها أي قد يحدث عدم تكيف مع المحيطين به .
- الكفيف في الغالب يرد فشله في أداء أي أسلوب مرغوب فيه إلى إعاقته مما يجعله يشعر بالنقص .

يتضح مما سبق أن الكفيف يعانى من الشعور بالنقص والعجز في بعض الأحيان ، وهذا يترتب عليه وجود بعض الصراعات والسلوكيات غير المألوفة ، لذا ينبغي عند تدريس العلوم لهذه الفئة من المعاقين بصريا مراعاة بعض الأسس التربوية التي تعالج هذا القصور والعجز ، حيث تساعد المعاق بصريا على التعلم بصورة أفضل ، ويتمثل هذا في استخدام المفاهيم والمهارات والاتجاهات المناسبة لدى الطلاب المعاقين بصريا .

٥- الخصائص التعليمية لتدريس العلوم لذوي الإعاقة بصريا :

هناك العديد من الخصائص المتعلقة بالمعاقين بصريا عند دراستهم لمادة العلوم منها:

- يوجد تفاوت بين الطالب الكفيف والمبصر في متغير الزمن من حيث القدرة على التعلم ، فالمتعلم المكفوف لايمتلك الفترة التمهيدية lead time لتكوين فكرة عامة عن حدث معين قبل أن يجد نفسه في قلب ذلك الحدث .
- من المعلوم أن أجهزة الإحساس تستقبل المعلومات الواردة إليها بمعدلات مختلفة ، حيث إن المبصر يتبع مسار الأشياء وتسلسل الأحداث عن طريق

العينين بعكس الكفيف لايستطيع تتبع الأحداث إذا ما ابتعدت عنه ولو لمسافة قصيرة .

- المدى والعمق الكبيرين للمسافة يمكن للعين أن تلتقط منها المعلومات، حيث يتنبأ بالحدث قبل نهايته ، فالمبصر على سبيل المثال يتتبع المسار المنحنى الذي تأخذه كرة قذفها شخص آخر ، ومن ثم يتحرك نحوها لاستقبالها ، وذلك لأن الرؤية تساعد الفرد على أن يتفاعل مع الشيء المرئي عن بعد ، فإنها بذلك تمنحه فترة زمنية إعدادية قصيرة يعدل فيها من استجابته قبل حدوث الحدث علي الجانب الآخر فإن المكفوفين لا يكون لديهم عادة ذلك النوع من الفترة الزمنية التمهيدية ، فلكي يكتشفوا حدثا معينا ، فإنهم يجب أن يصلوا إلى قلب تلك الأحداث ، ويمكن لهم أن يعتمدوا على الصوت (الدال على منبه أو مثير ناشئ ضمن عضلات الكائن أو أوتاره العضلية proprioceptive ، إلا أنه نظرا لأن الصوت يعمل على امتداد مسافة ومدى أقصر بكثير من المدى والمسافة اللذان تعمل الرؤية في نطاقهما ، فإن الفترة التمهيدية عند الكفيف أقصر منها عند المبصر .
- يستوعب المبصرون بيانات عن الحدث الذي يوجدون فيه من مجرد نظرة عاجلة على النظام بعكس المكفوفين، فإنهم لا يستطيعون استيعاب تلك البيانات إلا من خلال استخدام الحواس الأخرى كاللمس أو السمع ، وبالتالي يحتاجون لوقت أطول لتجميع تلك البيانات .

إن المعاق بصريا قبل كل شيء إنسان له خصائصه التي يشترك فيها مع غيره ممن هم في مثل مرحلته العمرية من المبصرين ، بالإضافة إلى ما تفرضه الإعاقة البصرية من خصائص تميزه عن غيره من المبصرين حيث إن الحواس هي الينابيع التي يستقى منها الفرد اتصاله المباشر بنفسه وبالآخرين .

ويعد الإحساس ضرب من ضروب الخبرة التي تنتقل إلى الجهاز العصبي عبر الأجهزة الحساسة المختلفة التي تتلقاها، وترصدها، وتنقل أثارها وشعور الفرد بنوع هذه الإحساسات ، وبدرجاتها ، وبعلاقتها بالأشياء الأخرى يسمى إدراكا حياً ، وهو بهذا المعنى عملية معقدة تتسق و الإحساسات المختلفة في نظام متكامل. .

٦- أهمية حواس المعاق بصريا في اكتساب المفاهيم :

فيما يلي يتم تناول أهمية الحواس للطالب المعاق بصريا في التعرف علي البيئة التي تمكنه من اكتساب المفاهيم العلمية :

أ ـ حاسة اللمس :

تعتبر حاسة اللمس عند الكفيف مصدرا هاما من مصادر اكتساب المعلومات والمعارف حيث يعتمد عليها المعاق بصريا للاتصال بالعالم الخارجي الذي يحيط به ولذلك تؤثر الأيدي في حياة المعاقين بصريا وثقافيا ، واجتماعيا تأثيرا جوهريا حيث تلعب اليد دورا هاماً ، لأن مهارة اليد تعتبر أساسا لنجاح المعاق بصريا والذي

له تأثير في حياته المستقبلية ، كما تعوضه في نفس الوقت عن فقد حاسة البصر .
ونظرا لما لحاسة اللمس من أهمية عند المعاق بصريا، فإن ذلك يفرض على مدرسي العلوم أن يوفروا الخبرات البديلة الملائمة والتي تتيح استخداما أمثل وتدريبا مستمرا لحاسة اللمس حتى يصل من خلالها المعاق بصريا المندمج دراسياً إلى إدراك المفاهيم العلمية المراد تدريسها لهم وما يرتبط بها من مهارات .

ب ـ حاسة السمع :

تعتبر حاسة السمع من أهم حواس المعاق بصريا إذ يكتشف عن طريقها كل ما يحيط به ، وقد أشارت بعض الدراسات أن ٧٥% من الانطباعات الحسية تقدمها حاسة السمع، وذلك في معرفة المسافة والاتجاه وحصول الكفيف والمعاق بصريا على المعلومات والخبرات عن البيئة التي يعيش فيها . كما تلعب حاسة السمع دورا حيويا في حياة المعاقين بصريا في عملية التعلم والتكيف مع البيئة التي يعيشون فيها وهذا يتطلب من القائمين على عملية التعلم الاهتمام بهذه الحاسة ويكيفوا طريقة التدريس بما يحقق أقصى درجة ممكنة من هذه الحاسة .

جـ- حاستي الشم والتذوق:

تلعب أيضا حاستي الشم والتذوق دوراً هاماً في معرفة الكفيف بالبيئة والتفاعل مع مكوناتها ، وهذا يتطلب من مدرسي العلوم والآباء بضرورة تدريب المعاقين بصريا على التمييز بين الروائح التي يمكن إدراكها عن طريق حاسة الشم والتذوق مع مراعاة الاحتياط والأمان في هذه المواقف.

وفي إطار ما سبق يتضح ما يلي :

- إن المعاق بصريا يمكن أن يتعلم ويكتشف الكثير عن العالم المحيط به إذا زود بالمعارف والخبرات الملائمة مع طبيعة إعاقته البصرية بالإضافة إلى ضرورة تدريب الحواس الأخرى ، خاصة حاستي السمع واللمس ،لأنهما تعدان النافذة التي يطل منهما المعاق بصريا على العالم المحيط به.
- ضرورة توفير الخبرات المحسوسة عن طريق الممارسة والتدريب لإدراك العلاقات المكانية.
- إن الفهم الصحيح لقدرات وخصائص المعاقين بصريا ومعرفة توظيفها واستغلال أقصى الإمكانات المتاحة عن طريق الحواس الأخرى ، يتطلب توفير الخبرات البديلة والملائمة التي تعتمد على توفير الفرص المناسبة لتدريبهم على الاستخدام الأمثل لهذه الحواس ، حيث تعد هذه العوامل من أهم مقاييس نجاح المعاق بصريا في حياته وفى تكيفه مع البيئة ، لأنه بالتربية السليمة للحواس ، يتمكن المكفوفون والمعاقون بصريا أن يتفوقوا ويبرزوا في كثير من المجالات المختلفة ، في حين أن القصور في الخدمات التعليمية وعدم

توافرها للمعاق تجعله غير قادر على الرؤية أو السمع أو عدم إدراكه للعديد من العناصر المتوافرة في البيئة التي تسمح بها قدراته ومستوى إعاقته في التفاعل معها ، وهذا يعنى أن كثير من أسر المعاقين وربما التربويين لا يبذلون الجهود في تدريب وتربية الحواس الباقية لدى المعاق بصريا بصفة خاصة والمعاقين بصفة عامة لزيادة كفاءتها والاستفادة بأقصى درجة ممكنة من هذه الحواس.

كل ذلك يمكن أن يكون عاملا أساسيا من عوامل نجاح المعاق بصريا في الحياة وتكيفه ، والتغلب على القيود، والمشكلات التي قد تفرضها طبيعة الإعاقة البصرية على تعلمه وتكيفه ، وأنه بالتربية السليمة والدقيقة لحواسه أمكن للكثير من المعاقين بصرياً أن يبرزوا ، ويتفوقوا في كثير من المجالات المختلفة في المجتمع.

٧- الأهداف الخاصة المرتبطة بتعليم المعاقين بصريا :

تعددت الأهداف الخاصة بالمعاقين بصريا ، نذكر منها ما يلي:

- تزويد المعاقين بصرياً ببرامج تربوية تتفق وظروفهم.
- توجيه الآباء والعاملين في الحقل التعليمي للمعاقين بصرياً، لمساعدتهم على قبول حقيقة أن هؤلاء الطلاب معاقون بصرياً وتعديل اتجاهاتهم نحوهم ونحو إعاقتهم مع توطيد العلاقة بين المنزل والمدرسة حتى يمكن للمدرسة أن تحقق أهدافها .
- تحقيق الأهداف التربوية والتعليمية لتعليم المعاقين بصرياً من خلال الأنشطة التعليمية والتكنولوجية الملائمة لإعاقتهم البصرية .
- التعامل مع المعاقين بصرياً من خلال معلم قادر على تأدية رسالته التربوية بنجاح ودقة .
- تنويع مجالات التعليم للتمكن من تنمية مختلف طاقتهم إلى المستوى الأمثل الذي يمكن أن تصل إليه استعداداتهم وقدراتهم .
- تمكين الطلاب المعاقين بصريا من الاندماج الاجتماعي ، وإكسابهم الثقة بأنفسهم ، وإكساب المجتمع الثقة بهم ، وتوسيع رقعة التفاعل الاجتماعي بين المعاقين بصريا والعاديين .

٨- الأسس التربوية الواجب مراعاتها عند تدريس العلوم للطلاب المعاقين بصريا :

هناك العديد من الأسس التربوية الواجب مراعاتها عند تدريس العلوم للطلاب المعاقين بصريا ، منها:

- يفضل أن يذكر المعلم اسم الطالب المعاق بصرياً المندمج دراسياً الذي يسأله لتوجيه انتباه الطالب ، وتوجيه بقية زملائه للاستماع إلى إجابته .
- يفضل أن يستخدم المعلم عبارات التعزيز عند قبول إجابته حتى يكون لها أثر طيب في نفس المعاق بصريا المندمج دراسياً.
- المحافظة على شعور وإحساس الكفيف بعدم تذكره ومناداته بعجزه .

◄ من المعروف أن المعاق بصريا يكتسب الخبرات والمعلومات عـن طريق اللمـس . لـذلك يفضـل استخدام إستراتيجية التعلم بالعمل learning by doing عند تعلم الكفيف .

◄ تعد استخدام الوسائل والأنشطة التعليمية ضرورة حتمية للكفيف خاصة إذا كانت معدلـة ، لتلائم طبيعة الإعاقة البصرية ، مثل : أنواع النباتات ، أو نموذج للقلب ، أو الجهاز الهضمي .

◄ توجد بعض الطرق لإثارة اهتمام المعاق بصريا للتعلم، مثل: نقلهم إلى موضع الخبرة عـن طريـق الرحلات ، أو نقل الخبرة إليهم ، وذلك بزيارة بعض المتخصصين إليهم .

◄ مراعاة التنوع في الأنشطة المقدمة للمعاقين بصريا تتخللها فترات راحة.

◄ عند التدريب العملي يراعى أن يكون التدريس فردياً ، وهذا يستلزم من المعلم أن يعـرف بعـض البيانات عن كل تلميذ ، مثل : أسباب كف البصر ، وزمن الإصابة وحالته الاجتماعيـة ، وعلاقتـه بالآخرين وقدرته على التحصيل ،وقدرته على تحديد مفهوم الذات ، ثم يخطط لكيفية التعامل مع كل تلميذ على حدة.

٩- القدرات العقلية للمعاقين بصريا :

أجريت عدة محاولات لقياس المستوى العقلي للطلاب المعاقين بصريا عن طريق تصميم اختبارات ذكاء خاصة بهم، لاستخدامها في دراسة العلاقة بين كف البصر، وخصائص النمو العقلي لهذه الفئة ، حيث أثبتت هذه الدراسات أن غالبية الطلاب المعاقين بصريا يتمتعون بقدرات عقلية عالية ويصدق عليهم ما يصدق على المجتمع الكلى.

ونتفق وجهة النظر هذه مع من تأخذهم الحماسة ويذكرون أن ذكاء المعاق بصريا لا يقل عن ذكاء المبصر إن لم يتفوق عليه ، ويستشهدون في ذلك ببعض المشاهير المكفوفين أمثال : هـومر ، و طه حسين ، و هلين كيلر ، و ديدموس وغيرهم.

أما وجهات النظر الأخرى فلا ترى ما يراه الآخرون ، حيث يعترفون بنبوغ بعض العبـاقرة المعاقين بصريا ، إلا أن هذا الاعتراف لا ينسيهم وجود عباقرة من المبصرين وأن نتـائج اختبارات الذكاء أثبتت وجود فروق يمكن إهمالها، حيث أشارت دراسات "بياجيـه" إلى أنه ليس هناك ما يمكن أن نسميه بالتعويض في مجال النمو العقلي نتيجـة كـف البصر وأن نسبة التخلف في الذكاء تكون أعلى عند المكفوفين منها عند المبصرين .

وتشير الدراسات الحديثة إلى أن كف البصر يترك آثارا مختلفة علـى الأنشـطة والقدرات العقلية الخاصة لدى المكفوفين كما يلي :

أ ـ النمـو المعرفي :

تعتبر حاسة الإبصار أهم مصادر الحصول على المعرفة والمعلومات بالنسبة للفرد ، ومـا يزيـد مـن أهميتهـا أنهـا تقـوم بعمليـة التنظيم التلقـائي للمعلومـات التـي

يستقبلها الفرد عن طريق الحواس الأخرى وفى هـذا السـياق يوضح (فولك) Faulke أنه وفقا لنظرية "بياجيه" فى النمو المعرفى ، التى تؤكد عـلى أهميـة احتكـاك المـتعلم بالبيئة بالنسبة لنموه المعرفى ، حيث إن حاسة الإبصار للطفل المبصر تقوم بعملية تنظيم داخلى تلقائى للمشاهدات التى يراها فى البيئة ، فى حين لا يتوافر ذلك للطفل الكفيف ، ففى المرحلة الثالثة من النمو الحسى ـ الحركى ـ حين يبدأ المتعلم فى توجيه أعماله عن العالم الخارجى وهذه الأطفال تخضع للتحكم البصرى ، فإن التأخر فى النمو المعرفى يبـدأ فى هذه المرحلـة لـدى المـتعلم الكفيف حيـث يكـون احتكـاكه بالبيئة محدوداً للغاية . ويعنى ذلك أن التأخر فى النمو المعرفى يرجع إلى ما يعرف بالقصور فى الاستمرارية الحسية sensory continuity ، حيث لا ينجذب المتعلم الكفيف تجاه الأشياء المختلفة فى البيئة ، مما يؤدى إلى بطء فى السلوك الكشفى واليدوى اللذين يؤديان إلى النمو المهارى المعرفى فى تلك المرحلة.

ومن المعلوم أنه إذا تم توفير البيئة التعليمية الملائمة التى تعتمد على تقديم الخبرات المعرفية المحسوسة، فإن الطالب سوف يحقق تقدما فى نموه المعرفى .

ب ـ التحصيل الدراسى :

فيما يتعلق بهذا المجال ، فقد تبين أن التحصيل الدراسى للطلاب المعاقين بصريا ، لا يرتبط ارتباطا مباشرا بكف البصر ، أو درجته ، أو السن التى حدثت عندها الإعاقة.

ومن الدراسات التى تؤيد ذلك ما أوضحته دراسة كرافتس(Cravats)التى أجريت عـلى الطـلاب المكفوفين بالمرحلة الثانوية فى مادة التاريخ الطبيعى ، أنه لاتوجد فروق بين متوسط درجـات الطـلاب العاديين، والمكفوفين فى التحصيل المعرفى للمادة التى يدرسونها.

كما أشار هايز (Hays) إلى أن المكفوفين الذين لا يعانون من إعاقات أخرى يحققـون نفس مستويات التحصيل التى يحققهـا العـاديون ، كـما أوضح أن أسباب التخلـف فى التحصيل الدراسى لايرتبط مباشرة بكف البصر ، وإنما لعدم وجود البيئة الملائمة للخبرات التعليمية والواقعية بالإضافة إلى تخلف المكفوفين عن التعليم بصـفة مسـتمرة ، كـما أن استخدام طريقة برايل فى القراءة والكتابة تحد من زيادة التحصيل.

كما أشارت دراسة لندا Linda أن تخلف المكفوفين عن الدراسة نتيجة بقائهم مدة طويلة فى المستشفيات ، فإنهم لا يناظرون أقرانهم العاديين فى التحصيل الدراسى . لذلك يرى ضرورة عزلهم فى فصول خاصة عن العاديين.

وقد أشارت بعض الدراسات أن المكفوفين لديهم الإمكانات الممتازة من أجل المنافسة مع العاديين فى نفس الفصول الدراسية بشرط تطويـــــر مهـــارات الاتصــال

(التفاهم) لديهم ، ووجود المعلومات والخبرات بكثرة عن طريق الكتابة بالبرايل Braille ، حيث أدخلت ولاية تكساس طباعات برايل في الفصول الدراسية العادية لكي يستخدمها الدارسون الذين لديهم إعاقة بصرية أو مكفوفين ، في التفاهم مع المدرس بالإضافة إلى الشريط المسجل حيث ثبت أنه يزيد في التحصيل.

جـ- القدرات الابتكارية :

وفيما يتعلق بالقدرات الابتكارية تذكر بعض الدراسات أن القدرة الابتكارية للكفيف هي نفس القدرة الابتكارية للمبصر ، سواء أكان هذا الإنتاج في شكل فكرة أو رأى ، أو اقتراح يعبر من خلاله عن الطلاقة والمرونة ، وهما فوق كل ذلك لديهما حاسة عالية للمشكلات التي يعانى منها المجتمع ، ويحاولون بقدر إمكانهما أن يقدما بعض الإسهامات اللازمة لحل المشكلات وثبت أيضاً أن فقد البصر ليس دائما عاملا معوقا بل على العكس ثبت أن كف البصر من الممكن أن يكون حافزا لعمل الابتكارات والإبداعات.

ويؤيد ذلك (هادارى HADARY) حيث أشار إلى أن المكفوفين قد أظهروا قدرات ابتكارية أثناء تفاعلهم مع الأنشطة التي قدمها إليهم في أثناء دراستهم للعلوم.

د ـ إدراك العلاقات المكانية :

فيما يتعلق بإدراك العلاقات المكانية أوضحت بعض الدراسات أن حاسة البصر تتيح للمبصر القدرة على بناء نظام للإدراك الحسي المكاني (Special Perceptual System) يتميز بالتكامل والترابط في حين أن كف البصر يقلل هذه القدرة إلى حد كبير لدى الكفيف ، ومن ثم فإن قدرة المبصرين على إدراك العلاقات المكانية تفوق المكفوفين ، لذلك تم التحديث المكاني لدى الكفيف عن طريق التدريب على جهاز السونار الهوائي Sonar ، وهو جهاز لاكتشاف موقع الأشياء تحت الماء بواسطة موجات صوتية تنعكس منه ، وأيضا معرفة مكان تغير موقع الأشياء في البيئة بالنسبة للإنسان من خلال حركته في البيئة وتمت الملاحظة إكلينيكيا وفى المعمل ، حيث تم تدريبهم على جهاز السونار الهوائي مع الأشياء التي لها صوت (١٢ كفيفاً) بالمقارنة باستخدام المناهج المماثلة في الإدراك والتذكر للوضع المكاني ، كما أوضحت الدراسة وجود تحسن في دقة الإدراك والتذكر بعد التدريب.

وفى دراسة أخرى للتعرف على الإدراك المكاني من خلال الخرائط لكل من المكفوفين والمبصرين ، حيث تم تغطية عيون المبصرين ، وكانوا غير مدربين. وكشفت الدراسة أن الخرائط تؤدى إلى وظائف معرفية مختلفة للمكفوفين عن المبصرين ، حيث تعتمد خرائط المعرفة عند المبصرين على الخرائط الملموسة Tactile maps التي توضح الخصوصية المكانية ، حيث لم يكن هناك دليل للخصوصية المكانية في خرائط المكفوفين .

وأظهرت الدراسة عدم وجود فروق لدى المكفوفين والمبصرين من ناحية الاستعداد أو التأهيل للخصوصية المكانية في خرائط التعرف المرتكزة على الحركة.

كما يقصد بالوعي المكاني صياغة المتعلم، وتكوينه للمفاهيم المتعلقة بوصفه الجسماني، ووضع الشيء، وترتيبه في مكان معين وكذلك مواقع الأشياء واتجاهاتها، وأبعادها، حيث يعتبر الوعي المكاني أحد المجالات التي يتضح فيها إخفاق المعاقين بصريا في تنمية المفاهيم وتطويرها.

هـ- التصور البصري :

إذا كان التصور كعملية من عمليات التفكير القائم على الصور الذهنية البصرية يعنى قدرة الفرد على استرجاع ما مر به من خبرات وتجارب واقعية من الذاكرة البصرية ، فإن ذلك يعنى قدرة الكفيف على التصوير تعتمد على ما لديه من خبرات وتجارب وعلى السن التي فقد عندها البصر . فإذا كان كف البصر ولاديا فإن القدرة على التصور تنتفي تماما ، كما لا يستطيع من فقد بصره قبل سن الخامسة الاحتفاظ بالصور البصرية للخبرات التي مر بها ، حيث تتفاوت قدرته على التصور بحسب كم التجارب والخبرات التي اكتسبها قبل فقد بصره ، والتي تراكمت في الذاكرة البصرية.

و ـ التفكير المجرد :

يقتضى التفكير المجرد وجود مجموعات كثيرة من المعاني والصور العقلية ويقتضى وجود علاقات متعددة بين هذه المعاني ، وتلك الصور العقلية التي تكون في أولى مراحل النمو ذات طبيعة حسية ثم تتطور تدريجيا مع النمو حتى يغلب عليها الطابع المعنوي المجرد ، حيث يصبح في المكان تصميم الأحكام بواسطة الاستدلال العقلي وكذلك تجريد المعاني من مظاهرها الحسية ، ومن ثم فإن التفكير المجرد يتضمن إدراك المستوى الحسي الخارجي والعمليات العقلية الداخلية ، وحتى يتم التفكير المجرد لابد من هذين المحورين ، ويتطلب هذا أهمية توفير الخبرات التعليمية المتعددة التي تتيح للمعاق بصريا استخدام وتدريب حواسه الأخرى لتمكنه من اكتساب المفاهيم الأساسية التي تساعده على الاتجاه نحو التجريدية.

١٠ـ تطور المفاهيم عند الكفيف :

نظرا لافتقار المتعلم المعاق بصريا إلى وسيلة الإدراك الحسي اللازمة لهذا التنظيم والتدريب، فإنه لا يتمكن من رؤية الأشياء في صورتها الكلية الكاملة ، إذ يجب عليه أن يدرك أجزاءها أولا ، ثم ينتهي بإدراكها ككل ، عن طريق معالجته لها بيده وتلعبه بها، فهو محدود فيما يستطيع تعلمه من هذه المعالجة اللمسية للأشياء ، نظرا لأن المعلومات التي يتلقاها من هذه المعالجة لن تتيح له إدراك جوهر الأشياء من حيث عمقها أو تعقيدها أو كلتيهما.

وطالما يصبح الشيء بعيداً عن متناول قبضة المتعلم المعاق بصريا فإنه يذهب بالتالي بعيداً عن إدراكه وبطريقة مشابهة إذا لم ترتبط الأصوات بمصادر صوتية

مفهومه ومليئة بالمعنى، فإنها سوف تتلاشى تدريجيا حتى تصبح معدومة ، ومن هنا فان المتعلم المعاق بصريا سوف يستغرق وقتا أطول بكثير في تنمية وبناء إحساسه بطبيعة الأشياء واستمراريتها ، وحتى هذه اللحظة يكون إدراكه للشيء قاصراً على إدراك الشيء في صورته المادية الملموسة بالحواس .

ومع تقدمه في العمر وتضاعف خبراته بالأشياء وتزايد الفئة بها فإنه سوف يبدأ في الاتصال بها على المستوى الوظيفي . ولكن نجاحه في التقدم للمستوى التجريدي النظري لإدراك مفهوم الشيء ـ عاده ما يكون قاصرا ومحدودا . إذ يميل المتعلم المعاق بصريا إلى إدراك الأشياء بصورة أساسية على المستوى الحسي الوظيفي نظرا لانعدام حاسة البصر وبالتالي تناقص فعالية الحس اللمسى فيه .

وقام " ستون Stone و تشارش Church " بالتعرف على خمسة مجالات أو خطوات لتعلم المفاهيم المتعلقة بالحيز أو المكان وهى :

- مكان أو حيز النشاط والعمل : ويقصد به المواقع التي يثبت فيها المتعلم حركاته وأنشطته التي يقوم بها .
- مكان أو حيز البدن : ويقصد به إدراكه ، ووعيه للاتجاهات، والمسافات أو الأبعاد التي تتعلق ببدنه وجسمه .
- مكان أو حيز الشيء أو الموضوع أو يقصد به إمكانية تحديد مواقع الأشياء أو حدودها من حيث صلتها بعضها ببعض فيما يتعلق بالجهات والأبعاد أو المسافات المنقولة من مكان البدن.
- مكان أو حيز الخريطة : ويقصد به إتقان الخبرات المكانية المادية (الملموسة) وتوحيدها في خرائط عقلية أكثر أو أقل توسعا وشمولا اعتمادا على أنظمة من الإحداثيات أو الجهات الأصلية التي تنطبق على الحجرات أو الأقاليم أو المدن .
- المكان أو الحيز التجريدي النظري : ويتضمن تصوراً أو تخيلاً محدوداً بالنسبة لبعض الناس دون بعضهم الآخر ، حيث يأتي هذا التخيل مع قدرة الفرد على التعامل مع المفاهيم المكانية المجردة أو النظرية التي تلزم لرسم الخرائط .

ويواجه المعاقين بصريا العديد من المشكلات فى محاولتهم تنمية المفاهيم المكانية الحيزية وتعلمها، حيث ذكر كل من (جارى Garry) و(اسكاريللى Ascarelli) أن الفرد بدون حاسة البصر لا يمتلك خبرة مباشرة تشد إليه المكان والموقع معا بحيث لا يفهم المكان إلا من خلال تجريد الإدراك. كما أوضح كل من: روبينRubin ، وزوبيبلسون (Zweibelson) وبارج (Barg) أن المعاقين بصريا يعانون صعوبة بالغة في إدراك الأشياء والأفكار التجريدية بشكل أكبر مما يعانيه المبصرون . فالتحرك وراء مستوى إدراك مفهوم مكان الشيء يعتبر جهدا شاقا بالنسبة لمعظم المعاقين بصريا خلقيا أي المولودين بكف البصر وبخاصة المراهقين المحرومين من الخبرة والتجربة .

يتضح مما سبق أن المعاقين بصريا لديهم تقريبا نفس التوزيع العام في الذكاء مثل المبصرين ، وأن كف البصر لا يزيد من نسبة الذكاء وإنما يعمل على تنمية القدرة العقلية والقدرات العقلية الخاصة والكامنة بها عن طريق توفير الجو التعليمي والتربوي الملائم، الذي يقوم على إعداد المناهج والبرامج الدراسية المعدلة وما يرتبط بها من مفاهيم علمية ، وطرق واستراتيجيات تدريسية ملائمة لطبيعة الإعاقة البصرية وتقديم أنشطة متنوعة مع تنوع المفاهيم المقدمة لهم لتعويض الخبرات التي حرموا منها، نتيجة فقدهم لحاسة البصر من خلال التنمية الوظيفية لحواسهم السليمة، ومساعدتهم على الاتجاه نحو التجريدية حيث إن التخيل يؤدى دوراً هاما في تنمية القدرات الإبتكارية ، ومن ثم استكمال المدركات الحسية الناقصة لديهم ، مما يتيح لهم فرصة الإتيان بأفكار تتسم بالأصالة والمرونة.

١١- مشروعات وبرامج اهتمت بتعديل تعليم العلوم للمعاقين بصريا :

- **مشروع تعديل العلوم للمعاقين بصريا ASMB Adapting Science Material For the Blind**

قامت بإعداده جامعة بيركلى في كاليفورنيا في صورة وحدات تعليمية صغيرة متكاملة ومعدلة، تتضمن معالجة للمفاهيم العلمية المتضمنة في مشروع "SCIS" بصورة تتيح للمعاق بصريا إدراكها من خلال تعديل الأجهزة المعملية لتدريس هذه الوحدات. والمقاييس التي استخدمت في التقويم ، هي :

- مقياس الممارسة Manipulative Measures لمعظم الوحدات لقياس الأنشطة مثل كيفية صب السوائل، والترشيح ، وقياس كمية السوائل من خلال أنابيب اختبار ملائمة.
- القياسات الملموسة Concrete Measures لتقويم مدى تحقيق أهداف الوحدة من خلال التعلم و الخبرة المباشرة الملموسة، مثل وصف البيئة.
- قياسات علمية ، حيث توجد فى كل وحدة أهداف عملية تحقق الأهداف الواقعية وتم عمل التقارير التي أثبتت نجاح مشروع ASMB.

- **برنامج تطوير مناهج العلوم (SCI) Science Curriculum Improvement Study**

وهو مخصص للطلاب المعاقين من الصف الأول حتى الصف السادس الابتدائي وتم إعداده على أساس نظرية "بياجيه" للنمو ، حيث تحولت مراحل النمو الأربعة عند " بياجيه " إلى ثلاثة مستويات من النمو المفاهيمى في هذا البرنامج حيث تناول المفاهيم التالية : المادة ، والطاقة والكائنات الحية ، والتغير، والتفاعل التوازن و التنوع في الكائنات الحية.

- **مشروع(Science Activities for the Visually Impaired(SAVI/SELPH**

قامت بإعداده مؤسسة لورانس هل للعلوم Lawrence Hall of Science عام ١٩٧٦، حيث يوجه الطلاب المعاقين بصريا إلى الأشياء الملموسة، والتجارب التي تساعدهم في تكوين فهم كبير لبيئتهم. والأكثر من ذلك أن أنشطة (SAVI) تساعد المعاقين بصريا على الاستمتاع في جو من الذكاء والتكامل، وهذا البرنامج متعدد الطبقات فهو مجموعة من الأنشطة الاختيارية التي تعطى فرصة للطلاب المعاقين بصريا ليتعلموا العلوم (الكيمياء ، الفيزياء ، الأحياء) ، (وعلوم الأرض) وهذا هو الهدف الرئيسي لمن يستخدم هذا البرنامج ،حيث إن طريقة تدريس محتوى العلوم ، يتمثل في صورة حوار بين المحتوى وبين الطلاب المعاقين بصريا. وتقوم فلسفة مشروع SAVI / SELPH على مقابلة الحاجات الشخصية لتعلم العلوم للمعاقين بصريا، وملاءمة الأنشطة والخبرات المنظمة للمنهج الكلى، حيث وضع البرنامج في صورة موديولات يستطيع من خلالها المعلم تعديل الوحدات والأنشطة ، لتلائم طبيعة الطلاب المعاقين بصريا وحاجاتهم. ويتكون المشروع من مجموعة من الأنشطة المنظمة في شكل موديولات ، حيث يتكون كل موديول من مكونان رئيسيان: الأول : دليل المعلم ، والآخر : صندوق الأدوات الخاصة بالطالب المعاق بصريا. ويحتوى دليل المعلم على النقاط التي تساعد المدرس فى تدريس محتوى الموديول، الذي يشمل:

- رؤية عامة وهى خلاصة أنشطة الموديول.
- الخلفية حيث يتم مناقشة محتوى العلوم الموجود في الأنشطة، ليتمكن المعلم من شرح الدرس.
- الغرض Purpose : ويشمل موضوعات الأنشطة التي تتكون من محتوى العلوم وعمليات العلم ، والمعالجة اليدوية.
- المواد Materials : وتشمل قائمة كاملة لأدوات الطالب المطلوب إجراؤها فى صورة أنشطة.
- التوقعات Anticipating : وتكمن في مناقشة مدى تقدم الطلاب أثناء إجرائهم للأنشطة.

ويتكون البرنامج من تسعة موديولات رئيسية، تتمثل في :

- مكونات الحياة .
- التفكير العلمي.
- القياس.
- المحاليل والمخاليط.
- الطاقة والبيئة.
- المغناطيس والكهرباء.
- تفاعلات المطبخ.
- الاتصال.
- البيئة.

وتتضمن هذه الموديولات المفاهيم العلمية والأنشطة التي يقوم بها الطالب المعاق بصريا. يتضح من هذا أن إطار مشاركة الطالب المعاق بصريا في تقدير حاجاته التعليمية الخاصة، سوف يمده بالتبصر ، وبعد النظر فيما يتعلق بمواطن قوته ومواطن ضعفه ، ومن ثم يدفعه إلى الانتظام في أنشطة التعلم ، لكي يشبع حاجاته.

● **برنامج Foss :**

وهو اختصار التعبير Full Option Science System أي " نظام الاختيار المتكامل للعلوم ". ويعطي برنامج FOSS اتجاهاً في تعليم العلوم من مرحلة الحضانة حتى الصف السادس الابتدائي، حيث يتكون برنامج FOSS من(٢٧) موديولاً موزعة على سنوات المرحلة الابتدائية بدءاً من الحضانة، وحتى نهاية المرحلة ،وقد أعد برنامج FOSS لتحقيق هدفين هامين وهما :

١-الواقعية العلمية : و تمد الطلاب بالخبرات العلمية التي تكون :

◄ مناسبة للمرحلة الإدراكية من نموهم.

◄ أساس لمزيد من الأفكار المتقدمة التي تعدهم للحياة في عالم تكنولوجي.

٢-الكفاءة التعليمية : حيث يمد المدرسين بسهولة ومرونة كاملة في استخدام برامج العلوم التي

تعكس تيار البحث في التعليم وأحدث طرق التدريس.

وتعتمد فلسفة برنامج" FOSS "على مجموعة من الأفكار الأساسية من أهمها :

أ - النموذج الأول وهو نموذج النمو الإدراكي : حيث ترتبط أنشطة البرنامج بطريقة تفكير الطلاب في مراحل مختلفة من نموهم معتمدة في ذلك على أن الطلاب في سنواتهم الأولى يتعلمون من خلال الخبرات المباشرة عن طريق الملاحظة والوصف والتصنيف، بينما في السنوات الأخيرة من المرحلة الابتدائية يقومون بتكوين مفاهيم علمية عن طريق التصنيف ، والاختبار ، والتجريب.

ب-عمليات التفكير العلمي :

تعتمد أنشطة FOSS على عمليات التفكير العلمي التي يقوم بها الطلاب من خلال ما يلي:

◄ الملاحظة (استخدام الحواس للحصول على المعلومات).

◄ الاتصال (التحدث - الرسم - التمثيل).

◄ المقارنة (المزاوجة - علاقة واحد لواحد).

◄ الارتباط (علاقة السبب والنتيجة - التصنيف).

◄ التطبيق (تكوين خطط إستراتيجية).

جـ-علم أصول التدريس :

يستخدم برنامج FOSS العديد من التضمينات التعليمية الحديثة مما يجعل المدرسين أكثر كفاءة ، ومن أهم هذه التقنيات المستخدمة هو استخدام دورة

التعلم ، حيث تبدأ الأنشطة غالباً بالاستعراض الحر للمواد ثم محاولة استكشاف هذه المواد ومناقشة الاكتشافات، ثم بعد ذلك يتم إجراء تجارب إضافية لتأكيد المفاهيم المتكونة.

د-إستراتيجية الإدارة:

تعتمد إستراتيجية الإدارة الناجحة في برنامج FOSS على أربعة مكونات ، هي : الزمن ، و المكان ، والطلاب ، والمواد المساعدة ، حيث إن الاستفادة القصوى من الزمن أثناء تناول أنشطة برنامج FOSS تمثل عملا مهما جداً ، لنجاح هذه الأنشطة.

ويتيح برنامج FOSS لكل الطلاب الفرصة للعمل في هذه الأنشطة بنشاط دائم. أما المواد المستخدمة ، فهي كلها متاحة وسهلة الاستخدام ومن الضروري توافرها، لأنها عامل مهم أيضاً لنجاح برنامج FOSS.

- **العلوم مدخل العمليات Science A Process Approach (SAPA)**

أعد هذا البرنامج واستمر ثماني سنوات بتمويل من مؤسسة العلوم القومية (NSF) ، ويقوم البرنامج على النمط السلوكي في التعلم الذي وصفه جانييه (Rober Jayne) ، حيث تم صياغة مادته العلمية في صورة وحدات صغيرة ، تم ترتيبها في تسلسل هرمي ، بحيث تتيح للمتعلم تحصيلها بسهولة في خطوات بسيطة ، بحيث ينتقل من البسيط إلى المركب خطوة بخطوة ، ويركز هذا البرنامج على عمليات التعلم ، حيث تم اختيار المحتوى الذي يسمح بأداء تلك العمليات مثل : التصنيف والاستنتاج ، والقياس ، و فرض الفروض ، و تفسير البيانات ، والتحكم في المتغيرات ، والتجريب.

كما يقدم للمعاق الحرية والاستقلالية في اكتشاف المعلومات بطرق مختلفة حيث يتيح البرنامج المشاركة من جانب الطلاب المعاقين بفاعلية أكبر من خلال الأدوات اللمسية.

ويتوافق هذا مع ما ينادى به كل من "بياجيه"، و"برونر" فى التعلم حيث يرى "بياجيه" أن عملية التعلم تحدث على مرحلتين هما: مرحلة الاستثارة لخواص الطلاب حينما يواجهون مواقف تعليمية جديدة أثناء تفاعلهم مع البيئة ، والمرحلة الأخرى ، هي مرحلة استيعاب المعارف والخبرات التي تتيحها المواقف التعليمية الجديدة في التركيب الإدراكي للمتعلم ، حيث يتم تخطيط الخبرات التعليمية التي يمتلكها نتيجة المدخلات الحية، والتي تتلاءم مع خصائص التفكير ، التي يقسمها "بياجيه" إلى مرحلة المادية ، ومرحلة العمليات المجردة .

كما يركز "برونر" على الخبرة المادية ، حيث يرى أن لكل فرد طاقة داخلية في التعلم ، وحينما تتوافر المثيرات الملائمة الموجودة في البيئة التي ينتمي إليها الفرد فإنها تعمل على خروج هذه الطاقة الكامنة بداخله فينمو ويرقى تفكيره ، كما يرى "برونر" أن تفكير الفرد ينمو في ثلاثة مستويات وهى:

◄ مستوى النشاط المرتبط بالحس Inactive level ، حيث يتفاعل الفرد مع الموقف بصورة مباشرة.

◄ مستوى الصورة الذهنية :أي يكون الفرد صورة ذهنية للمواقف التعليمية دون التفاعل المباشر معها.

◄ مستوى الرمزية Symbolic Level ، حيث يتعامل الفرد مع الأشياء بالرموز مباشرة بطريقة مجردة حينما يكتمل نموه اللغوي ، وهذه المستويات كما يرى" برونر" متداخلة، ويمكن للفرد ممارستها في الموقف الواحد وأنها تستمر مع نضج الفرد.

● **برنامج استخدام النماذج الحقيقية في دراسة تركيب ووظائف الأعضاء:**

عجزت النماذج ، والأدوات اللمسية عن توضيح الحجم الحقيقي والتركيب والألفة مع النموذج المجسم بشكل أكثر فهما ، ومن ثم استخدمت النماذج الحقيقية للنباتات والحيوانات ، ليتمكن المعاقون بصريا من التفاعل مع المادة العلمية المتعلمة عن طريق فحص العينات الطازجة المحفوظة في مواد حافظة ويتم التفاعل مع العينة في مجموعات ثنائية ، حيث يقوم المعلم بإعطاء التوجيهات الشفوية والأسئلة المرتبطة بموضوع الدرس ، وفي بعض الأحيان المزاوجة بين طالب مبصر، وطالب كفيف، حيث يركز هذا البرنامج على دراسة الجهاز الدوري والتعرف على الدورة الدموية المتمثلة في الدورة الرئوية الصغرى والدورة الجسمية الكبرى والدورة الكبدية البابية.

● برنامج Biological Science Curriculum Study (BSCS)

يتكون البرنامج الرئيسي من ثلاثة مناهج فرعية هي :

أ-برنامج أنا وبيئتي Me and My Environment

يقدم هذا البرنامج للطلاب المعاقين من سن (١٣-١٦) عامل وهو مخصص لعلوم البيئة ويركز على النشاط والاكتشاف الموجهين وينقسم إلى خمس وحدات:

◄ استكشاف البيئة.

◄ أنا والبيئة.

◄ دورات العناصر في البيئة.

◄ دورة الماء والهواء في البيئة.

◄ علاقة الطاقة بالبيئة.

كما يوجد دليل للمعلم يوضح كيفية استخدام هذا المنهج وتطويعه لهذه الفئة من المعاقين.

ب-برنامج أنا الآن Me Now

هذا البرنامج مخصص للطلاب من سن (١٠-١٣) سنة، وهو مخصص لدراسة علم الحياة Life Science ويركز على دراسة العمليات الحيوية داخل جسم الإنسان

ويقوم أيضا على النشاط الموجه والاكتشاف الموجه للبحث عن المعلومات، والتعلم الـذاتي ، وينقسـم المنهج إلى أربع وحدات:

◄ الهضم والدوران.

◄ التنفس والإخراج.

◄ الحركة والجهاز الهيكلي والحسي.

◄ النمو والتطور.

ويعتمد البرنامج على الأنشطة الفاعلة، كما يقدم دليلاً للمعلم ودليلا للطالب ، يعتمد كل منهما على الأنشطة بدرجة كبيرة ، ومن ثم تقليل المادة المقروءة.

جـ-برنامج أنا في المستقبل Me in the Future :

يخصص هذا البرنامج للطلاب المعاقين بصريا بالمدارس العليا من سن ١٤ عاما وما بعـدها ، وهـذا البرنامج هو ثمرة برنامج " هو بارد " الذي يركز على التعليم المهني ، والتربيـة الموجهـة نحـو وظيفـة معينة A career education ، ويقوم على الاكتشاف الموجه ويشمل ثلاثة جوانب هي :

◄ أساسيات المهنة.

◄ الفراغ عند المعاق.

◄ المهارات للحياة اليومية.

ويتضمن دليل المعلم المواد التعزيزية المساعدة.

● مراجع الفصل الثاني :

١- إبراهيم محمد شعير(١٩٨٨):"دراسة تقويمية لمناهج العلوم الخاصة بالمعاقين بصريا بمرحلة التعليم الأساسي" دكتوراه غير منشورة. كلية التربية. جامعة المنصورة .

٢- توماس ج .كارول (١٩٦٩).رعاية المكفوفين نفسيا ومهنيا واجتماعيا . ترجمة صلاح   مخيمر،الأنجلو المصرية .

٣- جودت احمد سعادة وجمال يعقوب اليوسف (١٩٩٢). تدريس مفاهيم اللغة العربية والعلوم والرياضيات والتربية الاجتماعية. بيروت.دار الجبل.

٤- حمد زياد حمدان (١٩٨٥).التنفيذ العلمي للتدريس بمفاهيم تقنية وتربوية حديثة، عمان: دار التربية الحديثة.

٥- حمدى أبو الفتوح عطيفة : تعليم العلوم للمعاقين فى مصر . واقعه . مشكلاته. مجلة التربية : كلية التربية. جامعة المنصورة.

٦- سعيد محمد باشموش (١٩٩١). دراسة لبعض العوامل الأساسية والتى تسهم فى نجاح معلمى التربية الخاصة . مجلة التربية بالمنصورة . المجلد الأول . العدد ٣٦ . مايو .

٧- سودرمارتين (١٩٨١): واجبنا أن ندمج المعوقين فى المجتمع. مجلة رسالة اليونسكو.أكتوبر ص٢٠

٨- عبد العزيز الشخص (١٩٨٧). دراسة لمتطلبات إدماج المعوقين في التعليم والمجتمع العربي. **رسالة الخليج العربي** . العدد ٢١ .الرياض .

٩- عبدالله علي محمد إبراهيم(١٩٩٨).أثر برنامج مقترح في العلوم علي التحصيل ومفهوم الذات في العلوم والاتجاهات نحوها للطلاب المعاقين بصريا بالمرحلة الإعدادية، دكتوراه غير منشورة ،كلية التربية ،جامعة الأزهر.

١٠- فتحي السيد عبد الرحيم (١٩٩٠) **سيكولوجية الأطفال غير العاديين واستراتيجيات التربية الخاصة**. ج٢. الكويت: دار القلم للنشر والتوزيع.

١١- ماجدة السيد عبيد (٢٠٠١). **مناهج وأساليب تدريس ذوى الاحتياجات الخاصة**. القاهرة: دار صفاء للنشر والتوزيع.

١٢- مجدي عزيز إبراهيم .(2002) **مناهج تعليم ذوى الاحتياجات الخاصة**. القاهرة: مكتبة الأنجلو المصرية.

١٣- محمد محمد المقدم (١٩٩١). " إعداد برنامج في تكنولوجيا التعليم قائم على الكفايات وتحديد فاعليته باستخدام مدخل التعليم الفردي لطلاب كليات التربية "، دكتوراه غير منشورة ، القاهرة : كلية التربية، جامعة الأزهر.

14- American Foundation For The Blind(1986). **A different way of seeing** . (AFB)New York.

15- Blacke, Ruth & Others (1972). "Visually handicapped an approach to program development". **exceptional child education** ,west central joint services for handicapped .

16- Bloom , B.S., (1968). Learning for mastry , evaluation comment, center for study of evaluation of instructional programs , university of California , Los Angeles .

17- Brown, D.R (1979). **Science Education and Handicapped** .source book science education **and the physically Handicapped** .Washington . National science teachers Association .1979. pp.400-422.

18- Bruner ,J. (1980) . Concept modeling in social studies. available at: http://webpages.marsall.edu/~cummin12/lplan001.htm.

19- Bruner ,J.(1966).Toward a theory of instruction ,(Cambridge, Harvard university press,.

20- Carter, Good (1973)." **Dictionary of education**" . McGraw Hill Book. company . Inc New york . 1973 . p. 124. 1981. p. 402

21- Clark, R. (2003). **Building expertise: Cognitive methods for training and performance improvement**. Second Edition. International Society for performance improvement, Washington, D.C.

22- David Lunney & Roper. C . Morrison (1981). "High technology laboratory aids for visually handicapped Chemistry students ". **journal of Chemical Education** . vol.58 . No.3 . pp.228 -231 .

23- Dorothy . Tombaugh (1981). "Chemistry and the visually impaired . **journal of education**" . vol. 58 , No.3 , pp. 222 - 226 .

24- K.E, Lioed (1971). " Contingency management in university courses ", **Educational technology, ,11 (4), pp.18- 24.**

25- Larry Malone & others (1984). SAVI/SELPH science activities for special education developed by center for multisensory learning ,(Lawrence hall of science , university of California , Berkely,

26- Lawrence hall of science ,(1993). university of California, Berkely (Full option science system ,copyright,.)

27- Sundcarin, (1985). **Teaching modern science** , London, Merrill company ,.

الفصل الثالث

((استراتيجيات تدريس العلوم للمعاقين بصريا))

- أهمية تدريس العلوم للطلاب المعاقين بصريا .
- صعوبات تدريس العلوم للمعاقين بصريا.
- نماذج لتدريس العلوم للمعاقين بصريا.
- الأمان المختبري للطلاب المعاقين بصريا.
- تطوير برامج العلوم للطلاب المعاقين بصريا .
- المفاهيم العلمية وأهمية تعلمها لذوي الإعاقة البصرية.
- استراتيجيات تدريس العلوم للمعاقين بصريا .

الفصل الثالث :

استراتيجيات تدريس العلوم للمعاقين بصريا

* أولا : أهمية تدريس العلوم للطلاب المعاقين بصريا .

إن تدريس العلوم للطلاب المعاقين بصريا قد يبدو من الأمور الصعبة إن لم تكن في نظر البعض مستحيلة، خاصة مـن الناحيـة العمليـة ، إذ يبـدو مـن أول وهلـة أن الملاحظـة البصرية للظواهر الكيميائية والفيزيائية والبيولوجية تكون أساسا جوهريا في الدراسة ، حيث إن النجاح في إجراء التجارب يعتمد على قدرة الطالب في ملاحظة التغيرات اللونية أو المظهرية المرحلية التي تصاحب التفاعلات الكيميائية، مثل : التغير في حالات المادة من السيولة إلى الصلابة والغازية، أو بالعكس، أو قراءة القياسات الرقميـة التـي تسجلها الأدوات المستخدمة، إضافة إلى ما يتطلبه التناول اليدوي للأدوات اللازمة لإجراء التجارب المختبرية من استخدام البصر .

ورغم ذلك فإن المتخصصين في مجال تـدريس العلـوم للمعـاقين بصريـا يؤكدون علـى أن تدريس العلوم يعتبر مجالا حيويا وضروريا لجميع فئات الطلاب ،حيث تبين ماكنتـاير (Mcintyre) أن تدريس العلوم يتيح للطلاب بمختلف فئاتهم اكتساب المعارف، والمهارات والاتجاهات التي تشكل في مجموعها مقوما أساسيا من مقومات تكيفهم مع البيئة.

وترى مارى بدرو راو (Mary Buddroiue Rowe) أن للمعاقين بصريا ميزة واحدة على الأقل بالنسبة للأسوياء، بينما نجد أن الأسوياء الذين يبصرون ويسمعون قد يجدون أنفسهم مرغمين لأن يتعلموا العلوم بأسلوب الشرح النظري التقليدي تحت ضغط مـن مدرسيهم ،علي الجانب الآخر فإن المعاقين بصريا لابد أن يواجهوا الأشياء مباشرة ويتعرفوا عليها بالحواس ،حتى يمكنهم إدراك معنى المفاهيم المرتبطة بها.

كما أن بعض الطلاب المعاقين بصريا مقيدون في قدرتهم علـى استقبال الأشياء والمثيرات البيئية بواسطة حواس :اللمس، والشم والتذوق ، والسمع كما أن بعضهم قـد لا تتكون لديهم المفاهيم البعيدة عن خبراتهم خاصة المعاقين بصريا ولاديا ، مثل : الجبال ، البناء ، النجوم لأنهم لم يكوّنوا خبرات عنها ، بالإضافة إلي صعوبة التعرف علي الأشياء الحية مثل : الطحالب البكتريا.

كما أوضحت بعض الدراسـات أن الإعاقة البصريـة تعتبر مـن الوظـائف العقليـة أو المعرفية أو القدرة على النمو العادي انفعاليا واجتماعيا ، وإذا ما حـدث وبـدا هنـا النمـو غير عادي ، فإن ذلك يرجع إلى نقص الخبرة بحكم القصور الحسي أو العزلـة الاجتماعيـة عنه والتي تفرضها الاتجاهات السلبية نحو المعاقين بصريا.

كما أوضحت دراسة أوفاندو Ovando 1978 أن نضج الفرد العقلي يعد من العوامل الهامة التي تؤثر في مستوى طموح الفرد.

إن كثيرا من المعاقين بصريا يواجهون صعوبات تتصل بمواقع الأشياء وتحديد أماكنها واتجاهاتها ، مما ينعكس هذا على المعلمين الذين أحيانا مايصابون بالإحباط من حين لآخر أثناء القيام بعملية التعليم . كما لوحظ أن الطلاب المعاقين بصريا الذين يواجهون صعوبة فى برنامج التوجيه ، كانوا يعانون فى مقررات أخرى تستلزم معرفة المفاهيم المتعلقة بالحيز والمكان، مثل : مفاهيم الهندسة ، ومفاهيم العلوم ، والمفاهيم المتعلقة بالأبعاد مثل : المسافات ،والمقاييس ، وهذا بدوره يؤدى إلى ضياع الوقت والجهد بعيدا عن الدروس .

وتوضح هادارى (Hadary) أن تدريس العلوم للمعاقين بصريا تتيح لهم فرص التعرف على الكثير من الظواهر البيئية وممارسة الأنشطة المعدلة التي تستغل الحواس الأخرى ، وتمكنهم من ممارسة العمليات العقلية .

وقد أوضح كينث (Kenneth) ضرورة الحرص عند تعليم العلوم للطلاب المعاقين بصريا خبرات جديدة ،خاصة المفاهيم التجريدية العليا إذ لابد أولا: معرفة الأجزاء الصغيرة من الأدلة والمعلومات الخاصة بالشكل ، والحجم والصوت ، والعدد ، فلا يمكن أن يبدأ تعليم المعاقين بصريا مفاهيم عن الشكل والعمليات، والأفكار ، بمعني لا يمكن تعليم الأطفال المعاقين بصريا بالتجزئ فيما عدا المستوى اللفظي، حيث إنهم يكتسبون خبرات استدلالية إستنتاجية عن الموضوعات المراد دراستها والتي تحتاج إلى أدلة ظاهرية وأفكار مدروسة. ويرجع كينث (Kenneth) الأسباب التي تؤدى إلى رسوب الطلاب المعاقين بصريا فى التحصيل الأكاديمي إلى ما يأتي :

- التشخيص البطيء في التعليم .
- التجهيز البطيء للخدمات التعليمية .
- ضياع الوقت في التعرف على المفاهيم الإدراكية بعيدا عن الدروس أثناء دراستهم .
- الاكتساب البطيء للتعليم والمعلومات
- القصور في فهم الخبرات التعليمية.

ويرى هو فمان " Hofman ": أن مناهج ومقررات العلوم يجب أن تتكامل مع الطلاب المعاقين بصريا من الحضانة حتى المرحلة الثانوية حيث إنه من المفترض أن يستوعب الطلاب المعاقون بصريا على المجالات المتعددة في تدريس العلوم ، بالإضافة إلى ضرورة تنوع استخدام معلمي العلوم للأساليب التدريسية مع المعاقين بصريا سواء في فصول نظامية أم فصول في خاصة بهم ،والتي تعتمد على استخدام الحواس المختلفة وتزويدهم بالمعلومات الخاصة بتعديل الوسائل والأدوات اللازمة لعملية التدريس.

ولقد عقد المؤتمر الأول للتربية العملية للمعاقين بالولايات المتحدة الأمريكية the first working conference on science education for physically handicapped student , 1978 ، وكان من أهداف توصياته ، ضرورة تكامل الطلاب المعاقين بصريا مع الأسوياء في تدريس العلوم من الحضانة حتى المرحلة الثانوية .

كما أوضح مالونى Malone أن توفير الأجهزة والأدوات المختبرية المعدلة التي تتيح للطلاب المعاقين بصريا إجراء التجارب العملية كان لها أثر كبير في إشباع رغباتهم واندماجهم في البيئة ، وبالتالي اكتساب العديد من المهارات العملية المختلفة ، وكذلك المهارات الحياتية وتقدير الطلاب لذواتهم وقدراتهم الإبتكارية ، وأضاف مالونى أن الطلاب المعاقين بصريا والمكفوفين الذين يطلق عليهم (سالبي الاتجاه نحو العلوم) أدى تقديم الأنشطة المعدلة والملائمة إلى زيادة الإقبال على تعلم مادة العلوم.

وفي هذا الإطار حاول المدرسون تعديل تدريب المعاقين بصريا على طريقة برايل، بما يلائم إعاقتهم في المدرسة الشاملة ، حيث إن من أهداف التكامل منح الطلاب فرصا متكافئة للمنهج الواسع، وهذا يتطلب ملاءمة الاحتياجات الفردية للطلاب المعاقين بصريا ، كما يحتاج أيضا إلى تقييم فردى ، وكل ذلك لن يتأتى إلا إذا تعرف الطالب المعاق بصريا على عناصر المنهج ، باعتبارها الجوهر الأساسي للطالب المعاق بصريا إضافة إلي ذلك فإن تقديم المواد العلاجية للطلاب المعاقين بصريا سوف يساعدهم على اللحاق بنظرائهم المبصرين ، أي تقديم برامج تعزيزية مثل : برامج التعزيز البصري التي لابد أن تكون جزءا من المنهج مثل : استخدام قائمة (انظر وفكر) (توبن وشايمان وآخرون ١٩٧٨) وهذا سوف يمهد الطريق للأنشطة العلاجية التي يمكن إدخالها في جلسات التدريب على الأنشطة، والفنون ، والأعمال اليدوية ، كما يساعد تعديل المنهج ، ووضوح العرض، والتقديم الملائم لمواد التعليم وضوح الكثير من المشاكل التى تقابل الطلاب المعاقين بصريا .

وقد حدد (لوين فيلد Lowen Feld) خمسة أسس رئيسية، ينبغي الالتزام بها لضمان نجاح تنفيذ المناهج الدراسية في ضوء ما تفرضه طبيعة كف البصر من خصائص، وسمات ، وحاجات نمو لدى المعاقين بصريا وهى:

◄ **المادة :** ويقصد بها مساعدة المعاق بصريا على اكتساب المعارف والمعلومات من خلال الحواس الأخرى ، فيمكنه ممارسة الفحص اللمسى للأشكال وإدراك خصائص الأشياء من خلال الاكتساب الوظيفي للمعلومات بمساعدة الفحص اللمسى ، و اللفظي التي يقدمها المعلم أو التسجيلات الصوتية التي تصاحب الفحص اللمسى لمختلف الأشكال .

◄ **ترابط المعارف والخبرات :** حيث تقوم حاسة الإبصار بدور رئيسي في توحيد هذه المعارف في حين يفتقدها الكفيف ،ولذلك يتطلب تقديم الخبرة في الوحدة من خلال الأنشطة القائمة على توفير هذه الخبرات الحسية المترابطة والمتكاملة التي تعتمد على تقديم المثيرات الحسية غير البصرية بصورة منتظمة .

◄ **النشاط الذاتي :** حيث لا تمثل الأشكال المتباينة في الشكل أو اللون أي عامل جذب بالنسبة للمعاق بصريا ،وبالتالي يفتقد الكثير من فرص التعليم غير المقصود ، والذي يعتبر عاملا هاما من عوامل إثراء وتدعيم المعارف التي يكتسبها المتعلم من خلال التعليم المقصود فينبغي تعويض المعاق بصريا بأنشطة يمارسها بنفسه ، لكي يشبع رغباته من خلال الاكتشاف ، وتحمل المسئولية وتقديره لقيمة العمل المهني والتعاوني .

◄ **التفاعل مع البيئة :** وتعنى إتاحة الفرص للمعاق بصريا أن يتفاعل مع البيئة ، وأن يتعرف على مكوناتها، فتتسع قدراته العقلية والذهبية. وهذا يتطلب توفير الخبرات والمثيرات غير البصرية المنظمة، مما تتيح له تدريب حواسه السليمة وتنميتها .

◄ **التفريد :** يختلف المعاقون بصريا في حاجاتهم وقدراتهم، مثل: العاديين فدرجة الإعاقة البصرية ، والسن ، والبيئة ، والذكاء ومشكلات التعليم المختلفة متغيرات تعتبر فروقا فردية بين المعاقين بصريا . وهذا يتطلب تنظيم برامج تربوية فردية لكل معاق بصريا تتيح له عملية التقدم فى التعليم كل حسب قدراته واستعداداته وميوله . ولذلك يتم في بعض الأحيان تنظيم فصول خاصة للمكفوفين يتراوح عددهم من (٦-١٢) تلميذا حتى يستطيع المعلم استخدام أسلوب التعليم الفردي الذي يمكن من خلاله تلبيه رغبات الطالب المختلفة .

وعلي الرغم من أن مادة العلوم لا تأخذ حقها من الاهتمام بمدارس المعاقين بصريا، فقد أشار العديد من الباحثين، مثل جاكوبسون(Gacopson) ١٩٨٠ وباتون (Paton) (١٩٧٨) وبريس (Price)(١٩٨٢) إلي ما يلي :

إن مناهج العلوم بما تتضمنه من محتوي يرتبط بالبيئة ومكوناتها وظواهرها الطبيعية، وبم تستخدمه من عمليات واستراتيجيات تدريس، تشكل مجالا خصبا للمعاق بصريا يمكنه من اكتساب المفاهيم ، والمهارات، والاتجاهات المناسبة التي تشبع حاجاته ، ورغباته الأساسية من ناحية ، وتساعده علي التكيف والتعامل بنجاح مع ما قد يواجهه من مشكلات من ناحية أخري.

إن عدم وجود أهداف محددة ومنهج خاص لتدريس العلوم للمعاقين بصريا يشكل كثيرا من الصعوبات التي تواجه هؤلاء الطلاب من ناحية والقائمين علي إعداد البرامج التعليمية الخاصة لهم من ناحية أخرى .

ونظرا لعدم وجود مناهج خاصة بالمعاقين بصريا في تدريس العلوم فإن أسلوب تنظيمه يعد غير ملائم للمعاقين بصريا، مثل أقرانهم العاديين .

عدم وجود دليل للمعلم مما كان له أثر سلبي ، حيث إن مادة العلوم تختلف في طبيعتها، وطريقة تناولها عن غيرها من المواد الأخرى كما أن طبيعة الطلاب المعاقين بصريا المندمجين دراسياً تختلف عن العاديين ، مما يفرض ضرورة وجود استراتيجيات معينة في تدريس العلوم ، لتحقيق الأهداف المرجوة وهذا يحتاج إلي أدوات معدلة وأجهزة ملائمة ، وتخطيط شامل ، لتنظيمها وتناولها حتى يمكن استخدامها بفاعلية ، وهذا ما لا يتوافر لمعلمي العلوم للمعاقين بصريا المندمجين دراسياً ، وذلك لعدم وجود مرشد يسترشد من خلاله المعلم بالاستراتيجيات الملائمة لهم .

إن المدخل الرئيسي في تدريس العلوم للطلاب المعاقين بصريا يتمثل في استخدام بعض الأدوات والتجريب المختبري حتى يمكن للطلاب

المعاقين بصريا اكتساب معارف ومهارات جديدة بأسلوب واقعي وملموس، مما يسهل تنمية المفاهيم والمهارات ، والاتجاهات المناسبة لدي المعاقين بصريا ، وبرغم ذلك فإن معظم مدراس المعاقين بصريا مختبراتهم سيئة وسلبية لا تهتم بالجانب العملي .

وكأحد المظاهر الدالة علي عدم الاهتمام بمادة العلوم في برامج العلوم للمعاقين بصريا عدم استخدام المعايير المتبعة في تقويم الطلاب المعاقين بصريا في مادة العلوم علي عكس ما هو حادث علي المستوي العالمي في الولايات المتحدة فعلي سبيل المثال تتوافر عدد من المعايير، تتمثل في المستويات التالية، لتقويم الطلاب المعاقين بصريا : المستوي (A) من ٩٠% فأكثر ، المستوي (B) من (٨٠%-٩٠%) ، المستوي (C) من (٧٠% - ٨٠%) ، المستوي (D) من (٦٠% - ٧٠%) وأقل من ٦٠% يلزمهم إعادة المحتوي مرة أخري . ولعل هذه المعايير تعكس مدي الاهتمام بمادة العلوم للطلاب المعاقين بصريا علي المستوي العالمي .

◄ لامجال للتقويم التشخيصي أثناء حصص العلوم ، وبالتالي لايستطيع المعلم معرفة مدي تمكن الطلاب المعاقين بصريا من إدراك المفاهيم، والمهارات المتعلمة عقب دروس العلوم .

◄ عدم وجود معايير تلائم طبيعة المعاقين بصريا أثناء عملية التقويم علي الرغم من اختلاف طبيعة المعاقين بصريا عن أقرانهم العاديين .

◄ وفى إطار الأسس السابقة تتهيأ للمعاق بصريا المندمج دراسياً فرص التعليم المناسبة التي تلائم إعاقته، وتوافقه مع البيئة التي يعيش فيها حتى يشعر بقيمته ورضاه عن ذاته، ويكون فعالا في المجتمع .

◄ وهذا ما تؤكد عليه أهداف التربية الخاصة، حيث حددت وزارة التربية والتعليم الأهداف التالية والعمل على تحقيقها بمدارس التربية الخاصة.

◄ التقليل من أثر الضغوط النفسية للمعاقين بصريا .

◄ بث الثقة في نفس المعاق بصريا ومساعدته على تقبل إعاقته .

◄ تزويده بالخبرات التي تساعده على الاندماج والتكيف مع المجتمع .

◄ مساعدته على الاستقلال بقضاء حاجاته اليومية في أمن وسلامة .

◄ الارتقاء بإدراكه الذاتي .

إن أهداف تدريس العلوم للمعاقين بصريا ينبغي ألا تنفصل عن الأهداف العامة لتربيتهم وتعليمهم، فإذا كان تحقيق التوافق الشخصي والاجتماعي والاقتصادي ، وتلبية حاجاتهم في الميادين الأساسية للحياة وحفزهم على المساهمة الفعالة في تنمية الموارد البيئية هو ما تستقى إليه تربيتهم، فإن البرامج الدراسية بوجه عام، ومناهج العلوم كمجال حيوي بوجه خاص، لا بد أن توجه نحو تحقيق هذه الأهداف .

وفي هذا السياق حققت المؤسسة القومية الأمريكية لمعلمي العلوم أهداف تدريس العلوم (National Science Teachers Association)(NSTA) للمعاقين بصريا في المجالات الخمسة الرئيسة التالية :

◄ النمو المعرفي وتنمية المفاهيم العلمية الأساسية المرتبطة ببيئة الطالب المعاق بصريا.

◄ النمو المهاري العملي .

◄ توظيف المعارف والمهارات في حياته اليومية .

◄ تنمية القيم والاتجاهات العلمية .

◄ إدراك العلاقة بين العلم والتكنولوجيا .

كما قام المركز القومي للبحوث التربوية والتنمية عام (١٩٨١) بدراسة لتحديد أهداف تدريس العلوم للمعاقين بصريا بالمرحلة الإعدادية ، أوضحت أن تدريس العلوم للمعاقين بصريا يجب أن يعمل على تحقيق هدفين أساسين هما:

◄ مساعدة الطلاب المعاقين بصريا على اكتساب الحقائق ، والمفاهيم والتعليمات ، وذلك لفهم، وتفسير الظواهر الطبيعية ، والمشكلات العلمية التي تسود الحياة الآن.

◄ مساعدة الطلاب المعاقين بصريا على أن يجدوا أماكنهم في العالم المحيط بهم ، بحيث لا توجد فجوة ثقافية علمية بينهم ، وبين العصر الذي يعيشون فيه ، ولا يحرمون من معلومات يمكن إيصالها لهم عن طريق غير طريق الإبصار، وذلك على أساس أن ما لا يدرك كله لا يترك كله .

● **ثانيا : صعوبات تدريس العلوم للمعاقين بصريا :**

من الموضوعات التي يلاقي فيها الطلاب المعاقين بصريا في مادة العلوم صعوبة دروس الكيمياء ، نظرا للتجارب والرموز والصيغ الكيميائية للمعادلات الكيميائية ، ولكن ثبت أن وجود المعاقين بصريا في دروس الكيمياء ليست ظاهرة حديثة ، حيث أثبت المعاقون بصريا كفاءتهم ونجاحهم في دراسة التجارب العملية في الكيمياء بالمقارنة بأقرانهم العاديين، كما أنهم لم يجدوا أنفسهم

داخل إعاقتهم ، كما كان يعتقد أن الطلاب المعـاقين بصريـا غالبـا مـا يكونـون خجـولين ، وأنهم عاجزون عن التقدم ، ويفشلون دائما في الاتصال بالطلاب المعاقين.

ولتحسين عملية التعامل مع المعـاقين بصريـا في قاعـة الـدروس بطريقـة تتـيح للمعلـم إحداث عمليتي التعليم والتعليم ، لتحسين العملية التعليمية يلزم قيام معلم العلوم بمـا يلي :

◄ اسـتخدام ألفـاظ محـددة ودقيقـة لوصـف كـل مـا هـو مسـجل عـلى السـبورة وتجنب الإشارة مثل : هـذا ، وذاك، ويجـب تسـمية الأشـياء بمسـمياتها، مثـل: هـذا الشيء .

◄ يجـب وصـف الأدلـة والبراهـين بدقـة ، خاصـة الألـوان ، والكميـات والتغـيرات الفيزيائية.

وتساعد هذه الملاحظات المعاقين بصريا فى تعلم العلوم ، حيـث إن وجـود المعـاق بصريـا داخل معامل الكيمياء ليس للتعلم فقط وإنما للمتعة والإشباع ، وإذا تحقق هـذا الهـدف سوف ينجح في المختبر .

وعند دراسة المعاقين بصريا للكيميـاء لا بـد مـن تقيـيم قـدراتهم سـواء منفـردين أو مـع أقرانهم العاديين ، حيث لوحظ نجاح بعضهم وفشل البعض الأخر في دراستهم للكيميـاء ، وذلك أثناء تطبيق الاختبارات، كما يتطلب وجود اتصال بين المعلم والطالب المعاق بصريا ليتم تهيئته للتعامل مع الأجهـزة المعدلـة وكـذلك تطـوير طريقـة للاختبـار يتحقـق مـن خلالها تقدم المعاقين بصريا المندمجين دراسياً ونجاحهم، ويتطلب هذا وقتا أطـول في أداء الامتحان، وذلك من خلال توافق كـل مـن المعلـم والطالـب المعـاق بصريـا مـع التقنيـات الحديثة حيث أوضحت التطورات التكنولوجية سهولة حل المشكلات التي تعوق تدريس الكيمياء للمعاقين بصريا من خلال حث المعلم على حل تلك المشكلات من خـلال تعـديل الموضوعات التي تلائم طبيعة المعاقين بصريا.

ومن خلال التغلب على تلك المشكلات والصعوبات التي تواجه تدريس الكيمياء للمعاقين بصريا يجب على المعلم أن يدرك خلال تدريسه ما الذي يحتاجه الطالب في طريقة تعلـم العلوم ، باعتبار أنه ليس لديه معلومات مسبقة عن الشيء الـذي يتعلمـه أو المـواد التـي يتعامل معها ، حيث أمكن عمـل نمـوذج بسـيط ودقيـق للجـدول الـدوري يسـتطيع مـن خلاله المعاق بصريا المندمج دراسياً أن يتعلم عنـاصر الجـدول الـدوري في شـكل خريطـة مجهزة في أماكن مخصصة للطباعة للمكفوفين، كـما يمكـن للمعـاقين بصريـا إعـداد هـذه الخريطة التي تتكون من طبقتين من الورق القوى مقاس ٨×١١ بوصة ، قطع مـن الـورق القوى مادة لاصقة قوية ، مكعبات يبلغ عددها ١٠٦ مكعب صغير مـن خشـب خفيـف الـوزن مقاسـاتها ٢/١ ×٤/٣× ٤/١ بوصـة ، وتلصـق الطبقتـين معـا بقـع صغيـرة مـن

الورق القوى لتقويتها ، ثم تلصق المكعبات حسب ترتيب العناصر في الجدول الدوري ، وتوضع أرقام العناصر من ١: ١٠٦ بطريقة برايل وتلصق على شريط من البلاستيك وتضاف هذه الأرقام إلى مكعبات ، وعند قيام المعلم بالشرح يتأكد من الرقم الذرى لكل عنصر ويذكر اسمه فقط ولا يشير إليه.

- **ثالثا : نماذج لتدريس العلوم للمعاقين بصريا :**

كما يوجد نموذج آخر يوضح تركيب الذرة، يسمى تركيب لويس(Lewis structures)، حيث تستخدم فيه سبورة مغناطيسية وبعض القطع المغناطيسية الصغيرة ، ويبلغ مقاس السبورة المغناطيسية ١٢×٦ بوصة، وحجم المغناطيس الصغير نصف قطره ٤/١ بوصة، ويمكن استخدام(٤٨)مغناطيسا لعمل نموذج كامل ، منها ٣٢مغناطيساً تمثل الإلكترونات ، وأشكالاً أخرى يمكن تقطيعها تمثل الذرات المختلفة ، حيث تمثل الدائرة ذرة الأكسجين والكربون يمثل بـ ٢/١ دائرة ، والمربع الذي طوله ١ بوصة يمثل ذرة الهيدروجين ، والمثلث يمثل الهالوجينات مثل (I- Br -F-Cl2) والمستطيل الذي مساحته ١×٤/١ بوصة يمثل ذرة النيتروجين ، والطالب المعاق بصريا يمكنه من خلال استخدام حاسة اللمس التعرف على شكل العنصر واسمه كما بالشكل التالي :

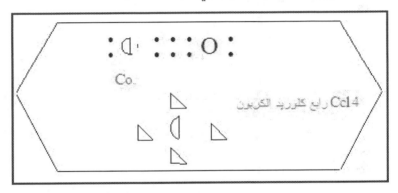

شكل (٣) : أشكال رموز العناصر للمعاقين بصريا

كما أن لهذا النموذج الذي وضعه لويس استخدامات أخرى مثل: وزن المعادلات الكيميائية ، حيث تستخدم المغناطيسيات في وزن المعادلات الكيميائية والأشكال الذرية ، والأيونات متعددة الإلكترونات.

مثال : لمعادلة كيميائية موزونة للمعاقين بصريا والروابط التساهمية بين الذرات وأكثر من هذا يمكن بناء أشكال لجزيئات عضوية باستخدام المغناطيسيات، حيث تمثل الرابطة الأحادية بمغناطيس واحد والرابطة الثنائية بمغناطيسين ، والرابطة الثلاثية بثلاث مغناطيسيات وأمكن بناء أشكال لبعض الجزيئات مثل حمض الكربوكسيل والأسترات ، والأميدات، ومن خلال هذه الأشكال يستطيع المعاق بصريا أن يتعرف على النتائج الخاصة بالتفاعلات

الكيميائية العضوية السابقة بحيث يقوم المعلـم بإجراء التفاعـل عـن طريـق الأشكـال والمغناطيسيات ويقوم الطالب المعاق بصريا بإكمال النواتج كما في التفاعـل الـذي أجـراه المعلم .

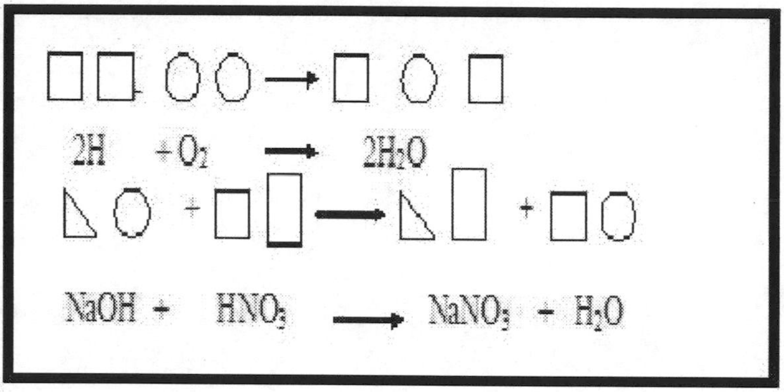

شكل (٤) : معادلة كيميائية موزونة للمعاق بصرياً

يتضح مما سبق، سهولة إجراء التفاعلات الكيميائية للطلاب المعاقين بصريا بإجراء تلك التجارب بأنفسهم مع وجود مسـاعد موجه لهم لأن المكفـوفين أو المعاقين بصريا لهـم ظروفهم المختلفة عن المبصرين، وبالتالي لهم طرقهم المختلفة في التعليم وإجراء التجارب حيث يستطيعون استخدام الحواس الأخرى بمهارة فائقة ، كما يقوم المساعد أيضا بقراءة تعليمات المختبر ،ولكن رغم وجود المسـاعد مـع الطالب المعاق بصريا، إلا أن الطالب المكفوف له خصائص من الملاحظة وطرق العمل المختلفة التي قد لا يعرف المساعد عنها شيئا بل يتعلمها من المعاق بصريا . ويتطلب ذلك ضرورة توافر بعض المهارات والكفاءات لدى المعلمين لتلائم طبيعة إعاقتهم، ومنها :

◄ الألفة بالمهارات المختبرية المساعدة.

◄ القدرة على متابعة المناهج المحددة سابقا وتطويرها حسب الحاجة .

◄ تطويع الخبرات المعرفية والمواد والأجهزة أثناء تدريس العلوم للمعاقين بصريا .

◄ متابعة البحوث والدراسات العلمية في تخطيط وتنفيذ برامج المعاقين بصريا.

◄ تبنى تقنيات وأساليب حديثة ومختلفة مع المعاقين بصريا .

◄ ضرورة الوعي بالإمكانات المحلية في تعليم المعاقين بصريا .

◄ القدرة على تطبيق نتائج الأبحاث العلمية في مجال البرامج التعليمية.

يتضح مما سبق ، أن العلوم ليست مادة نظرية تقـرأ عـلى المعاق بصريا مـن جانب المعلم،وإنما تتطلب دراستها ضرورة توافر المهارات العلمية المختلفة من

جانب المعلم والطالب، حيث يوضح بوكيت ستيل (١٩٧٢) أن العلوم هي التي تساعد علي:

- الاكتشاف.
- حل المشكلات .
- حب الاستطلاع .
- إشباع الاهتمامات المختلفة لدى المعاقين بصريا .
- إيجاد حل للأسئلة والمشكلات التي تقابل المعاق بصريا خلال تدريس العلوم.

إن تدريس العلوم يعتمد على ثلاثة أهداف رئيسية يتم تشابكها مع بعضها وهى :

- اكتساب المعارف المناسبة .
- تطوير المهارات المختلفة .
- التغذية الرجعية ، وتعزيز الاتجاه العلمي .

علي الجانب الآخر يعتمد البعض عند تدريسه للعلوم على اكتساب المحتوى مع وجود القليل من الأنشطة والمهارات اليدوية ، ولكن في الأعوام الأخيرة أمكن زيادة الأنشطة والتأكيد على أهمية اكتساب المهارة التي توجه المعاق بصريا إلى الاتجاه الإيجابي المرتبط بموضوعات العلوم التي يدرسها .

ويوضح (سول وتيوسان) (١٩٨٦) هذه العلاقة المتشابكة والتأكيد على الاتجاه الاستفساري ، والتجارب اليدوية وتطوير اتجاهات واهتمامات الطلاب بالإضافة إلى توضيح مزايا اكتساب تلك المعلومات الواقعية الحقيقية.

ويقدّم كل من (سول وتيومان) خمسة أسباب توضح أهمية الحقائق السابقة :

- تقدم الشكل والدقة التي تهمه .
- تجعل بعض المعلومات البحثية ممكنة .
- ترتبط الحقائق ارتباط وثيقا باللغة ، واللغة هي قوة الحقائق والوسيلة المعبرة عن هذه الحقائق .
- وجود الحقائق وتوفيرها وتخزينها ضرورة هامة .
- تساعد الحقائق في جعل المعلومات التي تبدو جافة وكمية إلى جعل هذه الحقائق شبيهة وملائمة ومثيرة للمعاقين بصريا .

إن البرامج التقليدية في العلوم تتكون في الأصل من كتاب مقرر يحوى قليل من الأنشطة اليدوية ، حيث أجريت دراسة حديثة أوضحت عزوف المعاقين بصريا عن هذا المقرر ، واتجاههم إلى مهن لا ترتبط بالعلوم التي درسوها ، رغم قيام معلمي العلوم للمعاقين بصريا بتغيير طريقة التدريس ، ولكن لم تظهر هذه التغييرات في مدارس التعليم الخاص بالمعاقين بصريا ، وتمت معالجة الكتاب المقرر الذي ما زال يستخدم في التعليم الابتدائي العالي ، والثانوي ، حيث أوضح باتون (Paton) وزملاؤه أن نسبة ٦٠% من مدرسي العلوم يستخدمون الكتاب

الدائم العادي بطرق تدريسية مختلفة ، ويستخدم البعض الآخر الكتب التجارية المتداولة والمطبوعة بطرق مختلفة أيضا، ويعتبرون الكتاب وسيله مبدئية لبرنامج العلوم ، أي يعتبرونه جزءاً من البرنامج الذي يستخدم مصادر إضافية للمعلومات والأنشطة في العلوم ، أو في بعض البرامج الخاصة بالعلوم ، يتم استخدامها كموارد يتم الرجوع إليها كمرجع فقط ، وجميع سلاسل الكتب المقررة في مجال العلوم تشمل أنشطة معملية مختلفة.

وتشمل البرامج الخاصة بالعلوم المتداولة سلسلة الكتب التجارية ثلاثة مجالات ، هي:

- علوم الحياة life science : وتتمثل في دراسة الكائنات الحية .
- العلوم الفيزيائية : وتتمثل في(دراسة الموارد غير الحية).
- علوم الأرض : وتتمثل في دراسة الفلك الأرصاد الجوية (الجيولوجيا).

ومن المحاولات التي أجريت من أجل تعديل المواد الملائمة لتدريس العلوم للمعاقين بصريا، قام كل من لا فيت ، وردوست وجنكنز ، وبايس وبندتى (٨٥-١٩٨٦) بإدخال تعديلات على كتاب العلوم المقرر للصف السابع ، ويسمى باسم تجارب في العلوم الفيزيائية، حيث وجهوا جهودهم إلى تطوير نوعين من الوسائل التعزيزية، هما :

- صيغ التلخيص المركبة.
- الأوراق للتدريب على المفردات.

وأثبتت الوسيلتان فاعليتهما في مساعدة المعاقين بصريا في اكتساب المعلومات.

كما توجد بعض الاتجاهات التي تؤكد على أهمية الاستخدام للعمليات والاستفسارات المهارية بدرجه أكبر من تجميع وتراكم المعلومات ، ويركز هذا الاتجاه على العمل والاكتشاف الموجه للمعلومات، كما يقوم المعلم بدور المساعد والموجه، لتسهيل عملية التعليم، وليس القيام بدور الموزع للمعلومات حيث أوضح كل من (كيلى وبونتر) وماكسكلسكى وفلتس (١٩٨٥) أن الطلاب المعاقين بصريا يفضلون هذه البرامج أولا من أجل الطالب العادي في الفصول النظامية، والتي تحتاج إلى مهارات تعليمية مستقلة وتوجيه ذاتي ، وقد أيد كل من " بوكسيل " و "ستيل " و "بيرد "و "ميرجيت" و "إيلز "(١٩٧٧) استخدام هذه البرامج العملية مع الطلاب المعاقين بصريا ، بشرط أن يكون المعلم على ألفة مع تلك البرامج، والأوامر المطلوبة منه قبل استخدام هذه المواد والوقت الكافي لعملية التدريب ، والمصادر اللازمة قبل عرضها على الطلاب المعاقين بصريا.

كما أن التخطيط الفعال لأنشطة البرامج والمواد التعليمية ، ينبغي أن يدعم التفاعل بين التدريس والتعلم ، وهذا يقتضى اجتذاب المتعلم ، وتشجيعه

وتوجيه النمو، والتغير، وتشجيع الممارسة والتطبيق ، كما أن هناك جانب له خطورته في التفاعل بين التدريس والتعلم وهو الطريقة التي تسلسل بها أنشطة التعلم، لإحداث التقدم، والتشجيع على الاستخدام النشيط المرن، وعلى التكرار من أجل الممارسة والإتقان ، والاستجابة لأساليب التعلم المفضلة ، وانتقاء المتعلم للمواد، ومسايرة تدرجها، والتركيز على المفاهيم الأساسية.

- **رابعا : الأمان المختبري لتدريس العلوم للطلاب المعاقين بصريا**

يعتبر الأمان المختبري ضرورة حتمية وهامة عند تدريس العلوم للطلاب بوجه عام، والطلاب المعاقين بصريا المندمجين دراسياً بوجه خاص ، حيث يجب على المعلم تدبير احتياطات الأمان المختبري ويكون مستعدا لمواجهة المشاكل التي من الممكن أن تحدث في معامل العلوم عند إجراء التجارب .والأنشطة مع الطلاب ، و يجب فحص النماذج والأجهزة التي تستخدم لضمان وسهولة عملها ووقاية الطلاب من أية أخطار تنجم عنها ، وهذا يتطلب وجود دليل أمن وأمان في الواقع التعليمي ، حيث زاد في السنوات الأخيرة الاهتمام بضرورة توفير الأمان في المعامل التي تجرى بها التجارب ، لأن المعاقين بصريا كانوا يحرمون من دراسة الكيمياء وإجراء التجارب لصعوبة توافر الأمان المختبري ، ثم زاد الاهتمام في الآونة الأخيرة بإمداد المعلم بالأجهزة والمواد التعليمية الملائمة لطبيعة المعاقين بصريا ، والتي يتوفر فيها عنصر الأمان المختبري ، ونجحت التجربة في التعليم الابتدائي والمدارس العليا ، والكليات ، ومعاهد التربية الخاصة بالمكفوفين فأصبحت حقلا لتقديم المعاقين بصريا في تدريس العلوم بوجه عام ، والكيمياء بوجه خاص مع الأنشطة ، والتجارب العملية ، بل نجح بعضهم في الحياة العملية ، وأصبحوا نموذجا للطلاب المعاقين بصريا.

إن المعاقين بصريا يحتاجون إلى الألفة مع البيئة الطبيعية للمختبر وذلك للقضاء على الأسطورة القائلة :إن المعاقين بصريا يمثلون مخاطر في معمل الكيمياء ، ومفتاح الأمان المختبري ،هو معرفة الأخطار المحتملة ، فالمعاقون بصريا لا يواجهون أخطاراً كبيرة ولا يسببون أي أخطار لأقرانهم في المختبر أكثر من التي يسببها العاديين الذين يعملون في نفس المختبر في حالة توضيح تعليمات الأمان لكل من المجموعتين ، فالمعاهد التعليمية هي المسئولة الشرعية عن تأهيل المعاقين لحضور برامج الأمان في الكيمياء والعلوم العملية الأخرى فلا يحب عزل الطلاب االمعاقين بصريا بسبب إعاقتهم، ولا يستبعدون من المشاركة في الموضوعات أو الأنشطة . ولتوفير الأمان المختبري أنشئت منظمات خاصة للأمان المختبري، مثل: منظمة الأمان المختبري، والصحة (OSHA) التي تسمح للمعاقين بصريا بالمشاركة في معامل الكيمياء ، حيث أدركت الحاجات والاتجاهات الصحيحة حتى تتساوى فرصتهم في التعليم داخل معمل العلوم مع العاديين ، فالمعاقون بصفة عامة والمعاقين بصريا بصفة خاصة يعتبرون عناصر منتجة في الولايات المتحدة الأمريكية، مثل العاديين، وقد طرحت منظمة الأمان المختبري والصحة (OSHA)، و الجمعية الأمريكية

للكيمياء National Institute for Occupational Safety and Health (OSHA) ، موضوعات لمناقشة الطرق التي يحددون بها مسئوليات معمل الكيمياء ، حيث إن التدريبات الأمانية هي هدف كل معلم ، فإذا سمح للطالب المعاق بصريا بالتآلف مع المختبر قبل بداية الدرس،ثم يشترك مع زملائه في توجيهات الأمان يحظى بأقل قدر من الاضطرابات ، بالإضافة إلى نسيان زملائه لإعاقته، فتدريبات الأمان يجب أن تتكون من عنصرين هما : الأمان للطلاب ولزملائه الآخرين.

- **خامسا : اتجاهات عالمية معاصرة في تطوير برامج العلوم للمعاقين بصريا :**
- **بعض المؤسسات التي اهتمت بإعداد برامج العلوم للمعاقين بصريا :**

يمكن للعلوم أن تساعد الطلاب المعاقين بصريا في التغلب على نقاط الضعف التي نجمت عن قلة احتكاكهم بالأحداث ، والتي قد تكون أدت إلى عدم نمو اللغة لديهم بالشكل الطبيعي ، فكما هو معروف ، فإن الخبرات والاحتكاكات المباشرة بالأشياء والأحداث هي الأساس الذي يبنى عليه النمو اللغوي ، وبالنسبة للمعاقين بصريا، فإن مهاراتهم السمعية واللمسية هي الأساس الذي يتعاملون به مع الأشياء والأحداث المختلفة عند ملاحظتها ودراستها وفحصها ، وذلك إذا ما أحسن إعداد الخبرات التي يمكن للمعاق بصريا أن يتعامل معها باستخدام حواسه الأخرى السليمة.

وحتى هذه اللحظة يكون إدراك المتعلم للشيء قاصرا على إدراك الشيء في صورته المادية الملموسة بالحواس، ومع تقدمه في العمر، وتضاعف خبراته بالأشياء، وتزايد ألفته بها، فإنه سوف يبدأ الاتصال بها على المستوى الوظيفي خاصة في التقدم لإدراك مفهوم الشيء وهو المستوى التجريدي النظري الذي عادة ما يكون قاصرا ومحدودا ، إذ يميل الطفل الكفيف إلي إدراك الأشياء بصورة أساسية على المستويين الحسي، والوظيفي، نظرا لانعدام حاسة البصر، وبالتالي تناقص فعالية الحس واللمس فيه .

وفى هذا المجال صممت بعض البرامج التعليمية اللازمة لإجراء التعديلات التي تجعل من السهل على الطالب المعاق بصريا أن يدرس العلوم ويشارك في الأنشطة المرتبطة بدراستها ، ونذكر من هذه المناهج والبرامج والمؤسسات التي تبنت عملية تطوير المناهج والبرامج : المؤسسة القومية للعلوم National Science Foundation التي أخذت على عاتقها تقديم مشروعات كثيرة في تدريس العلوم لطلاب المرحلة الثانوية في مجالات العلوم المختلفة وكان من أولى هذه المشروعات .

-Physical Science Study Committee (PSSC)
-Chemical Bon Approach Project (CBAP)
-Biological Bond Approach Project (BBAP)

وتلَي ذلك إنشاء كثير من المشروعات الأخرى التي تتبع مؤسسة العلوم القومية (NSF) ، والخاصة بتدريس العلوم لطلاب المدارس العليا.

ولَم تكن جهود مؤسسة " Nsf " هي الجهود المختصة فى مجال تطوير مناهج العلوم. بل كانت هناك مؤسسات أخرى لها دور رئيسي في هـذا التطوير مثل :المؤسسـات المهنية، وأقسـام التربية في الولايات المتحـدة الأمريكيـة المختلفـة ولعل أبرزهـا المؤسسـة القوميـة لمعلمي العلوم National Science Teachers Association.

وكنتيجة لظهور مشروعات العلوم الحديثـة في المرحلـة الثانويـة ، فـإن مناهج العلـوم بالمدرسة الابتدائية قد شملها التغير هي الأخرى، فقد ظهرت العديد من هذه المشروعات في الستينيات فى كل من أمريكا، وبريطانيا، ومنها :

-*Science - A process Approach* (SAA)

-*Science Curriculum To Improvement Study* (SCIS)

-*Elementary Science Study* (ESS).

وقد كان لهذه البرامج الثلاثة، وغيرها من البرامج الأخرى الأثر الكبير فى تغير طبيعـة محتوى الكتاب المدرسي ، وتغير طبيعة تدريس العلوم بالمرحلة الابتدائية. ونظرا لـتردى الأوضاع الخاصة بالمعاقين عدل Cascade System لتكويـن نمـوذج لتوصيل الخدمات التعليمية إلى هؤلاء المعاقين، لينتقلوا من بيئة تعليمية أقل حرية إلى بيئة أكثر حريـة، أي جعل المعاقين يواجهون عدداً أقل من القيود، بحيث يقضى هؤلاء المعاقون معظم أو كـل أوقاتهم في فصول نظامية في بيئة أقل تقيدا، حيث يتعلم هـؤلاء المعاقين كيفيـة التغلـب على العقبات المختلفة وينتقلون إلى البيئة التعليمية الحرة ، وهذا النظام المتسلسل كما في الشكل مع عشرة متغيرات.

ويوضح الشكل (٥) هذه المتغيرات التي يمكن أن تساعد في كيفيـة عمـل هـذا النظـام. حيث يوضح الشكل النظام المتسلسل لتعليم المعاقين :

◄ الفصول النظامية .

◄ الفصول النظامية في وجود الخبراء : حيث يوجد مع كل من المعـاق والمـدرس في الفصول العادية أخصائي تعليم، لخلق التقارب والتآلف في البيئة التعليمية الواحدة .

◄ الفصول النظامية مع المدرسين المتنقلين (الزائرين).

◄ وهذا المتغير يتطلب مدرسين متخصصين ومـدربين في القواعـد النظاميـة لوجـود المعاقين في الفصول النظامية .

◄ الفصول النظامية باستخدام حجرة خاصة مرجعية المحك (تغذية رجعية)، حيث تحتاج بعض الفصول الخاصة بالمعاقين بصريا إلى مساحات خاصة، يمكنهم استقبال مساعدات إضافية، مثل الأوساط، والتجهيزات وجزء آخر في حجرات مرجعية المحك (المصدر) يتلقون تعليما إضافيا

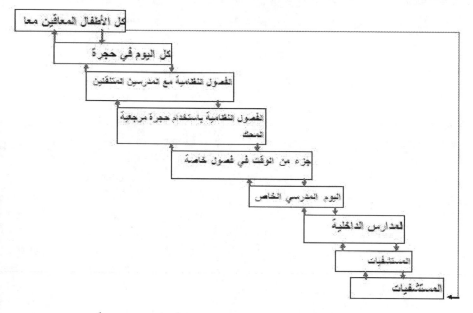

شكل(٥) : النظام المتسلسل لتعليم المعاقين بصرياً المندمجين دراسياً

◄ جزء من الوقت في فصول خاصة، حيث نجد في بعض الأحيان أن الطالب المعاق يستطيع العمل، ولكنه يحتاج إلى مساعدات إضافية، خاصة في الرياضيات، والقراءة، والعلوم، فهم يميلون إلى قضاء جزء من الوقت في الفصول النظامية مع العاديين، و جزء أخر في فصول خاصة بهم مع أخصائي تدريس.

◄ كل الوقت في فصول خاصة.

◄ قد يكون من الضروري للطلاب الذين لديهم قصور شديد أن يتجهوا إلى فصول خاصة بهم معظم الوقت ، فصول للمكفوفين يسكنون فى مدارس نظامية حتى يستطيع الطلاب العاديين معرفة الكثير عن المعاقين بصريا .

◄ اليوم الخاص أو المدارس الداخلية .

◄ بعض المدارس الخاصة بالطلاب المعاقين تقوم بالتعليم نهارا فقط والطلاب يعودون أخر اليوم إلى منازلهم مساءا ، وبعض المدارس الأخرى يتخذها العميان سكنا لهم مثل المدارس التي كانت تعمل في الماضي .

- المستشفيات المدرسية أو المستشفيات السكنية :يحتاج بعض الطلاب المعاقين إلى عناية طبية أثناء وجودهم بالمدرسة ،ومن الضروري وجود بيئتهم التعليمية في المستشفى .
- كما ينص القانون الشعبي ٩٤- ١٤٢ على ضرورة تعدد البرامج التعليمية الذاتية أو الشخصية (TEP) لكل تلميذ معاق موجود في المدارس النظامية ، وتتضمن هذه البرامج موضوعات ، وأنشطة تعليمية ، وأنماط من التكامل بين المدارس والطالب والآباء .
- إن تنوع المناهج الدراسية في مجالات العلوم الاجتماعية، والعلوم الإنسانية وأيضا فإن التدريب العملي، والتكنولوجي المرتبط بتعليم العلوم العامة يؤكد فكرة الاختلاف، وغياب المعايير المشتركة في الواقع العملي.

ومن خلال عرض نماذج لبعض الدول على المستوى العالمي التي اهتمت بإدماج وتكامل المعاقين بصفة عامة ،ومنهم فئة المعاقين بصريا ،وأهمية ذلك في الاهتمام بحقوق المعاقين في التعليم، مثل أقرانهم العاديين، واندماجهم بفاعلية في المجتمع ،يتضح أهمية التكامل على المستوى العالمي انطلاقا من أهمية التكامل والدمج بين المعاقين بفئاتهم المختلفة، وبمقارنة نظام التكامل والدمج بين بعض الدول العالمية، لوحظ أن التعليم الخاص في (إيطاليا) قد ظهر في فترة متأخرة جدا، حيث كان الاهتمام بذوي الحاجات الخاصة يعتمد على الكنائس في المدن، بينما في الريف تترك لأهليهم ، ثم بدأ الاهتمام بهذه الفئة الخاصة عام ١٩٢٣ في صورة فصول ومدارس خاصة بهم، واستمرت تلك المدارس في العمل حتى بداية السبعينات ، حيث تم إغلاق هذه الفصول والمدارس الخاصة بذوي الإعاقات المتنوعة بناءً على مبدأ تحقيق التكامل بين الطلاب المعاقين وأقرانهم العاديين في نفس المدارس ونفس الفصول، ولم يبق إلا عدد قليل جدا من تلك المدارس المنفصلة ،نظرا لتقبل المجتمع بصفة عامة لنظام التكامل من حيث كونه هدفا تعليميا عاما، وأصبحت نسبة تعليم المعاقين في المدارس العادين ٩٩% من ذوى الحاجات الخاصة

علي الجانب الآخر بدأ الاهتمام بتعليم المعاقين في الدانمارك في مدارس خاصة بهم حتى عام ١٩٣٣ حتى قررت الدولة توفير المتطلبات المالية لمعالجة المشكلات التي تقابل هذه الفئات المتنوعة من المعاقين، وذلك بتقديم بعض المواد التعليمية التي تقدم للعاديين، ويتعلم المعاق في مجموعات صغيرة كل أو بعض الوقت في نفس بيئة تعلم العاديين ، حتى تحقق مبدأ التكامل والدمج بين المعاقين والعاديين، واعتبارهم أسوياء في المجتمع إلى جانب وجود بعض المدارس الخاصة بصورة اختيارية ، كما تم تحديد أربعة مستويات للتكامل، كما حددها برون Bruun وكوفين Koefoed (١٩٨٢) وهى المدارس النظامية ، والمدارس الخاصة كتوأمين متناظرين، والمدارس العادية التي تحتوى علي فصول خاصة والمدارس العادية المتكاملة ، والمدارس العادية التي تشمل مصحات، والمدارس التوأم هي التي يوجد بينها تعاون مشترك .

وفى السويد كان الطلاب من عمر (٧-١٧) سنة يقضون تلك المرحلة في مدرسة واحدة مع العاديين ومنهم المكفوفين وكانت صورة التكامل (الدمج) تتمثل في تكامل المعاقين مع العاديين في مدرسة واحدة وفى نفس بيئة التعلم ،وتكامل المعاقين في فصول خاصة في مدارس العاديين ،وتوفير الخدمات التعليمية الملائمة لطبيعة إعاقتهم إلى جانب المواد التعليمية اللازمة لهم مع تأهيل المعلمين المتدربين من ذوى الخبرات اللازمة للتعامل معهم في بيئة التعلم .

ويتمثل الدمج في أمريكا في وجود المجموعات المتجانسة المتوازية ،وذلك بفصل الطلاب ذوى السرعة في التعلم عن الطلاب ذوى البطء في التعلم وكنتيجة لذلك نجد أن المعلمين القائمين على تعليم هذه الفئة مع العاديين في أمريكا قد تلقوا تدريبا على العمل في الفصول التكاملية التى تناسب مستوى كل منهم ، كما يتم تدريس برامج محددة لكل الطلاب وموحدة بغض النظر عن الفروق الفردية التي توجد بينهم ، على الرغم من الصعوبات التي قد يواجهها المعلمون ، وبعد ذلك تم تطوير البرامج التعليمية التي تناسب عملية الدمج (التكامل)بين المعاقين والعاديين وتدريس هذه البرامج داخل فصول العاديين .

و ينقسم التعليم الخاص في أمريكا إلى أربعة أنواع ، تتمثل في:

١- فصول عادية : يتلقى فيها المعاقون بصفة عامة (ومنهم المعاقون بصريا) تعليمهم في فصول العاديين لأقل من ٢١% من اليوم الدراسي .

٢- الحجرات مرجعية المحك ويتلقى الطلاب المعاقين تعليمهم الخاص بنسبة (٢١%-٦%) من اليوم الدراسي في فصول العادين .

٣- فصول منفصلة ويتلقى الطلاب تعليمهم الخاص في فصول منفصلة لأكثر من ٦% من اليوم الدراسي بأسلوب مشاركة بعض الوقت في الفصول العادية .

٤- المدارس المنفصلة ويتلقى الطلاب تعليمهم الخاص في مدارس منفصلة.

• سادسا : المفاهيم العلمية لذوي الإعاقة البصرية :

١-تطور تعريف المفهوم .

تعددت وجهات النظر في تعلم المفاهيم فتعرف من وجهة نظر فلسفة العلوم الطبيعية على أنها إدراك معنى حرف أو كلمة معينة أو تمثيل مجموعة من الحقائق المتصلة، مثل ظاهرة الانتشار ، ورغم اختلاف هذه الأوجه في مدى ماتتضمنه من خبرات، إلا أنها تتفق جميعا في أن كلا منها يصف مجموعة من الانطباعات الحسية التي استخدمها وسجلها الإنسان ، وهم يرون أن المفهوم عبارة عن كلمة أو مصطلح أوشئ ، وكذلك يطلق على الأشياء أو الأحداث لتميزها عن غيرها .

بينما ينصب اهتمام علماء النفس على العملية العقلية التي يتم بها اكتساب المفهوم ، حيث أوضح جانييه (١٩٧٠) أن المفهوم صورة مستنتجة عن نشاط عقلي معين أو صورة ذهنية لشيء أو حدث معين وهو تعميم لمجموعة من الملاحظات المتصلة ، وهو يمثل فهما للواقع نتيجة للاستجابات الحالية للفرد والمبنية على خبراته السابقة ، وفى العادة تعطى هذه الصورة اسما أو رمزا.

هذا وقد صنفت تعريفات المفهوم في مجموعتين رئيستين، هما :

أ-التعريفات المنطقية : وفيها يرى عبد المجيد نشواتى وزملاؤه أن التعريفات المنطقية للمفهوم هي تلك التي تعرف المفهوم بأنه" مجموعة من الحقائق أو السمات المشتركة التي تميز مجموعة من الأشياء، أو الأحداث، أو الرموز عن غيرها من المجموعات".

ويرى أوزوبل أن المفهوم من الوجهة المنطقية يشير إلى ظواهر في مجال معين تجمع وتصنف معاً لما بينها من خصائص مشتركة ، ومعنى هذا أن المفهوم يتضمن ما يسمى بالخصائص المحلية أو الفاصلة critical attributes والتي تشير إلى مجموعة من الخصائص التي تتوافر في كل وحدة من الوحدات التي تؤلف فئة المفهوم.

أما التعريفات النفسية أو السيكولوجية فتعرف المفهوم بأنه فكرة أو صورة ذهنية يكونها الفرد عن أشياء أو أحداث في البيئة.

ويتضح مما سبق حول ما كتب حول تعريف المفهوم بأنه: لايوجد تعريف يتفق عليه الجميع ، حيث إن المفاهيم تتنوع بتنوع الخبرات .

ب-التعريفات المادية: تعرف المفاهيم المادية على أنها تصور الأشياء التي يمكن إدراكها عن طريق الحواس ،كما عرفه جود ووين كلوزماير (Good win KLausmer (١٩٧٥) بأنه: يمثل معلومات منظمة عن خصائص أشياء أو حوادث أو عمليات تجعل أي شئ خاص يرتبط بالشيء نفسه ويختلف عن أشياء أخرى.

ويشير جودت سعادة وجمال يعقوب في تعريفهما للمفهوم بأنه "مجموعة من الأشياء أو الأشخاص أو العمليات التي يمكن جمعها على أساس صفه مشتركة أو أكثر والتي يمكن أن يشار إليها باسم أو رمز معين".

ويلاحظ أن المفهوم لا ينطبق على شئ أو موقف واحد فقط، بل على مجموعة من الأشياء والمواقف أي له خاصية التعميم، وهو رمز لخاصية، أو مجموعة من الحواس المجردة . و يعرفه فؤاد أبو حطب وسيد عثمان(١٩٨٧)بأنه" تصنيف المثيرات التى بينها خصائص مشتركة".

وقد ميزا عبد اللـه جزاع ، وصالح جاسم (١٩٨٦) بين المفهوم والحقيقة بالخصائص الثلاث التالية :

طرق تعليم ذوي الاحتياجات الخاصة

١- التمييز: ويعني أن المفهوم عبارة عن تصنيف للأشياء والمواقف والتمييز وفقا لعناصر مشتركة . وبذلك يكون المفهوم أكثر إمكانية فى تلخيص المعارف والخبرات خاصة للطلاب المعاقين بصريا .
٢- التعميم: بما أن المفهوم لا ينطبق على شئ أو موقف واحد، فهو أكثر شمولية من الحقيقة .
٣- الرمزية : فالمفهوم يرمز فقط لخاصية أو مجموعة من الخصائص المجردة فالمفهوم أكثر تجريدا من الحقيقة .

ويتضح مما سبق أنه لا يوجد تعريف محدد للمفهوم العلمي ، وفي ضوء التعريفات السابقة تم التوصل إلى أن المفهوم العلمي هو: تصور عقلي لمعنى علمي يتم بناؤه عن طريق فحص الأشياء، وتمييز العلاقات والخصائص المشتركة بين مجموعة من المثيرات وتصنيفها ،ليدل على ظاهرة علمية.

ويتميز المفهوم في هذا التعريف بأنه:
- له اسم أو عنوان " مصطلح ".
- يجمع بين الناحية المنطقية والسيكولوجية ، وخصائص المفهوم الثلاثة التميز ، التعميم، والرمزية.
- له دلالة لفظية.
- يربط بين مجموعة من الخصائص المشتركة.
- عام يمكن تطبيقه في أكثر من موقف.

٢-تعليم المفاهيم العلمية لذوي الإعاقة البصرية:
يعد تكوين المفاهيم العلمية وتنميتها لدى الطلاب ، أحد أهداف تدريس العلوم في جميع مراحل التعليم المختلفة ،ومنها تعليم المفاهيم للمعاقين بصريا، كما تعد من أساسيات العلم والمعرفة العلمية ، وتؤدي المفاهيم دوراً مهماً في تكوين المعرفة وبنائها ، فالمفاهيم العلمية للمعاقين بصريا هي أساس المعرفة والعلم، وهي التي تزود المتعلمين بالوسائل التي تعينهم على تذكر وفهم طبيعة ما يتعلمونه وتساعدهم على تفسير الظواهر المختلفة .

وتعد المفاهيم العلمية للمعاقين بصريا من أهم نواتج العلم التي بواسطتها يتم تنظيم المعرفة بصورة ذات معنى ، فهي لبنات العلم وأساس بنائه لذلك فقد اهتم المربون بتزويد الطلاب بالمفاهيم العلمية التي توصل إليها العقل البشري على مر العصور

ويرى "أوزبل" أن جودة المفاهيم الأساسية ضمن البنية المعرفية للفرد ، هي المحك الرئيسي في القدرة على التفكير السليم .

وعلى ذلك يجب أن تكون الوظيفة الأساسية للتعليم المدرسي، خاصة الطلاب المعاقين بصريا هي تعليم المفاهيم التي ترتبط بحياتهم اليومية، وهذه

لا يمكن التعرف عليها، إلا بتحليل المعارف، والخبرات العلمية الضخمة والمتنوعة إلى مفاهيم رئيسية وفرعية.

ولأجل ذلك تلعب المفاهيم الموجودة في البنية المعرفية للفرد دورا كبيرا في تعلم معلومات جديدة إذا أردنا الوصول مع هذه النوعية من الطلاب المعاقين بصريا إلى تعلم ذي معنى، لأنها تسهل انتقال السمات المتماثلة مع خبرات المتعلم السابقة، وتحدث الترابط بين الخبرات الجديدة والسابقة، ومع مرور الوقت واستمرار التعلم تدخل عناصر متعددة للخبرات الجديدة ضمن البنية المعرفية للفرد، وتكون النتيجة حدوث تغير كبير في المفاهيم الموجودة أصلا في البنية المعرفية للطالب.

كما أن تعلم المفهوم لا يحدث بمجرد التعلق، وإنما يتطلب ممارسة عملية مستمرة من الطالب المتعلم للتعرف على المواقف والأحداث الجديدة، والتمييز بينها وتفسيرها وإدراك العلاقة بينها.

ويشير فؤاد أبو حطب وسيد عثمان إلى أن تعلم المفهوم يعتمد في جوهره على عملية أساسية هي التعميم والتمييز، وأن أهم ما يساعد الفرد في تعلم المفهوم قدرته على التعميم، حيث إن القدرة تجعله غير مقيد بالتعامل مع كل جزء أو مثير على أنه حالة فريدة ومتميزة بذاتها، ولكن تمكنه من تعميم استجابته على من مجموعة من الحالات.

ويضيف جابر عبد الحميد إلى أن هناك شرطا ضرورياً لتكوين المفهوم وهو أن تتوافر للفرد سلسلة من الخبرات المتشابهة في جانب أو أكثر، حيث إن مجموعة جوانب التشابه هذه هي التي تؤلف المفهوم.

والخبرات التي تمثل هذا المفهوم تعتبر أمثلة إيجابية له، أما الخبرات التي لا تمثله، فهي أمثلة سلبية.

ويرى "ينيى تشيد" أن تكوين المفهوم يحتاج إلى شرطين، هما:
◄ ضرورة إدراك الشخص للعناصر المشتركة للموضوعات وضرورة تجريدها وذلك لتكوين تصميمات.
◄ ضرورة أن يكون الشخص قادراً على التمييز بين العناصر المتصلة بالمفهوم وتلك التي لا صلة لها بالتكوين الدقيق لمفاهيمه.

ويرى "جانييه" أن مقدرة المتعلم على تعلم المفهوم، يتطلب منه إتقان التعلم السابق له في سلمه الهرمي، والذي يحتوى على أنماطه المختلفة من المتعلم وهى التعلم الإشارى والتعلم التسلسلي، الترابط والتداعي اللفظي، والمثير المتعدد، كما يعتبره نشاطا عقليا يتضمن سلوك التصنيف.

ويلاحظ أنه رغم تباين وجهات النظر المختلفة في تعلم المفاهيم، إلا أنها تتفق في وجود عوامل تتحكم في عملية اكتساب وتعلم المفاهيم والتي تتعلق بالمتعلم ، وبطريقة تقديم المفهوم والمواقف التعليمية ، وعوامل تتعلق بالمفهوم المتعلم ، وبطريقة تقديم المفهوم والمواقف التعليمية ، وعوامل تتعلق بالمفهوم نفسه خاصة مع الطلاب المعاقين بصرياً.ولذلك اهتم علماء النفس أمثال جانييه ، و"أوزبل" ، و"بياجيه" ، و "كروبناك" بأهمية تعلم المفاهيم ، خاصة للمعاقين بصريا.

وفى إطار تنظيم الخبرة التعليمية من خلال المعالجات التي تمثل نموذج من نماذج تنظيم المحتوى التعليمي والتي تهتم باكتساب المفاهيم، مثل نموذج "أوزوبل" الذي يرتبط بنظرية تعلم المفاهيم أحد هذه المعالجات، حيث يقوم تعلم المفهوم على أسلوب التعلم بالاستقبال القائم على المعنى ، الذي يتحقق عندما ترتبط المعلومات الجديدة بوعي وإدراك من المتعلم بالمفاهيم والمعرفة الموجودة لديه فعلا .

ولتحصيل تعلم ذي معنى يجب توافر ثلاثة شروط هى:

- ◄ أن يتصف المحتوى المراد تعلمه بالمعنى بعيدا عن التشويش.
- ◄ أن يحاول المتعلم ربط المعرفة الجديدة بالمعرفة وثيقة الصلة والتي توجد لـدى المتعلم فعلا.
- ◄ أن يمتلك المتعلم مفاهيم تتصل وترتبط بالتعلم اللاحق .

وتوضح بثينة عمارة (١٩٨١) في الشكل التخطيطي التالي الذي يوضح موقع التعلم ذي المعنى، وتعلم المفاهيم بالنسبة لباقي عناصر التعلم، كما يراها نوفاك Novak ، وطبقا لنظرية أوزبل.

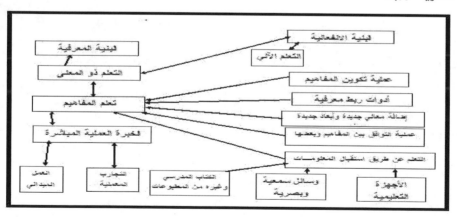

شكل (٦): موقع التعلم ذي المعنى وتعلم المفاهيم بالنسبة لباقي عناصر التعلم وطبقا لنظرية أوزبل

ويلاحظ من الشكل (٦) أن "أوزوبل" Ausubel يعطى أهمية لمفهوم البنية المعرفية عند المتعلم لارتباطه بالتعلم ذي المعنى ، كما يركز "أوزوبل" على أهمية البنية المعرفية عند المتعلم ودورها في ربط المعلومات بعضها ببعض كما يقدم ترتيب منظم خاص يسمى بالمنظم القبلي أو المتقدم Advance Organizer في بداية الدرس كعامل ربط بين المادة المراد تعلمها بتلك التي توجد في بنية التعلم المعرفية والمتصلة بها ، ويشبه المنظم المتقدم هنا مرشد Roadmap أو خريطة تساعد على انتقال المعرفة الجديدة إلى بنية المتعلم المعرفية خاصة بالطلاب المعاقين بصريا.

ويعد هذا النموذج لأوزبل أحد الأساليب الاستنباطية التي تتقدم من العموميات إلى الخصوصيات ، حيث يتضمن النموذج بعض المفاهيم أهمها :

- المنظم المتقدم :ويتمثل في تقديم فكرة حول بنية الموضوع المراد تقديمه.
- التمايز التدريجي : ويتمثل في تحليل الأفكار الكبيرة إلى الأفكار الأقل فالأقل مع إظهار الفروق بين الأفكار .
- التوفيق الكامل : وتتمثل في تحديد التشابهات المشتركة بين الأفكار والمفاهيم المتعلمة ، وهذا ما يتلاءم مع طبيعة وقدرات الطلاب المعاقين بصريا.

والواقع أن التعلم المدرسي ينبغي أن يتجه في معظمه نحو تعلم المفاهيم حيث إنها تشكل القاعدة الأساسية للتعلم الأكثر تقدما لتعلم المبادئ ، وتعلم حل المشكلات.

ويلخص" برونر" Bruner أهم أساسيات المفاهيم الكبرى في النقاط الأربع التالية :

- إن فهم المفاهيم الرئيسية يجعل المادة الدراسية أكثر سهولة لتعلمها واستيعابها .
- إن فهم المفاهيم والمبادئ هو الأسلوب الوحيد لزيادة فاعلية التعلم وانتقال أثره للمواقف الجديدة .
- إنه ما لم تنظم جزئيات المادة الدراسية وتفصيلاتها في إطار هيكلي مفاهيمي، فإنها سوف تنسى بسرعة .
- إن الاهتمام بأساسيات العلم أو المفاهيم الكبرى وفهمها، يجعل أمر تضييق الفجوة بين المعرفة السابقة للمتعلم والمعرفة اللاحقة ممكنا .

يتضح من حلال ما سبق ،أهمية تعلم المفاهيم خاصة بالنسبة للطلاب المعاقين بصريا التي يمكن تلخيصها في النقاط التالية :

- تشكل المفاهيم القاعدة الأساسية للتعلم الأكثر تقدما، مثل تعلم حل المشكلات ، خاصة عند تعلم النماذج ، والمعادلات الكيميائية ، وغيرها التي يجد فيها المعاق بصريا صعوبة في تعلمها.

◄ يسهم تعلم المفاهيم في القضاء على اللفظية وحفظ وترديد الخبرات .

◄ استيعاب المفاهيم والمبادئ هو الأسلوب الوحيد لزيادة فعالية التعلم وانتقال أثره للمواقف الجديدة والتكامل بين فروع المعرفة المختلفة .

◄ تعلم المفاهيم بالنسبة للمعاقين بصريا يقلل من فقد البيئة من حولهم وتعمل على ترتيب وتصنيف الأحداث والأشياء .

◄ تساعد المفاهيم كل من المعلم والمتعلم على الفهم العميق لطبيعة العلم من حيث كونه مادة وطريقة .

إن الفهم العلمي الصحيح للمفاهيم العلمية، يعد من أهم صفات الفرد المثقف علميا، حيث تساعده في صنع قراراته اليومية أثناء تعامله مع الآخرين وتدبير أموره الحياتية المختلفة.

ويؤكد"برونر" Bruner على ضرورة أن يمتلك الطالب مفاهيم علمية تعينه على فهم المادة العلمية بحيث تنقله من معرفة بدائية إلى معرفة متطورة وطبقا للتصنيف الهرمي لأنواع التعلم الذي وصفه "جانييه" (Gagne) ، فإن قدرة الطالب على تعلم مفهوم جديد تتأثر بمقدار فهمه واستبصاره للمفاهيم التي تعلمها في المسابقة، والتي لها علاقة بالمفهوم الجديد.

وتعد المفاهيم من أكثر جوانب التعلم فائدة في الحياة المعرفية، فهي تصنف البيئة وتقلل من تعقدها ، ومن ناحية أخرى تسمح بالتنظيم والربط بين مجموعة الحقائق والظواهر، هذا بالإضافة إلى أنها تساعد على انتقال أثر التعليم خاصة بالنسبة للطلاب المعاقين بصريا ، كما تساعد كذلك على التوجيه والتنبؤ والتخطيط لأي نشاط .

ويمكن إيجاز أهمية تعلم المفاهيم العلمية للمعاقين بصريا في النقاط التالية:

◄ يزداد تحصيل التلاميذ إذا استخدم معلم العلوم أسلوب التدريس الذي يركز على استخدام المفهوم بدلاً من الأسلوب التقليدي في التدريس.

◄ استخدام المفاهيم كأساس في التدريس يعزز القدرة على الاتصال والتفاعل بين الطالب والمعلم.

◄ يمكن للمعلم استخدام المفاهيم للتعليم الفردي، وذلك من خلال تكييف الحقائق, والأمثلة لتكون مناسبة للتلاميذ.

◄ تمكن المفاهيم التلاميذ من إدراك الأمور الصعبة والمعقدة.

◄ تساعد المفاهيم على حل المشكلات, وإذا كان التلاميذ قد طوروا تركيباً مفاهيمياً جيداً، فسوف يستطيعون استخدام المفاهيم في حل المشكلات Van Cleaf).

◄ تساعد المفاهيم على تكوين التعميمات وتقلل من الحاجة إلى إعادة التعليم.

◄ تزيد المفاهيم من اهتمام التلاميذ بالتعلم وفهم البيئة.

◄ تساعد المفاهيم في عملية بناء واختيار المقررات الدراسية.

◄ تساعد في تنظيم الخبرات التعليمة .

◄ تقلل المفاهيم من تعقيدات الموقف التعليمي مما يسهل على التلاميذ التعرف على الأشياء الموجودة به.

◄ تزيد المفاهيم من قدرة التلاميذ على التفسير والفهم والتنبؤ.

◄ تربط المفاهيم بين الظواهر والأشياء والأحداث مما يدعم فهم الدارس والمتعلم لها ورسوخ بقاء أثر التعلم لفترة طويلة.

◄ تساعد المفاهيم على التوجيه، والتخطيط، والتنبؤ لأنواع مختلفة من النشاط العقلي الإدراكي.

◄ إبراز مدى الترابط بين فروع العلم المختلفة، وتشجيع التفكير المفتوح، وهذا يعد أحد دعامات التفكير الإبداعي .

◄ استيعاب أساسيات العلم يجعل المادة الدراسية أكثر سهولة، حيث تمكن المتعلم من سرعة استيعابها.

◄ تنظيم تفصيلات المادة الدراسية في إطار هيكلي ذو معنى يقلل من نسيانها .

◄ يسهم استيعاب المتعلم للمبادئ والأفكار الأساسية في زيادة فاعلية انتقال أثر التعلم أو التدريب للمواقف الجديدة.

◄ يسهم الاهتمام بالمفاهيم والتعميمات والمبادئ العلمية (أساسيات العلم) في تضييق الفجوة بين المعرفة المتقدمة و المعرفة البسيطة .

وهكذا فإن تعليم المفاهيم يحقق فوائد جمة تمكن التلاميذ من إدراك تلك المفاهيم كأسس يبنون عليها تعلمهم ومعرفتهم ، حيث بدا ذلك واضحاً في العرض السابق الذي أظهر اتفاقاً تاماً بين التربويين على أن المفاهيم تشكل عنصراً فعالاً في العملية التعليمية، ذلك أن فهم الهيكل العام للعلم الذي يضم المبادئ والقوانين يعتمد أساساً على المفاهيم .

● **سابعا : المبادئ الأساسية لاكتساب المفاهيم العلمية وتعلمها :**

إن اكتساب المفاهيم وتعلمها وتنميتها لدى التلاميذ يعتمد في الواقع على مجموعة من المبادئ، لعل من أهمها:

◄ إن تعلم المفاهيم يقوم على تجريد خصائص المفهوم ثم تعميمها على جميع أمثلة المفهوم الموجبة التي تندرج تحته, ثم تمييزها عن غيرها.

◄ التدرج في عرض الأمثلة الموجبة والسالبة للمفهوم من المألوف إلى غير المألوف ومن البسيط إلى المركب.

◄ عرض تعريف المفهوم في شكل قائمة بالخصائص المميزة له، بدلاً من عرضه في شكل جمل وعبارات، لأن التلميذ قد يغفل عن خاصية أو أكثر في عبارة التعريف .

◄ محاولة توضيح الخصائص المميزة للمفهوم بأكبر قدر ممكن باستخدام الأمثلة والوسائل المساعدة.

◄ الإشارة إلى اسم المفهوم عند عرض المثال الموجب؛ لأن ذلك يساعد على تعلم المفهوم.

◄ يقوم تعلم المفهوم على استخدام الطريقة الاستقرائية، أو الاستنتاجية، أو الجمع بينهما، والقياس على أمثلة أخرى للتطبيق عليها .

◄ تشجيع التلاميذ على تعلم المفاهيم، وتوجيههم، وإثارة تفكيرهم لاكتشاف الخصائص المميزة للمفهوم، وتزويدهم بالتغذية الراجعة الفورية.

كما يشير الحربي (١٩٩٧،٣٩) إلى عدد من المبادئ التي يقوم عليها نمط اكتساب المفاهيم، وهي:

◄ مساعدة التلاميذ على اكتشاف المفاهيم، ووضع الفرضيات، ضرورة تحديد الأمثلة المنتمية وغير المنتمية للمفهوم.

◄ ضرورة مراعاة المعلمين للفروق الفردية بين التلاميذ باستخدامهم لأكثر من طريقة تدريسية عند عرض المفاهيم .

◄ يساعد نمط اكتساب التلاميذ للمفهوم المعلم في تحليل أفكار الطلاب.

◄ معرفة العناصر الأساسية التي يتكون منها المفهوم المراد تدريسه .

ويرى عقل (٢٠٠٣،٩١) أن للمفهوم عدداً من المكونات الأساسية، تعد مبادئ أساسية يجب مراعاتها عند تدريس المفاهيم والمطلوب تحديدها بدقة وبحذر عند إعداد المفهوم للتدريس هي :

◄ اسم المفهوم .
◄ تعريف المفهوم .
◄ الخصائص المميزة للمفهوم .
◄ أمثلة المفهوم الإيجابية والسلبية .

ومن المهم الإشارة هنا إلى أن لترتيب هذه العناصر عند التدريس أثر واضح وملموس على طريقة التدريس ، فلو بدأ المعلم باسم المفهوم وتعريفه، ثم عرض خصائصه المميزة، وأخيراً أمثلة المفهوم الإيجابية، والأمثلة السلبية، فإنه بذلك قد اتبع الطريقة الاستنتاجية، أما إذا قام المعلم بعرض الأمثلة الإيجابية والسلبية ثم تجميع الخصائص المميزة، ثم قام باعتماد تعريف معين للمفهوم وتسميته، فإنه يكون بذلك قد اعتمد الطريقة الاستقرائية .

● ثامنا : تنوع طرق تعلم المفاهيم العلمية:

إن تنوع طرق التعليم والوسائل المستخدمة تجعل من عملية التعليم أكثر تشوقا للمتعلم، كما يتيح فرصة استخدام وسائل تعليمية مختلفة ومناسبة ،بالإضافة إلي أنها تسمح للمعلم بالوصول إلى تعليم التلاميذ كيفية القيام بالمهمة أو المهارة في ظروف وأشكال مختلفة أي نقل المهارة من موقع إلى آخر أو من تمرين إلى آخر .فعلي سبيل المثال يستطيع التلميذ أن يميز المربع في صورة معينة، لكنه لا يستطيع أن يميزه إذا اختلف مظهر المربع .

طرق تعليم ذوي الاحتياجات الخاصة

لذلك يجب على المعلم مساعدة الطلاب على اكتساب المفاهيم من خلال :

◄ معرفة ما هو مشترك بين الأشياء رغم تغير مظاهرها.
◄ مفهوم الأوليات الحيوانية، مثل الأميبا، رغم تغير مساحة سطحها.
◄ مفهوم الأوليات الحيوانية رغم تغير المظهر.
◄ مفهوم الأوليات الحيوانية رغم تغير الموضع
◄ مفهوم الثلاثة رغم تغير مظاهر الأشياء.

● تاسعا : العوامل التي تؤثر في تعلم المفاهيم العلمية للمعاقين بصريا :

أورد كثير من المربين عدداً من العوامل التي تـؤثر في تعلـم واكتسـاب المفاهيم العلمية لذوي الإعاقة البصرية يمكن إيجازها في العوامل التالية :

١-خصائص المتعلم :

وتشمل قدراتـه الخاصـة، مستواه التحصيلي، ومستوى ذكائه، المستوى الاقتصادي والاجتماعي، وكذلك العمر الزمني، كما أكدت بحوث"بياجيه" أن عمر الطفل يحدد نـوع المفاهيم المتعلمة ،فالتلاميذ الأكبر سناً لـديهم القدرة علـى تعلـم المفاهيم عـن التلاميذ الأصغر سناً، كما أن مرور التلميـذ بخبرات سابقة يساعده في إدراك المفاهيم الجديـدة، وكما هو معلوم فإن المتعلمين يمرون بخبرات تعليمية مختلفة، وهـذا بالتـالي يـؤدي إلى اختلاف مفاهيمهم عن الأشياء، لذلك فلا بد من مراعاة الفروق الفردية بين المتعلمين.

٢-الأمثلة المنتمية وغير المنتمية :

الأمثلة المنتمية: هي تلك الأمثلة التي تشتمل على مجموعـة مـن العناصر وثيقة الصلـة بالمفهوم، أما الأمثلة غير المنتمية، فهي التي لا تشتمل علـى هـذه العناصر، وعلـى المعلـم عند تدريس المفاهيم إعطاء أمثلة إيجابية على المفهوم وأمثلـة سلبية مـن أجل تحقيق فهم أعمق للعلاقات الموجودة بين تلك العناصر مما يساعد على جعل المفهوم ذى معنـى لدى المتعلم .

٣-عدد الأمثلة :

إن تقديم العدد الكافي من الأمثلة المنتمية وغير المنتمية أمر مهم في تعلم المفاهيم, ذلك أن تكوين المفهوم يعتمد علـى تمييـز المتعلـم بين أوجـه الشبه والاختلاف بـين عناصر الموقف.لذا لابد من طرح عـدد كبير ومتنوع مـن الأمثلـة وتطبيق المفهـوم في مواقف متعددة، لأن ذلك يساعد في زيادة فهم التلاميذ للمفهوم .

٤-القراءة الواعية :

إن القراءة العلمية الواعيـة مهمـة لاستمرار نمـو المفاهيم ولهـا أثرهـا الإيجابي في تعلـم المفاهيم، وما لم يزود الطالب بالمفاهيم والرموز التي هي لغة العلـم وأساسـه، فإنه لـن يتمكن من زيادة معرفته بالعالم الذي يعيش فيه.

طرق تعليم ذوي الاحتياجات الخاصة

٥-طبيعة المفهوم :

تختلـف طبيعـة المفاهيـم بشكـل أو بـآخر، فهنـاك المفاهيـم الحسـية المباشـرة وهنـاك المفاهيم المجردة، حيـث إن المفاهيـم الحسـية المباشـرة أسـهل في تعلمهـا مـن المفاهيـم المجردة، والمفاهيم المجملة أسهل من المفاهيم المفصلة. ولهذا على المعلم أن يعي طبيعة المفهوم الذي سيدرسه للتلاميذ، وكذلك العلاقات التي تـربط بـين عناصـره، وربمـا يتطلـب هذا أن يلجأ المعلم إلى تحليل المفهوم إلى عناصره الأساسية .

٦-خصائص الموقف التعليمي:

ويعني ذلك قدرة المعلم على تهيئة المواقف التعليمية المناسبة، وتشمل هـذه الخصائص أيضاً ما يقدمه المعلم من تعليقات قبل تقديم المفهوم، لـكي يعـرف التلاميـذ خصائـص المثيرات والاستجابات المطلوبة.

ويمكن أن يقدم المفهوم بطريقتين، هما :

◄ الطريقة الاستقرائية INDUCTIVE .
◄ الطريقة الاستنباطية DEDUCTIVE .

● عاشرا : استراتيجيات تدريس العلوم للمعاقين بصريا:

تتنوع استراتيجيات وطرائق تدريس العلوم للمعاقين بصريا ، والتي يمكن لمعلـم العلـوم توظيفها حسب طبيعة احتياجاتهم ، وقدراتهم ،نعرض لمجموعة منها، فيما يلي:

١-الطريقة الاستقرائية لتدريس المفاهيم العلمية لـذوي الإعاقة البصرية Induction Method

تُعد هذه الطريقـة أحـد أسـاليب التـدريس الطبيعيـة لـتعلم المفاهيـم وتعليمهـا لـذوي الإعاقة البصرية ، حيـث يتم الوصـول إلى الكليـات أو الأشياء العامـة مـن الجزئيـات أو التفاصيل ، ويجب أن يبدأ معلم العلوم مع طلابه التدريس بالحقائق، والمواقف العلمية الجزئية (الأمثلة) المحسوسة ، ثم إدراك هـذه الحقائق والخصائص المميزة، ومعرفة العلاقة بينها ، ويوجههم إلى فهـم العلاقات والخصائص المشتركة بـين تلـك الحقائق أو المواقف حتى يتوصلوا إلى المفهوم العلمي المـراد   تعلمـه ، ولـذا ينبغـي أن يـوفر المعلـم للطلاب بعض الأمثلة الإيجابية المرتبطة بالمفهوم أمثلة إيجابية ، وأمثلة أخرى سلبية .

ومن مميـزات هـذه الطريقـة أن المتعلـم يقوم بتقديم توضيحـات ويطالـب باستنتاج القاعدة أو المبدأ المتضمـن (الشعوان, ١٩٩٦م :٣٢)، حيـث يستنتج التلاميذ الخصائص المحددة للمفهوم من عدد من الأمثلة المنتمية وغير المنتمية.

وفيما يلي عرض للخطوات التي تسير وفقها هذه الطريقة (حميدة ١٩٩٦ ٢١١):

◄ يخبر المعلم التلاميذ بالهدف من الدرس, وهو تعلم مفهوم معين, ثم يوضح لهم أهمية تعلمه.

◄ يعرض المعلم الأمثلة، و اللاأمثلة للمفهوم بالتناوب ، وعند عرض كل مثال يوضح إذا ما كان ينتمي للمفهوم أو لا ينتمي.

◄ يساعد المعلم التلاميذ في تحديد الخصائص المميزة وغير المميزة للمفهوم من خلال مناقشة الأمثلة الموجبة والسالبة.

◄ يطلب المعلم من التلاميذ التمييز بين الأمثلة المطابقة للمفهوم وغير المطابقة من خلال عرض قائمة جديدة من الأمثلة على المفهوم.

◄ تقديم التغذية الراجعة والفورية خلال الخطوات السابقة.

◄ يطلب المعلم من التلاميذ إيجاد علاقة بين المفهوم الجديد والمفهوم السابق واستخدام هذه البيانات في تفسير مادة جديدة .

ويذكر سعادة واليوسف (١٩٨٨: ١٠٥) أن الطريقة الاستقرائية تؤدي إلى فهم أعمق في التعلم في حين أن الطريقة الاستنتاجية أكثر اقتصاداً في التعلم ولا تحتاج إلى وقت وجهد كبيرين كتلك التي تحتاجها الطريقة الاستقرائية.

** مثال في العلوم للطريقة الاستقرائية لتدريس أحد مفاهيم العلوم (المملكة النباتية)، و** ذلك من خلال إتباع الإجراءات التالية:

أولا: عرض الأمثلة المنتمية .

◄ عرض صورة نبات لنوع من أنواع المملكة النباتية .

◄ عرض المثال الكتابي الوصفي التالي : تتميز المملكة النباتية إلي شعبتين أساسيتين هما شعبة الحزازيات التي تعيش علي اليابسة قرب المياه العذبة وفي الأماكن الرطبة، والشعبة الثانية هي شعبة الوعائيات التي تنقسم إلي مجموعة من الطوائف التالية (طائفة السرخسيات التي تعيش نباتاتها علي اليابسة وفي الأماكن الرطبة فقط ، وطائفة عاريات البذور، التي تتألف نباتاتها الخضراء من جذور ،وساق ،وأوراق ،وطائفة مغطاة البذور التي تعرف بالنباتات الزهرية ،وتشمل معظم النباتات التي تعيش علي اليابسة وتنتج بذورها بواسطة أزهار.

ثانياً : عرض الأمثلة غير المنتمية .

◄ عرض صورة تمثل بعض أنواع نباتات المملكة النباتية في غير بيئاتها .

◄ عرض المثال الكتابي التالي :

يقوم بعض الأفراد بزراعة بعض النباتات في أراضي غير ملائمة لها ،مما يضعف الإنتاج . يناقش المعلم طلابه في كل مثال من الأمثلة المنتمية وغير المنتمية من أجل تحديد الخصائص المميزة للمفهوم، ومن خلال ذلك يمكن استخلاص بعض الخصائص المشتركة بينها التي تمثل الصفات المميزة للملكة النباتية والوصول إلى أن : المملكة النباتية هيأها الله لصنع غذائها

بنفسها بواسطة التمثيل الضوئي لوجود الكلوروفيل والتي لها دور مهم في صنع الغذاء في النبات.

ثم يعرض المعلم عدداً من الأمثلة ليميز الطلاب بين الأمثلة المطابقة للمفهوم وغير المطابقة على النحو التالي :

◄ تلعب المملكة النباتية دورا هاما في الغذاء للكائنات الحية علي اختلاف مستوياتها ؛لذا يتطلب الاهتمام بزراعة مساحات شاسعة للقضاء علي مشكلة الغذاء العالمي التي تفاقمت في الآونة الأخيرة ، نظرا لزيادة عدد السكان وقلة المزروعات النباتية.

◄ تستغل معظم الدول الأوربية زراعة معظم الأنواع التي تنتمي للمملكة النباتية في أماكنها المحددة ولا تجور علي المساحات المزروعة كما في الدول العربية ؛ علي الرغم من زيادة السكان بالدول التي تجور علي المساحات المزروعة .

٢- الطريقة الاستنباطية (الطريقة الاستنتاجية) : لتدريس المفاهيم العلمية لذوي الإعاقة البصرية Deduction Method

وهو أسلوب تدريسي لتأكيد تعلم المفاهيم العلمية وتنميتها لدي ذوي الإعاقة البصرية ، و التدرب على استخدامها في مواقف تعليمية جديدة ، وفي هذه الطريقة يتم الوصول إلى الجزئيات أو التفاصيل من الكليات أو الأشياء العامة ، وفي هذا الأسلوب يقوم معلم العلوم بتقديم المفهوم أو المعلومات العامة أو الرئيسة ، ثم يقدم الأمثلة أو الحقائق المنفصلة أو يجمعها من إجابات الطلاب وذلك للتحقق من تكوين المفهوم أو تعلمه .

وتعد الطريقة الاستنتاجية وسيلة مباشرة وفعالة في تعلم المفاهيم حيث يقوم المعلم بعرض المثيرات على المتعلم واحداً تلو الآخر بعد إعلام المتعلم بقاعدة المفهوم.

وتتمثل خطوات هذه الطريقة فيما يلي :

◄ يخبر المعلم طلابه بالهدف من الدرس, وهو تعلم مفهوم معين, ثم يوضح لهم أهمية تعلمه.

◄ يعرض المعلم تعريفاً للمفهوم (يكتب على السبورة ويطلب منهم قراءته من الكتاب).

◄ يعرض المعلم الأمثلة المطابقة للمفهوم التي تعكس خصائصه المميزة ويشير إليها كأمثلة منتمية للمفهوم, ثم يعرض الأمثلة غير المنتمية التي تعكس الخصائص غير المطابقة، وعلى المعلم مناقشة طلابه في كل مثال، ليتأكد من إدراكهم للمفهوم المراد تعلمه.

◄ يطلب المعلم من طلابه تطبيق المفهوم على أمثلة جديدة لتحديد ما إذا كانوا يستطيعون تمييز الأمثلة المنتمية وغير المنتمية .

◄ على المعلم تقديم التغذية الراجعة الفورية لاستجابات الطلاب.
◄ يطلب المعلم من الطلاب ربط المفهوم بمفاهيم أخرى سبق دراستها حتى يكون للمفهوم الجديد القيمة التفسيرية .

وفي هذا الإطار تعد الطريقة الاستنتاجية أنسب في تدريس المفاهيم لتلاميذ المرحلة الابتدائية، فالتدريس بإتباع الطريقة الاستنتاجية يعد وسيلة مباشرة وفعالة في تعلم المفاهيم التي يمكن تحديدها وتمييزها بدقة وترتبط بالخبرة بسهولة.

وتعتمد الطريقة الاستنتاجية بشكل كبير على التفكير الاستنتاجي الذي يعني استنتاج الخاص من العام ،أو التدرج من العموميات إلى الخصوصيات، أو من القاعدة إلى الأمثلة، وتسمى هذه الطريقة بالطريقة القياسية ، كما أن للمعلم دور فعال في هذه الطريقة؛ إذ يعد من المحاور الأساسية في العملية التعليمية.

***مثال في العلوم لاستخدام الطريقة الاستنتاجية في تدريس مفاهيم مادة العلوم وهو مفهوم (النمو) .**

◄ تعريف المفهوم : (النمو) هو ازدياد حجم جميع أعضاء الجسم من الداخل والخارج. هذا التعريف المبسط يمثل الخطوة الأولى، أما الخطوة الثانية فتتمثل في عرض الأمثلة واللا أمثلة، وقد تكون أمثلة كتابية، أو صور، أو ما يراه المعلم مناسباً .
◄ عرض الأمثلة واللا أمثلة (الخطوة الثانية) :

أمثلة منتمية	أمثلة غير منتمية
- صورة نباتات وحيوانات مختلفة النمو. - صورة لمجموعة من النباتات والحيوانات في مساحات شاسعة - صورة أشخاص يعتنون بالرعاية لمجموعة من النباتات والحيوانات كل في أماكن تواجدها.	- صورة نباتات وحيوانات قزمة غير نامية - صورة لنباتات في بيئة صحراوية غير مناسبة لزراعتها . - صورة لمزرعة جفت وماتت نباتاتها وحيواناتها.

◄ (الخطوة الثالثة): تطبيق المفهوم على أمثلة جديدة، لتحديد ما إذا كانوا يستطيعون تمييز الأمثلة المنتمية وغير المنتمية، ويقوم المعلم بعرض صور للأمثلة المنتمية وصور للأمثلة غير المنتمية، ويطلب من الطلاب وضع كلمة (نعم) أمام الأمثلة المنتمية و(لا) أمام الأمثلة غير المنتمية على النحو التالي :

❖ عـرض صـورة لأشخـاص يقومـون برعايـة النباتات والاهتمام برعايـة وتربية الحيوانات لإظهار مظاهر النمو ( )

❖ عرض صورة لأشخاص يعملون في مصنع سجاد ( )

وفي هذا الإطار يقاس تعلم المفاهيم العلمية باستخدام وسائل وأساليب تقويمية عديدة تقيس قدرة المتعلم على ما يأتي :

❖ اكتشاف المفهوم العلمي من خـلال تطبيق عمليـات تكوينـه الثلاث : التمييز والتصنيف والتعميم .

❖ قدرة المتعلم على تحديد الدلالة اللفظية للمفهوم العلمي .

❖ تطبيق المفهوم العلمي في مواقف جديدة .

❖ تفسير الملاحظات أو الأشياء في البيئة التي يعيش فيها المتعلم وفق المفاهيم العلمية المتعلمة .

ويتوقف اختيار أي من الطريقتين الاستنتاجية أو الاستقرائية عند تدريس المفاهيم على عدة أمور أهمها:

◄ المرحلة الدراسية.

◄ طبيعة المفهوم ، فالطريقة الاستنتاجية أنسب في المراحـل التعليميـة الـدنيا كما دلت على ذلك كثير من الأبحاث ، أما الطريقة الاستقرائية فتناسب طلاب المرحلة المتوسطة والثانوية .

كما أن النظر إلى طبيعة المفهوم وتحديد صفاته تستحق أهمية واعتباراً مـن جانب المعلـم، ومن ثم يستطيع المعلم اختيار الطريقة التي يراها مناسبة لتدريسه، وفي الحقيقـة فـإن استخدام أية طريقة تدريسية معينة لتدريس المفاهيم ينبغي أن ترتكز على المكونـات الأساسية للمفهوم، وهي المكون المعرفي الذي يعبر عنه بعدة كلمات، والخاصية المشتركة أو عـدد مـن الخصائص المشتركة بين جميع أفراد الصف، والأمثلة المنتمية للمفهوم، والأمثلة التي لا تنتمي للمفهوم، وأن تهدف إلى دفع المتعلم إلى تطبيق ما فهمه من مفاهيم وأسس، وقواعد، ومبادئ في المواقف التي يتعرض لها في حياته، ومن ثم الاستفادة من تعميم المهارات في حل المشكلات التي تواجهه، ولا يتحقق هذا الهدف إلا إذا اتبع المعلم الطريقة الصحيحة في عـرض المـادة العلميـة عـلى المـتعلم، وابتعد عن الطرق التقليدية في التدريس التي تقوم على التعليم التلقيني.

٣- الموديولات التعليمية لتدريس العلوم لذوي الإعاقة البصرية :

هدفت البرامج التعليمية لذوي الإعاقة البصرية إلي إجراء تعديلات لتلائم حاجاتهم، وقدراتهم، لمشاركتهم بفاعلية في الأنشطة، والمهارات الأدائية المرتبطة بدراسة العلوم، حيث يشير البرنامج إلي الخطوط العريضة لمجموعة الوحدات الصغيرة (موديولات) الخاصة بتدريس العلوم للطلاب المعاقين بصريـا

في ضوء قائمة المفاهيم، والأنشطة المعدلة والاختبارات المستخدمة في التقويم ومقياس الاتجاهات نحو العلوم ومقياس مفهوم الذات في العلوم ، حيث يتم بناء البرنامج في صورة موديولات تعليمية مصغرة.

هذا وتقسم العملية التعليمية لذوي الإعاقة البصرية إلى خطوات صغيرة بحيث تشتمل كل خطوة على استجابة محددة قبل الانتقال إلى الخطوة التالية، ولا يستطيع المعلم الانتقال من هدف إلى آخر إلا بعد إتقان التلميذ للهدف الذي يسبقه، وتختلف الفترة الزمنية لتحقيق الهدف العام من طالب إلى آخر، فهناك من يحتاج إلى فترة أطول عن الآخرين، وقد تطول المدة لدى البعض منهم بحسب الفروق الفردية الموجودة لديهم.

أ-المفهوم:

تعددت التعريفات المتعلقة بالموديولات التعليمية منها :

◄ تعريف فتحي النمر(١٩٨٥، ٤٢) الذي عرف الموديول بأنه: " وحدة تدريسية صغيرة ضمن مجموعة متتابعة متكاملة من الوحدات، التي يتضمنها برنامج تعليمي منظم في صورة موديولات وهذه الوحدة الصغيرة تشمل مجموعة محددة من الأهداف قريبة المدى، مصاغة في صورة سلوكية وتعالج مفهوما واحدا من خلال قدر معين من المادة الدراسية، مع توجيهات لمصادر تعلم أخري تساعد المتعلم علي اختيار مجالات النشاط التي تناسب قدرته وسرعته ، وممارستها ذاتيا بأقل توجيه من المعلم .

◄ كما عرفه المقدم(١٩٩١، ٥٩) بأنه: "وحدة تعليمية مصغرة تتضمن أنشطة تعليمية وتعلمية روعي عند تصميمها أن تكون مستقلة، ومكتفية بذاتها، بالإضافة إلي قائمة من الأهداف المحددة بصورة دقيقة، والاختبارات التشخيصية ، والتكوينية ،والنهائية المناسبة لها" .

◄ وتوصل " جيمس راسل "(١٩٨٢، ٢٨) إلي تعريف إجرائي للموديول بأنه " وحدة تعليمية صغيرة تضم مجموعة من نشاطات التعليم والتعلم، روعي في تصميمها أن تكون مستقلة ومكتفية في ذاتها لكي تساعد الطالب علي أن يتعلم أهدافا تعليمية محددة تحديدا جيدا " ويتفاوت الوقت اللازم لإتقان تعلم أهداف الوحدة من دقائق قليلة إلي عدة ساعات ويتوقف ذلك علي طول ونوعية الأهداف ومحتوي الوحدة " .

◄ ويعرفه الطوبجي(١٩٨٨، ١١٣) بأنه " نظام تعليمي " يضم مجموعة من المكونات التي تعمل مع بعضها البعض كوحدة وظيفية ،فهو بناء متكامل تتضح فيه العلاقات المتبادلة بين أجزائه ومكوناته بعضها والبعض الأخر من ناحية وبينها وبين الكل الذي تتكامل أو تتوافر فيه هذه الأجزاء من ناحية أخري ".

◄ ويعرفه المؤلفان في الكتاب الحالي بأنه : وحدة تعليمية مصغرة ومتكاملة تضم مجموعة من الأنشطة والمجسمات المعدلة، بغرض ملاءمة طبيعة الطلاب المعاقين بصريا المندمجين دراسياً، ومساعدتهم علي تحقيق أهداف تعليمية بجهدهم الشخصي، وقدرتهم الذاتية تحت إشراف وتوجيه المعلم .

ومـن المكونـات الرئيسـية لهـذه الوحـدة الصغيرة هـي: العنـوان ، و المقدمـة والأنشطة التي تشمل المفاهيم العلمية ، والمهارات العملية، والتطبيقية، واللغوية والتعليم المصاحب ، و الأهداف ، و ناتج التعلم ، و التقويم .

ب- أهمية تدريس العلوم باستخدام الوحدات التعليمية المصغرة (الموديولات) لذوي الإعاقة البصرية:

لقد أدى الاهتمام بالتعليم الفردي إلى ابتكـار أنظمـة مـن التـدريس تناسـب هـذه الحالة وتحقق أهدافها، ولعل أهمها التـدريس أو التعليم عـن طريـق تصميم وإعـداد، وإنتاج وحدات تدريس مصغرة ، ومتكاملة MODULES يمكن عن طريقها تنويع مصادر، وأساليب التعلم، والمواقف التعليمية، بحيث تؤدى إلى تهيئة مجالات الخبرة التي تسمح للطلاب ـ خاصة المعاقين بصريا ـ بالتفاعل مع عناصر هذا الموقف ، حتى يمكن أن يحقق أهدافا تعليمية محددة ، ويصل إلي مستوي الأداء المطلوب لكل هدف من هذه الأهداف ويسير كل تلميذ في ذلك حسب قدرته وسرعته .

كما يقوم التعلم بواسطة الوحدات التعليمية المصغرة والمتكاملة علي مجموعة مـن الأسس التي ينبغي مراعاتها عند بناء تلك الوحدات المصغرة منها :

◄ الوحدات التعليمية الصغيرة لها مكونات مكتفية بذاتها وتخدم أغراض التعليم الذاتي .

◄ الاهتمام بالفروق الفردية في التعلم بين الطلاب خاصة المعاقين بصرياً المندمجين دراسياً مع العاديين.

◄ التحديد الجيد والدقيق للأهداف التعليمية .

◄ مراعاة الارتباط والتتابع في بناء المعرفة وتنظيمها .

◄ استخدام وسائل وأدوات تعليمية متعددة ومتنوعة .

◄ المشاركة النشطة من جانب الطالب .

◄ التعزيز المباشر للاستجابات .

◄ وجود إستراتيجية معينة لتقويم إتقان التعلم المطلوب .

ويسمح هـذا النظام مـن التـدريس بـدخول الطالب في عنـد نقـاط مختلفـة حسب استعداداته . ولكي نحدد هذا المستوي الذي يبدأ عنده الطالب تعلمه لابـد من مروره علي مرحلة اختبار مبدئي (PRE-TEST)، حتى يحدد لنفسه هذا المستوي بالمقارنـة بمستوي الأداء الـذي يريـد أن يصـل إليـه ، وفي ضـوء هـذا الاختبـار

المبدئي يختار الطالب في تعلمه أحد المسارات المتعددة التي تلائم قدراته واستعداداته ، وتوفرها له هذه الوحدات التعليمية المصغرة والمتكاملة التي تعمل على تنويع المحتوى وطريقة معالجة الموضوع ووسائل تقديمه، وهكذا، وله أن يتخطى أحد هذه المراحل ، وينتقل إلى مرحلة متقدمة، كما يمكنه ألا يستنكر في أحد الموضوعات بأكملها، ولكنه يأخذ مقررا مصغرا Mini Course يتناول جانبا صغيرا من الموضوع الذي ثبت أنه يحتاج إليه ، وكثيرا ما يأخذ الطالب هذه الوحدات الصغيرة المتكاملة بما تحتوي من تعليمات وتوجيهات ومواد تعليمية ويمر بمواقف تعليمية بنفسه، ليصل إلى مستوى الأداء المطلوب الذي يتطلبه تحقيق أهداف هذه الوحدة الدراسية الصغيرة المتكاملة.

جـ- الأسس التربوية لإعداد الموديولات لذوي الإعاقة البصرية

ينبغي عند تصميم الموديولات التعليمية لذوي الإعاقة البصرية، وبناء محتواها مراعاة مجموعة من الأسس التالية :

◄ إتباع أسلوب النظم: إن الموديول ضمن مجموعة وحدات تشكل برنامجا تعليميا .

◄ للوحدة التعليمية المصغرة المتكاملة أهداف تعليمية محددة .

◄ تضم الوحدة التعليمية المصغرة المتكاملة مجموعة متنوعة من الأنشطة التعليمية التي تحتوى على المواد والوسائل والمجسمات البارزة المعدلة والملائمة لطبيعة الإعاقة البصرية المنظمة في صورة تلائم خصائص المتعلم ليختار منها ما يناسبه.

◄ تقوم الوحدة التعليمية المصغرة المتكاملة على إستراتيجية التعليم الذاتي حيث يسمح للمتعلم بالدراسة الذاتية حسب قدرته وسرعته تحت إشراف وتوجيه من المعلم أو المساعد الموجه للمعاق بصريا .

◄ تحليل خصائص المتعلم وتحديد السلوك القبلي له قبل دراسة الوحدة التعليمية المصغرة المتكاملة (الموديول) .

◄ تصميم بيئة التعليم التي سيتم فيها تنفيذ الوحدات التعليمية .

◄ تتضمن الوحدات (الموديولات) اختبارات لقياس ما أنجزه الطالب المعاق بصريا من تعلم .

د- مكونات الوحدة التعليمية المصغرة المتكاملة(الموديول).

تتكون الوحدة التعليمية المصغرة من المكونات التالية :

١-العنوان Title : يشترط أن يكون واضحا ومحددا ويعكس الفكر الأساسية للوحدة التعليمية المصغرة وأن تكون مناسبة لسن المتعلم .

٢ -مقدمة Introduction : تعد المتعلم لدراسة الوحدة التعليمية المصغرة المتكاملة، فهي تثير اهتمامه وتشجعه على القراءة وتعطيه فكرة عامة عن موضوع الوحدة التعليمية والتوجيهات العامة للسير في عملية التعلم .

٣-التحديد الدقيق للأهداف التعليمية: تحدد الأهداف التعليمية للوحدة أنواع سلوك التعليم التي يمكن للطالب أن يقوم بها بعد إتمام الوحدة ولذلك ينبغي في ضوء التحديد الدقيق للأهداف التعليمية وما تتضمنه من سلوك التعليم الختامي أن نحدد مواد وأساليب التعليم وأنواع النشاط التعليمي، ودور الطالب، ودور المواد التعليمية في الوحدة وكيفية تناولها على نحو مناسب لتحقيق الأهداف.

٤-اختيار الوسائل التعليمية وتنظيم نشاط الوحدة : يخطط الموديول ليمكن الطالب المعاق بصريا من التعلم بواسطة مجموعة من الأنشطة التعليمية التي تتفق مع الأهداف، وتسعى لتحقيقها، وتتضمن إرشادات، وتوجيهات تناسبه لكيفية ممارسة الأنشطة، واختيارها، لتلائم طبيعة إعاقتهم . ومن الخطوات الهامة في عملية إعداد الوحدة التعليمية المصغرة المتكاملة (الموديول) اختيار الوسائل والمصادر التعليمية، وتنظيم نشاط التعليم في تتابع مناسب، يتناول عرض المواد التعليمية، وتنظيمها على نحو أفضل يلائم احتياجات، وطبيعة الطلاب المعاقين بصريا ، حيث تستخدم في الوحدة وسائل ومصادر تعليمية متعددة ومتنوعة وبسيطة يسهل التعامل معها وهى تشمل الكتب المدرسية المعدة لهم ، والمجسمات البارزة وشرائط التسجيل السمعية وغيرها ، ويخطط لاستخدام هذه الوسائل على نحو متكامل مع نشاط التعليم والتعلم في الوحدة، وعلى نحو يسهم في إتقان المعاق بصريا المندمج دراسياً أنواع التعليم المنصوص عليها في أهداف الوحدة ، كما يتطلب ضرورة توافر الخبرات المباشرة التي توفر له تناول وفحص الأشياء، والمجسمات الحقيقية التي تتناولها الوحدة .

٥- التقويم : يشمل الموديول مجموعة من أدوات التقويم للتعرف على مدى إتقان المعاق بصريا لأنواع التعلم التى تنص عليها أهدافها التعليمية فالغرض من تقويم الوحدة هو معرفة مدى فعاليتها التعليمية ويتم ذلك عن طريق القياس الدقيق لسلوك التعليم النهائي للطلاب بعد إكمالهم دراسة الوحدة ، ويستخدم عادة اختبار ومحكات معينة، لتقويم هذا التعلم النهائي للوحدة.

ومن الاعتبارات الهامة أيضا في تقويم الوحدة التعليمية المصغرة المتكاملة تحديد فعاليتها وكفاءتها بحيث تكون أسئلة التقويم موضوعية يسهل الإجابة عليها خاصة مع المعاقين بصريا، كما يسهل تصحيحها من خلال الطالب نفسه مسترشدا بدليل إجابة للموضوع في نهاية الموديول (الوحدة)، ويتم التقويم من خلال مجموعة أنواع من الاختبارات التالية :

١-تقويم قبلي : لكي يتم تحديد الأهداف التعليمية للوحدة التعليمية المصغرة التي تقدم للطلاب المعاقين بصريا المندمجين دراسيا والمنفصلين دراسيا لابد

من إجراء اختيارات قبلية قبل تطبيق كل موديول أو وحدة تعليمية مصغرة على الطلاب المعاقين بصريا ويقوم المرشد أو الموجه بتصحيحها .

٢-**تقويم ضمني :** يستخدم أثناء دراسة الطالب المعاق بصريا (المندمج دراسيا / المنفصل دراسيا) للوحدات التعليمية المصغرة ، وذلك بغرض متابعته في تعلم هذه الوحدات، وهو عبارة عن اختبارات قصيرة يقرؤها المرشد (الموجه) أو يسمعها الطالب المعاق بصريا عن طريق جهاز التسجيل، وترتبط هذه الأسئلة التقويمية بأهداف الوحدة التعليمية المصغرة بطريقة مباشرة ويقوم المرشد بتصحيح هذه الأسئلة الضمنية أولاً بأول .

٣-**تقويم بعدى :** يتم بعد دراسة كل وحدة تعليمية مصغرة لتحديد مدى تقدم الطالب المعاق بصريا نحو تحقيق الأهداف النهائية للوحدات التعليمية المصغرة و بمستوى إتقان ٨٠% كحد أدنى من أهداف الوحدة،وذلك كي يسمح للطالب المعاق بصريا بالانتقال إلى الوحدة التالية ، وإذا لم يحصل على الحد الأدنى لمستوى الإتقان يتم تزويده بمواد تعليمية إضافية ثم يطبق الاختبار مرة أخرى، ليصل إلى مستوى الإتقان المحدد ، ويقوم الموجه بتصحيح الاختبار البعدى .

٤-**تقويم نهائي تجميعي** : يقدم بعد الانتهاء من دراسة الوحدات التعليمية المحددة ويرتبط بجميع الوحدات التعليمية المصغرة ، وبالأهداف النهائية للبرنامج المقرر في العلوم، ويقوم الموجه بتصحيحه أيضا .

ويرتبط التعلم باستخدام الموديولات التعليمية بالتعلم الإفرادى الذي يتطلب ما يلي :

- تحديد الأهداف التعليمية في صورة نتائج التعلم التي ينبغي أن يحققها الطالب.
- تسجيل صوتي على شريط لمادة تعليمية.
- وسائل تعليمية بصرية ومطبوعة مناسبة.
- وجود الأشخاص المساعدين الذين يعاونون الطلاب على فهم المفاهيم الصعبة في المادة التعليمية للوحدة وهذا يلائم طبيعة المعاقين بصريا . وقد برهن هذا النظام على نجاحه وفعاليته الكبيرة في توفير خبرات تعليمية تناسب قدرات كل طالب وسرعته في التعلم ، وكذلك في استخدام وسائل تعليمية متنوعة في نشاط التعليم والتعلم.

وتقوم فكرة التدريس الفردي على أساس تكييف المواقف التعليمية المختلفة وفقا لظروف وخصائص كل فرد متعلم، مما يمكنه من تحقيق أقصى استفادة ممكنة من الموقف التعليمي ، فالتدريس الفردي، يراعى الفروق الفردية بين الطلاب ومشاركتهم الإيجابية فى عملية التعلم، حيث يتيح للطلاب فرصة المساهمة في اختيار المعارف والمهارات والمعلومات والبدائل المفصلة بها ، ويتم

انتقاء المادة التعليمية المناسبة لكل تلميذ في ضوء ميوله، وقدراته، واستعداداته للتعلم، وحاجاته، واهتماماته الفردية.

ويوجد العديد من البرامج التي تتبنى التعليم الإفرادى وتعتمد على أسلوب التعلم الذاتي في تدريس العلوم لذوي الإعاقة البصرية المندمجين دراسياً وتساهم في تحقيق التكيف للطلاب المعاقين بصرياً أثناء عملية التعلم ومن هذه البرامج ما يلي :

١- برامج التعليم المتخصص للفرد Individually Personal Instruction (IPI) وتتميز بأنها تقدم للمتعلم وحدات محددة التنظيم والتتابع ثم تترك له حرية التقدم وفق سرعته الذاتية الخاصة.

٢- برامج التربية الموجهة للفرد Individually Guide Education (I.G.E) وهى برامج توفر بيئة تربوية من شأنها مساعدة الفرد على التعلم بالسرعة المناسبة، وبالطريقة التي تلائم قدراته وخصائصه وإمكانياته.

٣- طريقة التعليم المبرمج Programmed Instruction (P.I) وتعد هذه الطريقة من أقدم أساليب واستراتيجيات تنفيذ تفريد التعليم، حيث تعتمد علي الحذر الدقيق في عرض محتوى المادة التعليمية فى خطوات صغيرة جدا متدرجة، ومتسلسلة بشكل دقيق باستخدام التنويع، لتحقيق التقدم التدريجي خلال تتابع المحتوى التعليمي من خطوة انتقال المتعلم عبر خبرات التعلم التي يضمها المحتوى التعليمي.

٤- طريقة التعليم الفردي العلاجي Individually Prescribed Instruction (I.P.I) ، وتعرف هذه الطريقة أحيانا باسم الرزم التعليمية Learning Activity Packages ، وهى تشترك فى نفس خصائص التعليم المبرمج، إلا أنها تركز على أهمية قياس السلوك المدخلى للمتعلم قبل بدء التعلم للتعرف على الرصيد المعرفي السابق له.

٥- طريقة التعليم التي تقوم على إدارة التوافقات Contingency Management (C.M) : واستخدمت هذه الطريقة في بداية الأمر في فصول المتعلمين غير الأسوياء، ممن يعانون مشكلات سلوكية معينة ، أو مشكلات تعلم، أو مشكلات أخرى تؤثر على التعلم كالمشكلات الاجتماعية وغيرها، ثم توسعت هذه الطريقة ، وأصبحت تستخدم داخل الصفوف الدراسية العادية مع الطلاب العاديين.

٦- طريقة التعليم السمعي الموجه Audio - Tutorial(A-T) تتشابه مع طريقة التعلم المبرمج، إلا أنها تركز على تقدم محتوى المادة التعليمية من خلال عدة وسائط تعليمية متنوعة، يختار منها المتعلم ما يناسبه.

٧- طريقة التعلم القائم على إتقان نماذج صغيرة للتعلم ، حيث إن من أهم مايميز هذه الطريقة أنها تركز على النواتج النهائية للتعلم في صورة

سلوكية محددة ودقيقة ، مع ترتيبها في شكل تنظيمي رتبي، أو هرمي متدرج من حيث مستوى الصعوبة.

٨-إستراتيجية بلوم لإتقان التعلم Blooms Mastery Learning Strategy (B.M.L.S)

تعتمد هذه الطريقة على إستراتيجية التعلم حتى التمكن حيث يحدد الإتقان بمجموعة الأهداف السلوكية التي يتوقع من المتعلم أن يحققها عند نهاية دراسة الموضوع،كما يجزأ الموضوع إلى عدد من الوحدات التعليمية الصغيرة التي يستغرق تعلم الوحدة منه أسبوعين، بحيث يكون إتقان أهداف الوحدة التي تحدد شرطا لإتقان الأهداف التعليمية التي تليها

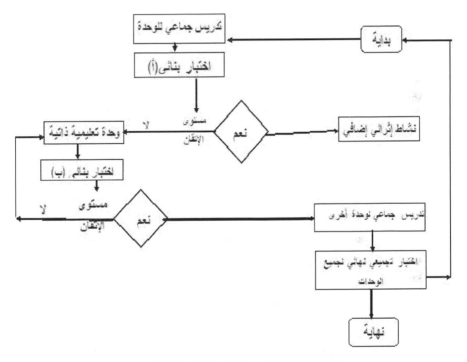

شكل (٧) : إستراتيجية بلوم للتعلم بالإتقان

٩-طريقة التعليم الفردي الشخصي The Personalized System Of Instruction (P.S.I) وتعرف باسم خطة كيلر (Keller Plan) نسبة إلى صاحبها كيلر "Fred Keller"، وأهم ما يميزها عن باقي نظم التفريد السابقة في أنها تحاول تعويض فقدان عملية التفاعل الشخصي بين المعلم والمتعلم والتي تفتقدها غالبية أساليب واستراتيجيات التفريد عن طريق الاستعانة بمرشدين أو موجهين يعملون كمساعدين للمعلم الأصلي، وكمعلمين خصوصيين للمتعلمين.

وترتكز طريقة" كيلر" على عدد من الافتراضات التي من شأنها جعل عملية التعلم ذات فاعلية أكبر وهي:

- الاستجابة النشطة للمتعلم.
- جعل ظروف التعلم مواتية للمتعلم ليكون المتعلم أقدر على التعلم.
- تحديد أهداف التعلم بوضوح.
- تنظيم تتابعات المحتوى من خلال وحدات تعليمية صغرى.
- شرط الإتقان أولا ، أي إن المتعلم يكون أكثر فاعلية إذا ما كان إتقان تعلم جزئية ما من جزئيات المحتوى شرطا ضروريا للبدء في تعلم الجزئية التالية لها.
- تناسق الأهداف مع التقويم.

وتقوم هذه الطريقة على مفهوم التعلم للإتقان الذي يفترض أن جميع المتعلمين يمكنهم إتقان التعلم لو توافرت لكل منهم ظروف التعلم المناسبة لهم وكذلك الوقت الكافي لكل متعلم، أي إتاحة الفرصة لكل متعلم في أن يسير في التعلم بالسرعة الذاتية وتعطى له فرصة الوقت الكافي لإتقان التعلم، وجعل عملية التعلم سهلة وممكنة، مهما كانت استعدادات الطالب أو قدراته ، حيث تحافظ هذه الطريقة على استمرارية أولئك المتعلمين الذين يتسربون دون إكمال التعلم في ظل طرق التعليم التقليدية.

هـ-ملامح طريقة" كيلر"، وخصائصها المميزة لتدريس العلوم لذوي الإعاقة البصرية:

تتحدد ملامح خطة" كيلر" من خلال مقالته الشهيرة "وداعا أيها المعلم " فيما يلي :

- أولا : السرعة الذاتية للتعلم.
- ثانيا : الإتقان كشرط أساسي للاستمرار في الدراسة.
- ثالثا : المحاضرات العامة لإثارة الدافعية فقط.
- رابعا : الاعتماد على الصيغة التحريرية للمحتوى : أي صياغة المحتوى بشكل مكتوب يكون في أيدي المتعلمين.
- خامسا : الاستعانة بالمرشدين من الطلاب تقوم هذه الخاصية على الاستعانة ببعض الطلاب من المتعلمين أنفسهم أو ممن يسبقونهم من الطلاب في أعمال الإرشاد والتوجيه للمتعلمين أثناء تعلمهم ويطلق عليهم "Proctors" ويتولى هؤلاء المرشدون القيام بعمليات التوجيه كمعلمين خصوصيين للطلاب ، والمساعدة في تطبيق اختبارات الإتقان وتصحيحها وإعلامهم بالنتيجة وتعزيز العلاقات الإنسانية بينهم وبين المعلمين.

كما يرى أن هذه الطريقة أيضا تجعل المتعلم يتعلم من زميله قدرا أكبر وبفاعلية أكبر، مما يتعلم من المعلم العادي ،حيث إن التعليم والتعلم هنا يتم وفق ظروف المتعلم نفسه.

وترتكز هذه الطريقة أساسا على نظرية " سكنر " في الاشتراط الإجرائي والتعزيز وتطبيقه أساسا في مواقف تعليم وتعلم حقيقية داخل الفصل الدراسي.

و- مكونات طريقة" كيلر" :

تتكون طريقة" كيلر" من عدة عناصر أساسية، تتوافق ملامحها أو خصائصها المميزة لها، وهى :

◄ الوحدة التعليمية الصغيرة.

◄ دليل الدراسة للمتعلمين.

◄ اختبارات الإتقان للوحدات.

◄ الاستعانة بالموجهين (المرشدين).

◄ عدم الاستعانة كليا بالمحاضرات العامة.

ي- خطوات تنفيذ طريقة كيلر لتدريس العلوم لذوي الإعاقة البصرية :

لكي يتم تنفيذ هذه الطريقة في تدريس العلوم لذوي الإعاقة البصرية يلزم اتباع ما يلي:

◄ يقسم المحتوى التعليمي المقرر تدريسه إلى وحدات فرعية صغيرة (موديولات).

◄ يتم إعداد دليل المرشد أو مرشد للدراسة .

◄ يتم تعيين عدد من الطلاب الذين هم زملاء للمتعلمين، سواء في نفس المستوى الدراسي أو في مستوى أعلى للعمل كمرشد.

◄ يقابل المعلم طلابه ليشرح لهم طريقة السير في التعلم ونظام العمل في المقرر.

◄ لا يعتبر المعلم في ظل هذه الطريقة هو مصدر المعرفة ولا محتكرها، ولكنه يقوم بدور القائد للعملية التعليمية والمشرف عليها ، ويكمن دوره أيضا في اختيار محتوى المادة التعليمية ، وتتابع عرضها وتنظيمها ، وصياغة أسئلة الاختبارات ، واختيار مصادر الأنشطة التعليمية الممكنة ، والحكم النهائي على تقدم المتعلمين ونموهم ، واختيار الموجهين والمرشدين المساعدين.

ل- مراحل تنفيذ الطريقة في تدريس العلوم لذوي الإعاقة البصرية:

يتم تنفيذ النموذج في الواقع العملي من خلال التتابعات المنطقية التالية:

◄ المرحلة الأولى : تحديد السلوك المدخلي للطلاب.

◄ المرحلة الثانية : تحديد الأهداف التعليمية بدقة.

◄ المرحلة الثالثة : اختيار أنشطة التعلم ومصادره.

◄ المرحلة الرابعة : القيام بإجراءات التعلم.

◄ المرحلة الخامسة : تقويم أداء الطلاب في المقرر الدراسي.

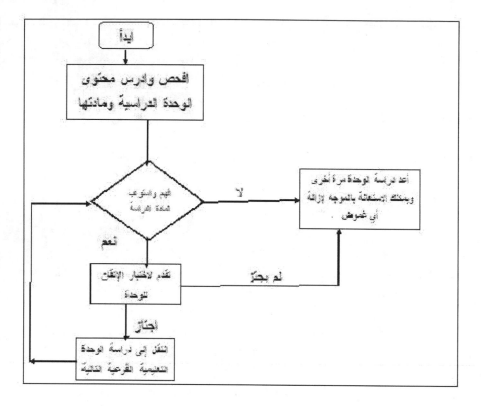

شكل رقم (٨) : لوحة مسارية للتتابع التدريسي باستخدام طريقة كيلر للتعلم الفردي (P.S.I).

وقد تبنى المؤلفان نموذج كيلر "Keller" ، نظرا لما يتميـز بـه مـن ملاءمـة لطبيعـة وقدرات الطلاب المعاقين بصريا، واحتياجهم أثناء التعلم إلى مرشدين وموجهين لتسهيل عملية التعليم والتعلم ،وكذلك اهتمامه بالمتعلم في إتقان الوحدات التعليمية أولا بـأول ، ويقتصر دور المعلم على تعيين المرشدين (المساعدين) ،وتتابع عرض المـادة التعليميـة ، وصياغة أسئلة الاختبار من الأنشطة المكملة.

هذا وقد أثبتت طريقة كيلر نجاحا غير متوقع في مستوى الأداء النهائي للـتعلم كـما يعكسه مستوى التحصيل الـدراسي النهـائي في المقرر ، واستبقاء الـتعلم لفـترة أطـول ، وسعيها إلى أحداث تعلم فعال يكون ذا معنى بالنسبة للمتعلم، لأنها تـذهب بـالمتعلم في تعلمه إلى أكثر من مجرد الحفظ والتذكر للمعلومات والحقائق كما في الطرق التقليدية.

مراجع الفصل الثالث :

١. أحمد إبراهيم قنديل (١٩٨٨). التدريس الفردي، النظرية والتطبيق ، المنصورة : دار الوفاء للطباعة والنشر.

٢. أحمد خيري كاظم، وسعد يسي (١٩٧٦). تدريس العلوم . القاهرة . دار النهضة

٣. بشرى محمود قاسم (١٩٨٣). "استخدام طريقة التدريس الفردي الإرشادي في تعليم الرياضيات بالمرحلة الإعدادية في العراق" . دكتوراه غير منشورة القاهرة كلية التربية . جامعة عين شمس .

٤. تايلور فرانسيس (١٩٩١). اتجاهات في تدريس العلوم . اليونسكو منظمة الأمم المتحدة للتربية والثقافة والعلوم مركز مطبوعات اليونسكو، العدد١٦٤ .مجلد٤١.رقم٤ .

٥. جابر عبد الحميد جابر ، وآخرون (١٩٨٠). الطرق الخاصة بتدريس اللغة العربية وأدب الأطفال ، مطابع دار الشعب ، القاهرة.

٦. جمال الدين محمد حسن(١٩٨٩). تطوير برنامج الإعداد الأكاديمي لمعلمي العلوم الفيزيائية بكليات التربية.دكتوراه غير منشورة، القاهرة: كلية التربية ،جامعة الأزهر .

٧. جودت احمد سعادة، وجمال يعقوب اليوسف (١٩٩٢). تدريس مفاهيم اللغة العربية والعلوم والرياضيات والتربية الاجتماعية. بيروت:دار الجبل.

٨. جيرولد كمب (١٩٨٧). تصميم البرامج التعليمية . ترجمة أحمد خيرى كاظم القاهرة ـ دار النهضة العربية.

٩. جيمس راسل (١٩٨٢). أساليب جديدة في التعليم والتعلم . تصميم واختبار وتقويم الوحدات التعليمية الصغيرة . ترجمة احمد خيري كاظم القاهرة: دار النهضة العربية .

١٠. حسن العارف (١٩٩٢). "مقارنة مدى فاعلية إستراتيجية بلوم وكيلر في التعلم للإتقان في تعلم المفاهيم العلمية لدى تلاميذ الصف الخامس الابتدائي" .دكتوراه غير منشورة القاهرة .كلية البنات. جامعة عين شمس .

١١. حسن حسين جامع (١٩٨٦). التعلم الذاتي وتطبيقاته التربوية. الكويت :مؤسسة الكويت للتقدم العلمي.

١٢. حمد زياد حمدان (١٩٨٥). **التنفيذ العلمي للتدريس بمفاهيم تقنية وتربوية حديثة**. عمان: دار التربية الحديثة.

١٣. حمدي أبو الفتوح عطيفة (١٩٨٧). تعليم العلوم للمعاقين في مصر . واقعه . مشكلاته. **مجلة التربية بالمنصورة** : كلية التربية. جامعة المنصورة.

١٤. شعبان حامد علي (١٩٩٤). أثر استخدام نظام التعلم الشخصي psi لكيلر على إتقان طلاب الصف الثاني الثانوي لمحتوى اثرائي في العلوم . **المؤتمر العلمي السادس . مناهج التعليم بين الإيجابيات والسلبيات**، المجلد الثاني الإسماعيلية : ٨ ـ ١١ أغسطس .

١٥. شكري سيد أحمد (١٩٨٩). **تفريد التعليم** مبادئه وأهميته واستراتيجيات تنفيذه. القاهرة : المكتب الجامعي للطباعة والنشر .

١٦. شكري سيد أحمد (١٩٩٣). بعض سمات الشخصية اللازمة لنجاح تفريد التعليم القائم على إستراتيجية كيلر في التدريس.**المجلة العربية للعلوم الإنسانية** .العدد الثالث والأربعون.س١١،الكويت .ص٤٩-٩٩.

طرق تعليم ذوي الاحتياجات الخاصة

١٧. عبد العزيز الشخص (١٩٨٧). دراسة لمتطلبات إدماج المعاقين في التعليم والمجتمع العربي. **رسالة الخليج العربي** . العدد ٢١ .الرياض .

١٨. عبدالله علي محمد (١٩٩٨).أثر برنامج مقترح في العلوم علي التحصيل ومفهوم الذات في العلوم والاتجاهات نحوها للطلاب المعاقين بصريا بالمرحلة الإعدادية، دكتوراه غير منشورة ،كلية التربية ، جامعة الأزهر.

١٩. علي يحيى موسى آل سالم(٢٠٠٦).أثر استخدام نموذج ميرل وتنسون على اكتساب بعض المفاهيم الجغرافية وبقاء أثر تعلمها لدى تلاميذ الصف السادس الابتدائي بمدينة أبها،ماجستير غير منشورة ،كلية التربية ،جامعة الملك خالد،المملكة العربية السعودية.

٢٠. عمر سيد خليل (١٩٧٧). "دراسة تجريبية لمدى فاعلية التعليم المبرمج في تدريس العلوم للمكفوفين بالصف الثاني الإعدادي بمدارس التربية الخاصة ".ماجستير غير منشورة أسيوط : كلية التربية جامعة أسيوط .

٢١. غدنانة سعيد المقبل (١٩٨٩)." أثر استخدام طريقة كيلر على تحصيل الطالبات لمقرر الجغرافيا بالصف الأول بجامعة قطر وعلاقة ذلك بنمط الشخصية ".دكتوراه غير منشورة.القاهرة :كلية التربية.جامعة عين شمس .

٢٢. كمال عبد الحميد زيتون(٢٠٠٢).**تدريس العلوم للفهم رؤية بنائية** ،القاهرة: عالم الكتب.

٢٣. ليلى إبراهيم معوض (١٩٨٦). "استخدام أسلوب الموديول في تدريس مادة التاريخ الطبيعي بالصف الأول من المرحلة الثانوية وأثره على تحصيل واتجاهات التلاميذ " ماجستير غير منشورة، القاهرة : كلية البنات. جامعة عين شمس.

٢٤. محمد عزت عبد الموجود وآخرون : **طريقة برايل الموحدة** . المركز النموذجي لرعاية وتوجيه المكفوفين القاهرة . د.ت .

٢٥. مصطفى النصراوى (١٩٩٢). دمج المعاقين في المدارس العادية بين الشعارات والموضوعية العلمية . **المجلة العربية للتربية** . المنظمة العربية للتربية والثقافة والعلوم . المجلد ١٢ . ٢٤ ديسمبر .

٢٦. نجاة عبد الله بوقس (٢٠٠٢) . **نموذج برنامج تدريسي في تنمية مهارات تدريس المفاهيم، وعناصرها أسسها وعملياتها**، الطبعة الرابعة، دار المسيرة، عَمان.

٢٧. وليام ت ليدون .م.لوريتا ماكجرو (١٩٩٠). **تنمية المفاهيم عند الأطفال المعاقين بصريا** . ترجمة عبد الغفار عبد الحليم الدماطى و فاروق إبراهيم خليل،المملكة العربية السعودية. جامعة الملك سعود .عمادة شئون المكتبات .

٢٨. يوسف السيد عبد الجيد (١٩٨٧)."اثر أسلوبي الاستقراء والاستنباط على مستويات اكتساب تلاميذ الصف السادس للمفاهيم العلمية فى مادة العلوم طبقا لنموذج كلوزماير". ماجستير غير منشورة. طنطا : كلية التربية بكفر الشيخ .

29. Andrewo Urevlu (1984). "Teaching concepts of Energy to Nigerian children in the 7-11 years age range". **journal of research in science teaching** . vol.21 .lessue 3. New York : John Wiely & Sons Inc. pp.255 - 268 .

طرق تعليم ذوي الاحتياجات الخاصة

30. Bentzen.B Illielouise.: " special updating in the blind Effects of training with air sonar versus sounding objects. **Dis.Abs.Int**. vol.52.No.11.May1992.p.6111 .B.

31. Brown, D.R (1979). **"Science Education and Handicapped** "source book science education and the physically Handicapped .Washington . National science teachers Association . pp.400-422.

32. Cooperman.s (1980)."Biology of the visually impaired student". New York **The American Biology Teacher**.vol.42.No.5 .pp.220-246

33. Ford , M. J. (1984). Comparison of the effectiveness of four Methods of presenting practice instances concepts acquisition. **Dissertation Abstracts International, 46 (1) , pp. 60-61.**

34. Glynn, S. (1997). Learning from Science Text: Role of an Elaborate Analogy. Reading Research Report, No. 71. **(ERIC#:ED402556).**

35. Harrison & Allan G. (1992). Evaluation of a model for teaching analogies in secondary science. available at: **http://adt.curtin.edu.au/theses/available/adt-WCU20020826. 122106/.** [2005 , 6 : 22].

36. Hess J.H.&G.R.Lehman ,(1976)." PSI and the Generic method of programmed instruction " **PLET**, vol.13(1), (February), pp 13-23.

37. Kulik J.A. & OTHERS(1974). The Keller plan in science teaching , science. In Sharman. " Self paced individually prescribed instruction" : J . G.(Ed) personalized system of instruction :14, Germinal papers , Menlopark .California, W.A. Benjamin Inc.,.

38. Mckinney, C. W, Larkins, A.G. Ford, M.J. & Davis, J. C. (1983). The effectiveness of three methods of teaching social studies concepts to fourth-grade students: An Attitude treatment interaction study. **American Educational Research Journal**, 20 (4),pp.663-670.

39. Mckinney, C.W, Peddicord, C.A, Ford M.J. & Larkins A.G. (1984). The effectiveness of three methods of teaching social studies concepts to sixth-grade students .**The Journal of Educational Research, 78** (1),PP. 35-38.

40. Polloway & others (1989). Strategies for teaching learners with special needs . 4th ed. Merrill Publishing company.

الفصل الرابع

((المعاقون سمعيا واستراتيجيات تعليمهم))

- مقدمة .

- المفهوم.

- طرائق رعاية المعاقين بفئاتهم المختلفة.

- تنمية اللغة من خلال العلوم للمعاقين سمعيا.

- وظائف اللغة للأصم وأشكال الاتصال في تدريس العلوم.

- مناهج العلوم المقدمة للمعاقين سمعياً.

- استراتيجيات تدريس العلوم للمعاقين سمعيا.

- معيار تقييم كتابات التلاميذ المعاقين سمعيا.

الفصل الرابع :

المعاقون سمعيا واستراتيجيات تعليمهم

● **مقدمة :**

لكل إنسان خصائص تميز تفكيره عن غيره من البشر ، ومع ذلك فهى باقية وذات تأثير فى حياته ، ومن ثم يوصف هذا التفرد بأنه سجل التفكير، وتعبر عن تسجيل المعاق سمعيا، للأحداث والمشاعر التى تثيرها مواقف الحياة اليومية .

● **أولا : المفهوم :**

تعددت التعريفات المتعلقة بذوي الاحتياجات الخاصة من المعاقين سمعيا نعرض فيما يلي لبعض المفاهيم المتعلقة بالإعاقة السمعية:

◄ الإعاقة السمعية : هي فقدان دائم لإحدى وظائف الجسم الأساسية البصر السمع ، الحركة ، العقل.

◄ الإعاقة السمعية : هي تلك المشكلات التي تحول دون أن يقوم الجهاز السمعي بوظائفه على سماع الأصوات المختلفة، وتتراوح بين الشديدة إلى البسيطة والمتوسطة.

● **ثانيا : طرائق رعاية المعاقين بفئاتهم المختلفة:**

هناك العديد من طرائق رعاية المعاقين سمعيا الإيجابية في التعامل مع الطفل المعاق سمعياً، والتي تتمثل في الخطوات التالية :

أ-**التخلص من المشاعر السلبية لدى الوالدين:** ومن أهمها الشعور بالذنب ونتيجة لهذه المشاعر يلجأ الوالدين إلى اتجاهات سلبية في التعامل مع الطفل المعاق سمعيا.

ب-**الحماية الزائدة:** كأن تهمل الأم بقية أبنائها وتهتم بشئون طفلها المعاق وتحميه حماية زائدة، وينتج عن هذا الاتجاه شفقة الأم على طفلها وشعور الطفل بالعجز والاكتئاب.

جـ-**التدليل الزائد:** ويتمثل في تغاضي الأم عن أخطاء طفلها المعاق سمعياً والتهاون، والتسامح، وينتج عن ذلك اعتماد الطفل على والديه، وعدم قدرته على اتخاذ القرار.

د-**القسوة الزائدة:** ويتمثل في وضع الطفل في موقف أكبر من قدراته ومن مظاهر قسوة الوالدين تهديد الطفل الأصم بالضرب واتهامه بالغباء والعجز وينتج عن ذلك إحساس الطفل بالنقص والانطواء والعزلة.

لذلك يجب إتباع أسلوب متوازن في المعاملة، أي عدم الإفراط في التدليل باعتباره عاجزاً، وعدم القسوة نتيجة اليأس ونفاذ الصبر .

● **ثالثا : تنمية اللغة من خلال العلوم للمعاقين سمعيا والعوامل التي تؤثر في نموها:**

هناك العديد من العوامل التي تؤثر في نمو اللغة لدي المعاقين سمعيا، منها:

◄ العمر الذي حدث فيه ضعف السمع.

◄ نوع ضعف السمع .

◄ درجة ذكاء الطفل.

◄ التدريبات المنزلية المقدمة .

◄ العمر الذي بدأ عنده استخدام المعين السمعي.

◄ بداية برنامج التدريب ومدته .

وفي إطار التعرف علي طرائق تدريس اللغة للمعاقين سمعيا، يلاحظ أنه لم يحدث من قبل في تاريخ تعليم الأطفال المصابين بالإعاقة السمعية أن امتلك الأطفال مثل هذه القدرة على السمع. ولذلك يجب على المختصين العاملين مع الأطفال ذوي الإعاقة السمعية أن يعيدوا تقييم طرق تدريس اللغة والنطق على ضوء التقنية الحديثة.

ونظراً لأن هذا النوع من العلاج يركز على مقدار السمع المتبقي لدى الطفل، فإنه يعتبر نقطة مثالية للتدخل المبكر. ويركز هذا النوع من العلاج على العناصر التالية: التشخيص المبكر، استخدام أفضل طرق التأهيل السمعي (أجهزة السمع ، زراعة قوقعة الأذن..)، ومساعدة الآباء في توفير بيئة مناسبة للاستماع. ويتوقع من خلال هذا العلاج أن يطور الطفل المصاب بالإعاقة السمعية القدرة على التحدث، بالإضافة إلى دمجه في المدارس مع الأطفال ذوي السمع المعتاد. وبغض النظر عن مستوى الإعاقة السمعية (شديدة، أو خفيفة، أو متوسطة)، فإنه يمكن للأطفال المصابين بالإعاقة السمعية أن يتحولوا إلى أشخاص ثقيلي السمع (بدلاً من صم)، بحيث يندمجوا في المجتمع بالاعتماد على حاسة السمع المتبقية لديهم.

وهناك العديد من طرائق تعليم النطق للأطفال ذوي الإعاقة السمعية التي تجاوزها الزمن بسبب استخدام التقنية الحديثة (كأجهزة السمع القوية وزراعة القوقعة). وبسبب تطور طرائق التدريس، حيث يجب أن لا يرتكز تعليم الأطفال الصم الآن على أساس النظريات التي كانت تطبق في الأمس، بل يجب أن ترتكز على أساس محاولة اندماجهم في المجتمع الذي يستخدم اللغة المنطوقة وذلك باستخدام التقنية الحديثة، وطرق التدريس المتطورة.

وبدلاً من تعليم المعاق سمعيا أصوات منفصلة، يتم تعليم اللغة عن طريق الاعتماد على الإنصات إلى الكلام بشكل تدريجي، مع تشجيع الطفل في كل مرحلة من مراحل التأهيل السمعي. وإذا كانت هناك أصوات صعبة تحتاج إلى أن يتم تدريسها بشكل منفصل، فإنه يمكن تعليمها من خلال السمع وبعد وضعها ضمن سياق مناسب ذي معنى.

ويقوم الاتجاه السمعي ـ الشفهي بتبني كل هـذه المفـاهيم، حيـث يركـز عـلى الإنصات الذي يؤدي إلى النمو الطبيعي للغة والنطق. ولذلك فإن العـلاج السـمعي ـ الشـفهي يعتـبر الطريقة المثلى للتدريس التي يجب استخدامها مع تقنية أجهزة السمع الحديثة.

ولذلك فإنه يجب على الأخصائيين العاملين مع هؤلاء الأطفـال أن يقومـوا بإعـادة تقيـيم طرق التدريس الحديثة من أجل استخدام التقنية الحديثة في عمليـة تعلـيم اللغـة للأطفـال من خلال تدريس العلوم .

***ما هو العلاج السمعي ـ الشفهي:**

يبني العلاج السمعي-الشفهي على مبادئ واضحة ومنطقية. فالهدف هو أن ينشأ الطفل المصاب بالإعاقة السمعية في بيئة تعليمية معتادة، سواء في البيت أم في المدرسـة، وأن يصـبح مواطناً مستقلاً بذاتـه، ويشـارك بفعاليـة في خدمـة مجتمعـه .كـما يـوفر العـلاج السـمعي-الشفهي للأطفال خيار استخدام حاسة السمع المتبقية لديهم، مهما كانت ضئيلة، مـن أجـل تطوير القدرة على الإنصات واستخدام التواصل الشفهي داخل نطاق عـوائلهم، وفي المجتمـع بشكل عام. ويجب ملاحظة أن هذه الطريقة تفترض وجـود تأهيـل سـمعي مكثـف حسـب بروتوكول الجمعية الدولية للعلاج السمعي- الشفهي) AVI .

- **رابعا : وظائف اللغة للأصم وأشكال الاتصال في تدريس العلوم :**

للغة العديد من الوظائف التي تسهم في تعلم العلوم للصم والمعاقين سمعيا منها:

- التواصل وتبادل المعرفة والمشاعر، وإرساء دعائم التفاهم والحياة المشتركة
- التعبير عن حاجات الفرد المختلفة خلال تعليم العلوم لذوي الإعاقة السمعية.
- النمو الذهني المرتبط بالنمو اللغوي، وتعلـم اللغـة الشـفوية ، أو الاشـارية، يولـد لـدى المعاق سمعيا والأصم المفاهيم والصور الذهنية.
- ارتباط اللغة بأطر حضارية مرجعية حضارية تضرب عمقاً في التاريخ والمجتمع.

إن تطوير وسائل التعبير لـدى الأصـم والمعـاق سـمعيا ، وتـذليل الصـعوبات، ليصـل إلى التعبير عن ذاته كله وحاجاته ، يساعده على الخروج من عالم العزلة والخوف، والإحباط إلى عالم متفتح على الغير ، وعلى البيئة المحيطة به ، مما يؤدي به إلى التوازن، والتكيف، وتنميـة قدراته، للمساهمة في الحياة الاجتماعية وعلى البذل والعطاء في المجالات المعرفية، والمهنيـة، والثقافية. لـذلك يجـب مراعـاة الاسـتعداد الطبيعـي للأصـم وتلقائيتـه وعـدم فـرض وسـيلة للتواصل وإلغاء الوسائل الأخرى التي يجد فيها ارتياحاً ومتنفثاً لعزلته النفسية والاجتماعيـة، خاصة عند دراسته لمقرر العلوم.

وتعتمد أنظمة الاتصال لدى الأصم الاتصال الشفوي، أو الاتصال الإشاري ويمكن أن نشـير هنا إلى طرق الاتصال المنبثقة عن هذين النظامين:

١-الأسلوب الشفوي : ويتمثل في تعليم الصم وتدريبهم دون استخدام لغة الإشارة، أو التهجئة بالأصابع في تدريس العلوم .

ويعبر التواصل الشفهىOral communication عن حصر التواصل فى الحديث وقراءة الشفاه دون استخدام لغة الإشارة أو الأصابع، مع استخدام القراءة والكتابة(ليو جاكوبس Jacobs, 1989: 14,بيتر بول Paul, 1994: 20, ومارى بوشنان وآخرون Buchanan et al.. ,(97 :1997وتتضمن استخدام ماتبقى من السمع من خلال : التدريب السمعي Auditory Training، حيث تستغل بقايا السمع وتحافظ عليها عن طريق تدريب الأفراد على الاستماع والانتباه السمعي باستخدام معينات سمعية أو بدونها(رفعت محمود, ٢٠٠٤: ٢٠٠١).

وفي هذا الإطار يستخدم الطفل في الحضانة مكبر الصوت (السماعة) بالإضافة إلى استخدام جهاز السمع الجماعي في الدروس الجماعية؛ للتدريب على نطق الكلمات، والأجهزة الفردية للتدريب على نطق مخارج الحروف في التدريب الفردي، والسماعات ليست علاجا شافيا للإعاقة السمعية، فهي تزيد من شدة الصوت ولكنها لا تجعل الصوت واضحا، ومع ذلك فهي تنطوي على فوائد مختلفة للمعاق سمعيا (ماجدة عبيد, ٢٠٠٠: ١٧٤- ١٧٥).

وقد قام كارهرت وساندرز بتحديد الأهداف الأساسية للتدريب السمعي، وهى:

- تنمية إدراك الصوت.
- تنمية القدرة على إدراك الصوت.
- تنمية القدرة على تمييز الأصوات المألوفة وغير المألوفة.

ويذكر سعيد حسنى (٢٠٠١, ٧٧) الأهداف التي يشتمل التدريب السمعي على تحقيقها وهى :

- استدارة الطفل الأصم نحو مصدر الصوت.
- جذب انتباه الآخرين من خلال إصدار بعض الأصوات.
- تقليد كلمة بسيطة.
- التعبير عن السرور.
- الاستجابة لتعبيرات الآخرين.
- التعبير عن حاجاته الشخصية.
- استخدام الأسماء.
- استخدام كلمات في جمل.
- كتابة موضوع تعبير مكون من فقرتين.

٢-قراءة الشفاه Lip reading : وتعتمد الانتباه، وفهم ما يقوله شخص بمراقبة حركة الشفاه، ومخارج الحروف من الفم واللسان، والحلق ، أثناء نطق الكلام خلال تدريس مقرر العلوم.

ويعتمد هذا النظام علي يتم تدريب الطفل المعاق سمعيا على استخدام ملاحظاته البصرية لحركة الشفاه ومخارج الأصوات، بالإضافة إلى بقايا السمع من أجل فهم الكلام الموجه له(مجدى عزيز, ٢٠٠٢: ٤٦٠, عبد العزيز السرطاوى وآخرون, ٢٠٠٢: ١٦٠-١٦١).

وتتناول توقع محتويات المحادثة من خلال الحركات الطبيعية وتعبيرات الوجه مع الإشارات المشاركة، وحركة شفاه المتكلم (ليو جاكوبس, Jacobs, 1989: 19 داريا مدويد (Medwid, 1995: 83).

كما أن هناك عاملان أساسيان تعتمد عليهما هذه الطريقة، وهما:

- الإدراك البصري المتمثل في ملاحظة حركات اللسان والشفاه.
- الإدراك اللمسى المتمثل في وضع الطفل يده على فمه ليحس بالهواء الصادر عن نطق بعض الحروف، أو وضع يده على الأنف؛ ليحس بالاهتزازات أو الذبذبات عند نطق حروف أخرى (مارى بوشنان وآخرون, Buchanan et al.. 1997: 98 وحسين مصطفى, ١٩٩٧: ١٨).

ويورد أحمد اللقانى وأمير القرشى(١٩٩٩: ٥٤) بعض المشكلات التي تواجه قراءة الكلام، والتي تم تصنيفها إلى أربعة أنواع ، تتمثل فيما يلي:

- مشكلات متعلقة بالمتكلم: وتشمل سرعة أو بطء حركات الشفاه والفك, وعدم استخدام المتكلم للإشارة وتعبيرات الوجه، ولغة الجسد المصاحبة لعملية الكلام.
- مشكلات متعلقة بالبيئة المحيطة: وتشمل عدم ملاءمة المسافة بين المتكلم وقارئ الكلام, وعدم ملاءمة الإضاءة، ووجود بعض الضوضاء ومشتتات الانتباه الأخرى.
- مشكلات متعلقة بقارئ الكلام: وتشمل وجود بعض المشكلات البصرية لدى قارئ الكلام؛ مما يشكل صعوبة لديه في قراءة الكلام، أو عدم التركيز مع المتكلم، أو عدم ميله لموضوع المحادثة، ولذلك فإن عدم تركيز قارئ الكلام مع المتكلم ولو لدقائق قليلة كفيل بعدم فهمه لجزء كبير من الحديث.
- مشكلات تتعلق بطبيعة الكلام أو النطق: وتشمل وجود عدد من مخارج الحروف لا يتم رؤيتها على الإطلاق، أو يتم رؤيتها بشكل جزئي.

وقد أظهرت الدراسات أن أفضل القارئين عن طريق الشفاه عندما يوجدون في مواقف ثنائية (حوار بين الشخص الأصم والشخص السامع وجها لوجه) يفهمون ما بين ٢٦% إلى ٣٦% مما يقال، وأن عددا كبيرا من الصم لا يفهمون أكثر من ٥% من الكلام، ويجد البعض أن هذه الطريقة غير فعالة على الإطلاق ومحبطة كوسيلة للتواصل المتبادل(فتحى السيد،٢٤٨،١٩٩٩).

٣-لغة التلميح : وهي وسيلة يدوية لدعم اللغة المنطوقة ، يستخدم المتحدث فيها مجموعة من حركات اليد، تنفذ قرب الفم مع كل أصوات النطق، حيث تقدم هذه التلميحات للقارئ المعلومات التي توضح ما يلتبس عليه في هذه القراءة، وجعل الوحدات الصوتية غير الواضحة ، مرئية خلال تدريس العلوم.

٤ -أبجدية الأصابع الإشارية أو التهجئة بالأصابع : وهي تقنية من تقنيات الاتصال والتخاطب التي تعتمد علي تمثيل الحروف الأبجدية، وتستخدم غالباً في أسماء الأعلام .أو الكلمات التي ليس لها إشارة متفق عليها ، كما في بعض مفاهيم العلوم.

٥-طريقة اللفظ المنغم : أسسها غوبرينا اليوغسلافي،حيث تعتمد علي مجموعة من المبادئ أهمها:

- أن الكلام لا ينحصر في خروج الأصوات بطريقة مجردة ، بل إن الكلام تعبير شامل تتدخل فيه حركات الجسم، كالإيماء، وملامح الوجه، والإيقاع والنبرة والإشارة ، فالمتكلم يستخدم كل إمكانيات التعبير خلال تدريس العلوم .
- تعتمد هذه الطريقة علي استعمال البقايا السمعية واستغلالها عن طريق أجهزة خاصة.

٦-لغة الإشارة : ظهرت هذه اللغة بشكل تلقائي لدى الصم ، حيث كانت تتسم دائماً بالمحلية، فتختلف من بلد إلى آخر، ومن جهة آخرى، وأول من بادر إلى تنظيمها وتقنينها هو (دولابي) الذي نظم الإشارات التي يستعملها الصم، ودونها في قاموس صغير وأصبحت هذه اللغة الأساسية في المدارس التي كان يشرف عليها.

ومن بين من ساهم في نشر هذه اللغة (جالوديه) الذي سافر سنة ١٨١٧إلى أمريكا، وأسس مدرسة لتعليم الصم تحمل اسمه إلى اليوم بعد تطويرها إلى أن أصبحت اليوم أول جامعة في العالم تعتني بالتعليم العالي للصم والبحوث والدراسات ويرأسها عميد أصم، كما يشكل الصم نسبة عالية من الأساتذة، وتعتمد فيها لغة الإشارة في الدرجة الأولى.

أ-الإشارات اليدوية المساعدة لتعليم النطق : وهي أشكال عفوية من تحريك اليدين، وتهدف إلى المساعدة في تلقين الأصم اللغة المنطوقة، وتمثل بوضع اليدين على الفم، أو الأنف، أو الحنجرة، أو الصدر ، للتعبير عن طريقة مخرج حرف معين من الجهاز الكلامي عند تدريس المقررات الدراسية المختلفة ، ومنها مقرر العلوم ويعتمد نظام التواصل اليدوىManual Communication على استخدام رموز يدوية؛ لإيصال المعلومات للآخرين، والتعبير عن المفاهيم والأفكار والكلمات(ماجدة عبيد, ٢٠٠١(184 : أي استخدام اليدين في التعبير بدلا من النطق (عبد العزيز السرطاوى وآخرون،٢٠٠٢، ١٦٦).

ب-أهمية لغة الإشارة وخصائصها في تدريس العلوم للمعاقين سمعيا والصم: اشتد الاهتمام – فى السنوات الأخيرة – بلغة الإشارة للصم، بعد أن أصبحت لغة معترفاً بها في كثير من دول العالم في المدارس، والمعاهد، حيث تم النظر إليها على أنها اللغة الطبيعية الأم للأصم، لاتصالها بأبعاد نفسية قوية لدية، ولما تميزت به من قدرتها على التعبير بسهولة – عن حاجات الأصم خلال تعليم العلوم ، وتكوين المفاهيم العلمية لديه. فاليد وسيلة رائعة للتعبير بالأصابع خلال تعليم العلوم .

وربما كان التصور الخاطئ الأكثر انتشارا هو أن لغات الإشارة جميعاً متشابهه أو دولية وهذا ليس صحيحاً ، فالاتحاد العالمي للصم أصدر بياناً يؤكد فيه : (أنه لا توجد لغة إشارة دولية)، ولغات الإشارة متمايزة، تختلف كل منها عن الأخرى، مثلها مثل لغات الكلام المختلفة.

كما يتصور البعض أن لغات الإشارة هي نسخ بصرية من لغات الكلام : بمعنى أن لغة الإشارة الأمريكية، لابد أن تكون هي الانجليزية، وهذا أيضاً بعيد عن الحقيقة، فلغة الإشارة البريطانية، و الأمريكية، مختلفان تماما ، كل منهما عن الأخرى.

إن لغة الإشارة ليست مجرد حركة اليدين ، بل يساهم في إنتاجها اتجاه نظرة العين، وحركة الجسم، والكتفين، والفم، والوجه، حيث كثيراً ما تكون الإشارات غير اليدوية، هي السمة الأكثر حسماً في تحديد المعنى ، وتركيب الجملة، ووظيفة الكلمة ، خاصة عند تدريس العلوم.

ويشير حسين مصطفى (52 :1997) إلي أهمية لغة الإشارة في الآتي:

- تعتبر العلاقة الإشارية بين الأم وطفلها الأصم ذات دلالة هامة في تربيته ونموه اللغوي.
- يتعلم المتعلم الأصم عن طريقها ما هو مطلوب منه فى مضمون اللغة المصابة، وبذلك تسهل له تعلم اللغة.
- تسرع من عملية تعلم اللغة عند ضعيف السمع ،وتثرى تعليم اللغة عند الطفل السامع.
- يستخدم الراشدون لغة الإشارة لنقل عواطفهم وأحاسيسهم، فعندما تفشل الكلمات عن التعبير، عادة ما تتخذ الإشارة دورا مساعدا، كما هو الحال في التمثيل الصامت.Pantomiming

جـ-أنواع الإشارات : تتمثل أنواع الإشارات فيما يلي:

- الإشارات الوصفية: وهى الإشارات اليدوية التلقائية التي تصف فكرة معينة مثل: رفع اليد للتعبير عن الطول، أو فتح الذراعين للتعبير عن الكثرة، أو تضييق المسافة بين الإبهام والسبابة للدلالة على الصغر.
- الإشارات غير الوصفية: هي إشارات غير وصفية، ولكنها إشارات خاصة لها دلالتها الخاصة، وتكون بمثابة لغة خاصة متداولة بين الصم، مثل: الإشارة إلى أعلى للدلالة على شيء حسن, الإشارة بالإصبع لأسفل للدلالة على شيء رديء (ماجدة عبيد ،186 ,2001).
- الهجاء الإصبعى Finger Spelling : وهو نوع من الاتصال يستخدمه التلاميذ الصم؛ حيث يتم تشكيل وضع الأصابع لتمثل الحروف الهجائية وتستخدم هذه الحروف للتعبير عن كلمات، وجمل، وعبارات، وتستخدم غالبا في

حالة عدم وجود إشارات تعبر عن بعض الكلمات أو المفاهيم أو الأفكار المختلفة (داريا مدويد.(Medwid , 1995: 83).

وفيما يلي مجموعة من الإشارات :

أولا: الحروف الانجليزية: يوضح شكل(١٠): الإشارات باللغة الانجليزية:

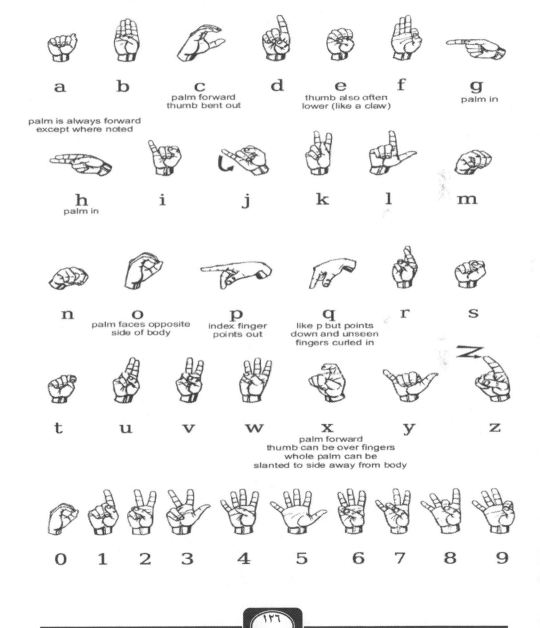

ثانيا: الحروف باللغة العربية مجمعة ومفصلة:

يوضح شكل(١١) الحروف باللغة العربية:

أ‌- الحروف مجمعة:

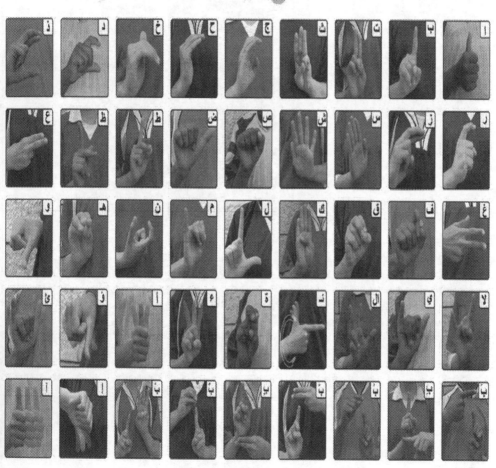

ب-الحروف الأبجدية بالتفصيل :

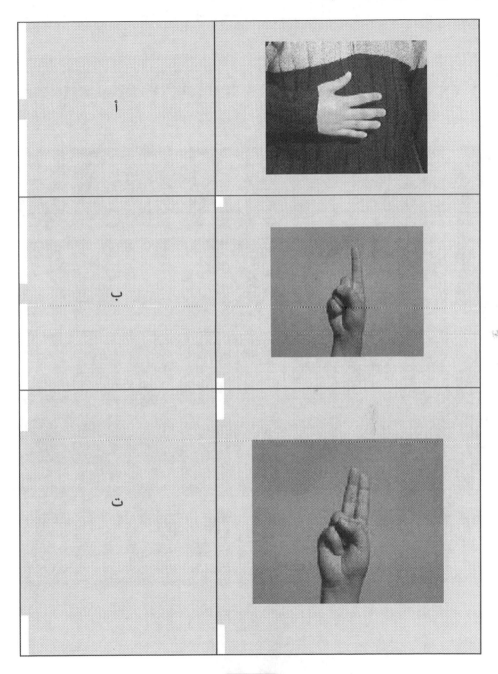

	أ
	ب
	ت

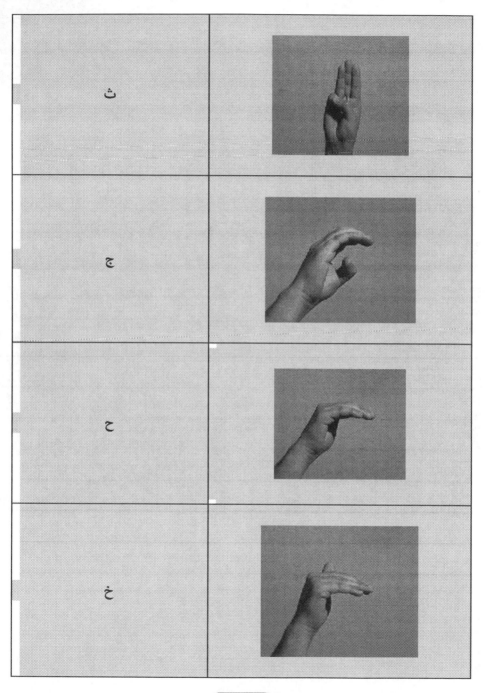

ث	
ج	
ح	
خ	

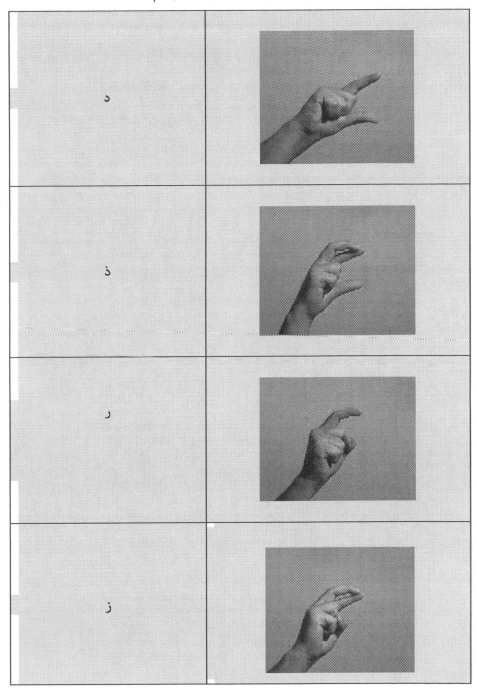

	د
	ذ
	ر
	ز

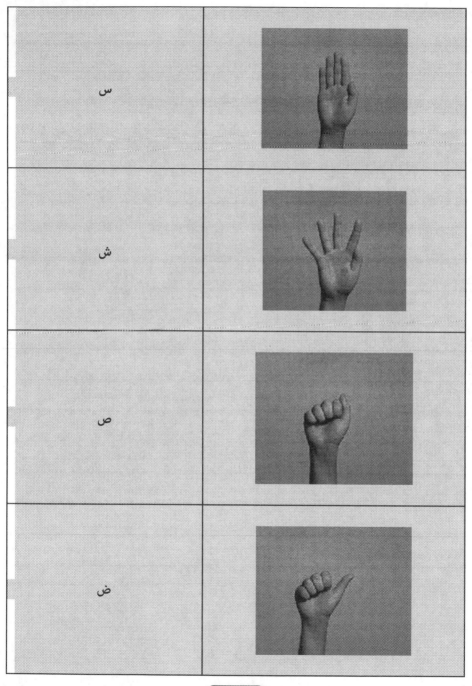

س	
ش	
ص	
ض	

طرق تعليم ذوي الاحتياجات الخاصة

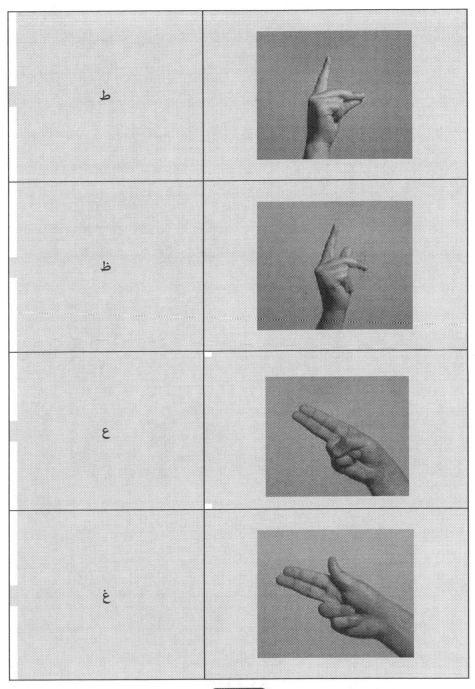

	ط
	ظ
	ع
	غ

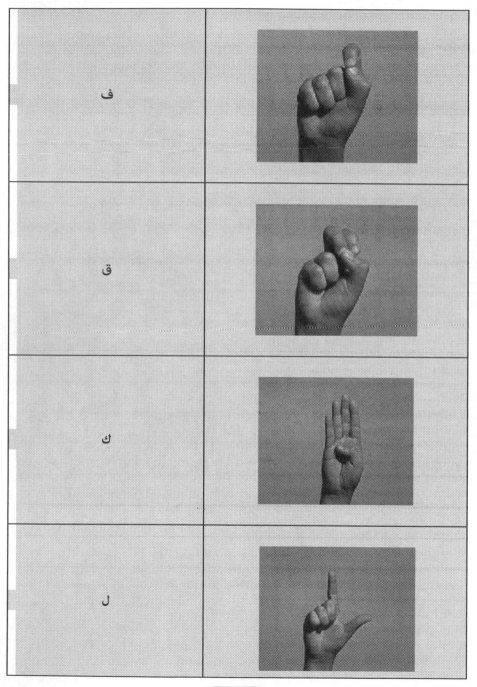

ف	
ق	
ك	
ل	

طرق تعليم ذوي الاحتياجات الخاصة

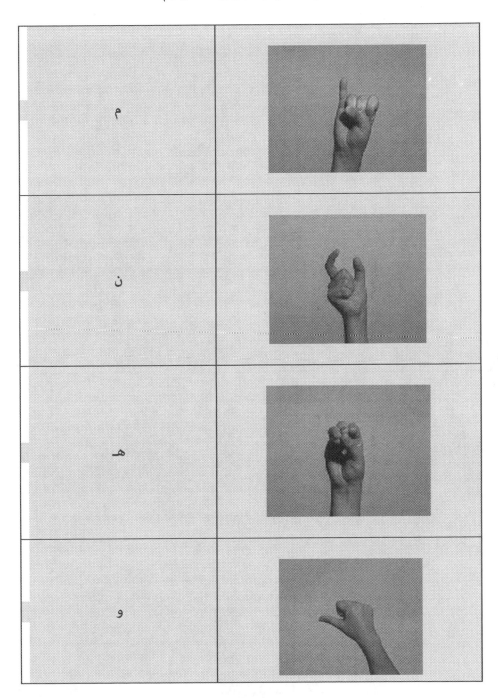

م	
ن	
هـ	
و	

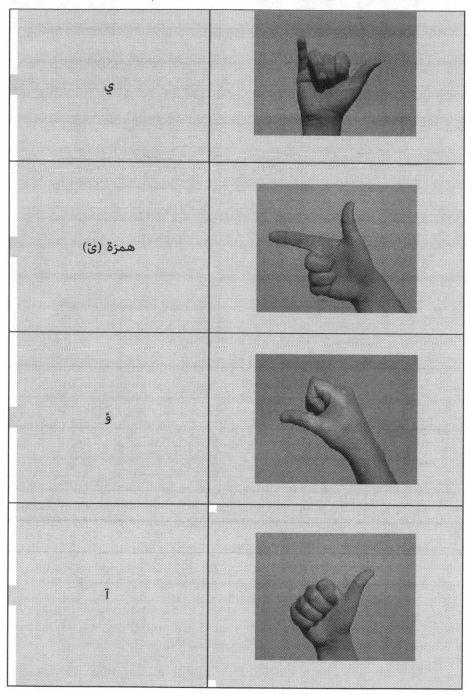

ي	
همزة (ئ)	
ؤ	
آ	

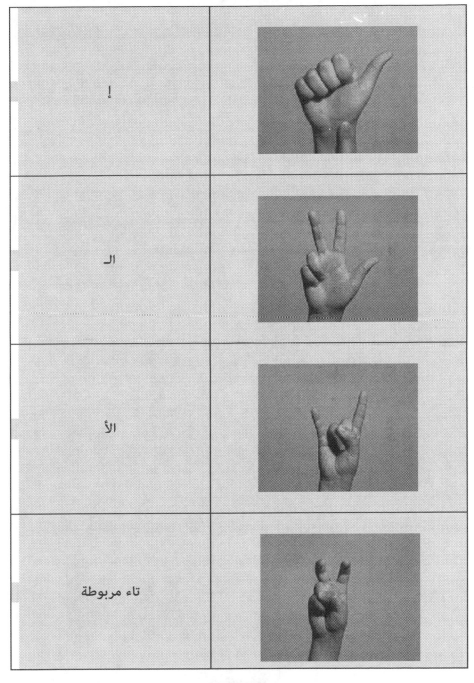

	إ
	الـ
	الأ
	تاء مربوطة

لا	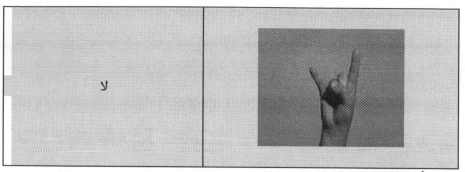

جـ - الألوان:

أبيض	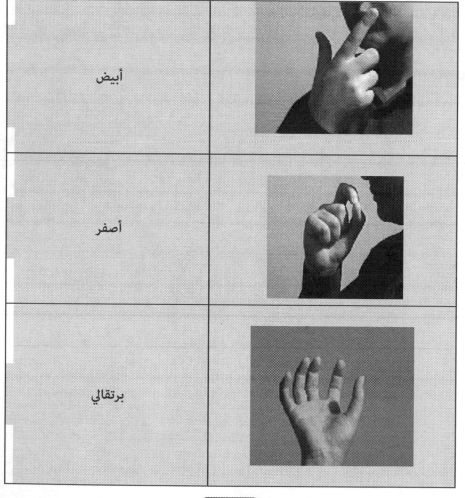
أصفر	
برتقالي	

طرق تعليم ذوي الاحتياجات الخاصة

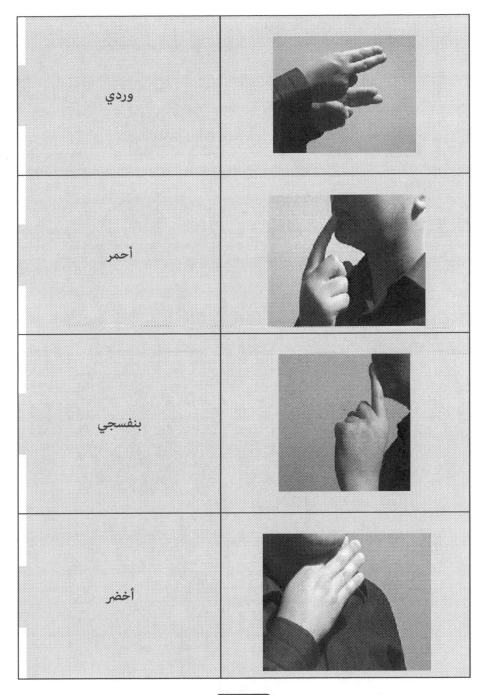

وردي	
أحمر	
بنفسجي	
أخضر	

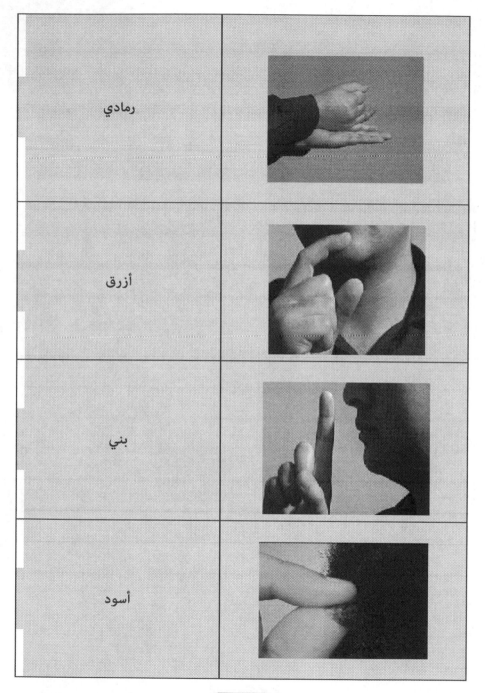

رمادي	
أزرق	
بني	
أسود	

د-أيام الأسبوع:

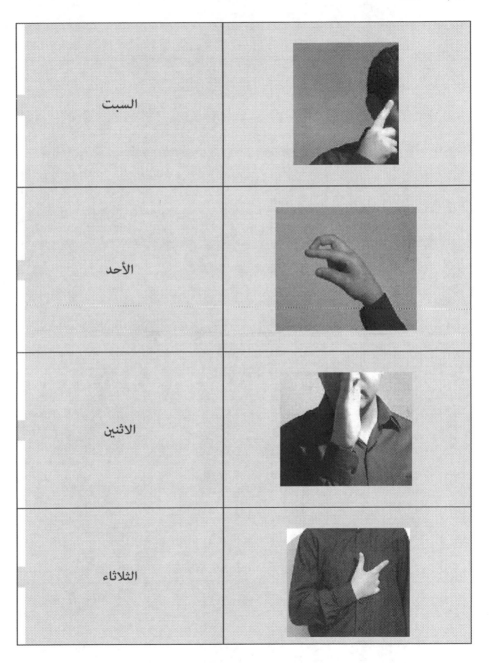

السبت	
الأحد	
الاثنين	
الثلاثاء	

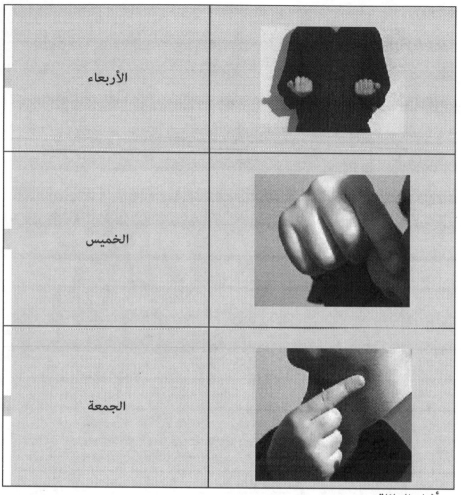

الأربعاء	
الخميس	
الجمعة	

هـ- أفراد العائلة:

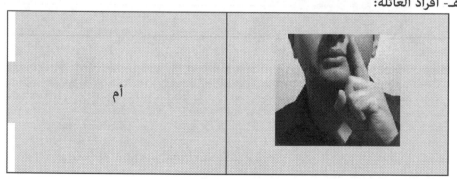

| أم | |

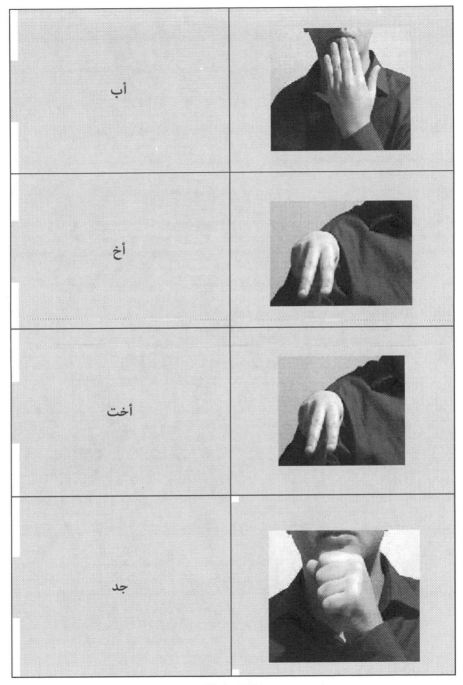

أب	
أخ	
أخت	
جد	

جدة	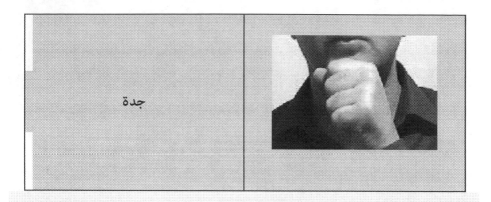

و- الأرقام:

صفر	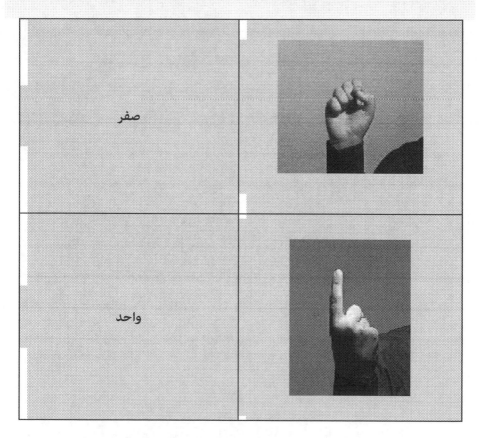
واحد	

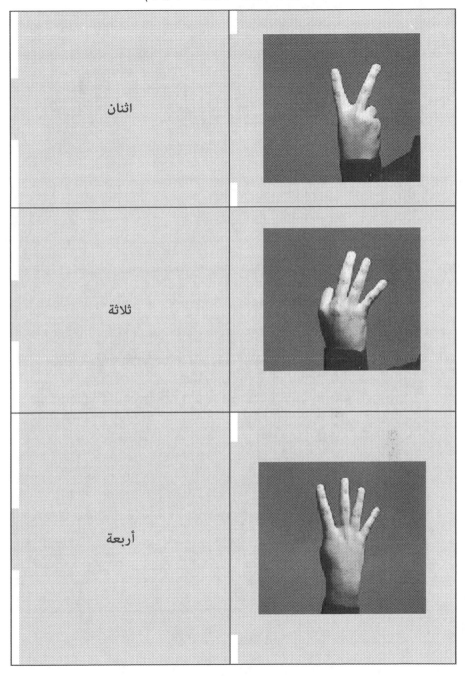

	اثنان
	ثلاثة
	أربعة

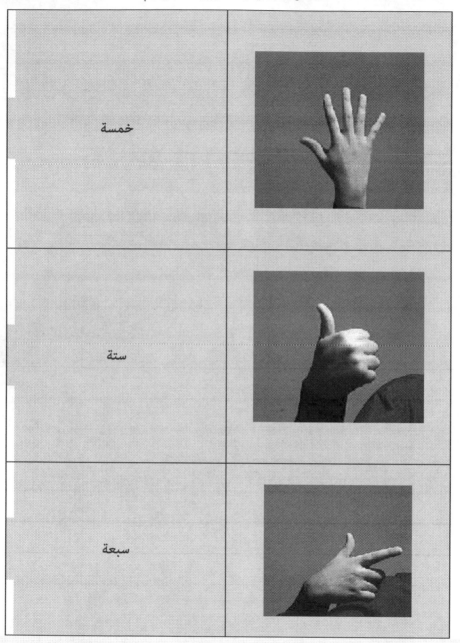

	خمسة
	ستة
	سبعة

ي- أعضاء الجسم:

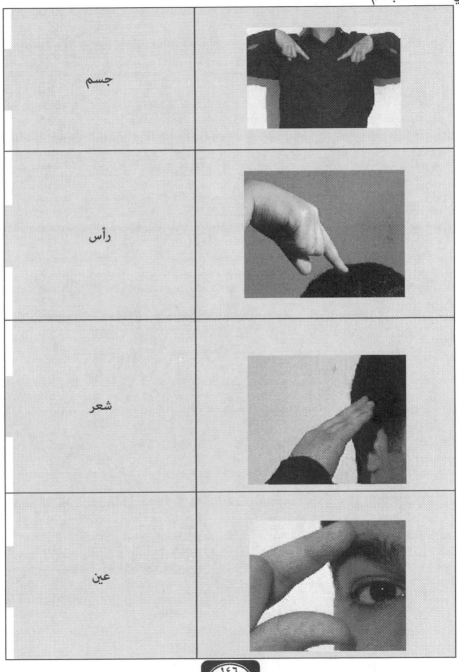

جسم	
رأس	
شعر	
عين	

أذن	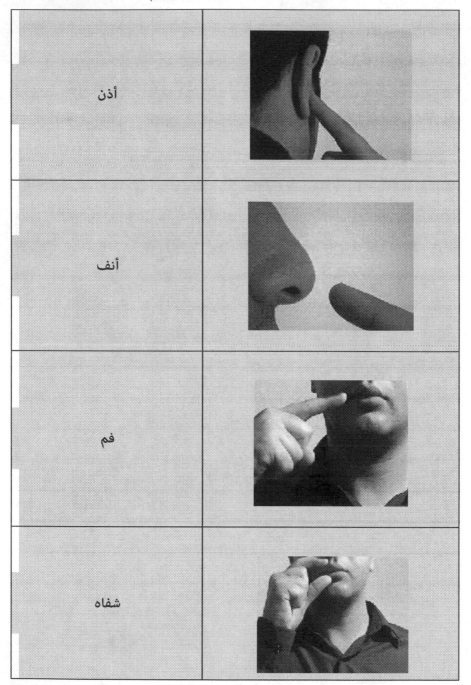
أنف	
فم	
شفاه	

لسان	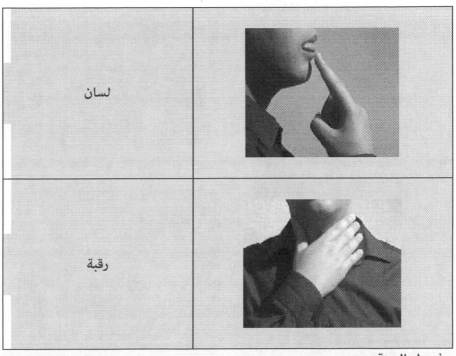
رقبة	

ل- فصول السنة:

ربيع	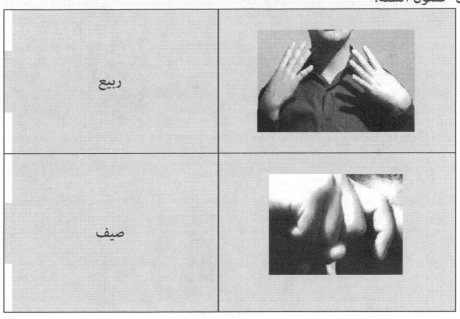
صيف	

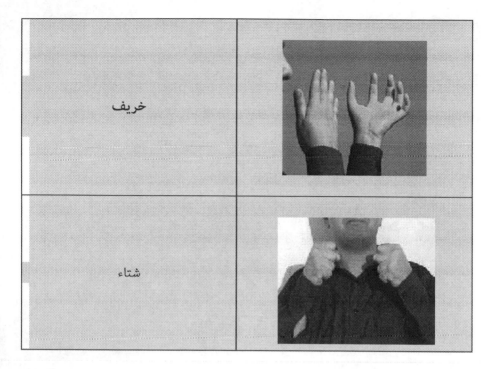

خريف	
شتاء	

● خامسا: مناهج العلوم المقدمة للمعاقين سمعياً:

إن مناهج العلوم المطبقة في معاهد وبـرامج الـعـوق الـسـمـعـي في الوقت الحـاضـر هـي مناهج مستمدة من مناهج التعليم العام مع بعض التعديلات البسيطة عليها بحـذف بعض المواضيع، وإضافة مادة تدريب النطق إليها. وفي المرحلة الثانوية يضاف إليها تخصص مهني بواقع 33% من الخطة الدراسية.

ويتم تدريس منهج العلوم في فصول عادية بوسائل عادية مـع صرف معينـات سـمعية للطلاب. كما أن بعض المعاهد تتوفر فيها فصول سمع جماعية، وأجهزة تـدريب نطق، أمـا البرامج الملحقة بمدراس التعليم العام، فلا تتوفر فيها الأجهزة والوسائل السمعية التي تسهم في سهولة تدريس مقرر العلوم.

والملاحظ على المناهج الحالية في العلوم، يلاحظ أن هناك خلل وثغرات بـين عناصرهـا. فهناك خلل واضح بين الأهداف، والمحتوى، فالأهداف تتحدث على وضع منهج خـاص ثقافي، وتدريبي متنوع، يتفق، وطبيعة الإعاقة السمعية، ويلائم هـذه الفئـة، أمـا المحتوى، فهو مـأخوذ مـن التعليم العام، واختيرت بعض الموضوعات بشـكل عشوائي، حيـث كانـت الموضوعات قليلة، ومحدودة جداً، وقدمت للمعاقين سـمعياً خاصة للمرحلة الثانوية في مذكرات سيئة الطباعة، وخاليـة مـن الرسوم التوضيحية التي تساعد المعاقين سمعيا في تدريس العلوم.

طرق تعليم ذوي الاحتياجات الخاصة

كما توجد بعض الثغرات بين عناصر منهج العلوم ، حيث إن أغلب الوسائل هي وسائل عادية، لا تناسب طبيعة الإعاقة السمعية ، فهي إما ورقية باجتهاد المعلمين، أو وسائل تقليدية ، مثل البروجيكتور والأوفرهيد ، أو الوسائل السمعية فهي قليلة جداً ، علي الرغم من تطورها علي المستوي العالمي ، ولا نجد أثر للأجهزة الحديثة والتي خصصت للمعاقين سمعياً.

كذلك لاتوجد دورات مستمرة أو مكثفة لمعلمي العلوم ، للإطلاع على أحدث الطرق في تعليم العلوم للمعاقين سمعياً ،خاصة أن نسبة كبيرة من المعلمين في المعاهد والمدارس، هم معلمون محولون من التعليم العام، وغير متخصصين في تدريس العلوم لهذه الفئة .

● سادسا : استراتيجيات تدريس العلوم للمعاقين سمعيا:

هناك العديد من الاستراتيجيات التدريسية التي تناسب طبيعة المعاقين سمعيا ، نعرض منها استراتيجيات الكتابة لتعلم العلوم، تأخذ الكتابة بصفة عامة وفى العلوم بصفة خاصة فى سجل التفكير أشكالا متعددة، مثل: فقرة ، اقتباس فكرة ،مقال عن موضوع علمى ما ، والتعبير بأفكار متناثرة ، رسم كاريكاتير ، رسوم بيانية ، تجمع من كل هذا أو بعضه ، رأى - حوار أو مجموعة من الأفكار المتنوعة ،هذا من حيث شكل الكتابة، أما أسلوب الكتابة لتعليم العلوم للمعاقين سمعيا فقد يكون فى صيغة تأمل ، تساؤل ، تقييم ، تجريد . ومن هنا لا يوجد صح أو خطأ فى سجل التفكير فهو بصمة الفرد أيا كان ، هو تسجيل شخصى فى إطار الخبرات والمهارات العلمية ، والمعرفية للتلميذ. وتعد الدقائق القليلة عقب انتهاء النشاط أو الدرس زمنا مناسبا لسجل التفكير، ويمكن أن تكون عامة فى مواد عديدة ، أو تلقائية .

ويبرز دور موجهات سجل التفكير فى تمكين التلاميذ المعاقين سمعيا عند دراسة العلوم من استخدام العمليات العقلية العليا، مثل: التحليل، والتوليف، والتقييم والتطبيق ، حل المشكلات ، واتخاذ القرار ، حيث تزودهم بالوسائل التى يحتاجونها لتنمية أساليب متنوعة فى التفكير ، بالإضافة إلى أن موجهات سجل التفكير تحدد مسار التفكير بدرجة كبيرة، مثل: التعبير البصرى، والتعبير اللفظى .

ويبدأ نمو الوعى بعملية التفكير بممارسة المعاقين سمعيا والصم نشاط سجل التفكير فى ذاتهم ،وهنا يستثمر المعلم هذه الفرصة ليدعو التلاميذ للتفكير فى تفكيرهم ، ويدور النقاش حول تنمية الوعى بالتفكير ، وبالتالى يدرك التلاميذ أساليبهم فى التفكير ، نتيجة لوجود المصطلحات والكلمات التى تحدد العمليات المعرفية التى يقومون بها ، وبالتالي يعطون مسميات العمليات المعرفية لما يقومون به من عمليات التفكير. وتعبر هذه المسميات عن الاستراتيجيات التى يستخدمونها خلال قيامهم بعملية التفكير بالكتابة فى العلوم . ومن ثم يصبح سجل التفكير للمعاقين سمعيا عند دراسة العلوم مؤشراً هاما لتقدير أداء التلاميذ، حيث يتعرف المعلم خلال تحليله الاستقرائى على اللغة الداخلية للعقل أثناء عملية التفكير.

وعند قيام المتعلم بتسجيل تفكيره من خلال تسجيل استجابته المباشرة لخبرة ما ، وعند مراجعته لما كُتب من مفاهيم في العلوم ، تصبح لدية فرصة التأمل فيما كتبه مـن تفسـير، أو تعقيب على الخبرة ، ممـا يسـاعده في تعـديل الانطبـاع الأول حيث تعبر هـذه الكتابـة في النهاية على أسلوب التفكير المفضل الذى يمكن تنميته أو تعديله.

وقد أكدت الأدبيات التربوية على أهمية نظرية التعلم المنتجة التى تفـترض أن المـتعلم يبنى معرفته عندما يتعامل مع معلومات حية جديدة بشكل انتقائى، وتخزينها في الـذاكرة طويلة المدى، وتوليد معانى جديدة خلال الكتابة.

وقد استخدمت نظريـة التـعلم المنتجة عـام (١٩٩٩) كدليل لفحص كتابـات التلاميذ العـاديين خـلال تعلـم أنشـطة الكتابة في العلـوم ، وتوليد ترجماتهم مـن المعـانى العلميـة الجديدة، والرموز الشفوية ، واتضح مـن خـلال تحليل كتابات ٢٥٩ تلميذا ممـن تـتراوح أعمارهم من (١٤ – ١٩)سنة أن الكتابات العلمية لبعضهم كانت مبهمة في بعض البيانات ، واستطاع البعض الآخر التعبير عن أفكارهم بصورة جيدة تعبر عن تمكنهم من بناء وتركيب المعانى، ومراجعتها مراجعـة شـاملة، قراءة، وكتابة ، وتوصلوا إلى نتائج جيـدة مـن إعـادة وتركيب المعانى في مجال العلوم . وتستخدم الكتابـة في العلـوم للمعاقين سمعيا مـن خـلال ثلاثة طرائق ، هى:

◄ الحصول على المعرفة والخبرات التى يمكن استخدامها للإعداد لنشاط جديد .

◄ مراجعة وتدعيم الخبرات التى توجد في البنية المعرفية .

◄ إعادة تشكيل وصياغة الأفكار والخبرات .

وفيما يلي عرض لبعض استراتيجيات الكتابة في تعلم العلوم للمعاقين سمعيا:

أعـدت مؤسسـة National Science Foundation (NSF) ورشـة عمـل لتـدريب المعلمين على الاستراتيجيات الأربعة للكتابة، لتعلم العلوم ، بلغ عددهم (٢٣٤) مـن معلمـي ومعلمات العلوم ، حيث تم مناقشة الطرائق المحتملة لاستخدام هذه الاستراتيجيات، كأداة لتقييم كتابات التلاميذ، وتعرف مـدى نمـو المفاهيم وبنـاء المعنـى في كتاباتهم ، وزيادة الدافعية لفهم هذه الأنشطة وفهم عمليات العلم. وقد تم تقديم قائمة من أنشطة الكتابة للتعلم ،وذلك بغرض تشجيع الكتابـة للمعاقين سمعيا في تعليم العلوم كوسيط لتسجيل خبراتهم، وتفكيرهم ومن ثم بناء المعنـى في العلوم. وفيما يلى عـرض لهـذه الاستراتيجيات بإيجاز:

[١] النموذج الابتكارى :

وفيه يطلب من التلاميذ المعاقين سمعيا في دراستهم للعلوم أن ينشئوا موقفا تخيليا، كأن يتخيلوا أنهم جسم أو عضو من أعضاء كائن حـي ويكتبـوا عـن هـذا الشيء ،ويقوم المعلم بتحليل هذه الكتابات ، وكمثال لهذه الإستراتيجية طلب من أحد التلاميذ في ورشة العمل عندما لاحظوا علبة بها هواء مضغوط، وكتبوا عنها تحت عنوان"أنا جزئ هواء داخل علبة مغلقة، "وتم مناقشة الكتابـة مـن قبـل

طرق تعليم ذوي الاحتياجات الخاصة

المعلمين ،لتعرف مدى فهم التلاميذ لمفاهيم درجـة الحـرارة، والضغط، والعلاقـة بينهما ، والطاقة، والحركة لجزيئات الهواء ، والفكرة العامة من أن الهواء يمكن أن يحدث ضغطا يغير من شكل الأجسام .

وفي إطار تحليل هذه الإستراتيجية، استخدم المدرسون هذا المدخل بطرائق متعددة - فعلى سبيل المثال - طلب من التلاميذ أن يتخيلوا أنفسهم وكأنهم بكتيريا ، أو عنصر كيميائي ، أو آلة بسيطة ، فعلى سبيل المثال قام أحد التلاميذ بوصف نفسه وكأنه دودة موجودة في بركة ، وأنـه يشـم رائحـة كريهـة ، وكـان التشبيـه هـو أحـد الخصائـص الشائعـة في هـذه الإستراتيجية ، وقام تلميذ آخر بالكتابة حـول مـوت دودة موجـودة في أنبوبـة لعدة أسابيع ،حيث قام التلميذ بوضع ماء في وعاء به دودة وكانت الدودة خائفة من الماء ، تقول الدودة إنه ماء كثير ويقول التلميذ لم أعد أرى الدودة في الأنبوبة ، لقد نسيتها ، الدودة لم تستطيع التنفس وصرخت أغيثوني أغيثوني ،ولكنه لم يسمع نداؤها لأنه أصم ، قالت الدودة أن التلميذ أصم فليساعدني غيره ، ولكن الناس لم يسمعوها ، وبعد فترة توقفت الدودة عن التنفس وماتت .

وقد لاحظ المعلمون أن التلاميذ غالبا ما يركزون على خاصية واحدة من المفهوم العلمي في كتاباتهم ، ويتضح ذلك من خلال كتاباتهم في هـذه الإستراتيجية عـن موضوع دورة حيـاة الورقة كان المدرس يأمل في أن يوضح التلاميذ فهمهم لنمو الأشجار مـن البـذور وعمليـة تحويل الخشب إلى ورق وإعادة استخدام الأوراق ، ولكنه وبتحليل كتابات التلاميذ، اتضح اختلاف الكتابة في البداية ، حيث بـدأ أحـد التلاميـذ في كتابتـه عـن البـذرة ، وبدأ الآخر في كتابته عن الشجرة ،وآخر بدأ كتابته عن قطع الأشجار ، وبعضهم عكس العملية تماما، ورغم ذلك اتضح من كتابات التلاميذ فهمهم للطرائق التي يعاد فيها استخدام الورق .

[٢] الكتابة الحرة الموجهة :

يتم تدريب المدرسين على بنـاء أنشطة علميـة للتلاميـذ مدعمـة بتعليمـات وإرشادات للكتابة مـن خلال خطوات محددة ، وتم إعطاء مثال للتلاميذ في ورشة العمل كان عبارة عـن علبتان مختلفتان في الكثافـة تـم وضعهما في إنـاء كبيـر به مـاء ، وطلب منهم أن يقدموا تنبؤاتهم مسبقا حول هذا النشاط وعما سيحدث للعلبتين ، ووصف ما حدث بعد انتهـاء النشاط العلمي ، وكتابة النتائج بنـاءً على الملاحظات ،وكل خطوة مـن هـذه الخطوات يتم الكتابة فيها مع التركيز على مفهوم "الكثافة النسبية" كمفهوم أساسي في هذا النشاط .

وفي إطار تحليل هذه الإستراتيجية المتعلقة بتعلم الكتابة الحرة الموجهة في العلوم وفحص العلاقة بين تعلم الكتابة، والتغيير المفاهيمي، والممارسات الحاليـة في الكتابـة ، والكتابة التفسيرية، والكتابة المعبرة في العلوم ، التي يمكن أن تحسن من تعلم العلوم ،إذا وجد المعلم الواعي الذي يتحمـل عـبء إدراك التلاميـذ لمـا وراء المعرفـة (الوعـي المعـرفي) التفكير في التفكيـر(Meta cogentive) ، وإنجـاز المهـام وتحقيـق

أهداف المنهج التى لها مغزى فى التعلم إذا توفرت البيئة التعليمية التى تساعد على الكتابة العلمية الدقيقة، والفهم العميق للأفكار ، بدلا من الفهم السطحى للتلاميذ (لهذه الأفكار داخل قاعات الدراسة)، فإذا تمكن المتعلم من القراءة الواعية وتغلب على صعوبات تعلم وفهم مفردات اللغة، فإنهم يتمكنون من التعبير الكتابى فى العلوم.

[٣] تأمل محتويات الدرس :

فى هذه الإستراتيجية يطلب من التلاميذ فى نهاية الدرس أن يتأملوا محتويـات الـدرس ، ويذكروا اثنين، أو ثلاثة من أهم الأشياء، أو الأحداث التى تعلموها ، حيث عرض المعلمون فى ورشة العمل للتلاميذ شرائح Slide Show تتحدث عن سيدة صماء، وعالم مـن العلمـاء ، وطلب من التلاميذ أن يذكروا عددا من الحقائق الهامة على بطاقات ورقية عما تعلموه مـن عرض الشرائح عن الصم فى مجال العلوم .

وفى إطار تحليل هذه الإستراتيجية المتعلقة بتأمل محتويات الدرس ، حيث يقوم معلم العلوم بتكليف المتعلمين بتأمل محتويات دروس العلوم بعد الانتهاء مـن كـل درس، وذكـر اثنين أو ثلاثة أحداث أو أشياء ذات أهمية من الأشياء الهامة فى الدرس.

[٤] التدوين المزدوج :

يقوم التلاميذ فى هـذه الإستراتيجية بنقل فقرة مـن أحـد الكتـب إلى كراسـاتهم،أوفى البطاقات المعدة لذلك من قبل المعلم ،وفى الصفحة المقابلة لها يكتبـوا استجاباتهم عليهـا ، وقد تختلف هـذه الاستجابة مـع محتوى الفقرة المعطاة أو تتفق معهـا ، وتركـز هـذه الإستراتيجية على الوصول إلى ما يدركه التلميذ بعد قراءته للنص العلمى، وبالتالى يتوصل المعلم من خلال التحليل الاستقرائى إلى ما يفكر فيه التلميذ ، حيث طلب فى ورشة العمل من المدرسين اختيار أحد العلماء وتقديم نبذة عنه وعـن حياتـه للتلاميذ ،ثـم طلب منهم تدوين ما فهموه فى الصفحة المقابلة للنص المعطى لهم عن هذا العالم .

وفى إطار تحليل هذه الإستراتيجية المتعلقة بالتدوين المزدوج ، حيث يقوم معلم العلـوم بتكليف المتعلمين بنقل فقرة مـن أحـد كتـب العلوم إلى كراسـاتهم ، ويدونوا فى الصفحة المقابلة استجاباتهم عليها، وإظهار مـدى الاتفاق، والاختلاف مـع محتـوى الفقرة الأصلـي(إدراك فهم التلاميذ للنص العلمي وتعرف المعلم على مايفكر فيه التلاميذ حول النص الأصلي فى دروس العلوم.

[٥] إستراتيجية التشبيهات العلمية في تدريس المفاهيم العلمية للمعاقين سمعيا:

يستخدم بعض المعلمين ومؤلفي المقررات الدراسية التشبيهات؛ لتوضيح المفاهيم العلمية للطلاب، حتى لـو كانوا لا يـدركون أنهم يستخدمون هـذه التشبيهات بطريق تلقائية أثناء سير الدروس مثل: إنها تشبه تمامـاً، أو أنها لاتختلف عن، دعوني أعطيكم مثالاً لـذلك، ويستخدم كذلك مؤلفو المقررات

الدراسية بعض العبارات مثل: على وجه الشبه، مثل تماماً، مقارنةً مع، وهذه الطريقة غير صحيحة لأن كلاً من المعلمين ومؤلفي المقررات الدراسية، غالباً مايستخدمون هذه التشبيهات بطريقة غير منظمة مما يؤدي إلى إرباك الطلاب في كثير من الأحيان، وبناء تصورات بديلة في أذهانهم عن بعض المفاهيم العلمية.

وقد جرت محاولاتٌ عديدة لبلورة استراتيجيات تعليمية قائمة على استخدام التشبيهات، تركز جميعها على أساس المقارنة بين صفات مشتركة للمفاهيم غير المألوفة المراد تعلمها للمعاقين سمعيا، بتلك المتاحة في البنية المعرفية والمألوفة للطلاب، وبالتالي تتم عملية بناء العلاقات وأوجه الشبه والاختلافات القائمة بين المعرفة العلمية موضع التعلم، وبين التشبيهات بواسطة المتعلم، وهذه العملية هي أساس استخدام التشبيهات في دروس العلوم.

وتقوم على أساس مقارنة، أو مقابلة بين مجالين هـما: المفهوم العلمـي الجديد موضع التعلم (Target)، والمفهوم المألوف (Analog) الذي يستخدم لإيضاح المفهوم العلمـي، مـما يسهل تكوّن صورة عقلية عن المفاهيم العلمية عند مقارنة مـا في التشبيه مـن خصائص وصفات مع المفهوم العلمي الجيد. ومثال ذلك يمكن اعتبار مجموعة من الكرات في وعاء كتشبيه (المفهوم المألوف) لجزيئات الغاز في وعاء مغلق . وكمثال آخر تطفو القشـة فـوق الماء كتشبيه لعملية الطفو .

أولا : مفهوم التشبيهات :

١. يعرفها دويت (Duit , 1991, 650) بأنها علاقة بين أجزاء مجالين مـن مجالات المعرفـة العلمية، ومن ثم يمكن النظر إليها كمقارنة بين الصفات المشتركة بين هذين المجالين.

٢. كما يعرفها تريجسـت وآخـرون (Treagust et al , 1992 , 413) بأنهـا مقارنـة بـين بنيـة مجالين يتم خلالها إظهار العلاقات وأوجه الشبه القائمة بـين الأجـزاء الموجـودة بـين ذلـك المجالين.

٣. ويعرفها عبدالمنعم حسن (١٩٩٣ ، ٩٢) بأنها مقارنة نظام مفاهيمي (المشبه به) بنظـام مفاهيمي أخر (المشبه)، بحيث يكون:

◄ المشبه به مفهوماً بسيطاً ومألوفاً للمتعلم.

◄ يختلف المشبه عن المشبه به في صفة واحدة على الأقل.

◄ يمكن للمتعلم إدراك أوجه الشبه (العلاقات) بين المشبه به والمشبه دون جهد كبير.

٤. ويعرفها عبدالله علي (١٩٩٨، ١٤٥)بأنها أسلوب للتـدريس يقـوم علـى أسـاس مقارنة ومشابهة المفاهيم المراد تعلمها للطلاب بتلك المألوفة والمتاحـة في بنيـتهم المعرفيـة السابقة.

ثانيا: أهمية التشبيهات في تدريس العلوم للمعاقين سمعيا:

تتمثل هذه الأهمية في النقاط التالية:

- تعد التشبيهات من الأدوات الفاعلة في إحداث التغيير المفاهيمي للتصورات البديلة المتكونة لدى الطلاب.
- يمكن أن تستثير اهتمام الطلاب، وبالتالي قد تحفزهم على طرح المزيد من الأسئلة والمناقشة والحوار بينهم وبين المعلم، أو فيما بينهم، وتزيد من دافعيتهم نحو تعلم موضوع التشبيه.
- يمكن أن تساعد المعلم في الكشف عن التصورات البديلة لدى الطلاب عن بعض المفاهيم العلمية التي سبق تعلمها.
- تساعد الطلاب على فهم الموقف التعليمي الجديد استناداً إلى موقف مشابه مألوف لديهم، حيث تعمل كجسر يصل بين ما يمتلكه الطالب من معرفة سابقة وما يستقبله من معلومات جديدة.
- تسهل تعلم المفاهيم العلمية ذات الطبيعة المجردة، أو المفاهيم الجديدة (غير المألوفة) من خلال تقديمها لصورة بصرية، ونماذج عقلية لتلك المفاهيم التي تتصف بالتجريد.
- تنمي المهارات فوق المعرفية (Metacognition) لدى الطلاب من خلال تحديد أوجه الشبه والاختلاف بين المفاهيم المألوفة (المشبه به)، والمفاهيم الجديدة المراد تعلمها (المشبه).
- تتيح الفرصة للطلاب لاستخدام ما تعلموه من مفاهيم جديدة في مواقف الحياة اليومية، خاصة في المواقف التعليمية، مما يجعل التعلم أكثر ثباتاً، وذلك لربطه بعدد كبير من الظواهر الطبيعية.
- تعد التشبيهات مفيدة؛ لأنها تسمح للطلاب ببناء معرفتهم ذاتياً وتفسيرها من خلال توظيفها في النظر إلى المعرفة الجديدة في إطار التشبيه.

ثالثا: مبادئ اختيار إستراتيجية التشبيهات العلمية في تدريس العلوم للمعاقين سمعيا:

١- تحديد الهدف وتحليل المادة التعليمية للموضوع المراد تعلمه : يؤكد كلارك (Clark ، 2003)أن معرفة الهدف من تعلم موضوع ما يعد أمراً هاماً بالنسبة لاختيار المادة التعليمية القائمة على التشبيهات، والوسائل التعليمية واختيار الإستراتيجية المناسبة لتقديم التشبيهات، كما يساعد على تحديد أدوار كل من المعلم والطالب، إضافة لتقويم مخرجات التعلم، ومما لاشك فيه فإنه ينبغي تحديد الأهداف مبكراً قبل اتخاذ القرار باستخدام التشبيهات، أما فيما يتعلق بتحليل المادة التعليمية المراد تعلمها فإن هذه الخطوة مطلوبة لتحديد مواصفات وخصائص المحتوى التعليمي.

٢-استخدام التشبيهات المحسوسة للمفاهيم العلمية المجردة للمعاقين سمعيا: ميز لاوسون (Lawson ، 1993) بين نوعين من المفاهيم العلمية، والتي تتمثل في المفاهيم الملموسة أو المحسوسة، والمفاهيم النظرية أو المجردة. أما المفاهيم الملموسة أو المحسوسة فهي تلك المفاهيم التي يمكن إدراكها عن طريق الحواس، ويمكن تقديم أمثلة من موجودات البيئة، ومثال ذلك حالات المادة الثلاث. أما المفاهيم

النظرية أو المجردة، فهي تلك المفاهيم التي لا يمكن إدراكها عن طريق الحواس ومثال لتلك المفاهيم مفهوم الذرة، ومفهوم الجاذبية الأرضية. وهناك طرق أخرى لتوضيح المفاهيم العلمية المجردة بالتشبيهات المجردة، أو توضيح المفاهيم المحسوسة من خلال التشبيهات المحسوسة، مثل ما قام به (Tessmer et al , 1990) وهذه الطريقة نادرة الاستخدام؛ لأن الهدف الأساسي من التشبيه هو تبسيط المفاهيم المجردة؛ وجعلها مألوفةً لدى ذوي الاحتياجات الخاصة من المعاقين بأنواعهم المختلفة .

٣-استخدام التشبيهات ذات العلاقة بالمحتوى التعليمي: يفضل اختيار التشبيهات ذات العلاقة الكبيرة بالمحتوى التعليمي والتي يتوفر فيها أكثر عدد من أوجه الشبه، إضافة إلى إعداد تشبيهات ذات خصائص متشابهة أكثر بقدر الإمكان .

٤-في ضوء تصنيف استخدام نوع العلاقة التي تربط بين المشبه به (المفهوم المألوف) والمشبه، المفاهيم المتضمنة بالمحتوى التعليمي (غير المألوفة): فإن هناك ثلاثة أنواع من العلاقات، تتمثل في : العلاقات البنيوية (الشكلية)، والتي تتضمن أوجه الشبه الحسية أو الطبيعية والتي تكون فعالة عند استخدامها في موضوعات أكثر محسوسية، أما العلاقات الوظيفية فتتضمن أوجه الشبه الوظيفية، والتي تكون أكثر فاعلية عندما يتضمن المحتوى التعليمي مفاهيم مجردة أو صعبة لدى الطلاب، أما العلاقات البنيوية الوظيفية وهي دمج بين النوعين، وهذا يتطلب العديد من أوجه الشبه بين المشبه به والمفاهيم العلمية، ويعد النوع الأخير أكثر فاعلية من الأنواع الأخرى، ويأتي بعده من حيث الفاعلية النوع الوظيفي ثم البنيوي (الشكلي) .

٥-مراعاة خصائص الطلاب المعاقين سمعيا: ينبغي الأخذ في الحسبان استعدادات الطلاب؛ وقدراتهم العقلية، قبل البدء باستخدام التشبيهات فخبرات الطلاب السابقة عن التشبيه تعد أمراً داعماً للتشبيه. أما فيما يتعلق بالمستوى العقلي للطلاب، فإنه يلعب دوراً مهماً في قدرتهم على اقتراح التشبيهات وتحديد أوجه الشبه والاختلاف، مما يساعد الطالب في بناء علاقات ذات معنى بين ما يعرفه وماسيتعلمه.

٦-تحديد أوجه الشبه والاختلاف بين المشبه والمشبه به : تقوم التشبيهات في إطار مفهومين: أحدهما وهو المفهوم الجديد موضع التعلم، والآخر يشير إلى المفهوم المألوف الذي يقارن به المفهوم الجديد، ومن ثم تحديد أوجه الشبه والاختلاف بين المفهومين.

٧-شرح التشبيه وتوضيحه : ويكمن في كون التشبيه من النوع غير المألوف لدى الطلاب، فإن هناك حاجة لشرح التشبيه وتوضيحه، ويتحقق ذلك من خلال توضيح الخصائص التي يتشابه فيها التشبيه مع المفهوم المراد تعلمه.

٨- تحديد موقع التشبيه أثناء الدرس: يشير هذا الجانب إلى مكان التشبيه في المحتوى التعليمي، فقد يقدم في بداية تقديم الموضوع المراد تعلمه، وفي أثناء التعمق

في شرح الموضوع يتم بناء علاقات لاحقة بالتشبيه كمنظم تشبيهي متقدم، كما يقدم التشبيه في نهاية الموضوع بهدف الوصول إلى الخلاصة. وفي هذا الإطار فقد أوضحت العديد من الاستراتيجيات التعليمية القائمة على استخدام التشبيهات كيفية تقديم وعرض التشبيهات في ضوء خطوات علمية منظمة.

٩-استخدام عدة تشبيهات للموضوع المراد تعلمه : إن استخدام عدة تشبيهات بدلاً من تشبيه واحد للموضوع الجديد المراد تعلمه يساعد الطالب في عملية الانتقال بين الموقف المألوف (التشبيه)، والموقف الجديد المراد تعلمه، كما أن استخدام مجموعة متسلسلة من التشبيهات تعزز من عملية التعلم، مقارنة باستخدام تشبيه منفرد .

١٠-عرض التشبيه من خلال شكل نص مكتوب مرفق بصور: ويكمن في عرض التشبيه من خلال استخدام النص، أو الصور، ولكن الجمع بينهما يحقق الفهم والاستيعاب، خاصة للطلاب ذي المستوى المنخفض، وخاصة تلك المفاهيم الصعبة والمعقدة.

١١-تقييم نتائج التشبيهات : يتم تقييم نتائج التشبيهات على أساس:

◄ مدى استخدام الطلاب للتشبيهات في الموضوع المراد دراسته.

◄ توضيح الفهم الخطأ بين خواص الموضوع المراد دراسته والتشبيه، وخاصة في حالة عدم توضيح أوجه الاختلاف بين الموضوع المراد دراسته والتشبيه.

١٢-إعطاء الطلاب وقتاً كافياً بقدر الإمكان لدراسة التشبيه : إن التشبيه في المواد النصية لا يكون فعالاً إلا بإعطاء الوقت الكافي للتعلم.

رابعا: معوقات استخدام التشبيهات في تدريس العلوم للمعاقين سمعيا:

على الرغم   من الفوائد والمميزات العديدة لاستخدام التشبيهات في تدريس العلوم، إلا أن استخدامها بطريقة غير منظمة وغير ملائمة، قد يحول دون تحقيق الأهداف المقصودة من استخدامها، ولعل من الأسباب المحتملة لذلك ما يلي:

◄ عدم ألفة الطالب بالتشبيه وافتقاره للمعرفة والفهم الجيد، قد يؤدي إلى عدم فاعلية التشبيهات في عملية التعلم.

◄ الاستخدام العشوائي للتشبيهات التي يقدمها المعلمون، حيث أظهرت نتائج بعض الدراسات أن المعلمين قد يستخدمون التشبيهات في حصصهم الصفية بطريقة عشوائية غير منظمة، مفترضين فهم الطلاب للتشبيهات.

◄ إن استخدام التشبيهات قد لايساعد الطلاب على اكتساب كل المعلومات المرتبطة بالموضوع، وعلى سبيل المثال عند تشبيه النظام الذري بالنظام الشمسي لا يساعد الطلاب على اكتساب مفهوم الكتلة، ومفهوم النيترونات، ومفهوم البروتونات.

◄ قد يتذكر بعض الطلاب التشبيه ولا يتذكرون المحتوى التعليمي المراد تعلمه بمعنى استخدام الطلاب لخصائص التشبيه في الإجابة عن الأسئلة المرتبطة بالموقف التعليمي المراد تعلمه.

◄ قد يركز بعض الطلاب على الجوانب العرضية وغير الجوهرية في التشبيه وهذا قد يـؤدي إلى استنتاجات غير صحيحة متعلقة بالمحتوى التعليمي المقصود تعلمه.

وبناء على ما تقدم من معوقات قد تنتج عن استخدام التشبيهات، فإن التخفيـف منهـا وإزالتها يتم من خلال الاختيار الدقيق والجيد للتشبيهات وفقاً لمعايير تصنيفها، والأخـذ في الحسبان استعدادات الطلاب وقدراتهم العقليـة وسـمات الشخصيـة، قبـل البـدء باستخدام التشبيهات.

وفيما يلي عرض لـبعض الشروط الواجب توافرهـا عنـد اختيـار واستخدام التشبيهات لتدريس العلوم للمعاقين سمعيا، والتي أمكن استخلاصها من خلال النتائج والمقترحات التي توصلت إليها الدراسات والبحوث في هـذا المجـال في شكل مبادئ عامة لكيفية اختيـار واستخدام التشبيهات في تدريس العلوم.

خامسا: نموذج لتدريس العلوم باستخدام التشبيهات العلمية للمعاقين سمعيا:

تعد مبادئ اختيار واستخدام التشبيهات من الأسس المهمة التي ينبغي مراعاتها عنـد التخطيط لاستخدام إستراتيجية التشبيهات في تـدريس المفاهيم العلمية للمعاقين سمعيا، حيث وصف "ديوت" أربعة مداخل تستخدم التشبيهات العلمية في تدريس العلوم، تتمثل في :

١- نموذج الخريطـة البنائية (The Structure Mapping Model) : وهو النموذج الـذي اقترحه جنتر (Gentner , 1988)، وينطلق هـذا النمـوذج مـن فكـرة أن العلاقـات البنائيـة التي غالباً ما تنطبق على مجال واحد يمكن تطبيقها على مجال آخر.

وقد تضمن نموذج الخريطة البنائية أربعة مجالات:

◄ التشبيه : ويـتم وضـع العلاقـات للعناصـر المسـندة في خارطـة وليس صفات المفاهيم المحسوسة.

◄ وجه الشبه الموضوعي : ويشمل العناصر المسندة وصفات المفاهيم المحسوسة، حيث يتم وضعها في خارطة.

◄ العلاقات المجردة: العلاقات المجردة لمجال ما يتم وضعها في خارطة، ولا يوجد صفات محددة للمفهوم تترك خارج الخريطة، إضافة إلى صفات المفاهيم الحسية.

◄ التشابه في الشكل: حيث يتم وصف المفاهيم المحسوسة فقط.

٢- النموذج العام لتدريس التشبيهات العلمية للمعاقين سمعيا: The General Model of Analogy Teaching (GMAT) وقد طوّر هـذا النمـوذج زيتـون (Zeitoun, 1984)، حيث أُسس بناءً على النظرية التي قدمها (Rumelhart & Norman, 1981) ويتكوّن هـذا النمـوذج مـن تسـع مراحـل هي :

◄ التعرف على خصائص الطلبة، وهذه المرحلة اختيارية.

◄ تقييم المعرفة السابقة للطلاب والمتعلقة بالموضوع المراد تعلمه، وذلك من خلال استخدام الأسئلة الشفوية، أو الاختبار التحصيلي، وتعد هذه المرحلة من وجهة النظر البنائية مهمة وضرورية في عملية التخطيط للتدريس.

◄ تحليل المادة التعليمية للموضوع المراد تعلمها، وهذه الخطوة مهمة لتحديد ما إذا كان موضوع الدرس يشمل على تشبيهات، وتحديد ما إذا كانت هناك حاجة لتصميم تشبيهات جديدة، وفي حالة استخدام تشبيهات غير مألوفة يجب أن تدرس هذه التشبيهات حتى يألفها الطلاب.

◄ تحديد خصائص التشبيهات المتوفرة في المادة التعليمية من حيث: درجة التجريد، عدد التشبيهات، من أجل اختيار الطريقة المناسبة لعرض التشبيهات.

◄ عرض التشبيهات على محكمين؛ لتحديد مدى سهولتها، ويمكن استبدال هذه المرحلة بتوجيه أسئلة شفوية للطلاب للتأكد من معرفتهم بالتشبيه.

◄ تحديد الإستراتيجية المناسبة؛ لتقديم التشبيه، والوسط الذي تقدم فيه، حيث يتم تقديم الطلاب للتشبيهات بأنفسهم، أو عن طريق المعلم، أو المعلم والطلاب وتقدم من خلال:

✓ التقديم الشفهي عن طريق المعلم.

✓ الوسط الكتابي.

✓ المعالجة بالنماذج والمجسمات البارزة.

✓ اللعب بالأدوار (التمثيل).

✓ الألعاب.

◄ تقديم التشبيه للطلاب، وفي هذه المرحلة يجب مراعاة أنه في حالة عدم ألفة الطلاب للتشبيه ينبغي إعطاء مقدمة مختصرة للتشبيه: تعريفه. ولماذا يستخدم؟

◄ تقويم المخرجات، ويتم على أساس:

✓ مدى استخدام الطلاب التشبيهات أثناء دراسة الموضوع.

✓ حدوث الفهم الخطأ أو الخلط بين خواص المفهوم الجديد والتشبيه وخاصة في حالة عدم توضيح أوجه الاختلاف بين التشبيه والمفهوم الجديد.

◄ مراجعة الخطوات السابقة، وتغيير طريقة العرض أو تغيير التشبيه إذا لزم الأمر.

٣- نموذج التدريس بواسطة التشبيهات (TWA) The Teaching With

Analogy، طوّر هذا النموذج جلين وزملاؤه (Glynn et al, 1989) في جامعة جورجيا . ويستند هذا النموذج إلى النظرية البنائية في التعلم، إضافة إلى الآراء النظرية المتعلقة باستخدام التشبيهات، وإلى نتائج الدراسات التجريبية التي تناولت استخدام التشبيهات ويتضمن نموذج التدريس بواسطة التشبيهات (TWA) ست عمليات هي :

✓ تقديم المفهوم الجديد المراد تعلمه.

✓ استدعاء التشبيه من المعرفة السابقة للطالب.

✓ تحديد الملامح ذات العلاقة بالمشبه والمشبه به.

✓ رسم صورة مفصلة لأوجه الشبه والمشبه به.

✓ الوصول إلى الاستنتاجات (الخلاصات).

✓ الإشارة إلى الجوانب التي يفشل فيها التشبيه.

وتستند التشبيهات إلى النظرية البنائية المتمثلة في أن التعلم عملية بنائية نشطة مستمرة، وتتضمن إعادة بناء الفرد لمعرفته، وأن المعرفة القبلية شرط أساسي لبناء التعلم ذي المعنى، وهذه المبادئ يمكن للتشبيهات تحقيقها، ذلك أن المتعلم خلال عقده المقارنة بين التشبيه (المفهوم المألوف)، والمفهوم الجديد المراد تعلمه (غير المألوف)، يكون نشطاً في بنائه للمعرفة وموظفاً لما لديه من معرفة سابقة.

وفيما يلي مثال يوضح تدريس المفاهيم العلمية للمعاقين سمعيا باستخدام إستراتيجية التشبيهات العلمية في تصويب التصورات البديلة ، في درس المادة .

عنوان الدرس : المادة

أهداف الدرس:

بعد انتهاء الطالب من ذوي الاحتياجات الخاصة من الدرس يتوقع أن يكون قادراً على أن :

✓ يعرف المادة تعريفاً علمياً.

✓ يذكر حالات المادة.

✓ يعطي أمثلةً جديدةً من البيئة لمواد صلبة.

✓ يعطي أمثلةً جديدةً من البيئة لمواد سائلة.

✓ يعطي أمثلةً جديدةً من البيئة لمواد غازية.

✓ يستنتج تركيب المادة.

✓ يفسر سبب انتشار رائحة العطر في الغرفة.

✓ يصنف المواد تبعاً لحالتها الصلبة أو السائلة أو الغازية.

✓ يعطي تشبيهاً علمياً لكل من المادة والجزيء من الحياة اليومية.

✓ يقدر عظمة الخالق سبحانه وتعالى في توفير أنواع المواد في حياته من أجل تيسير أموره فيها.

✓ يضع الأفكار والآراء تحت الاختبار قبل قبولها أو رفضها.

الوسائل التعليمية:

كأس -ماء - كيس نايلون -علبة ثقاب فارغة - كرات زجاجية -صحن -ثلج -موقد -لوحة علمية توضح جزيئات المادة بطريقة مجسمة وبارزة في الحالة الصلبة، والسائلة، والغازية - مغناطيس -أسلاك من الحديد -زجاجة عطر.

خطوات السير في الدرس:

أخي المعلم من فضلك اتبع ما يلي :

✓ حدد المفاهيم العلمية التي يتضمنها الدرس على السبورة بمساعدة الطلاب والمتمثلة في المفاهيم التالية: المادة- الجزيء.

✓ بعض التصورات البديلة التي قد توجد لدى الطلاب المرتبطة بمفهوم المادة:

✓ تعد الحرارة مادة لأنها موجودة في البيئة المحيطة.

✓ يعد الضوء مادة لأنه موجود في البيئة المحيطة.

✓ يعد الماء مادة لأنه موجود في البيئة المحيطة.

*المثبتات (الموقف التعليمي).

قدم لطلابك الأدوات التالية:

كأس -ماء -كيس نايلون -بالونة -علبة ثقاب فارغة-كرات زجاجية -صحن -ثلج -موقد - لوحة علمية توضح جزيئات المادة في الحالة الصلبة والسائلة والغازية-ميزان، وتيقن من تافر هذه الأشياء بصورة ملموسة وبارزة ،لتناسب طبيعة المعاقين بصريا.

١-ناقش الطلاب في هذه المواقف حتى يصلوا إلى استنتاج مفهوم المادة، وذلك عن طريق المناقشة والحوار، لتحدث نوعاً من التنافر المعرفي بين هذه المواقف والتصورات البديلة التي توجد في بنيتهم المعرفية.

٢-المواقف الرابطة: قدم تشبيهات للمادة من خلال عرض الأنشطة التالية:

*نشاط :

(أ) اطلب من أحد الطلاب أن يقف في مكان محدد من الفصل، ثم اطلب من طالب آخرأن يقف في نفس المكان الذي يقف فيه الطالب الأول، وفي نفس الوقت، فهل يستطيع ذلك ؟

يمكن القول أن هذا الطالب له كتلة ويشغل حيزاً من الفراغ.

(ب) تقديم مجموعة من الأدوات مثل (علبة ثقاب فارغة -عدد من الكرات الزجاجية - كأس -ماء -كيس نايلون -ميزان -علب فارغة -عطر).

✓ اطلب من أحد الطلاب أن يضع الكرات الزجاجية داخل علبة الثقاب، كم عدد الكرات التي يمكن أن تضعها داخل علبة الثقاب، فهل تستطيع إضافة عدد آخر من الكرات الزجاجية داخل علبة الثقاب ؟

✓ اطلب من أحد الطلاب أن يملأ الكأس تماماً بالماء، هل يمكن إضافة كمية أخرى من الماء في نفس الكأس ؟

✓ اطلب من أحد الطلاب أن ينفخ البالونة، ويحكم إغلاقها، ماذا يوجد داخل البالونة ؟

✓ اطلب من أحد الطلاب أن ينفخ كيس النايلون ويحكم إغلاقه، ماذا يحدث إذا قام أحدكم بملء كيس النايلون السابق بالماء؟

✓ نجد أن الطالب، والكرات الزجاجية، والماء، والهواء، مواد لها كتلة، وتشغل حيزاً من الفراغ، ويمكن إدراكها بالحواس، ثم يطلب المعلم من الطلاب إعطاء أمثلة أخرى للمادة.

✓ المادة تشبه الطالب، وتشبه الكرات الزجاجية، وتشبه الماء، وتشبه الهواء.

فيما يلي صور بها أمثلة على حالات المادة تعرض بطريقة تلائم طبيعة المعاقين سمعيا شكل(١٢).

والآن تعرف على أوجه الشبه بين المشبه والمشبه به :

*أوجه الشبه بين المشبه والمشبه به في العبارة (أ):

✓ جميع المواد تتشابه في أن لها كتلة، وتشغل حيزاً من الفراغ، ويمكـن إدراكهـا بـالحواس... ينهار التشبيه عندما نشبه المادة بالضوء أو الصوت.

ومـن خـلال المناقشـات والتشبيهات يتوصل الطـلاب إلى اسـتنتاج المفـاهيم العلميـة بأنفسهم، مما يكون لديهم نوعاً من التنافر المعرفي بين تلك المواقـف التعليميـة والتصورات البديلة الموجودة في بنيتهم المعرفية.

*المفاهيم المستنتجة:

✓ المادة هي : كل ماله كتلة ويشغل حيزاً من الفراغ ويدرك بالحواس .

✓ حالات المادة : الصلبة -السائلة -الغازية.

ثم انتقل أخي المعلم إلى مفهوم الجزيء:

١- حدد المفهوم العلمي على السبورة: مفهوم (الجزيء).

٢- بعض التصورات البديلة التي قد توجد لدى الطلاب المرتبطة بمفهوم الجزيء.

✓ - تتكوّن كل المواد من نوع واحد من الجزيئات.

٣- تقديم المثبتات: (الموقف التعليمي)

✓ قدم مجموعة من المكعبات التي يستخدمها الأطفال لتكوين منزل، واجعـل أحـد الطـلاب يقوم بتركيب هذه الأجزاء.

✓ قدم قطعة من الكعك واجعل أحد الطلاب يقوم بتقطيعها إلى أجزاء صغيرة.

✓ قدم مغناطيس وأسلاك من الحديد، واجعل أحد الطلاب يقوم بتقطيع الأسـلاك إلى أجـزاء صغيرة، ومن ثم التقاطها بواسطة المغناطيس.

✓ قدم زجاجة من العطر، واجعل أحد الطلاب ينثر العطر من رشاش الزجاجة.

٤- ناقش طلابك في هذه المواقف، حتى يصلوا إلى استنتاج مفهوم الجزيء وذلك عن طريق المناقشة والحوار لتحدث نوعاً من التنافر المعرفي بين هذه المواقف، والتصورات البديلة التي توجد في بنيتهم المعرفية.

٥- المواقف الرابطة: قدم تشبيهات لمفهوم الجزيء، مثل:

- ✓ ذا نظرنا إلى هذا المبنى (غرفة الصف) نجد أنها تتكوّن من عدد من الحوائط والحائط يتكوّن من عدد من قوالب الطوب، إذاً قالب الطوب الوحدة البنائية للغرفة، فما الوحدة البنائية للمادة ؟
- ✓ خذ قطعة من السكر، ثم حاول أن تفتت هذه القطعة إلى أجزاء صغيرة، ثم إلى أجزاء أصغر فأصغر، ثم حدد ما أصغر شيء يمكن الحصول عليه في النهاية ؟
- ✓ تفتيت قطعة من الكعكة، قطعة من الطباشير، قطرة ماء.
- ✓ الجزيء يشبه قالب الطوب في المبنى.
- ✓ الجزيء يشبه الأجزاء الصغيرة من السكر.
- ✓ الجزيء يشبه الأجزاء الصغيرة من الكعكة.
- ✓ الجزيء يشبه الأجزاء الصغيرة من الطباشير.

والآن تعرف على أوجه الشبه بين المشبه والمشبه به

أوجه الشبه بين المشبه والمشبه به:

- ✓ الجزيء أصغر جزء من المادة، وقالب الطوب أصغر وحدة في المبنى.
- ✓ الجزيء أصغر جزء من المادة، ويحتفظ بخواص المادة وصفاتها، والأجزاء الصغيرة من السكر أصغر جزء من قطعة السكر، وتحتفظ بخواص المادة وصفاتها، وكذلك نجد الأجزاء الصغيرة من الكعكة، والطباشير، بأنها أصغر جزء وتحتفظ بخواص المادة وصفاتها.
- ✓ وينهار هذا التشبيه عند توضيح أوجه الاختلاف بين المشبه والمشبه به: لايمكن رؤية الجزيء بالعين المجردة، ويمكن رؤية الأجزاء الصغيرة من السكر، الكعكة، والطباشير، وقالب الطوب.

٦- ومن خلال المناقشات والتشبيهات يتوصل الطلاب إلى استنتاج المفاهيم العلمية بأنفسهم، مما يكون لديهم نوعاً من التنافر المعرفي بين تلك المواقف التعليمية والتصورات البديلة الموجودة في بنيتهم المعرفية.

***المفاهيم المستنتجة:**

*الجزيء: هو أصغر جزء من المادة يمكن أن يوجد منفرداً ويحتفظ بخواص المادة وصفاتها.

- ✓ جزيئات المادة الواحدة متشابهة.
- ✓ جزيئات مادة ما تختلف عن جزيئات مادة أخرى.
- ✓ الجزيء نفسه يتكون من وحدات أصغر منه، تسمى الذرات.

***الأنشطة التقويمية:**

١- عرف كلاً من: المادة، والجزيء تعريفاً علمياً سليماً.

٢-علل لما يأتي :

أ - يعد القلم مادة.

ب - لا يعد الصوت مادة.

جـ - انتشار رائحة العطر عند نثر بعض العطر في غرفة الصف.

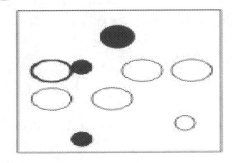 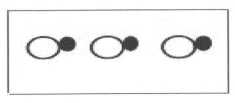

اللوحة الأولى   اللوحة الثانية

٣- تعرف علي اللوحتين البارزين أمامك من خلال حاسة اللمس ثم اختر الإجابة الصحيحة بين الأقواس:

-الجزيئات الموضحة في اللوحة الأولي :

- جزيئات (متشابهة - مختلفة).

- تمثل جزيئات (مادة واحدة - مواد مختلفة).

-الجزيئات الموضحة في اللوحة الثانية:

- جزيئات (متشابهة - مختلفة).

- تمثل جزيئات (مادة واحدة - مواد مختلفة).

٤- اذكر تشبيهًا علميًا لكل من: المادة – الجزيء، مع بيان أوجه الشبه بين كل من المشبه، والمشبه به، والعلاقة المنطقية بينهما، ومتى ينهار هذا التشبيه ؟

سادسا :معيار تقييم كتابات التلاميذ المعاقين سمعيا في العلوم في ضوء استراتيجيات الكتابة للتعلم:

من أبرز الانتقادات الموجهة لاختبارات الكتابة المقالية ،التحيز الذاتي ، حيث يعطي المقوِّم درجاته في ضوء أحد العوامل التالية :

◄ ما يكتبه التلميذ بالفعل ، من حيث الأفكار، وتنظيمها، وترتيبها .

◄ ما يعتقد أن التلميذ يهدف إليه من حيث ، ألفته بالموضوع ،أو إنشاء مواقف خيالية ، وتنبؤية ،بالإضافة إلى خبرة المقوِّم في التعليق على كتابات التلاميذ .

وعلى الرغم من ذلك مازالت الكتابة المقالية تستعمل حتى الآن ، ولكن في إطار خطوات محددة حسب نوع كل إستراتيجية ، بحيث تجعلنا أقرب إلى الموضوعية .

وهناك أساليب مختلفة لتقييم كتابات التلاميذ المعاقين سمعيا في مجال تعليم العلوم ، منها:

- التقييم المباشر ، استخدام الرموز، كتابة التعليقات ، التقييم الذاتى .
- استخدام استراتيجيات الكتابة للتعلم ، لأنها أعدت لتقييم كتابات التلاميذ من خلال تعليق معلمى العلوم الذين يتم تدريبهم على استخدام هذه الاستراتيجيات ،فى ضوء معيار موضوعى، لا يختلف باختلاف المقوِّم.

كما تم استخدام الطريقة التحليلية فى تقييم كتابات التلاميذ ،فى ضوء كل إستراتيجية من الاستراتيجيات المستخدمة .

كما توجد مجموعة من الشروط اللازمة لتحديد دقة وكفاية محتوى الكتابة في دروس العلوم لمعاقين سمعيا ، تتمثل في:

أ- التعليمات الأولية Instructional Prompt

تعد التعليمات الأولية بمثابة إرشادات يحددها المعلم عند تصميم وتنفيذ الدرس ، ولها دور هام فى بناء التلميذ للمعنى، كما تشجعه على الكتابة ،حيث يعتمد بناء المعنى ذو المغزى على استراتيجيات الكتابة للتعلم من خلال خطوات موجهة قبل وبعد المشاركة فى أنشطة العلوم الطبيعية .

ب-التركيز على النقاط الرئيسية Establishing a focus

وتأسيسا على ما سبق،فإن هناك صلة وثيقة بين التعليمات، والإرشادات الأولية التى يلقيها المعلم على تلاميذه قبل بدء الكتابة، وبين التركيز على النقاط الرئيسية فى الكتابة خلال أنشطة العلوم ، وأنها تزيد من فهم التلاميذ للمفاهيم والمبادئ العلمية،وأن التعليم الجماعى التعاونى يحفز التلاميذ على التفكير واستخلاص النقاط الرئيسية فى الدرس .

جـ-المتابعة لأنشطة الكتابة للتعلم .

وتوجد مجموعة من المتغيرات اللازمة لتدريس العلوم للمعاقين سمعيا فى ضوء استراتيجيات الكتابة للتعلم ، تتمثل في:

١- المحتوى المعرفى للمدرس Teacher Content Knowledge

توجد بعض الأدلة فى تحليل البيانات كيفيا فى هذه الدراسة منها:

- أنه كلما زاد المحتوى المعرفى للمدرس ، كلما زادت قدرته على تحديد المحتوى المناسب فى كل نشاط .
- المحتوى العلمى للمدرس يمكن أيضا أن يلعب دوراً حاسما فى تقييم فهم التلاميذ للعلوم

إن الفهم السطحى للمعلومات يجعل التعبير صعبا بدون تعليمات أو إرشادات،حيث إنه غالبا ما يكون صعب أن ترى الفهم السطحى للموضوع ، ومأعنيه عندما أسأل سؤالا معرفيا (تذكر)، فإن الإجابة التى أحصل عليها من تلميذ ما غالبا ما تكون مشتتة ، وتؤدى به إلى التفكير فى أن التلميذ لم يفهم ،ولكن عندما سأل أسئلة تطبيقية أو تقويمية، فإنه يجيب بطريقة جيدة .

٢-قدرة المدرسين فى تفسير الكتابات Teacher's Ability To interpret Writing

إن المدرس الذى يستخدم أنشطة الكتابة للتعلم فى العلوم ، يجب أن يكون قادراً على تفسير كتابات التلاميذ بدقة .

إن تقويم الأداء باستخدام المهام الأدائية، يمكن أن يعطى دليلا على الفهم وعلى القدرة على التوظيف ، وفى نفس الوقت يعين على التدريس والتعلم .

مراجع الفصل الرابع

١. أحمد حسين اللقانى وأمير القرشى (١٩٩٩). مناهج الصم . القاهرة: عالم الكتب.

٢. أسامة حسن عابد (٢٠٠٥). أثر استخدام التشبيهات في النمو المفاهيمي والاتجاهات نحو تعلم العلوم لدى طلبة المرحلة الأساسية في الأردن. رسالة دكتوراه غير منشورة، الجامعة الأردنية، عمان: الأردن.

٣. حسن بن محمد علي الرفيدي(٢٠٠٧). فاعلية استراتيجية التشبيهات في تعديل التصورات البديلة عن المفاهيم العلمية لدى طلاب الصف السادس الابتدائي بمحافظة القنفذة، ماجستير غير منشورة ، كلية التربية ،جامعة الملك خالد،المملكة العربية السعودية.

٤. حسن حسين زيتون ؛ كمال عبد الحميد زيتون (٢٠٠٣). **التعليم والتدريس من منظور البنائية**، القاهرة: عالم الكتب.

٥. حسين مصطفى عبد الفتاح (١٩٩٧). **أساليب الاتصال لتعليم ذوى الاحتياجات السمعية الخاصة "الصم وضعاف السمع"**. القاهرة، شبرا: مكتبة الطلاب

٦. حمدي أبو الفتوح ؛ عايدة عبد الحميد (١٩٩٤). **تصورات الأطفال عن الظواهر ذات الصلة بالعلوم واقعها واستراتيجيات تغييرها**. المنصورة: دار الوفاء للطباعة.

٧. سحر محمد عبد الكريم (١٩٩٨). أثر تدريس مادة الكيمياء باستخدام كل من خرائط المفاهيم وأسلوب المتشابهات على التحصيل والقدرة على حل المشكلات لدى تلاميذ المرحلة الثانوية. رسالة دكتوراه غير منشورة، كلية البنات، جامعة عين شمس.

٨. سعيد حسنى العزة (٢٠٠١). **الإعاقة السمعية واضطرا بات الكلام واللغة**. عمان: الدار العلمية الدولية للنشر والتوزيع.

٩. سميرة أبو زيد عبده (١٩٩٠). تصور مقترح الطفل المعاق مع الطفل العادي في مرحلة رياض الأطفال . **المؤتمر السنوي الثالث للطفل المصري. تنشئته ورعايته** . المجلد الثاني ،١٤٤١- ١١٥٥.

١٠. - عبد الله على محمد إبراهيم (٢٠٠٠). التصورات الخطأ لدى تلاميذ وطلاب المرحلتين الإعدادية والثانوية حول مفهوم التكاثر في الكائنات الحية وفاعلية بعض الاستراتيجيات التعليمية في تصويبها. مجلة كلية التربية بالأزهر، العدد (٩١) أغسطس، ٢٤٧- ٣٠٤.

١١. عبد الله على محمد إبراهيم (٢٠٠٢).بناء المعنى فى كتابات العلوم فى ضوء استراتيجيات الكتابة للتعلم، **مجلة التربية**،جامعة الأزهر، العدد٧٢، الجزء الثاني.

١٢. عبد المنعم أحمد حسن (١٩٩٣). تصويب التصورات الخاطئة لدى طالبات المرحلتين الثانوية والجامعية عن القوة والقانون الثالث لنيوتن. **مجلة كلية التربية**، جامعة الأزهر، العدد (٣٦)، ٨٣-١٦٤.

١٣. عصام حمدي الصفدى (٢٠٠٢). **الإعاقة السمعية**. الأردن: دار اليازورى العلمية للنشر .

طرق تعليم ذوي الاحتياجات الخاصة

١٤. قاموس لغة الإشارة بالصور(٢٠٠٨).متوفر علي الانترنت.

١٥. ماجدة السيد عبيد (٢٠٠٠). **السامعون بأعينهم** . القاهرة: دار صفاء للنشر والتوزيع.

16. Banerjee, A. (1991). Misconceptions of students and teachers in chemical equilibrium. **International Journal of Science Education**, 13 (4), 487-494.

17. Brown, D. (1992). Using examples and analogies to remedial misconceptions in physic: Factors influencing conceptual change. **Journal of Research in Science Teaching**, 29(1), 17-34.

18. Dagher, Z. R . (1994) . Does the use of analogies contribute to conceptual change? **Science Education**, 78 (6), 601- 614.

19. Duit, R. (1991). On The Rol of Analogies and Metaphors in Learning Science. **Science Education**, 75(6), 649-672.

20. Else, M & Clement, J & Ramirez, M. (2003). Should Different 78 Types of analogies be treated Differently in instruction Observations from a middle-school life science Curriculum. **Paper presented at the national association For research in science teaching, Philadelphia**, Retrieved august 24, 2004, from. available at: http://www.nix.oit.umass.edu/~clement/pdf/clement_nunez_paper.pd.f. [2005 , 11 : 3].

21. Group Inc.13-Jacobs Leo, M. (1989). **A deaf adult speaks out. 3rd Edition**. Washington: Gallaudet University Press.

22. Kim, P & Shani, B. (1997). The Role of Prior Knowledge in Analogy Use. **Paper Presented at The annual Meeting of The American Educational Research Association. (ERIC#:ED407658).**

23. Medwid, Daria J. (1995). **Kid-friendly parenting with deaf and hard of hearing children.** U.S.A.: Gallaudent University Press.15Paul

24. Middleton, J. (1991). How To Do It, Student-Generated Analogies In Biolgy. **The American Biology Teacher**, 53 (1), 42-46.

25. Peter V. (1994). **Language and Deafness**. 2nd ed. San Diego: Singular Publishing Group Inc.

26. urtis, R & Reigeluth, C. (1984). The use of analogies in written text. **Instructional Science**, 13(2), 99-117.

✳✳✳✳✳✳✳

طرق تعليم ذوي الاحتياجات الخاصة

الفصل الخامس

((المعاقون عقليا فئاتهم وطرائق تعليمهم))

- مقدمة.
- المفهوم.
- فئاتهم.
- السلوك التكيفي للمعاقين عقليا.
- اتجاهات معلمي العلوم نحو دمج المعاقين عقليا في فصول العاديين.
- طرق بناء مناهج العلوم للمعاقين عقلياً.
- صفات معلم العلوم للمعاقين عقليا .
- المهارات والكفايات المهنية لمعلمي العلوم للمعاقين عقليا .
- تعليم العلوم للمعاقين عقليا.
- الاعتبارات الأساسية لتدريس العلوم للمعاقين عقلياً
- أهم استراتيجيات تدريس العلوم للمعاقين عقليا.

طرق تعليم ذوي الاحتياجات الخاصة

الفصل الخامس :

المعاقون عقليا المفهوم ، فئاتهم ،طرائق تعليمهم العلوم

• مقدمة :

تقوم تربية المعاق عقلياً على أسس تربوية ، ونفسية ، واجتماعية وجسمية وذلك في ضوء خصائص نموهم جسمياً ، ونفسياً ، واجتماعياً وعقلياً.

ويعتمد تعليم المعاقين عقلياً من خلال تنمية حواسهم، ومهاراتهم الحركية بالإضافة إلي إكسابهم السلوك الاجتماعي المقبول ، وزيادة معلوماتهم، وتنمية قدراتهم العقلية ،والحصيلة اللغوية من خلال الممارسة، والمشاهدة اليومية، وفي ضوء خصائص نموهم العقلي، والجسمي ، والنفسي ، والاجتماعي.

• أولا : المفهوم :

مفهوم الإعاقة العقلية(Mental Handicap):تمثل الإعاقة العقلية مستوي الأداء الوظيفي الذي يقل عن المتوسط بدرجة ملحوظة، والتي بدورها تؤدي إلي تدني معظم مظاهر السلوك التكيفي في مراحل العمر النمائية:

تعريف الجمعية الأمريكية للإعاقة العقلية AAMRS Definition: تعرف السلوك التكيفي علي أنه مدي قدرة المعاق عقليا في التفاعل مع بيئته الطبيعية والاجتماعية والاستجابة لها بنجاح في ضوء الفئة العمرية التي ينتمي لها.

وقد مر مفهوم الإعاقة العقلية بالعديد من المراحل وظل سيظل في حالة تطور مستمر، وذلك لتأثره بنظرة المجتمع واتجاهاته نحو هذه الفئة من ذوي الاحتياجات الخاصة .

• ثانيا : تصنيفات تعريف الإعاقة العقلية:

تم تصنيف تعريفات الإعاقة العقلية إلي التصنيفات التالية:

- التعريف الطبي: تحدث بسبب عدم اكتمال عمر الدماغ.
- التعريف السيكومتري: اعتمد التعريف علي نسبة الذكاء كمحك في التعريف والذين تقل نسبة ذكائهم عن ٧٥% علي منحني التوزيع الطبيعي.
- التعريف الاجتماعي: يعتمد علي مدي نجاح الفرد أو فشله في الاستجابة للمتطلبات الاجتماعية المتوقعة منه مقارنة بالمرحلة العمرية لأقرانه العاديين.

وتصنف الجمعية الأمريكية للإعاقة العقلية ،هذه الظاهرة إلي التصنيفات التالية:

- الإعاقة العقلية البسيطة(Mild Retardation).
- الإعاقة العقلية المتوسطة(Moderate Retardation).
- الإعاقة العقلية الشديدة (Severe Retardation2003).
- الإعاقة العقلية الشديدة جدا (Profound Retardation) .

أسباب الإعاقة العقلية: أشارت بعض الأدبيات التربوية إلي العديد من أسباب الإعاقة العقلية، في ضوء الأسباب التي حددتها الجمعية الأمريكية للإعاقة العقلية منها:

- ✓ الالتهابات والتسمم.
- ✓ أمراض الدماغ.
- ✓ الصدمات والإصابات الجسدية.
- ✓ عوامل غير محددة قبل الولادة.
- ✓ اضطرابات التمثيل الغذائي وسوء التغذية.
- ✓ الإصابات الحسية.
- ✓ الاضطرابات النفسية.
- ✓ عوامل بيئية ثقافية متنوعة.

● **ثالثا :السلوك التكيفي للمعاقين عقليا:**

ويعني مدي قدرة المعاق عقليا علي التفاعل مع بيئته الطبيعية والاجتماعية(الجمعية الأمريكية للإعاقة العقلية). ويعد السلوك التكيفي متغير ا أساسيا لذوي الإعاقة العقلية .

الاعتبارات الخاصة لدمج المعاقين عقليا في فصول العاديين عند تدريس العلوم:

هناك العديد من الاعتبارات الواجب مراعاتها عند دمج المعاقين عقليا في فصول العـاديين ،خاصة عند تدريس العلوم ، منها:

- ✓ تنظيم الماد والتحكم في المثيرات بطريقة تستثير دافعية المعاقين عقليا للتعلم.
- ✓ تجنب التدريب المكثف حتى لايخرج المـتعلم عـن الموضـوع المـراد تعلمـه(استخدام التـدريب التدريجي).
- ✓ استخدام المستوي المطلوب من التكرار لتنشيط ذاكرة المتعلم ، ومن ثم نقل أثر التعلم.
- ✓ استخدام التعزيز الإيجابي المنظم ، والتغذية الراجعة الايجابية.
- ✓ تحليل المهمات التعليمية وتوظيفها في التنقل خـلال المراحـل التعليميـة وفق عمليـة منظمـة ومخططة.
- ✓ استخدام وتوظيف الوسائل والأدوات المعينة والمناسبة لطبيعة الإعاقة العقلية والتدريب عليها.
- ✓ تدريب هذه الفئة في مجموعـات صغيرة، خـلال تعلـم المهـارات الأكاديميـة ، ثـم دمجهـم في في المهارات غير الأكاديمية بشكل كامل مع العاديين.
- ✓ استخدام اللغة الواضحة والمحددة حتى لا تربك الطلاب.
- ✓ الاهتمام بتحديد وتحقيق الأهداف المطلوب تحقيقها.
- ✓ التركيز في تعليم العلوم علي مهارات التواصل.
- ✓ التركيز علي المفاهيم والمهارات البسيطة عند تدريس العلوم ليستوعبها الطلاب.

إن دمج المعاقين عقليا مع العاديين عند دراسة المقررات التعليمية ، ومنها مقررات العلوم ، يسهم ذلك في تطور السلوك التكيفي والمهارات الاجتماعية خاصة مهارات التواصل مع الآخرين ، حيث يعد الدمج فلسفة تربوية ناجحة واتجاها عالميا مقبولا .

كما يفيد الدمج الطلاب العاديين في فصول المعاقين عقليا في التركيز والانتباه للمهمات التعليمية ، حيث أشارت بعض الأدبيات التربوية ، إلي أن معدل التحصيل والانتباه لدي العاديين المندمجين مع المعاقين عقليا لم يتغير عن وجودهم في فصولهم العادية المنفصلة.

- **رابعا : اتجاهات معلمي العلوم نحو دمج المعاقين عقليا في فصول العاديين:**

أشارت نتائج بعض الدراسات والأدبيات التربوية أن اتجاهات المعلمين نحو عملية الدمج له تأثير كبير علي نجاح أو فشل البرامج التعليمية المقدمة ، ومنها برامج تعليم العلوم. فإذا كان لدي المعلم ثقة في إمكانية تعلم المعاقين عقليا في فصول العاديين ،فإنه يبذل جهدا لثقته في تعلم هذه الفئة في فصول العاديين، الأمر الذي ينجم عنه ارتفاع معدل التحصيل لدي المعاقين عقليا ، والعكس.

ولنجاح عملية الدمج ، وتغيير اتجاهات معلمي العلوم نحوها، يتطلب تعرف المعلمين الكثير عن الإعاقة العقلية ، بالإضافة إلي أهمية الدمج لكل من المعاق عقليا والتلميذ العادي ، وذلك من خلال برامج إعدادهم بكليات التربية والمعاهد المتخصصة .

وفي هذا الإطار، يسهم تغيير اتجاهات المعلمين نحو عملية الدمج في تهيئة قبول العاديين لزملائهم من المعاقين عقليا خلال عملية التدريس، كما يتطلب قيام معلمي العلوم بتزيد الطلاب العاديين معلومات وخبرات عن الفروق الفردية ومعلومات عن خصائص زملائهم من المعاقين عقليا، بالإضافة إلي إكسابهم معلومات ومهارات عن أساليب رعاية المعاقين عقليا، كما يتطلب تعريف العاديين بمعلومات تتعلق بمفهوم الإعاقة العقلية، ومن ثم تعرف أساليب التعامل معهم خاصة خلال عملية التدريس، وذلك من خلال مشاهدة أفلام فيديو لهذه النوعية من المعاقين ، ومن خلال لقاءات توجيهية قبل عملية الاندماج.

- **خامسا : طرق بناء مناهج العلوم للمعاقين عقلياً**

يحتاج بناء مناهج العلوم للمعاقين عقليا إلي دراية ومعرفة بخصائصهم ومتطلباتهم، خاصة وأنهم يختلفون عن بعضهم البعض في كل السمات،حيث يوجد بينهم فروق فردية واضحة . ومن الطرق المناسبة التي يمكن الأخذ بها عند بناء مناهج العلوم للمعاقين عقليا:

أ- طريقة " جلاسر" : وتتمثل خطواتها في

- ✓ قياس مستوى الأداء الحالي للمعاقين عقليا.
- ✓ صياغة الأهداف التربوية.
- ✓ تحديد السلوك المدخلي .

✔ تحديد الأسلوب التعليمي.

✔ قياس وتقويم الأهداف.

ب- طريقة "تايلور" : وتتمثل خطواتها في:

✔ فهم الظروف التعليمية التي تستند على:

✔ تحديد حاجات ومتطلبات المجتمع.

✔ تحديد حاجات واهتمامات المتعلم ، والتي تنبثق منها حاجات المنهاج الوظيفي ونظريات التدريس في مجال العلوم.

جـ- طريقة " سبيتز": وتتمثل خطواتها في:

◄ تنظيم المعلومات العلمية المقدمة للمعاق عقليا بطريقة بسيطة تمكنه من استقبال المعلومات بطريقة سهلة ومناسبة له ولقدراته، خاصة أن المعاق عقلياً يعاني من ضعف في استقبال المعلومات لذا يفضل عند بناء مناهج العلوم للمعاقين عقليا وفق هذه الطريقة تكون في إطار

✔ تنبيه المعاق عقليا للمهمة المراد تعليمه إياها، وذلك من خلال توفير المناخ المناسب، لتنفيذ مهمات تدريس العلوم، ومن ثم تعمق في ذهنه هذه المهمات.

✔ تحديد وتصميم الوسائل التعليمية المعينة بصورة مشوقة وجذابة، لتنبيه المعاق عقليا للمهمة المراد تعلمها.

◄ استقبال المعلومات : ويعني استقبال المعلومات السمعية والبصرية بطريقة سهلة ، وعدم تكثيف المعلومات حتى لا يفقد الطفل القدرة على التركيز بل معلومة سريعة وبسيطة جدا تتصاعد من السهل للصعب.

◄ تنمية القدرات المتعلقة بالذاكرة قصيرة المدي:ويحدث ذلك من خلال حفظ المعاق عقليا المعلومات ، أو المهمة التعليمية التي يتلقاها ، مع تكرار هذه المعلومة خلال اليوم وغدا وبقية أيام الأسبوع .

◄ استدعاء المعلومات:للتأكد من فهمه ومعرفته للمعلومة والمهمات التعليمية في دروس العلوم.

◄ حفظ المعلومات (فترة طويلة) : ويتم ذلك من خلال التكرار المستمر للمهمة العلمية بعد الانتهاء منها.

◄ استدعاء المعلومات عند الضرورة ، للتأكد من مدى احتفاظ المعاق عقليا بالمهمة العلمية، وقد يكون ذلك لفترات زمنية متباعدة.

لذا يرى " سبيتز" أنه يجب أن تطبق هذه الخطوات بطريقة جيدة، ومنظمة وخاصة مع المعاقين عقلياً، لاسيما وأنهم يعانون من ضعف في استقبال المعلومات واقترح هذه الطريقة لاستقبال المعلومات.

● سادسا : صفات معلم العلوم للمعاقين عقليا

يستطيع المعاق عقلياً يستطيع أن يتعلم أو يتمرن على مهنة تناسب مستوى ذكائه ، وميوله إذا أتيحت له الفرصة ، وذلك بتوفير الإمكانات المادية والطرق التربوية المناسبة التي يقوم بتدريسها معلمون متخصصون في تربية وتعليم المعاقين

عقلياً ، ومن هنا كان لابد أن يتصف معلم العلوم للمعاقين عقلياً بعدة خصائص وصفات شخصية، ومهنية ، تساعد على إنجاز عمله بنجاح ، وفاعلية في تعليم هذه الفئة ، وتتمثل هذه الصفات فيما يلي :

الصفات الشخصية : وتتمثل في:

- ✓ الذكاء المرتفع.
- ✓ الشخصية المتزنة الخالية من الاضطرابات الانفعالية والنفسية.
- ✓ المهارات العلمية والعملية في ميدان العمل بمجال المعاقين عقلياً .
- ✓ حب العمل في هذا المجال والرضا عن هذه المهنة حتى يستطيع التميز فيها.

الصفات المهنية : وتتمثل في:

- ✓ القدرة على استخدام طرق تدريس تراعي الفروق الفردية بين الأطفال المعاقين عقلياً في الفصل الواحد ، ودراسة حالة كل طفل على حدة، والعمل على توفير احتياجاته الخاصة .
- ✓ القدرة في التعرف على نواحي القوة والضعف في المعاق عقلياً ، حتى يمكن أن يستثمر نواحي القوة في تعليمه، أو تدريبه على مهنة أو حرفة تلائمه ، وتقوية جوانب الضعف به.
- ✓ الإلمام التام بطرق العلاج المختلفة وخصوصاً تعديل السلوك.
- ✓ الإلمام التام بطرق التوجيه والإرشاد لوالدي المعاقين عقلياً لمساعدتهم في تربية ورعاية طفلهم المعاق عقلياً.
- ✓ القدرة على التعاون مع الغير من الأخصائيين العاملين بالمدرسة فالعمل ليس عملاً فردياً، بل عملا جماعياً.
- ✓ القدرة على تصحيح عيوب النطق والكلام للتلاميذ المعاقين عقلياً. القدرة على خلق وابتكار مواقف علمية داخل المدرسة يشترك فيها المتعلم العادي مع المعاق عقلياً " في الفصول الملحقة بالمدارس العادية " في العمل واللعب ، والرحلات والزيارات ، والأنشطة الاجتماعية المختلفة .

● سابعا : توجهات تعليم المعاقين عقليا :

هناك مجموعة من التوجيهات العامة لمعلمي ذوي الإعاقة العقلية ، التي تهدف إلى تسهيل تعليم هذه الفئة للوصول بهم إلى أقصى أداء ممكن، نذكر منها:

١- التدرج في المهارات التعليمية والتقليل من الوقوع في الفشل :

يجب تنظيم الأداء التعليمي بحيث يتيح أكبر فرصة ممكنه للنجاح ومساعدة المعاق عقليا فى التغلب على مشكلة الوقوع بالفشل الناجمة عن تراكم خبرات الإحباط ، وينصح دائما بالبدء في تعليم المهارات الأسهل، ومن ثم الانتقال إلى المهمات الأكثر صعوبة، وتتضمن المهمة أو المهارة الواحدة في العادة مهمات فرعية يتطلب أداؤها مهارات مختلفة مما يجعل المهمة عمليه صعبه بالنسبة إلى المعاق عقليا، لذا على المربي أن يقوم بتجزئة مثل تلك المهمة إلى أجزائها الفرعية وفق تسلسل أدائها ومن ثم القيام بملاحظة أداء المعاق للمهمة قبل التدريب وتحديد

الأجزاء التي لايتقنها تمهيدا لتدريبه على أدائها تدريجيا. ويعرف هذا الأسلوب المستند على النظرية السلوكية في التعليم بأسلوب تحليل المهمة.

٢-أسلوب تحليل المهمة:

إن أسلوب تحليل المهمة أو المهارة يعتبر المطلب الأمثل في تقديم المعلومات للمتعلم، لأنه يهيئ الفرصة للتعليم المتدرج المتسلسل، كما يسمح بتقسيم المادة وعرضها في صورة أجزاء صغيرة متتابعة بشكل منطقي، تساعد على اكتشاف مواطن الضعف المحددة في خطوة معينة، وبالتالي متابعتها للوصول إلى المهارة الأساسية، كما تساعد هذه الطريقة على ملاحقة المتعلم من الناحية التطورية ومعرفة مدى استعداده لتعلم مهارة معينة.

٣-تقديم المساعدة في الأداء ومن ثم تخفيفها بشكل تدريجي:

يتم تقديم المساعدة حسب الخطوات الفرعية عند تحليل المهمة، حيث تختلف طبيعة المساعدة اللازمة من موقف لآخر، ففي بعض الأحيان تكون الإرشادات اللفظية كافية، كإعطاء دليل أو مؤشر على الإجابة، أو إعادة صياغة التكليفات أو وصف الخطوة الأولى من المهمة المطلوبة . وأحيانا كثيرة يتطلب ذلك استعمال الاستدعاء النظري أي استعمال الصورة، ووضعها أمام المتعلم بصورة دائمة حتى يتمكن من إنجاز المهمة.وفي حالات أخرى يتطلب الموقف تقديم مساعده جسديه في الأداء ، مثل: مسك يد الطفل، وغيرها، ويتم تخفيف المساعدة بشكل تدريجي أثناء التعليم إلى أن يتم إتقان المهمة بنجاح دون مساعده.

٤-التأكد من توظيف التعليم العياني:

إن التطور النمائي لذوي الحاجات الخاصة يمر بنفس المراحل للأسوياء، ولكن يحتاج ذلك إلي وقت أطول . لذلك فإن مرحلة الاستكشاف الحسي الحركي لدي المعاق عقليا ،تتطور إلى مستوى التصور الذهني المرئي، ومن ثم إلى المستوى التجريدي، كل ذلك يتطلب وقتا وطرائق مختلفة ، حيث تعتمد هذه الطرق بصفة خاصة على استعمال الأساليب العينية والمحسوسة لتعليم المهارات في المجال المعرفي، كما يعتمد التعليم العياني علي الاتصال المباشر بالأشياء والانطلاق من المألوف.

٥-تنوع طرق التعليم :

إن التنويع في طرق التعليم والوسائل المستخدمة يجعل من عملية التعليم أكثر تشوقا للمتعلم، كما يتيح فرصة استخدام وسائل تعليمية مختلفة، والأهم من ذلك أنه يسمح للمعلم بالوصول إلى تعليم التلاميذ كيفية القيام بالمهمة أو المهارة في ظروف وأشكال مختلفة، أي نقل المهارة من موقع إلى آخر، أو من تمرين إلى آخر، فعلي سبيل المثال يستطيع التلميذ أن يميز المربع في صورة معينة، لكنه لايستطيع أن يميزه إذا اختلف مظهر المربع . وتؤكد الأدبيات التربوية المعنية بتعليم ذوي الحاجات الخاصة على أهمية استخدام نوعين من الأمثلة لتعليم المفاهيم لفئات ذوي الاحتياجات الخاصة:

✓ الأمثلة الايجابية: هي التي تنطبق أو توضح مفهوما محددا وتشتمل بالضرورة على كل الخصائص الجوهرية للمفهوم دون استثناء مع الخصائص الفرعية الأخرى مثال للتوضيح (كائن حي يمكن استخدام أمثلة تتعلق بالبشر وبالحيوانات والنباتات).

✓ الأمثلة السلبية : هي التي لا تشتمل على أي خاصية جوهرية، وتسمى أمثلة مضادة أو تشمل على عدد محدود (لكن غير كافي) من الخصائص الجوهرية بالعودة إلى مثل الكائنات الحية يعطي مثال سلبي عن الأشياء الجامدة التي لا تتحرك، أوالتي لا تحتاج إلى العناصر الأساسية للحياة (الهواء-الماء-الطعام).

٦-تحسين القدرة على الانتباه والتقليل من التشتت :

لتحسين قدرة المعاق عقليا على الانتباه أثناء العملية التربوية، يجب الإقلال قدر المستطاع من المثيرات المشتتة للانتباه، وإبراز العناصر الأساسية في المهمة التعليمية، حيث يؤدي هذا إلى عدم إطالة حصص التعلم حتى لا يصاب المتعلم بالإرهاق الذي يؤدي بدوره إلى زيادة فرصة التشتت.

٧-استخدام التعزيز:

إن تعزيز الاستجابات الصحيحة بشكل دائم ، يسهم في تدعيم التعليم ومقاومة النسيان، كما أن للتعزيز أنواع مختلفة قد يكون ماديا أو معنويا، ولكي يكون التعزيز فعالا يجب مراعاة ما يلي:

✓ أن يلي التعزيز الاستجابة مباشرة.
✓ استخدام جدول للتعزيز المناسب وفق جدول زمني معين .
✓ معرفة المعزز المفضل للطفل.
✓ ضبط كمية التعزيز بحيث لا تشكل إشباعا يترتب عليه فقدان التعزيز اللاحق لأهميته.
✓ يجب إقران التعزيز بتحديد السبب لتقديمه.
✓ التأني وعدم استعجال ظهور الاستجابة .

ويجدر بالمعلم أن يتذكر أن زمن الرجع لدى الأطفال المعاقين عقليا أطول منه لدى الأطفال غير المعاقين.لذا يجب إعطاء الفرصة الكافية للقيام بالاستجابة وتجنب المبادرة في حثه على الاستجابة إذا أظهر تأخرا بسيطا . وقد ينصب الاهتمام في الدرجة الأولى على تعلم المتعلم الاستجابة وإتقانها ومن ثم يعمل المعلم من خلال التكرار، والتشجيع، والتعزيز على تحسين درجة سرعة المتعلم في أداء تلك الاستجابة.

● ثامنا :المهارات والكفايات المهنية لمعلمي العلوم للمعاقين عقليا

يتطلب لقيام معلمي العلوم بتدريس مقررات العلوم للمعاقين عقليا مجموعة من الكفايات والمهارات ، منها:

◄ كفايات متعلقة بتعديل أساليب تدريس العلوم لملاءمة طبيعة المعاقين عقليا وإدارة التفاعل الصفي: حيث يتضمن ذلك القدرة على استخدام إستراتيجيات

التدريس التي تتناسب مع الأهداف الإجرائية، ودرجة الإعاقة ، بالإضافة إلي القدرة على التحكم في المتغيرات التعليمية، مثل مستوى الصعوبة في تعليم العلوم، والمكان ، والوقت، واللغة ، ومن ثم تنفيذ أساليب متعددة للوصول إلى أهداف التعلم ، ويشمل أيضاً استخدام أسلوب الاتصال المناسب مع المعاقين عقليا.

- كفايات متعلقة بإدارة الفصل وتعديل سلوك المعاقين عقليا: تعرف إدارة الفصل بأنها مجموعة من الأنشطة التي بواسطتها يحقق المعلم النظام في الفصل، ويحافظ عليه ، وهذا يعني أن الإدارة الفعالة للفصل شرط ضروري للتعلم الفعال ، ولابد من معرفة قواعد الإدارة الصفية ، وأسالب الثواب والعقاب ، التغذية المرتدة .
- كفايات متعلقة بمهارة تخطيط الدرس وتحديد الأهداف للمعاقين عقليا : ويتضمن ذلك معرفة معلم العلوم للأهداف التربوية للمعاقين عقليا والقدرة على تصنيف الحالات في المستويات التعليمية المناسبة ، ورسم الخطط والبرامج الفردية والجماعية للمعاقين عقليا، وذلك تبعاً لنوع الإعاقة، ودرجة شدتها، وصياغة الأهداف الإجرائية ، واختيار استراتيجيات مناسبة لتدريس مقررات العلوم.
- كفايات متعلقة بمهارة تعديل ومواءمة محتوي منهج العلوم للمعاقين عقليا: ويتضمن ذلك فهم مناهج وبرامج العلوم للمعاقين عقليا بصفةعامة ،والقدرة على تعديلها وتطويرها لتناسب طبيعة إعاقتهم ، والمشاركة في تصميمها وبنائها.
- كفايات متعلقة بمهارة اختيار وتعديل استخدام الوسائل التعليمية لتناسب طبيعة المعاقين عقليا :ويتضمن ذلك كيفية اختيار المواد والوسائل التعليمية والقدرة على استخدامها والمعرفة بمصادر الحصول عليها، والقدرة على تعديلها والقدرة على إنتاج وسائل تعليم تتناسب مع المعاقين عقليا.
- كفايات متعلقة بمهارة معلم العلوم في استخدام الوسائل التعليمية : وتشير إلى أن معلم العلوم يمكنه استخدام ما هو جديد من وسائل سمعية أو بصرية وما يمكن الحصول عليه من البيئة المحلية، لإثارة اهتمام المعاقين عقليا. وبناءاً على ذلك فإن معلم العلوم لابد من أن يراعى المتطلبات التالية في اختياره للوسائل التعليمية واستخدامها ،لجعل تدريسه للعلوم فعالاً وعلى المستوى المطلوب :
  - ✓ المعرفة بالمعينات التكنولوجية الملائمة للمعاقين عقليا .
  - ✓ اختيار المواد والوسائل التعليمية المناسبة لاحتياجات المعاقين عقليا .
  - ✓ القدرة على استخدام المواد والوسائل وتكنولوجيا التعليم .
  - ✓ المعرفة بمصادر الحصول عليها.
- كفايات متعلقة بمهارة المعلم فى اختيار واستخدام الأنشطة التربوية للمعاقين عقليا: ويتضمن ذلك القدرة على تخطيط الأنشطة العلمية التعليمية الصفية، والأنشطة اللاصفية، التي تسهم في تحقيق التفاعل بين

التلاميذ، وتعديلها لتناسب المعاقين عقليا ، والمعرفة بالأنشطة العلمية المناسبة لقدرات هؤلاء التلاميذ، واكتساب مهارات تدريسها، وتعليمها ، بالإضافة إلى اقتراح الأنشطة الاثرائية، والعلاجية، والقدرة على بناء وتنظيم هذه الأنشطة العلمية ، واختيارها ، وتنفيذها، بما يناسب طبيعة واحتياجات المعاقين عقليا .

◄ كفايات متعلقة بمهارة معلم العلوم للمعاقين عقليا فى التعرف على المشكلات السلوكية لهم، ومحاولة حلها.

◄ كفايات متعلقة بمهارة استخدام استراتيجيات التعليم المختلفة :ويتضمن ذلك التعرف على متطلبات إعداد البرامج التربوية الخاصة التي تواجه احتياجات مختلف فئات المعاقين عقليا ،وكيفية استخدام البرامج الفردية وإستراتيجيات التعلم التعاوني ، والتعلم بالأقران ، والتعلم عن طريق اللعب ولعب الدور ، وأساسيات كل منهم .

◄ كفايات متعلقة بالنمو المهني والثقافي والعلمى لمعلم العلوم :ويتضمن هذا مايخص النمو المهني ومدى التزام المعلم بأخلاقيات المهنة ، ومدى اهتمامه بالمستجدات التربوية ، وأن ينمو مهنيا بطريقة ذاتية ،وذلك عن طريق حضور الندوات والتدريبات، والاطلاع على الجديد فى مجال تعليم العلوم للمعاقين عقليا.

◄ كفايات متعلقة بمهارة معلم العلوم فى تشخيص مواطن الضعف لدى طلابه وتقييمها بأساليب تتناسب مع طبيعة المعاقين عقليا: وتشمل التعرف على أساليب، وأنواع التقويم المختلفة(التقييم التشخيصى ، والتقييم المستمر(الضمني) ، والتقييم النهائي) ، واختيار الأسلوب الذى يتناسب مع طبيعة المعاقين عقليا، وتحديد الفروق الفردية بينهم، واستخدام اختبارات ومقاييس متعددة، ثم تفسير نتائج هذه الاختبارات على أسس موضوعية كما تشمل المهارة في تشخيص نقاط القوة والضعف لدى المعاقين عقليا والقدرة على تعديل الاختبارات، بما يتناسب مع درجة الإعاقة ، واستخدام التغذية الراجعة لتحسين مستوى تعلم العلوم.

وفي هذا الإطار هناك اعتقاد خطأ لدي معظم معلمي التربية الخاصة نحو طريقة التدريس للأطفال المعاقين عقليا، والتي تتمثل في أن طريقة التدريس تطبق بطريقة فردية بحته، بمعني أن المعلم يبدأ بالتدريس أو تعليم الأطفال لدرس معين بشكل فردي ومباشر، حيث إنه من المفترض قيام المعلم بالتدريس بشكل عام بعد أن يكتب الدرس على السبورة ويضع الوسائل المعينة لتحقيق أهداف الدرس، ثم ينتقل إلى التطبيق للأطفال الذين من الممكن أن يوأدوا التطبيقات بناء على فهم الدرس، ثم يبدأ بالتدريس الفردي لكل طفل على حدة، وبالتالي يكون قد أشغل مجموعة منهم في أداء التطبيقات .

علي الجانب الآخر يجب على المعلم أن يأخذ بعين الاعتبار ما يلي :

✓ حتمية استخدام الوسيلة التعليمية المناسبة لكل درس ،التي يتوفر فيها التشويق والجاذبية ، والتي لاتشتت انتباه المعاق عقليا.

✓ استخدام لغة بسيطة ومفهومه مع المعاقين عقليا .

✓ تجزئة المهمة التعليمية من الجزء إلى الكل ومن السهل للصعب .

✓ التكرار المستمر للدرس لأكثر من مرة حتى يفهم المعاق عقليا الدرس .

✓ التأكد من نقل اثر التعلم في مواقف أخرى مختلفة بخلاف غرفة الصف.

● **تاسعا : تعليم العلوم للمعاقين عقليا :**

تعتبر عملية تعليم العلوم للمعاقين عقلياً من الأمور الشاقة لدى الكثير من المعلمين العاملين في مجال التربية الخاصة . ولعل ذلك يرجع إلى عدم تمكن هؤلاء المعلمين من استخدام أنسب أساليب التعليم القائمة على المبادئ المستخلصة من نظريات التعلم، وكذلك القائمة على الفهم السليم لخصائص الطلاب المعرفية والاجتماعية والنفسية.

وقد أكدت نتائج البحوث أن انخفاض الأداء الوظيفي للمعاقين عقلياً في مواقف التعلم المختلفة يرجع إلى عدم توفير الفرص التعليمية المناسبة والصحيحة لهم من قبل من يقوم بتعليمهم المقررات الدراسية بوجه عام وتعليم العلوم بوجه خاص، ولهذا أكد أصحاب علم النفس السلوكي علي إمكانية رفع أداء المعاقين عقلياً من خلال استخدام أساليب التعلم القائمة على التطبيقات التربوية المستخلصة من مبادئ التعلم، وذلك عن طريق تحديد دقيق للسلوكيات المستهدفة، وترتيب المثيرات الملائمة التي يمكنها استدعاء الاستجابات المطلوبة، وبرمجة التعلم في خطوات صغيرة، مع ضرورة تعزيز الاستجابات المرغوبة، واستخدام طرق تدريس العلوم المباشر، مثل النمذجة، والحث وغيرها.

وتؤكد نتائج البحوث المستخلصة من علم النفس السلوكي على استحالة تعليم المهارات العلمية التعليمية للمعاقين عقلياً دفعة واحدة، بل يجب تعليمها عن طريق أسلوب التعلم الجزئي من خلال تحليلها إلى مهارات فرعية ، ثم تدريس كل مهارة فرعية بطريقة منفصلة، ثم الانتقال إلى المهارة الفرعية التي تليها، وهكذا .

إن أنسب أسلوب لتخطيط وتنظيم عملية تعلم العلوم للتلاميذ المعاقين عقلياً يتمثل في استخدام ما يعرف بأسلوب (فنيات تحليل السلوك التطبيقي Applied Behavior Analysis Techniques). ، حيث تقوم هذه الإستراتيجية أساساً على تحديد الهدف السلوكي إجرائياً، ثم تحليله إلى خطوات صغيرة متتابعة باستخدام الفنيات المناسبة، كالنمذجة، والتعزيز لتوصيل المهام التعليمية.

وباستخدام هذه الإستراتيجية المستمدة من النظرية السلوكية الإجرائية يمكن لمعلم التربية الفكرية أن يساعد تلاميذه المعاقين عقلياً في مواجهة الصعوبات والمشكلات التي تقابلهم أثناء تعرضهم للمثيرات المختلفة في تدريس العلوم خلال ما يعرف بمراحل التعلم الثلاث (الاكتساب، الاحتفاظ، التعميم) المهمة التعليمية، والاكتساب هو تعليم الطفل مهارة جديدة من خلال إحضار المعلومة، والتدريب عليها. وتعتبر من أكثر مراحل التعلم التي يواجه فيها الطفل المعاق عقلياً صعوبات ومشكلات خلال تعلم العلوم. أما الاحتفاظ فهو مدى تذكر المعاق عقلياً

للمعلومة التي تم اكتسابها لفترة زمنية لاحقة. أو بعبارة أخرى مدى التأكد من احتفاظه بالمعلومات التي سبق وأن تعلمها، مما يدل على أن هناك أثراً متبقياً للخبرة الماضية. ومن أجل مساعدة الطالب على الاحتفاظ بالمهمة التعليمية، لا بد من تكرار المهمات التعليمية مرات ومرات ، وضمن مواقف جديدة، وتدريب المعاق عقلياً على استخدام الاستراتيجيات التنظيمية التي تساعده على تنظيم المعلومات المقدمة له في العلوم، ومعالجتها بهدف استدعائها في وقت لاحق. أما التعميم فهو تأثير التعليم وانتقال أثره إلى موقف آخر خارج عن نطاق البيئة المدرسية، كالبيت والمجتمع.

ولكي تكون عملية تقدم المعاق عقلياً نحو تحقيق الأهداف الموضوعة له ذات فاعلية في دراسته للعلوم، فإنه يجب على معلم التربية الخاصة التقييم المستمر بشكل متواصل ومتكرر، والحصول على التغذية الراجعة أثناء تقدم التلميذ والتأكد من إنجاز التلميذ للهدف التعليمي، وإجراء التعديلات الضرورية في الطرق والمواد والأنشطة المستخدمة.

وتهدف عملية التقييم النهائي إلى معرفة الحصيلة النهائية للأهداف التعليمية المتضمنة في البرنامج التعليمي المقدم للطالب. ومن أفضل الطرق التي يمكن أن يستخدمها المعلم للوقوف على الحصيلة النهائية للأهداف التعليمية، هي الطريقة المسماة بطريقة القياس القبلي والبعدي (Pretest-teaching-postest)والتي تعتمد على مقارنة أداء الطالب المعاق عقلياً قبل بدء تدريس العلوم وبعده. وفيها يحدد المعلم مستوى الأداء الحالي للتلميذ للمهارات المتضمنة في البرنامج التعليمي بناءً على قياس ذلك المستوى في الأداء الحالي، وفق اختبار مبني على أساس من المنهج الدراسي في العلوم، أو أسلوب الملاحظة المنظمة، ثم يحدد معلم العلوم مستوى الأداء الذي وصل إليه التلميذ في المهارات بعد تدريسها، ويعتبر الفرق بين مستوى الأداء القبلي والبعدي دليلاً على مدى تحقيق المعاق عقلياً للأهداف التعليمية الموضوعة لمقرر العلوم.

● عاشرا : الاعتبارات الأساسية لتدريس العلوم للمعاقين عقلياً :

إن تدريس العلوم للمعاقين عقلياً ليست عملية عشوائية، بل إنها عملية تحتاج إلى الحيطة والحذر. لذا هناك عدداً من الاعتبارات التي يجب أن تراعى عند تدريس العلوم للمعاقين عقلياً، تتمثل في :

- مرور المعاق عقليا بخبرات ناجحة: وذلك بالعمل على تنظيم المادة التعليمية وإتباع الوسائل التي تقود المعاق عقليا إلى الإجابة الصحيحة، وتقديم بعض الإرشادات والتلميحات عند الضرورة مع الإقلال من الاختبارات في استجابة الطالب، حيث إن إرشاد المعاق عقليا للإجابة الصحيحة يكون بتكرار السؤال بنفس الكلمات .
- تقديم تغذية راجعة : وذلك بأن يعرف المعاق عقليا نتيجة عمله بعد أدائه مباشرة، ولهذا يجب أن ينظم معلم العلوم الدرس بطريقة تسهل على المعاق عقليا معرفة استجابته، وتصحيحها في حالة الخطأ.

- تعزيز الاستجابة الصحيحة : ويكون بطريقة مباشرة(ماديا- معنويا).
- تحديد أقصى مستوى أداء يجب أن يصل إليه المعاق عقليا : يجب أن تراعى في المادة التعليمية العلمية المستوى الذي يمكن أن يؤديه المعاق عقليا، وذلك بأن لا تكون المادة العلمية المتعلمة سهلة جداً أو صعبة جداً.
- التدرج و الانتقال خلال عرض دروس العلوم خطوة إلى خطوة أخرى.
- نقل التعليم وتعميم الخبرة : وذلك عن طريق تقديم نفس المفهوم العلمي في مواقف وعلاقات متعددة، حيث يسهم ذلك في نقل وتعميم العناصر الهامة في الموقف الذي سبق تعلمه إلى مواقف جديدة.
- التكرار بشكل كاف لضمان التعلم : فالمعاقون عقلياً يحتاجون إلى تكرار أكثر من خبرة وربط بين المهارة العلمية المتعلمة والمواقف المختلفة وذلك للاحتفاظ بها وعدم نسيانها.
- التأكد من احتفاظ المعاق عقليا بالمفاهيم العلمية التي سبق تعلمها : وذلك بإعادة تقديم المادة التعليمية التي سبق أن تعلمها بين فترة وأخرى.
- ربط المثير بالاستجابة : من الضروري العمل على ربط المثير باستجابة واحدة فقط في المراحل المبكرة من التعليم.
- تشجيع المعاق عقليا للقيام ببذل مجهود أكبر : وذلك عن طريق تعزيز الاستجابة الصحيحة والتنويع في طرق عرض المادة التعليمية، والتشجيع اللفظي من قبل معلم العلوم.
- تحديد عدد المفاهيم العلمية التي ستقدم في فترة زمنية معينة حتي لا يتشتت المعاق عقليا في محاولة تعليمه عدة مفاهيم علمية في موقف تعليمي واحد، بل يكتفي بعرض مادة تعليمية واحدة جديدة في فترة زمنية محددة، وذلك بعد أن تصبح المادة التعليمية السابقة مألوفة لديه .
- ترتيب وتنظيم مادة العلوم وإتباع تعليمات مناسبة لتركيز الانتباه : إن ترتيب وتنظيم مادة العلوم بطريقة تساعد على تركيز انتباه المعاق عقليا، حيث يسهم توجيهه فى الانتباه للتعليمات في المواقف التعليمية، وبالتالي تسهل عملية تعلم العلوم.
- تقديم خبرات ناجحة : إن الأطفال المعاقين عقلياً القابلين للتعلم ممن يواجهون الفشل باستمرار ينمو لديهم عدم القدرة على تحمل الإحباط واتجاهات سلبية نحو تعلم العلوم بصفة خاصة ، والعمل المدرسي بصفة عامة.

• حادي عشر : أهم استراتيجيات تدريس العلوم للمعاقين عقليا

إن من أهم عوامل تحقيق الأهداف التعليمية، اختيار أساليب تدريس العلوم المناسبة ، وهي الكيفية التي تنظم بها المعلومات، والمواقف، والخبرات التربوية التي تقدم للطالب، وتعرض عليه، ليتحقق لدية أهداف الدرس .

ومن أهم أساليب التدريس التي يمكن أن يستخدمها معلم العلوم مع فئات المعاقين عقليا، ما يلي:

- ✓ التوجيه اللفظي.
- ✓ الحوار والنقاش.

- ✓ المحاكاة ،والنمذجة .
- ✓ الألعاب التعليمية.
- ✓ التمثيل.
- ✓ القصص .
- ✓ الخبرة المباشرة.
- ✓ طريقة المواد الدراسية.
- ✓ طريقة التعليم المبرمج لتدريس العلوم للمعاقين عقليا.
- ✓ طريقة التدريب القائمة على تحليل المهمة: لتدريس العلوم لتدريس العلوم للمعاقين عقليا.
- ✓ طريقة التدريب القائمة على العمليات السيكولوجية لتدريس العلوم للمعاقين عقليا.
- ✓ طريقة الجمع بين أسلوبي التدريب على العمليات وتحليل المهمات لتدريس العلوم لتدريس العلوم للمعاقين عقليا.

وفيما يلي عرض لهذه الاستراتيجيات بإيجاز:

١- إستراتيجية التوجيه اللفظي (الحث اللفظي):

تعتبر طريقة التوجيه اللفظي أحد الأساليب التدريسية المناسبة لتعليم العلوم للمعاقين عقليا ،حيث تحفز هذه الطريقة الطالب على القيام باستجابات مناسبة.

وهو نوع من المساعدة المؤقتة تستخدم لمساعدة الطالب المعاق عقليا على إكمال المهمة المطلوبة ، من خلال لفظ الكلمة، أو الكلمات، أو جزء منها بشكل يساعد الطالب على إعطاء الإجابة الصحيحة ، وهذا الأسلوب يعتمد على الحث بالمعززات المناسبة.

٢- الحوار والمناقشة :

تعتبر طريقة الحوار والنقاش - أساساً لمعظم طرق التدريس الحديثة ،خاصة في مجال تدريس العلوم، والتي تهتم بجوانب التواصل اللغوي بين المعلم والطالب كما تساعد هذه الطريقة أيضا على نمو المهارات اللغوية للطالب المعاق عقلياً فعن طريقها يمكن لمعلم العلوم التعرف على خبرات المعاق عقليا، ومدى استيعابه للخبرات الجديدة ، كما أنها تعتبر أداة للتفاعل الاجتماعي.

فالمعلم الناجح هو الذي يتقن مهارة الحوار والنقاش مع طلابه، وذلك لما لهذه المهارة من أهمية في توطيد التواصل مع الطلاب ، مما يساعد على حل كثير من المشكلات اللغوية التي تعترض الطلاب المعاقين عقلياً كالتلعثم واللجلجة أو التأتأة ، وذلك لأن الطالب هنا يناقش ويحاور بحرية مع المعلم ومع زملائه الآخرين.

٣- طريقة المحاكاة والنمذجة :

وتسمى أحيانا أسلوب التعلم عن طريق التقليد، حيث تعد من الأساليب المعروفة منذ زمن بعيد في تعديل سلوك الأطفال المعاقين عقلياً ، وخاصة للفئات

العمرية المبكرة، وفي المواقف المختلفة، ويتم هذا النوع عن طريق الملاحظة والتقليد من خلال ملاحظة المتعلم للمعلمين، أو الوالدين، أو التلفزيون، أو أي نموذج آخر.

وتعتبر طريقة المحاكاة من طرق تدريس العلوم الهامة ، التي تعطي نموذجاً للطبيعية المعقدة للعلاقات سواء أكانت بشرية أم غير بشرية ، والتي يعالجها المعلم عند مواجهته للطلاب في الفصل، حيث يعمل على تقريب الأفكار المجردة إلي أذهان الطلاب ، من خلال قيام المعلم بنمذجة المهارة،بالإضافة إلي إمكانية تقديم توضيحات عملية لكيفية أداء المهمة من خلال عرض نماذج لكيفية أداء المهارة ، ثم يطلب من الطالب تقليد النموذج وتأديته كما شاهده.

إن المحاكاة:عملية تمثيل أو إنشاء مجموعة من المواقف ،تمثيلا أو تقليدا،لأحداث من واقع الحياة،حتى يتيسر عرضها ،والتعمق فيها لاكتشاف أسرارها. وللاطلاع علي كيفية توظيف المحاكاة ، يوفر موقع روفر رانك ، تجارب لمرحلة التعليم العام في برمجية إنسان آلي ، علي الموقع (http://prime.jsc.nasa.gov/ROv/)، كما تعد المحاكاة أداة بديلة ، تمكن المتعلمين من تصميم واختبار الإنسان الآلي الافتراضي،كما تهدف إلي زيادة تصور المتعلم لظاهرة أو فكرة أو حالة معينة، غرضها التحفيز ،والتدريب على اتخاذ القرارات الخاصة ،للوصول إلى الفرضية المفسرة لحل المشكلة. إن التعلم وفق هذه الطريقة ،يتم بأسلوب الاكتشاف، حيث يتابع المتعلم الانتقال من نقطة إلى أخرى مروراً بالملاحظات التي يتفهمها ،ويربط بينها حتى يصل إلى الاستنتاج النهائي الذي يتعلق باختيار القرار المناسب. يتم في هذه الطريقة استخدام برامج ومعلومات خاصة تدخل في الحاسب الالكتروني تتعلق بالقرارات التي يتخذها المتعلم في المجالات الواقعية، ثم تقدم هذه القرارات إلى الحاسوب الالكتروني ،الذي يوجه الأسئلة إلى المتعلم، ويعرض عليه المعلومات والنتائج التي تنجم عن تطبيق كل قرار في المجال الواقعي، ويؤدي هذا بالمتعلم إلى تعلم النتائج المحتملة لمختلف أنواع القرارات التي يتخذها. حيث تتم عملية الاكتشاف للحلول الصحيحة.

٤- طريقة الألعاب التعليمية:

تعد الألعاب التعليمية في مجال العلوم إحدى الأدوات التعليمية عالية التحفيز ، حيث تساعد المتعلمين علي تحسين مهارات متنوعة ، مثل : اتخاذ القرار وحل المشكلات ، والتواصل بين الأفراد ، والقيادة ، والعمل الجماعي ، ويزودنا موقع اللعب من أجل الأداء علي الوصلة (http://thiagi.com/pdf/IE4H/january2003.html) ، بمعلومات مفيدة عن الألعاب الالكترونية في مجال العلوم،ويمكن الحصول علي أمثلة لمدخل التعلم المعتمد علي الألعاب التعليمية في التعلم الالكتروني علي الموقع(http://games2traian.com).

وتعتبر طريقة التدريس باستخدام الألعاب التعليمية من أبرز الطرق والاستراتيجيات التدريسية المناسبة لتعلم المعاق عقلياً ، فمن خلالها يصبح للطفل

دور ايجابي يتميز بكونه عنصر نشط وفعال داخل الصف، لما يتسم به هذا الأسلوب التدريسي من التفاعل بين المعلم والمتعلمين خلال العملية التعليمية، وذلك من خلال أنشطة وألعاب تعليمية تم إعدادها بطريقة عملية منظمة . وبإغراء المتعلم على التفاعل مع المواقف التعليمية، بما تتضمنه من مواد تعليمية جيدة وأنشطة تربوية هادفة . فاللعب يساعد الطالب على أن يدرك العالم الذي يعيش فيه ، ومن خلال اللعب يتعرف الطالب على الأشكال ، والألوان ، والأحجام، والحروف والأعداد ويقف على ما يميز الأشياء المحيطة به من خصائص وما يجمع بينها من علاقات ،بالإضافة إمكانية تعلم الطالب من خلال اللعب معنى بعض المفاهيم مثل أعلى وأسفل أو جاف ولين ، وكبير وصغير.

وتسهم خبرات اللعب في إنماء معارف الطالب عند بناء وترتيب الأشياء في مجموعات ، فيتعلم كيف يصنف الأشياء ويدرك الوظيفة ، ويعمل على الربط بين الشيء ووظيفته.

٥- طريقة التمثيل(الدراما):

وهي طريقة تتضمن قيام الطالب المعاق عقليا بتمثيل تلقائي عن طريق الانخراط في الموقف، والتفاعل مع الآخرين، وتقمص أدوارهم ، وقد يكون التمثيل بواسطة طالبين اثنين أو أكثر بتوجيه من المعلم ، أما الطلاب الآخرون الذين لايقومون بالتمثيل، فإنهم يقومون بدور الملاحظين . وقد يكون التمثيل بتقمص أدوار لشخصيات اجتماعية ، مثل شخصية المعلم ، أو الأب ، أو الطبيب ، أو النجار ... وغيرها ، أو قد تركز على اتجاهات إيجابية كالنظافة، والنظام، والعمل الجماعي ومساعدة الآخرين، وحب الوالدين ، وغيرها.

٦- طريقة القصص (السرد القصصي العلمي) :

تعرف القصة على أنها طريقة تعليمية تقوم على العرض الحسي المعبر ، الذي يتبعه المعلم مع طلابه لتعليمهم حقائق ومعلومات عن شخصية أو موقف أو ظاهرة أو حادثة معينة ، بقالب لفظي أو تمثيلي، أو قد تستخدم لتجسيد قيم، أو مبادئ أو اتجاهات .

إن هذه الطريقة تساعد في جذب انتباه الطلاب، وإكسابهم خبرات، ومعلومات وحقائق بطريقة شيقة وجذابة ، ويحقق تعلم المعاقين عقليا للعلوم من خلال هذه الطريقة النجاح الذي يوصل إلى الأهداف، ويسهم في تثبيت مواد التعليم في أذهان الطلاب، ويبعد الملل والسأم اللذين قد تسببهما الطرق التي تسير على وتيرة واحده وتهيئ المتعة والفائدة في آنٍ واحد للطلاب المعاقين عقليا ، كما تعد أحد العناصر التربوية الهامة في المواقف التعليمية ، فمن خلال القصة يكتسب المعاق عقلياً الكثير من المترادفات اللغوية سواءً عند سماعه للقصة، أو عندما يقوم بروايتها وهي تساعد في علاج الكثير من المشكلات التي يعاني منها ، وتعمل على غرس السلوكيات الحميدة المرغوبة ، وتنمى القدرة على الإصغاء الجيد والتمييز بين الأصوات .

وتعد إستراتيجية القصص شكل من أشكال التذكير ، ونقل المعلومات،والاكتشافات،كما أصبح للسرد القصصي تقنية شائعة في التعلم الالكتروني، حيث يمكن توظيف جميع الوسائط المتنوعة المتعددة المتوافرة ، مثل الرسومات البيانية، والصوت،والفيديو، والرسوم المتحركة، والإصدارات الالكترونية ،في حكاية القصص ، ويوفر السرد القصصي الرقمي علي العنوان (http://www.storycenter.org/) ، معلومات عن مصادر القصص والوسائط الجديدة المقترنة بها.

٧- **الخبرة المباشرة :**

يطلق على هذه الطريقة اسم طريقة المشروع ، وهي إحدى طرق التدريس الحديثة والمتطورة التي يمكن استخدامها مع المعاقين عقليا ، حيث تقوم على التفكير في المشروعات التي تثير اهتمامات الطلاب الشخصية ، وأهداف المنهج كما تجسد مبدأ الممارسة داخل الصف وخارجه، بهدف ربط الجانب النظري من المعرفة بالجانب العملي التطبيقي ، فضلاً عن تنمية القدرات الشخصية والاجتماعية للمعاقين عقليا ، حيث يتفاعل الطالب مع الشيء المراد تعلمه، كما يحدث في واقع الحياة ، ويتم التعلم عن طريق الخبرة المباشرة الهادفة التي يحتاج الطالب فيها إلى عملية توجيه من معلم العلوم حتى يستطيع أن يعبر عن إحساساته.

٨- **طريقة المواد الدراسية:**

وضع دنكان J , Duncan برنامجاً لتعليم المعاقين عقلياً عن طريق التفكير الملموس أي طريق الممارسة ، والملاحظة، واللمس، والسمع .

وأشار دنكان إلى ضرورة تخطيط نشاط الطفل الحركي، بما يساعده في تنمية مهاراته الحركية، وتآزره العضلي ، وتوسيع مداركه ، وزيادة معلوماته ، وتشجيعه على حل المشكلات ، والتعامل باللغة .

٩- **طريقة التعليم المبرمج:**

يقوم التعليم الفردي على تعليم المعاق عقليا للعلم، بحسب قدرته على التعلم ومن خلال متابعته بنفسه لخطوات الموضوع الذي يدرسه في كتاب مبرمج

ويقصد بالبرمجة تقسيم لمنهج العلوم الدراسي إلى خطوات صغيرة، مترابطة وتقدم للطفل بطريقة شيقة تجذب انتباهه ، حيث يقوم المدرس بدراسة المقرر وتحليله ،بالإضافة إلي تحديد خطواته، وترتيبها بحسب ما بينها من علاقات ويرشد الطفل إلى الوحدات التي يدرسها ويشجعه على دراستها بالسرعة التي تناسب إمكانياته ، وقدراته ، ويساعد على اكتشاف الصواب والخطأ، وتصحيح الأخطاء بنفسه ، ويسمى ذلك بالتعليم الفردي.

١٠- **طريقة التدريب القائمة على تحليل المهمة: لتدريس العلوم لذوي الاحتياجات الخاصة:**

تعد هذه الطريقة إحدى الطرائق المهمة والمفيدة لتعليم العلوم لذوي الاحتياجات الخاصة، حيث تعتمد على تمكين الطالب من إتقان عناصر المهارة

الجزئية، ويسمح هذا الأسلوب للطالب بأن يركب هذه العناصر بعد إتقانها تكوين مهمات متكاملة وفق نظام متسلسل واضح ومتقن، ويساعد هذا الأسلوب في تحديد الجانب الذي فشل فيه الطالب، وتحديد الجزء من المهمة التي يواجه الطالب فيها صعوبة في إتقانها، فيتم تدريبه عليها بشكل خاص.

ويستخدم هذا الأسلوب في علاج وتعليم مهارات القراءة، والكتابة ، والعلوم والرياضيات، ويتطلب تنفيذه أن يكون المدرس مدرباً بشكل جيد على تحليل كل مهارة إلى مهماتها الفرعية والقدرة على متابعة تعلم التلميذ خطوة خطوة.

١١- طريقة التدريب القائمة على العمليات السيكولوجية:

تعد هذه الطريقة من الطرق الأساسية في الأساليب التعليمية لذوي الاحتياجات الخاصة (المعاقين بصريا)، وتهدف هذه الطريقة إلى السيطرة على مظاهر العجز الجزئي الذي يؤثر على التعلم.

ويساعد هذا الأسلوب المتعلم في تطوير مهاراته الإدراكية، مثل التمييز والمقارنة، والتعميم، وبالتالي زيادة فرص التعلم لديه، ويعتبر منهاج مرحلة ما قبل المدرسة تطبيقاً لهذا الأسلوب، إذ يقوم تعليم الأطفال في هذه المرحلة على تطوير أدائهم من خلال توظيف بعض الحواس والمهارات ، مثل حواس السمع ، واللمس والفهم ، والمقارنة، وهي عمليات إذا تم تنميتها، فإنها ستساعد الطالب على التعلم .

١٢- طريقة الجمع بين أسلوبي التدريب على العمليات وتحليل المهمات لتدريس العلوم لذوي الاحتياجات الخاصة

تعد هذه الطريقة من الأساليب الفعالة والمؤثرة في علاج الكثير من مشكلات التعلم لدى ذوي الاحتياجات الخاصة، فإذا كانت طريقة تحليل المهمة تركز على المهارات الجزئية لكل مهارة، وتحديد مكان الصعوبة،والتركيز عليه، فطريقة العمليات تركز على العمليات العقلية التي يوجد فيها الخلل ،ومن ثم فهي مسؤولة عن تعلم هذه المهارات، ومن ثم تحقق طريقة الجمع بين الأسلوبين فوائد مضاعفة.

إذ إن ضبط العملية العقلية والسيكولوجية التي تسيطر على الأداء من خلال تجزئة هذا الأداء لمهارات بسيطة، سيسهم في تطوير أنشطة تدريبية مرنة ومواد تربوية مناسبة من حيث أهدافها، ومحتواها للخصائص الفردية لذوي الاحتياجات الخاصة.

وتشمل هذه الطريقة ثلاثة مراحل :

✓ تشخيص وتحديد أوجه القصور والقوة في أداء ذوي الاحتياجات الخاصة.

✓ تحليل المهمات التي يفشل فيها المعاق بصريا، وتحديد النقاط الصعبة.

✓ اختيار وتصميم الأنشطة التعليمية ، والنماذج، والمجسمات المناسبة لكلا الجانبين (تحليل المهمة وتشخيص المتعلم).

مراجع الفصل الخامس:

١- أمل معوض الهجرسي (٢٠٠٧).تربية الأطفال المعاقين عقلياً .

٢- جمال الخطيب(٢٠٠٤).تعليم ذوي الاحتياجات الخاصة في المدارس العادية.دار وائل،عمان ،الأردن.

٣- جيمس راسل (١٩٨٤). أساليب جديدة في التعليم والتعلم . ترجمة احمد خيري كاظم. القاهرة :دار النهضة العربية.

٤- صالح هارون(٢٠٠٠).تدريس ذوي الإعاقات البسيطة في الفصل العادي ، دار الزهراء الرياض، المملكة العربية السعودية.

٥- عبد القادر الفتوح ، عبد العزيز السلطان(١٩٩٩).الإنترنت في التعليم : مشروع المدرسة الإلكترونية ، مجلة رسالة الخليج العربي ، العدد (٧١).

٦- عدنان ناصر الحازمي(٢٠٠٠). الإعاقة العقلية : دليل المعلمين وأولياء الأمور.

٧- عمار أبو رغيف (١٤١٠هـ). منطق الاستقراء ، مجمع الفكر الإسلامي ، مطبعة مهر ، قم.

٨- فاروق الروسان(٢٠٠١).الذكاء والسلوك التكيفي. دار الفكر ،عمان،الأردن.

٩- فاروق الروسان(٢٠٠٣).مقدمة في الإعاقة العقلية.ط.٢، دار الفكر ،عمان،الأردن.

١٠- كمال زيتون (٢٠٠٣). التدريس لذوي الاحتياجات الخاصة، عالم الكتب.القاهرة.

١١- ماريا منتسوري(د.ت). الأنشطة التربوية للأطفال ذوي الاحتياجات الخاصة، متوفرعلي الانترنت.

١٢- محمد زياد حمدان (١٩٨٥). التنفيذ العلمي للتدريس بمفاهيم تقنية وتربوية حديثة عمان : دار التربية الحديثة.

١٣- محمد زياد حمدان (١٩٩٩). أساليب التدريس ، أنواعها وعناصرها، وكيفية قياسها، دار التربية الحديثة للنشر ،عمان .

14- Bruner ,J. (1980) . Concept modeling in social studies. http://webpages.marsall.edu/~cummin12/lplan001.htm.

15- Ford , M. J. (1984). Comparison of the effectiveness of four Methods of presenting practice instances concepts acquisition. Dissertation Abstracts International, 46 (1) , pp. 60-61.

16- Hess J.H.& G. R. Lehman ,(1976)." PSI and the Generic method of programmed instruction " PLET, vol.13(1), (February), pp. 13-23.

17- Mckinney, C. W, Larkins, A.G. Ford, M.J. & Davis, J. C. (1983). The effectiveness of three methods of teaching social studies concepts to fourth-grade students: An Attitude treatment interaction study. American Educational Research Journal, 20 (4),pp.663-670.

18- Mckinney, C.W, Peddicord, C.A, Ford M.J. & Larkins A.G. (1984). The effectiveness of three methods of teaching social studies concepts to sixth-grade students . The Journal of Educational Research, 78_ (1),PP. 35-38.

19- Polloway & others (1989). Stratigies for teaching learners with special needs . 4'th ed . Merrill Publishing company .

****

الفصل السادس

((تدريس العلوم لذوي صعوبات التعلم والمتأخرين دراسيا))

- مقدمة.
- المفهوم.
- الفرق بين التأخر الدراسي وبطء التعلم وصعوبات التعلم والتخلف العقلي.
- سمات وخصائص ذوي صعوبات التعلم والمتأخر دراسيا.
- أنواع التأخر الدراسي.
- أسباب التأخر الدراسى في تعليم العلوم.
- طرق تشخيص المتأخر دراسياً وذوي صعوبات التعلم.
- طرق علاج مشكلة التأخر الدراسي وذوي صعوبات التعلم في تدريس العلوم.
- مبادئ تعليم العلوم للمتأخرين دراسيا: وذوي صعوبات التعلم.
- مهام معلم العلوم لذوي صعوبات التعلم والمتأخرين دراسيا.
- طرق تعليم وتدريس العلوم لذوي صعوبات التعلم والمتأخرين دراسيا.
- التقويم و علاقته بالتأخر الدراسي.

طرق تعليم ذوي الاحتياجات الخاصة

الفصل السادس :
تدريس العلوم لذوي صعوبات التعلم والمتأخرين دراسيا

● **مقدمة** :

حظي تعليم ذوي الاحتياجات الخاصة بصفة عامة ، ومنهم المتأخرين دراسيا وذوي صعوبات التعلم برعاية خاصة علي المستوي العالمي والقومي ومن هذه الرعاية انتهاج أحدث البرامج والأساليب في تربية وتعليم هذه الفئات ، والأخذ بمبدأ الدمج ، وهو مبدأ يهدف إلى دمج هذه الفئة في فصول العاديين خلال عملية التعلم .

وقد تم استحداث البرامج التي تهتم بهذه الفئة ومن أحدثها برنامج صعوبات التعلم ، والمتأخرين دراسيا ، حيث يحتاج تنفيذ هذه البرامج ، الكثير من الوقت والجهد من معلمي العلوم لخدمة هذه الفئة من الطلاب .

و تعد مشكلة التأخر الدراسي من المشاكل الهامة التي تواجه القائمين على العملية التعليمية من معلمين ، وموجهين، وإداريين، وقيادات تعليمية، بالإضافة إلى أولياء أمور التلاميذ . و لهذا أدركت الأمم المتحضرة أهمية و خطورة تلك المشكلة، وبذلت كل الجهود، لمواجهتها ، بوضع الإستراتيجيات الكفيلة لحل تلك المشكلة، لما لهذه المشكلة من انعكاسات سلبية على شخصية التلميذ حاضرا ومستقبلا .

● **أولا : المفهوم :**

◄ ذوي صعوبات التعلم: يقصد بهم الطلاب الذين يظهرون اضطرابات في واحدة أو أكثر من العمليات النفسية الأساسية التي تتضمن فهم واستعمال اللغة المكتوبة، أو اللغة المنطوقة، والتي تبدو في اضطرابات السمع، والتفكير والكلام ، والقراءة ، والتهجئة، والحساب،العلوم، والتي تعود إلى أسباب لاتتعلق بالإعاقة العقلية، أو السمعية، أو البصرية ، أو غيرها من الإعاقات.

◄ المتأخر دراسيا : هو الذي كان مستواه فى التحصيل ـ فى مادة دراسية أو أكثر ـ دون المتوسط . ويرى بعض المربين الربط بين مستوى تحصيل التلميذ، ومستوى ذكائه ، ويرون أن المتأخر دراسيا هو الذى يحقق فى التحصيل مستوى دون المستوى الذى يلائم استعداد ته العقلية.

ويمكن النظر إلي ظاهرة التأخر الدراسى فى المدرسة الابتدائية في ضوء:

✓ أن هناك خصائص معينة إذا توافرت لدى التلميذ يسرت له التعليم والتحصيل وإذا لم تتوافر تأخر دراسيا ؛ ففى مجال القراءة مثلا ، وهى مرتبطة بجميع المواد الدراسية ، إذا كان عمر التلميذ العقلى أقل من ست سنوات ، تعذر عليه إلى حد كبير تعلم القراءة ، مما ينعكس سلبا على سائر المواد الدراسية . وإذا كانت عيوبه سمعية أو بصرية، فإنها تعوق تقدمه فى مجال تعلم القراءة والكتابة وهذا يؤثر على سائر المواد الدراسية .

- تسلم بقابلية التلاميذ للتعلم ، وبأن التأخر الدراسى يرجع فى الأساس إلى عدم ملاءمة البرامج التعليمية للتلاميذ ، وطبيعى أن البرامج التعليمية يرتبط تنفيذها بعدد من العوامل البشرية والمادية والبيئة .

وفي هذا الإطار فإننا نرى أن مصطلح المتأخر دراسيا ينطبق على: أولئك التلاميذ الذين ينجزون إنجازا ضعيفا، لأنهم يتعلمون أبطأ من معظم زملائهم فى الفصل.

الفرق بين التأخر الدراسي وبطء التعلم وصعوبات التعلم والتخلف العقلي:

- المتأخر دراسيا: إذا كان التلميذ لديه استعداد جيد، وذلك لما دلت عليه اختبارات الذكاءIQ ومع ذلك حصل على تقدير متوسط، فهو وفقا لذلك متأخر دراسيا ، وإذا كانت نسبة ذكاؤه تقع في حدود المتوسط وتحصيله أقل من المتوسط كان متأخرا دراسيا أيضا .

- فئة بطيء التعلم : إذا كانت نسبة ذكاء هذا الطالب أقل من المتوسط فإن مثل هذا الطالب لا يعتبر متأخرا دراسيا، بل هو من فئة بطيء التعلم، وهم الذين تتراوح نسبة ذكائهم مابين ٧٠-٩٠ درجة، وهؤلاء لايتوقع منهم الحصول على تقديرات عالية، مهما بذلوا من جهود كبيرة في الدراسة والاستذكار،كما تعد هذه الفئة من أغلب الفئات تسربا من التعليم ، أو أنهم ينجحون ولكن بصعوبة ، علي الرغم من أنهم يشغلون نسبة كبيرة في المدارس بنسبة ١- ٤%، ولم تنتبه لهم وزارة التربية والتعليم بَعد ، كما فعلت مع طلاب صعوبات التعلم، لأنهم لم يدرجوا من ضمن الطلاب ذوي الاحتياجات الخاصة التي تتولاهم الإدارة العامة للتربية الخاصة بوزارة التربية والتعليم .

- ذوي صعوبات التعلم : وهم الطلاب الذين يتعثرون في مادة أو مادتين كالقراءة، أو الكتابة، أو الحساب، مع أن ذكاؤهم عادي أو فوق العادي أحيانا لأنهم لم يكتسبوا المهارة الكافية فيها ، ولم يكن تأخرهم الدراسي بسبب إعاقة أو مرض، فهم بحاجة إلى اكتشافهم من قبل المعلم العادي ومعلم صعوبات التعلم ، من خلال تحويلهم إلى غرفة المصادر بالمدرسة إكسابهم المهارة اللازمة التي لم يتقنوها.

- المتخلفون عقليا: هذه الفئة لهم مدارسهم الخاصة فلا يدرجون ضمن الطلاب العاديين في التعليم العام، لأن نسبة ذكائهم متدنية جدا مابين ٥٠-٧٠ تخلف بسيط (المورن- المأفون)، وهؤلاء قابلون للتعلم والتدريب بمناهج خاصة، والفئة الأخرى من ٥٠-٢٥ تخلف متوسط (الأبله)، وهم غير قابلين للتعلم، وقابلون للتدريب. أما من تقع نسبة ذكائهم مابين ٢٥ـ صفر فهؤلاء (المعتوهون)، وهم غير قابلين للتعلم والتدريب، وهم تابعون لوزارة الشئون الاجتماعية .

- **ثانيا :خصائص الطلاب ذوي صعوبات التعليم:**

هناك العديد من الخصائص التي يتميز بها ذوي صعوبات التعلم ، وتتمثل في:

- قصور في التعبير اللفظي.
- الحركة الزائدة والنشاط الزائد.
- الشرود الذهني في التمييز.
- قصور في التمييز البصري.
- القدرة العقلية عادية وانخفاض في إحدى المهارات الأكاديمية.
- وجود فرق واضح بين المقدرة والتحصيل مما يدعو إلى علاج تربوي وفردي.
- وجود نقص في بعض المهارات الحركية، مثل الاعتماد على يد واحدة وعدم التآزر الحركي.
- عكس كلمات أو ترديدها بالخطأ، وعدم تكوين جمل سليمة مع عدم وجود إعاقة مصاحبة.

ويهدف برنامج ذوي صعوبات التعلم الذي يقدم بالمدارس إلي اكتشاف الطلاب ذوي صعوبات التعلم ، وتحديد نوعية الصعوبة لديهم ، ووضع الخطط الفردية التربوية المناسبة، ومن ثم تنفيذها.

ويتم إلحاق هذه الفئة من ذوي الاحتياجات الخاصة إذا توافرت مجموعة من الشروط ، منها:

- أن يكون التلميذ مسجلا بإحدى المدارس الابتدائية في برنامج صعوبات التعلم.
- أن يكون لديه تدني واضح ومستمر في التحصيل الدراسي في المهارات الأساسية.
- ألا يرجع تدني المستوي إلي إعاقة عقلية، أو بصرية، أو جسدية،أو ظروف أسرية ، أو اجتماعية غير عادية.
- أن يكون مستقراً نفسياً.

- **ثالثا : سمات وخصائص المتأخر دراسيا :**

هناك مجموعة من السمات التي يتميز بها المتأخرون دراسيا ، منها :

- معامل ذكاء منخفض .
- ضعف فى التحصيل.
- انخفاض فى العلامات التى يضعها المعلمون (أعمال السنة) .
- ضعف فى مستوى القراءة .

ولكنهم على أية حال يظهرون قدرات عقلية أقل من المتوسط بالنسبة لواحدة على الأقل من المعايير السابقة ، وهناك احتمال أن يبدو عليهم نوع من الضمور أو النمو المقيد . ولكنهم ليسوا جميعا متشابهين فى كل الصفات ولكن لكل منهم نقاط ضعف، ونقاط قوة ، ولعل من أبرز المظاهر العامة فقدان

الثقة فى أنفسهم، انخفاض درجات تقدير الذات، والاحترام الزائد للغير والقلق الزائد .

● رابعا : أنواع التأخر الدراسي:

من أنواع التأخر الدراسي:

- ✓ تأخر دراسي عام: ويرتبط هذا النوع بالذكاء، حيث تتراوح نسبة الذكاء بين المصابين بهذا النوع ما بين (٧٠ إلى ٨٥).
- ✓ تأخر دراسي خاص: وهو التأخر الدراسي الذي يكون في مادة معينة ، مثل الحساب أو العلوم، ويرتبط هذا النوع بالمواقف الصادمة التي يمر بها الطالب .

● خامسا : أسباب التأخر الدراسي في تعليم العلوم :

هناك العديد من الأسباب والعوامل المتعلقة بالتأخر الدراسى ، منها بالأسباب :

١ -العقلية و الإدراكية :

- ✓ من الناحية العقلية : فإن معظم التلاميذ فى فصول المدرسة الابتدائية متوسطين فى الذكاء ، وعدد قليل منهم فوق المتوسط ، وهم فى مقدمة الفصل دائما ، وعدد أخر أغبياء متأخرين وتبلغ نسبتهم تقريبا ١٠% من مجموع التلاميذ .
- ✓ أما من النواحى الإدراكية : فإننا نجد أن بعض التلاميذ ضعاف فى الإبصار، وقد يظل بعضهم بعد معالجة الضعف بالنظارة الطبية ضعيف البصر . وهناك ارتباط ما بين التأخر الدراسى وضعف الأبصار . كما أن الضعف فى التذكر البصرى، يعوق النمو التعليمى ، كذلك الضعف السمعى.

٢-الجسمية :

إن الضعف الصحى العام وسوء التغذية وضعف الحسم فى مقاومة الأمراض يؤدى إلى الفتور الذهنى، والعجز عن تركيز الانتباه، وكثرة التغيب عن المدرسة وهذا يؤثر على التحصيل الدراسى ، فقد يتغيب التلميذ عن عدة دروس، مما يؤثر فى تحصيله البنائى للمادة الدراسية .

٣ – الانفعالية :

هناك عدة عوامل انفعالية تعرقل الأطفال الأصحاء، والأذكياء فى المدرسة بما يتفق مع مستواهم ، فالطفل المنطوى القلق يجد صعوبة فى مواجهة المواقف والمشكلات الجديدة.

ومهما يكن من شيء، فإن مثل هذا الطفل قد يجد المدرسة بيئة مهددة وخاصة إذا اتخذ المعلم موقف المعاقب المتسلط ، ولم يقم بدوره كموجه للتلميذ

ومعين له فى التغلب على الصعوبات المدرسية ، ومن ثم يزاد تأخرهم ، ويزيد قلقهم ويدور التلاميذ فى دائرة مفرغة .

كما أن علاقة التلاميذ بالمعلم امتداد لعلاقته بوالديه ، فإذا كانت هذه العلاقة سيئة ، فقد تنعكس أيضا على علاقته بمعلمه ، فيجد المعلم صعوبة فى اكتساب ثقة التلميذ وتعاونه .

٤ - اللغوية :

إن الضعف فى أى من الفنون اللغوية ، المتمثلة في الاستماع، والكلام والقراءة، والكتابة يؤثر بعضه فى الآخر ، وبالتالى يؤثر فى جميع المواد الدراسية. فالطفل الذى لدية صعوبة فى الكلام يجد صعوبة فى تعلم القراءة لجميع المواد الدراسية.

ومن الممكن أن يكون نقص القدرة فى استخدام اللغة فى أى مادة من المواد الدراسية، ومنها العلوم، راجعا إلى ثلاثة مصادر مختلفة هى .

- ✓ انخفاض مستوى الذكاء.
- ✓ عيوب فى الكلام.
- ✓ البيئة اللغوية الفقيرة.

وقد اتضح من نتائج بعض البحوث العلمية أن هناك ارتباطا واضحا بين العيوب فى الكلام والضعف فى القراءة لجميع المواد، ومنها العلوم ، وقد تنشأ عيوب الكلام عن اضطرابات فى أعضاء النطق، والتنفس غير المنتظم، والمشكلات الانفعالية، وضعف السمع .

كما أن بيئة الطفل تؤثر فى نموه اللغوى لسائر المواد ، فقد تحرمه البيئة المنزلية من النمو اللغوى ، لأنها لا تزوده بالخبرات اللغوية المنوعة والكافية ، وإذا حدث هذا فلابد من وضع برنامج لتزويد الطفل بالخبرة الضرورية التى تمكنه من التقدم فى فنون اللغة حتى لا تكون من أسباب التأخر الدراسى.

ويمكن كشف هؤلاء الأطفال بمقارنة درجاتهم فى اختبارات الذكاء اللفظية ، واختبارات الأداء المصورة.

وينتج عن هذه المقارنة غالبا حصول التلاميذ على درجات فى الاختبارات اللفظية أقل من درجاتهم فى اختبار الأداء.

٥ - المدرسية :

ومن الأسباب المدرسية التي تؤدي إلى التأخر الدراسي ما يلي:

- ✓ اضطراب العلاقة بين المدرسين أنفسهم، أو بين المدرسين والإدارة، أو بين المدرسين والإدارة من جهة، والطلاب من جهة أخرى، فكل هذه الأجواء تؤدي إلى التأخر الدراسي.
- ✓ بعد المواد الدراسية عن الواقع، وعدم مناسبة المناهج، فالكتاب المقرر من أصعب المشاكل التربوية المعاصرة في مادة العلوم هو نظام تدريس كتاب

مقرر واحد لجميع طلاب الصف الواحد دون مراعاة الفروق الفردية، فمنهم من يجيد التعامل مع الدروس الجديدة من واقع خبرته بالدروس السابق فهمها في السنوات الماضية، ومنهم من لا توجد لديه خلفية علمية واضحة عن ما سبق دراسته ويختلف هذا الوضع من طالب لآخر.

- ✓ النقص في الوسائل التعليمية والتجهيزات المدرسية المناسبة لطبيعة المتأخرين دراسيا، وصعوبة المواد الدراسية، والعقاب البدني، وكثرة الواجبات ، وقلة الاهتمام بالدراسة ، وتدني الدافعية للدراسة.

٦- المعلم ومعوقات تعليم العلوم:

هناك بعض المعوقات التي تصادف معلم العلوم من أفكار عالية المستوي تقف بينه وبين المهام المكلف بها، ومن أهمها:

- ✓ المنهج الدراسي الذي يتصف بالجمود ولا يعمل على نمو التلميذ نموا عقليا، يجعله قادرا على اتخاذ القرار وحل المشكلات.
- ✓ أصبح المنهج عائقا يقيد المعلم ويضعف نشاطه.
- ✓ تكليف المعلم أعباء فوق طاقته، حيث يقوم بتدريس عدد كبير من الحصص والإشراف......... الخ.
- ✓ إن لم يكن المعلم معدا إعداد مهنيا كافيا فلا يمكن القيام بأعبائه.
- ✓ يحتاج معلم العلوم إلى وضوح كامل لأهداف تدريس العلوم في أذهان المتعلمين.

٧- عوامل تخص الطالب، منها :

- ✓ استعداد الطالب: إن مرحلة استعداد الطالب ضرورية لتكوين خبرات جديدة ، بالإضافة إلى مخزون خبراته السابقة، ليكون عنده قاعدة علمية من خلالها يمكن التفكير في استيعاب المفاهيم العلمية والمعادلات الكيميائية والمسائل الفيزيائية ، مما تتيح له فرص الاستيعاب والحل بأكثر من طريقة.
- ✓ ثقة الطالب بنفسه، حيث إن فكرة الطالب عن ذاته هو عامل أساسي في إعطائه ثقة في قدراته، ومدى قدرته على التفكير بطريقه منطقية .

● سادسا : طرق تشخيص المتأخر دراسياً :

هناك بعض الطرق التي يمكن من خلالها تشخيص حالات التأخر الدراسي كما يلي:

١ - العمر العقلي :

وذلك من خلال تطبيق مقياس مناسب للذكاء على الطالب المتخلف دراسياً،حيث اتفق على تقدير مستوى ذكاء الفرد من خلال قياس نسبة ذكائه وفق القاعدة التالية : نسبة الذكاء = العمر الزمني × ١٠٠.

٢ -العمر التحصيلي :

ويطبق في حالة عدم توافر اختبار مقنن للذكاء،كما يمكن استخدام المقاييس الدراسية المقننة للحصول على المستوى التحصيلي أو العمر التحصيلي ، لتحديد درجة التأخر الدراسي .

وتحديد ما إذا كان التخلف الدراسي لطالب ما، هو تخلف حديث أم طارئ، أم أنه مزمن أي منذ فترة زمنية طويلة ، فإذا اتضح أن التخلف الدراسي حديث نسبياً (أي أنه قد حدث في السنة الدراسية الأخيرة أو خلال السنة الدراسية الحالية)، فيوصف بأنه متدني بالقياس لما كان عليه الطالب في السنوات الدراسية السابقة، أي أنه يكون مستوى التحصيل يقل عن مستوى الاقتدار .

أما إذا كان التخلف الدراسي مزمناً، فيتم البحث في درجة هذا التخلف ومداه (وهل هو تخلف دراسي عام، وشامل، أم هو تخلف قاصر على مادة معينة وهكذا). أما إذا كان حالة التخلف الدراسي في كل المواد الدراسية، ومنها العلوم، فلا بد من الرجوع إلى البطاقة المدرسية للطالب، للاسترشاد بها في معرفة العوامل التي أدت إلى التخلف أو تكوين فكرة عنها، مثل تتبع الحالة الصحية للطالب، وظروفه الأسرية، ومعدل سير تحصيله الدراسي من سنة إلى أخرى، حيث يتم في ضوئها تشخيص الأحداث، ومن ثم إمكانية تحديد الأساليب التربوية المناسبة، إلى غير ذلك من أسباب وأساليب إرشادية مناسبة .

معالجة مشكلة الفروق الفردية للمتأخرين دراسيا وذوي صعوبات التعلم في تدريس العلوم:

تعد مشكلة الفروق الفردية بين التلاميذ في تعلم العلوم، وغيرها من المواد مشكلة ليست بجديدة ،ولكن إزاء التوسع الكمي في التعليم وما تبعه من تعدد المستويات ، واختلاف الدوافع والاستعدادات عند المتعلمين، بالإضافة إلى فصول الأعداد الكبيرة ، ونظرة المعلم إلى أن وحدته التعليمية هي الفصل ككل، وليس المتعلم كفرد .

كل ذلك زاد الهوة بين أفراد الصف الواحد ، مما جعل الأمر ليس صعبا فقط على بعض التلاميذ بل عبئا على المعلم ذاته.

وهناك مدارس متعددة تناولت قضية معالجة مشكلة الفروق الفردية بين المتعلمين ، ومنها فئات ذوي صعوبات التعلم المتأخرين دراسيا ، نذكر منها:

١ -المدرسة السلوكية :
ترى أن كل طفل (عادى) قابل للتعلم، بل قابل للوصول إلى نفس مستوى التمكن، وتحقيق الأهداف الموضوعة للجميع .

ويمكن حل مشكلة الفروق بين الأفراد عن طريق اختلاف نقط البدء والتسكين في أول الأمر، وتحديد المستويات المسبقة، والتي تعتمد على تحليل المهام التعليمية، وتسلسلها في أهرمات من أعلى إلى أدنى، حيث يتم تسكين التلميذ في الموقع الذى يتفق مع مستواه الفعلى المبنى على اختبارات التسكين للمستويات المختلفة، ثم بعد ذلك يترك التقدم بحسب الخطو الذاتي للتلميذ، ولا ينتقل من وحدة إلى أخرى إلا بعد تمكنه ، وقد يحتاج الأمر إلى إعادة التدريس أو إلى تدريس علاجى في مقررات العلوم .

وفي هذه المدرسة يصل جميع التلاميذ إلى نفس الهدف ولكن من نقط بداية مختلفة، و بسرعات مختلفة.

٢ -المدرسة الإنسانية :

ترى بأن كل متعلم - فرد متميز عن غيره - وأن ما يسمى بمراحل النمو، هى متوسطات ، ونزعات مركزية ، وأن كل متعلم لابد وأن يوضع له الأهداف المناسبة، لاستعداداته ، وميوله .

ويكمن علاج مشكلة الفروق الفردية وفق هذه المدرسة من خلال فكرة الاختيار الذاتى، ووجود أكثر من منهج، ومقرر، وتنوع البدائل، والاختبارات.

وفى إطار المدرستين يلاحظ وجود العديد من الممارسات (الوسط)، حيث تكون هناك أهداف عامة، مع إعطاء فرصة للتدريس العلاجى للتلاميذ المتأخرين دراسيا من خلال أنشطة علمية تناسب قدراتهم واحتياجاتهم، وذلك للتأكيد على إيجابية التلاميذ، واختيار الطرق و الأساليب التى تشجع إيجابية التلاميذ فى ضوء المقولة الشهيرة : "أنا أسمع و أنسى ... أنا أرى وأتذكر... أنا أعمل وأفهم ...".

● سابعا : طرق علاج مشكلة التأخر الدراسي وذوي صعوبات التعلم في تدريس العلوم :

هناك مجموعة من الطرق التي يمكن من خلالها معالجة مشكلات التأخر الدراسي في تدريس العلوم ، منها:

✓ السماح للتلاميذ بالتقدم خلال الفرق الدراسية فى المدرسة الابتدائية مع رفاقهم فى السن ،غير أن تصنيف التلاميذ على أساس العمر الزمنى يجعلهم غير متجانسين فى كثير من القدرات والاستعدادات ، والتحصيل الدراسى .. الخ .

✓ تصنيف التلاميذ على أساس قدراتهم ، إذ من الممكن تقسيم تلاميذ أى صف إلى فصول مختلفة، وفقا للقدرات الكلية، ولدرجاتهم فى تحصيل المواد الدراسية المختلفة ، ومنها مادة العلوم .ويمكن أيضا أن يقسم الفصل الواحد أقساما فرعية ، وقد هوجمت هذه العملية من قبل أولئك الذين ينظرون إليها على أنها نظام طائفى داخل المدرسة ، فاحترام التلميذ لنفسه يتعرض للتهديد حين يعرف أنه فى المجموعة الضعيفة ، ولكن هذه الصعوبة ليس منشؤها تصنيف التلاميذ إلى مجموعات ، فالتلاميذ الذين لا يقدرون على القيام بأعمال على مستوى المعدل العادى يشعرون بالنقص فى ظل أى تنظيم.

✓ تصنيف التلاميذ فى مادة دراسية ، ومنها مادة العلوم،حيث إن تصنيف التلاميذ فى مادة دراسية واحدة له فائدة كبيرة ، فمعلم المدرسة الابتدائية يستطيع تقسيم تلاميذ الفصل إلى مجموعات مختلفة ، وسواء أكان الفصل منتقيا، أم خليطا من تلاميذ المدرسة ، فهناك الكثير مما يمكن اكتسابه عن طريق تقسيمه للقيام بأنشطة معينة ،فمن الممكن لأربعة تلاميذ يجدون صعوبة فى تعلم بعض مفاهيم العلوم مثلا ينحوا جانبا لعدة أيام يدرسون فيها هذه المفاهيم دراسة خاصة ، على حين يواصلون

دروسهم الأخرى مع زملائهم من تلاميذ الفصل . إن التعامل مع مجموعة متجانسة من الطلاب ، ما هو إلا محاولة للبحث عن طريقة تربوية، تناسب هذه المجموعة ، ولا فائدة فى التقسيم إذا قامت المجموعة بدراسة المادة الدراسية بالطريقة المألوفة.

- ✓ تنوع التلاميذ داخل الفصل خلال تدريس العلوم: إن تنوع التلاميذ داخل الفصل له العديد من الفوائد ، فعلى سبيل المثال يمكن من أن يدرب على التوافق مع المستويات المختلفة فى القدرة ، وهى مستويات سيواجهها خارج البيئة المدرسية ، وهى تتيح للتلميذ الذكى الفرصة ليزيد من وضوح أفكاره وتحديد مفهوماته من خلال حديثة لزملائه الذين هم أقل ذكاء.
- ✓ تفريد التعليم : أى أن يعمل المعلم مع كل تلميذ على نحو مختلف ، وهذه طريقة جيدة لمواجهة الفروق فى الاستعداد ، وتستخدم طرق التدريس الفردى فى العمل العلاجى لذلك.
- ✓ مراجعة المناهج وطرق التدريس التي يتعلم بها الطالب المتأخر دراسيا ،وعند ثبوت عدم ملاءمتها، يجب إعداد برامج خاصة يراعي فيها خصائص الطالب المتأخر ،وقدراته، وحاجاته، كما يجب مراعاة الفروق الفردية بينهم وبين أقرانهم العاديين.
- ✓ إشغال الطالب المتأخر دراسيا بالأنشطة العلمية المدرسية المخطط لها والهادفة كل حسب قدراته، واهتماماته ، وميوله في مجال العلوم.
- ✓ مراعاة دوافع الطلاب المتأخرين دراسيا المختلفة، والعمل على إشباعها وتقديم الخبرات التي تساعدهم على تحقيق النجاح، وتجنبهم الشعور بالفشل والدونية.
- ✓ مراعاة المراجعة والتكرار المستمر والشمول في تقديم المعلومات للمتأخرين دراسيا ، وربطها بواقعهم.
- ✓ استخدام الوسائل التعليمية المعينة والأكثر فعالية في تدريس العلوم كالأجهزة السمعية، والبصرية، لما لها من أهمية خاصة في تعليم المتأخرين دراسياً، ومساعدتهم على الفهم، والتصور ، والإدراك ، وكذلك لمخاطبتها الحواس المختلفة.
- ✓ التواصل المستمر بين الأهل والمدرسة لمتابعة الأبناء.
- ✓ مراجعة الأهل لدروس الأبناء بشكل مستمر، لرفع مستواهم التحصيلي والاهتمام بمتابعة ، وتقويم أداء الأبناء من المتأخرين دراسيا.

● ثامنا : مبادئ تعليم العلوم للمتأخرين دراسيا، وذوي صعوبات التعلم :

هناك العديد من المبادئ التي يجب علي معلم العلوم مراعاتها عند تدريس العلوم للمتأخرين دراسيا، منها:

- ✓ ضرورة تعرف معلم العلوم على الأطفال المتأخرين دراسيا، ومعرفة الأسباب التى أدت للتأخر الدراسي، حيث يسهم ذلك في تسهيل تعلم العلوم.
- ✓ التمييز وعدم الخلط بين حالات التأخر الدراسي، والتخلف العقلي حتى يتم تقديم البرامج التربوية الخاصة بكل فئة.
- ✓ دراسة المؤثرات الاجتماعية المحيطة بالطفل مع التدخل في إطار العلاقات المتبادلة بين المدرسة والأسرة.

✓ ضرورة توفير بيئة تعليمية مناسبة للمتأخرين دراسيا عند تدريس العلوم حيث يسهم ذلك في التغلب على المشكلات النفسية، والسلوكية والانفعالية، والتي يتعرض لها الأطفال نتيجة الشعور بالفشل ، ونقص الثقة بالنفس.

✓ الكشف المبكر عن حالات ضعف السمع، والبصر والتي تعوق الطفل على المتابعة الجيدة، لدراسة مادة العلوم في الفصل.

✓ تنمية دوافع الفرد، وثقته بنفسه، والتي يمكن أن يكون قد فقدها بسبب فشله المتكرر ، ولذلك يجب علي معلم العلوم اكتشاف نقاط القوة وتدعيمها ، و نقاط الضعف وعلاجها.

✓ تنظيم برامج إرشادية خاصة بهؤلاء الأطفال ،للتغلب على المعوقات التي يواجهونها والتي تحول دون تحقيق مستوى دراسي أعلى في مادة العلوم.

✓ عقد دورات تدريبية خاصة لمعلمي العلوم، للتعرف على كيفية التعامل مع هؤلاء الأطفال، واستخدام الطرق والأساليب الحديثة في جذب انتباه الأطفال، وعلاج التأخر الدراسي.

✓ التعاون بين المدرسة ومعلمي العلوم، والأسرة، لعلاج مشكلة الأطفال المتأخرين دراسيا في تعلم العلوم ،واقتراح طرق لحلها.

✓ استخدام أسلوب فريق المتخصصين في تشخيص وعلاج مشكلة التأخر الدراسي في تحصيل العلوم ،بحيث يشمل فريق يضم معلمي العلوم ،والأسرة، والمدرسة ، والأخصائيين النفسيين، والاجتماعيين، والتلاميذ أنفسهم لحل المشكلة.

ومن خلال ذلك يتساءل بعض التربويون: كيف لمعلم يقوم بتدريس مادة العلوم ، ربما لم يكن يألفها وهو طالب ،وربما لم يعَد الإعداد المناسب لتدريسها وهذا الرأى يستند إلى مقولة فاقد الشيء لا يعطيه .

ويمكن لمعلم العلوم في هذا المجال أن يرعى ما يلي عند تدريس العلوم لهذه الفئة:

✓ البدء من حيث يعرف الطفل .
✓ جعل الدرس ذو أهمية للطفل.
✓ إعطاء أمثلة و أسئلة تثير تفكير الطفل .
✓ اجعل الألفة بينك وبين المتعلم من هذه الفئة،مع البحث عن مواطن الصعوبة التى يواجهها.
✓ قم بتشجيع الإجابات الصحيحة ولا تعتمد على العقل بل ناقش الإجابات الخاطئة .
✓ تنوع في الواجبات المناسبة لقدرات التلميذ ، مع الاهتمام بتصحيحها.
✓ إشعار المتعلم بإمكانية نجاحه وتقدمه .
✓ تنوع في طرق التدريس، والوسائل التعليمية المناسبة لاحتياجاتهم وقدراتهم.
✓ حدد وقتا للعلاج الفردى داخل وخارج الحصة من خلال أنشطة علمية إثرائية.

• تاسعا : كيفية إعداد المناهج والمقررات الدراسية للمتأخرين دراسيا :

يمكن لهذه الفئة التكيف مع المناهج والمقررات الدراسية المعدة للطلاب العاديين، ولكن في وجود برامج موازية لها كبرامج علاجية حسب حالاتهم بالإضافة إلى إعداد معلمين مدربين لتكييف التعامل مع هذه الفئة باستخدام طرائق التدريس المناسبة لطبيعة هذه الفئة، منها:

- ✓ التنقل في عرض الدرس بخطوات بطيئة وبجمل صغيرة في الشرح .
- ✓ التكرار المنوع لمراعاة الفروق الفردية بين المتعلمين.
- ✓ توظيف جميع الحواس في نقل الخبرة .
- ✓ التدرج في عرض الدروس والمعارف من البسيط إلى المعقد .
- ✓ تدريب المتعلمين بصفة مستمرة على فترات منظمة وغير متباعدة ،لتنمية مهاراتهم المتنوعة.
- ✓ ربط المعلومات بواقع المتعلمين، لتسهيل اكتسابهم للمفاهيم العلمية المتنوعة.
- ✓ تبسيط المفاهيم العلمية المجردة ، لتصبح ذات دلالة ومعنى لدي المتعلمين.
- ✓ مراعاة الفروق الفردية (تعليم فردى) حسب حالات المتعلمين التحصيلية.
- ✓ تنمية الدافعية للتعلم ،بالأنشطة الإثرائية المناسبة لحاجات المتعلمين وميولهم.
- ✓ تنمية قدرة الاعتماد على النفس لدي المتعلمين بصفة مستمرة.

• عاشرا :مهام معلم العلوم لذوي صعوبات التعلم والمتأخرين دراسيا :

هناك العديد من المهام اللازمة لمعلمي العلوم لتعليم العلوم لذوي صعوبات التعلم والمتأخرين دراسيا، منها:

- ✓ وضع خطة للقيام بالمسح الأول لمن يتوقع أن يكون لديهم صعوبة في التعلم.
- ✓ القيام بعمليات التشخيص والتقويم لتحديد صعوبة التعلم في العلوم.
- ✓ إعداد وتصميم البرامج التربوية الفردية لعلاج الفروق الفردية عند تدريس العلوم.
- ✓ تقديم المساعدة الأكاديمية والنمائية لطلاب ذوي صعوبات التعلم.
- ✓ تقديم المشورة لمعلم الفصل العادي الذي يدرس العلوم لهذه الفئة مع العاديين.
- ✓ التنسيق مع المرشد الطلابي بشأن التعاون مع أولياء أمور ذوي صعوبات التعلم.
- ✓ نشر التوعية بين معلمي الفصول من طبيعة البرنامج المقدم لهذه الفئة من ذوي الاحتياجات الخاصة.

• حادي عشر : طرق تعليم وتدريس العلوم لذوي صعوبات التعلم والمتأخرين دراسيا :

هناك العديد من طرق التدريس التي يمكن توظيفها في تدريس العلوم لذوي صعوبات التعلم والمتأخرين دراسيا، منها:

١-الطريقة النمائية :

يمكن استخدام هذه الطريقة في تعليم المتأخرين دراسيا وذوي صعوبات التعلم ، المهارات الحياتية اليومية التي يحتاجونها في اليوم العادي، وهذه الطريقة لا تهتم بالتتابع المنطقي للمنهج العادي في المدرسة، ولا الخبرات التعليمية المفروضة عليهم.

***مثال لذلك:**

عند تدريس مادة العلوم لفئة المتأخرين دراسيا وذوي صعوبات التعلم يلاحظ أن معلم العلوم يهتم بتدريس المهارات اللازمة في الحياة اليومية فقط مثل النظافة ، الحيوانات وأشكالها، وغيرها، ولا يفترض تدريس المواد الكيميائية والمفاهيم العلمية المتقدمة.

٢-طريقة التعديل:

تهتم هذه الطريقة بتغيير وتحوير منهج العلوم ،بحيث يكون ملائما للمتأخرين دراسيا من خلال حذف الأجزاء غير الهامة، بالإضافة إلي تقسيم منهج العلوم لمستويات متعددة، ويشمل التغيير طريقة التدريس، والكتاب المدرسي، مع إضافة المعينات السمعية، والبصرية.

٣-طريقة التفريد:

تسهم هذه الطريقة بدرجة كبيرة في مراعاة أسس وأهمية الفروق الفردية بين المتعلمين المتأخرين دراسيا ، وطبيعة كل متعلم ، وخصائصه، وسماته وقدراته، وبذلك فهي تفضل طريقة التعليم الفردي.

ووفق هذه الطريقة يجب على معلم العلوم مراعاة ما يلي:

- ✓ الدروس الفردية المبنية على التعليم المبرمج قد تكون صالحة للمتأخرين دراسيا، وكذلك الحال بالنسبة للدروس المبينة على التدريب الروتينى .
- ✓ مطلوب تنوع من الأنشطة والنماذج التعليمية العلمية المثيرة للانتباه .
- ✓ يراعى التقويم المستمر عن طريق الاختبارات التشخيصية واختبار التمكن.
- ✓ على المعلم أن يصمم برامج ودروس في مجال العلوم بحسب الموقف الذى يواجهه .

٤-استخدام الألعاب التعليمية:

أكدت الدراسات التربوية على أهمية الألعاب، وفعاليتها في تعليم العلوم للمتأخرين دراسيا ، والتي تساعد أيضا في التغلب على بعض الإعاقات المسببة للتأخر الدراسي ، مثل التخلف العقلي.

اللعبة العلمية نوع من النشاط الهادف الذى يتضمن أفعالا معينة يقوم بها التلميذ أو فريق من التلاميذ في ضوء قواعد معينة يتبعها بقصد إنجاز مهمة محددة ، وقد تتضمن نوعا من التنافس البريء بين تلميذين أو فريقين من التلاميذ لبلوغ الهدف العلمي المراد تحقيقه. وتستخدم الألعاب التعليمية ليس فقط، لإثارة اهتمام التلاميذ ، وزيادة دافعيتهم للعمل ، ولكن لمعاونتهم في

اكتساب عدد من الكفاءات بدءا من المهارات العلمية الأساسية ، وحتى مهارات حل المشكلات الأكثر تعقيدا.

ويمكن أن تفيد الألعاب التعليمية في تدريس العلوم من خلال:

✓ مساعدة التلاميذ ذوى المشكلات الخاصة، مثل بطيء التعلم ، ومن لديهم صعوبات في قراءة المصطلحات العلمية، وغير القادرين علي التركيز والاستماع المركز لشرح المعلم، والذين يثيرون بعض المشاكل في الانضباط أثناء الحصة .

✓ تساعد الألعاب التعليمية في تحويل التلاميذ السلبيين والانعزاليين إلي مشاركين إيجابيين من خلال التفاعل الاجتماعى أثناء اللعب.

✓ تساعد في تشخيص الصعوبات التى يواجها المتأخرين دراسيا عند دراستهم للعلوم.

✓ تساعد في التفكير المنظم الموجه نحو هدف محدد.

✓ تساعد في التكامل بين العلوم وبعض المجالات التعليمية الأخرى، ومن المهم أن تحمل اللعبة هدفا علميا في مجال العلوم ،ولا تكون لمجرد التسلية، أو الترفيه غير الهادف .

✓ صياغة اللعبة العلمية مرتبط بالمفهوم والمهارات المراد اكتسابها للتلميذ.

كما يجب على المعلم أن يراعي عند التدريس باستخدام الألعاب للمتأخرين دراسيا:

✓ اختيار الألعاب المناسبة .

✓ تكون اللعبة لهدف علمي محدد.

✓ لاتعطي التلاميذ ألعابا معقدة تزيد من انصرافهم عن تعلم العلوم من خلال هذه الألعاب ، كما لا تعطيهم ألعابا طفولية تجعلهم يشعرون بأنهم أطفالا.

٥-العرض المباشر :

وفي هذه الطريقة يجب على معلم العلوم مراعاة الآتي عند استخدام هذه الطريقة :

✓ لاتتوقع من التلميذ المتأخر دراسيا أن يقرأ كتاب العلوم بنفسه . لذا يفضل القيام بقراءة التعليمات، وعرض أسلوب العمل قبل أن يترك التلميذ يعمل بنفسه، فيصاب بمزيد من الإحباط.

✓ يمكن للمعلم أن يغير كتابة بعض المفاهيم العلمية والمعادلات الكيميائية بلغة أبسط.

✓ تصميم أوراق عمل تتضمن أنشطة علمية مبسطة، بجانب الكتاب الأصلى لمقرر العلوم، لإعادة التدريس أو لمزيد من التوضيح ، والتبسيط.

✓ عدم زيادة التدريبات حتى لا يفشل الطلاب في إكمال البرنامج التعليمي في العلوم ، بل قم بالتدرج في التدريبات لإشعار التلميذ بإمكانية النجاح .

✓ التركيز على مفهوم علمي واحد، أو مهارة واحدة في العرض الواحد.

- ✓ تقديم مقرر العلوم فى صورة وحدات تعليمية مصغرة متتابعة .
- ✓ لاتطيل مدة الشرح ،حتى لا يفقد المتأخر دراسيا التركيز و الاستماع لفترة طويلة.

٦-التعليم عن طريق الاكتشاف لذوي صعوبات التعلم والمتأخرين دراسيا:

التعليم عن طريق الاكتشاف يعنى ببساطة أن التلميذ يصل بنفسه إلى معلومة معينة أو علاقة معينة دون أن يعطيها له المعلم مباشرة ، ويفيد هذا النوع من الخبرة فى أن ما يتعلمه التلميذ يكون له معنى عنده ، كما أنه لا ينساه بسهولة، بل يحتفظ به فى ذاكرته مدة أطول .

وتُعوِّد هذه الخبرة التلميذ على أن يتعلم كيف يتعلم ، ويمكن أن يحدث ذلك بأن يجهز المعلم مواقف تعليمية تمثل حالات خاصة للعلاقة المستهدفة.

***مثال في العلوم لتعلم العلوم بالاكتشاف :**

عنوان الدرس: تركيب المادة:

أهداف الدرس: بعد انتهاء التلميذ من دراسة هذا الموضوع ينبغي أن يكون قادرا على :

- ✓ تعرف وحدة بناء المادة.
- ✓ تعرف مفهوم الذرة .
- ✓ أن يقارن بين جزيئات المادة المختلفة.

المواد المطلوبة :

نماذج لجزيئات بعض المواد الصلبة ، والسائلة، والغازية .

المحتوى :

- الجزيء أصغر وحدة من المادة يمكن أن يوجد منفردا ،ويحتفظ بخواصها.
- تتكون كل مادة من وحدات صغيرة تسمى ذرات لا ترى بالعين المجردة.
- جزيئات المادة الواحدة متماثلة ،وتختلف جزيئات أى مادة عن أى مادة أخرى.
- يتكون الجزيء من وحدات أصغر تسمى ذرات .
- الذرة هى أصغر وحدة بنائية تشترك فى تركيب جزيء المادة ولا توجد غالبا على حالة انفراد.

إستراتيجية	النشاط الظاهر	العمليات الذهنية	أسئلة تثير التفكير
١- استيعاب المفهوم. ١- التعداد والتذكر	١- أن يعدد المتعلم النماذج التى يلاحظها ويتعامل معها.(جزيئات لمواد صلبة – سائلة – غازية)	- الملاحظة للنماذج التى يراها – يلمسها. - استحضار خبرات معرفية سابقة لديه فى النماذج والأشكال والصور والمجسمات - استحضار الخبرات المعرفية المرتبطة بالمادة.	- عدد الأشكال التى أمامك على الديسك (الترابيزة) ؟ - من يعرف هذه المجسمات (صلبة – سائلة – غازية)؟ - من يصف ما يلاحظ فى الأشكال التي أمامك؟

إستراتيجية	النشاط الظاهر	العمليات الذهنية	أسئلة تثير التفكير
٢- التصنيف فى مجموعات	-جزيئات لا نمسكها. -المعطرات-الغازات – السوائل -جزيئات نمسكها: -المواد الصلبة.	- التعرف على الحقائق المشتركة - ربط الأفكار. - التعرف على خصائص الأشياء القابلة للإمساك وغير القابلة للإمساك. - التفكير فى المظاهر المميزة . - استحضار المميزات ذهنيا.	- انظر النماذج والصور التى أمامك (نماذج لجزيئات مواد (صلبة – سائلة – غازية). - ماذا تتضمن الصور والنماذج؟ - من يستطيع عمل نماذج والتعرف على جزيئات المواد مثل التى أمامكم ويطبق ذلك على المواد المتوافرة مثل السكر – العطر – قطعة خشب. - صنفوا هذه الأشياء لجزيئات صلبة – سائلة – غازية معا على السبورة.
٣- التبويب والتسمية (العنونة)	- الجزيئات الصلبة متماثلة. - الجزيئات السائلة متماثلة. - الجزيئات الغازية متماثلة.	التعرف على الخصائص المشتركة لجزيئات المادة المتشابهة. - ربط الأفكار. - التعرف على خصائص جزيئات المادة الصلبة و السائلة و الغازية - التفكير فى المظاهر المميزة . - استحضار المميزات ذهنيا. - استحضار اسم جزيئات المواد التى تتصف بخصائص التماسك وعدم التماسك.	- ما اسم جزيئات المواد التى نشمها؟ - ما اسم جزيئات المواد التى نلمسها؟ - ما اسم جزيئات المادة الواحدة؟. - ما اسم الوحدات الأصغر التى توجد فى الجزيء؟ - ما اسم الأجزاء الصغيرة التى تتكون منها المادة؟
٣- إستراتيجية تفسير المعلومات ١- تحديد العلاقات الموجودة.	- يطرح المعلم أسئلة مثيرة للتفكير بحيث تقود التلاميذ إلى التعرف على معالم وخصائص معينة فى المعلومات التى يتم اختيارها . ومن خلال قراءة التلاميذ للدرس والتعرف على خصائص المادة يقوم المعلم بالإجراءات التالية : - المعلم :ماذا لاحظتم فى المعمل ؟ - التلاميذ :لاحظنا نماذج مختلفة لجزيئات بعض العناصر (نماذج لجزيئات متنوعة). - المعلم :من لاحظ شيئا آخر؟. -التلاميذ: لاحظنا اختلاف جزيئات المواد المختلفة ،وتشابه جزيئات المادة الواحدة. - المعلم هل تعرفتم على شكل جزيئات المواد المختلفة لجزيئات العناصر المختلفة .(صلبة – سائلة – غازية). - التلاميذ:نعم :جزيئات المادة الواحدة متشابهة وجزيئات أى مادة تختلف عن جزيئات أى مادة أخرى. - جزيء كل مادة يتكون من وحدات أصغر تسمى ذرات. - المعلم: من تعرف على شكل آخر لجزيئات المادة الغازية . - التلاميذ : نحن تعرفنا على خاصية جزيئات المواد الغازية – الصلبة – السائلة. - ماذا نستفيد من تركيب المادة؟		

المادة / المتغيرات	الصلبة	السائلة	الغازية
الجزيئات	متماسكة ومتشابهة	متماسكة إلى حد ما ومتشابهة	غير متماسكة ومتشابهة
الوحدات	ذرات	ذرات	ذرات
خواص المادة	تحتفظ بخواصها	تحتفظ بخواصها	تحتفظ بخواصها
الفائدة	تماسك الأشياء وحملها	الاحساس بالطعم الحلو لبعض المواد فى الحياة	انتشار رائحة العطر فى أكبر جزء ممكن من أماكن التواجد.

إستراتيجية	النشاط الظاهر	العمليات الذهنية	أسئلة تثير التفكير
٢- اكتشاف العلاقات الجديدة	١-أن يذكر التلاميذ الرابطة بين تركيب المادة وشكل الجزيئات لها. ٢-أن يذكر التلميذ أوجه الشبه وأوجه الاختلاف بين تركيب جزيئات المواد المختلفة.	- ما الذى يربط جزيئات المواد المتشابهة معا. - كيف ترتبط جزيئات المواد الواحدة معا. - ما الملامح غير الظاهرة فى جزيئات المادة الواحدة التى تجعلها مختلفة عن غيرها..	- حدد الرابطة بين تركيب المادة وتماسك جزيئاتها ؟ - اذكر أوجه الشبه وأوجه الاختلاف بين تركيب جزيئات المواد المختلفة (الصلبة- السائلة – الغازية)

يطلب المعلم من التلاميذ شرح الفقرات الواردة بالدرس التى تم التعرف عليها ثم ربطها ببعضها . وهنا يتعرف المعلم على أساس هذه العلاقات التى تم اعتمادا عليها ربط الأشياء معا وتحديد العلاقات السببية ،وهى علاقة غير واضحة أو متضمنة فى الدرس .

✔ المعلم : هل تتشابه جزيئات المادة الواحدة ؟ وهل تختلف؟.

إستراتيجية	النشاط الظاهر	العمليات الذهنية	أسئلة تثير التفكير
٣- الوصول إلى الاستدلالات	١- أن يعدد التلميذ الاستدلالات التى تم الوصول إليها . ٢- أن يعدد التلميذ ما يستدل عليه من أهمية تشابه جزيئات المادة الواحدة. ٣- أن يذكر التلميذ العلاقة السببية في التشابه والاختلاف . ٤- أن يعدد التلميذ العوامل المؤثرة في التشابه والاختلاف بين جزيئات المواد المتشابهة ، وجزيئات المواد المختلفة.	- أن يستقرىء التلميذ الأشياء التى لاحظها.. - أن يربط التلميذ الأشياء التى يلاحظها ليستدل على أشياء جديدة . - أن يلاحظ التلميذ ملاحظة متعمقة العلاقة بين جزيئات تركيب المادة الواحدة . - توضيح العلاقات السببية بين الأشياء المتشابهة والمختلفة. - استحضار العوامل التي يمكن أن تؤثر في عملية التشابه والاختلاف بين جزيئات المادة الواحدة والمواد المختلفة. ...	- شاهد أمامك نماذج لجزيئات المواد الصلبة والسائلة والغازية ؟ - ماذا يعنى ذلك؟. - ماذا تستدل من ذلك؟. - بين العلاقات بين جزيئات المواد الصلبة والسائلة والغازية ؟

طرق تعليم ذوي الاحتياجات الخاصة

بعد تأكد المعلم من اكتشاف التلاميذ لعلاقات جديدة وعلاقة بين الأسباب والنتائج المتضمنة .

- ✓ المعلم: هل لموقع المعمل أثر في التعرف على إنتاج نماذج لأنواع مختلفة من جزيئات المواد المختلفة والتعرف على أشكال جزيئات المواد المختلفة.
- ✓ كيف يمكن أن يؤثر ذلك على إنتاج نماذج لأنواع مختلفة من جزيئات المواد المختلفة ، ويقدم المعلم مساعدات لتلاميذه من أجل تشجيعهم على إعطاء استدلالات ،وتخمينات ذكية ،ويطلب منهم التفكير فيما وراء المعلومات التي توجد في بنيتهم المعرفية ، ويصلون إلى استدلالات مبنية على بيانات مرتبطة بخصائص تركيب المادة.
- ✓ ما الصورة التي تخطر بذهنك عندما تذيب قليلا من مسحوق السكر في الماء؟.
- ✓ ما الذي تستنتجه من اختفاء مسحوق السكر في الماء؟.

إستراتيجية	النشاط الظاهر	العمليات الذهنية	أسئلة تثير التفكير
٣- إستراتيجية تطبيق المبادئ ١- صياغة افتراضات وتنبؤات	**وتتم هذه الإستراتيجية باستخدام المعلومات التي جمعها التلاميذ لحل المشكلة التي طرحها المعلم. ويتطلب ذلك تشكيل جمل خبرية بين متغيرات متضمنة فى الموقف ،أو تنبؤات أو افتراضات، اعتمادا على ما تضمنه الجدول الاسترجاعى من المعلومات أو السؤال الذى يمكن طرحه.** **- ما الذى يمكن أن يحدث لو أن.........؟** **- ما الذى يمكن أن يحدث لو تم سحق قالب من السكر وتذوقته ، ثم قارنت بين طعمه وطعم السكر قبل السحق؟** **- هل كل جزيئات المواد المختلفة متماسكة ؟** **- هل تتحرك جزيئات المادة الغازية؟**		

جدول استرجاعى

الحدث	النتيجة
- طحن كمية من بلورات السكر أو الملح - فتح زجاجة عطر أو غاز. -ذوبان مسحوق السكر أو الملح فى الماء	- تجزئة المادة إلى أجزاء أصغر فأصغر. - انتشار رائحة العطر والغاز فى معظم أجزاء المكان. - اختفاء المسحوق فى الماء والناتج له طعم حلو أو مالح حسب المادة المذابة (طعم السكر – طعم الملح)

<table>
<tr><th>إستراتيجية</th><th>النشاط الظاهر</th><th>العمليات الذهنية</th><th>أسئلة تثير التفكير</th></tr>
<tr><td>٢- إستراتيجية شرح التنبؤات والفرضيات</td><td colspan="3">وتهدف هذه الإستراتيجية إلى تزويد التلاميذ بخبرات متعددة التنبؤات بهدف إتاحة الفرصة أمام التلاميذ لاستخدام التعميمات التى تم تطويرها فى مواقف جديدة مع تعزيزها وتعميق معانيها ، ويحتاج المتعلم فى هذه المرحلة إلى كمية كبيرة من المعلومات والخبرات المتعلقة بالخبرة التى يعالجها . ويظهر أهمية دور المعلم فى حث تلاميذه فى الحصول على المعلومات والخبرات اللازمة فى هذا المجال.
* المعلم : هل لبعض المواد أهمية فى انتشار جزيئات المادة الغازية؟
- من حاول المقارنة بين جزيئات المادة الصلبة والسائلة والغازية.
- هل هناك علاقة بين تماسك المادة وانتشار جزيئاتها؟
- حدد هذه العلاقة؟
- ما العلاقة بين تماسك المادة وانتشار جزيئاتها ؟
- من يلخص أهمية المواد الغازية؟
* <u>النشاط الظاهر:</u> أن يشرح التلميذ ما وصل إليه من فرضيات ويفند ما وصل إليه من تنبؤات.
- إن الجزيء هو أصغر جزء من المادة يمكن أن يوجد منفردا ويحتفظ بخواصها ، ولذلك فهو وحدة بناء المادة.
* <u>العمليات الذهنية:</u> - يستحضر التلميذ ذهنيا الخبرات التى تتجمع للتوصل إلى فرضية.
- يستحضر التلميذ ذهنيا الخبرات التى تتجمع للتوصل إلى تنبؤات.
- يولد التلميذ ذهنيا علاقات بين الفرضيات .
- استحضار مجموعة من الخبرات لتوضيح التنبؤات أو الافتراضات التى تم فيها ربط العلاقة بين المتغيرات.
- الأجزاء الصغيرة التى تتكون منها المادة جزيئات .
*<u>أسئلة مثيرة للتفكير:</u> - لماذا تعتقد أن المواد مثل رائحة العطر - الغاز - مواد متطايرة؟.
- ما الذى يوضح وجود علاقة بين جزيئات المادة الصلبة ؟
- لماذا يعد استعمال جزيئات المادة الصلبة أمرا صعبا لو لم يكن هناك سائلا؟
- كيف تكون جزيئات المادة ذات قيمة؟.
- على ماذا تستدل من موضوع الدرس لدعم التفسير المتعلق بأن جزيئات المادة الواحدة متشابهة؟.</td></tr>
<tr><td>٣- التحقق من التنبؤات والافتراضات وتجريبها</td><td colspan="3">* <u>الإجراءات :</u>
- يمكن أن يستخدم المعلم الأسئلة المتعلقة بمحتوى الدرس ، ويتم ذلك بطرح عدد من التساؤلات التالية:
- ما الفائدة من تشابه جزيئات المادة المتشابهة؟
- ما أثر ذلك على جزيئات المواد المختلفة؟
- ما ضرورة ذلك في حياة الإنسان؟ .
- من يخبرنا لو لم يكن هنا تشابها لجزيئات المادة الواحدة .فماذا نفعل؟.
- ماذا لو وجدنا مذابا(مسحوق السكر أو الملح) ولم يوجد مذيبا(ماء).
* * <u>النشاط الظاهر:</u> -التحقق من التنبؤات والافتراضات وتجريبها.
- عندما نذيب مسحوق السكر فى الماء تتذوق طعما حلوا.
- الطعم الحلو ذو قيمة عظيمة.
- يجرب التلاميذ التنبؤات والفرضيات التى توصلوا إليها.
- يصف التلميذ ما توصل إليه من التجريب والتأكد.
* <u>العمليات الذهنية:</u> - استخدام المبادئ المنطقية أو المعرفة المرتبطة بالحقائق لتحديد الظروف والشروط الضرورية .
- هو افتراض أن الجزيئات الصغيرة جدا لا ترى بالعين المجردة ، ولا يوجد لها رائحة ماذا نفعل؟
- استحضار حالة وجود مواد ذات رائحة - مواد ليست لها رائحة.
- يفكر التلاميذ بالعلاقة المنطقية فيما توصل إليه التلاميذ من فرضيات وتنبؤات.
- يستحضر التلميذ الخبرات المرتبطة بالحقائق المتعلقة بتركيب المادة.
*<u>أسئلة مثيرة للتفكير :</u> - ماذا تحتاج حتى يمكن القول أن هذا صحيح بشكل عام أو محتمل أنه صحيح؟
- من توصل إلى نتيجة في اختبار العلاقة بين جزيئات المادة الواحدة؟
- -مذاب + مذيب = جزيئات.
- ماذا تفعل للتأكد من تركيب جزيئات المادة؟
- ماذا تفعل للتعرف على جزيئات المادة الواحدة؟</td></tr>
</table>

إن استخدام طريقة الاكتشاف يفيد في تعليم العلوم كما يلي:

✓ يفيد المتأخر دراسيا، لأنه يتضمن تنشيط التفكير والعمليات العقلية لكل تلميذ كما في المناقشات الجماعية ، فإذا كان المتفوقون يحتاجون إلى مساعدة قليلة من المعلم فإن المتأخرين دراسيا قد يحتاجون إلى الكثير من التوجيه والمعونة من المعلم .

✓ يساعد المعلم من خلال هذه الطريقة ، المتعلم بإعطاء أسئلة مفتاحية تقود إلى التقدم بطريق الحل ، ويعطى معلومات إضافية، ويقترح طرقا أخرى، أو مزيد من الأفكار التى تسهم فى تسهيل وتيسير عمل التلميذ المتأخر دراسيا

✓ يستطيع المتأخرون دراسيا القيام باكتشافات ولكن فى خطوات صغيرة حيث يتوقف الأمر على تنظيم المعلم للنشاط، وما يطلبه من التلاميذ بحيث يطلب اكتشافات صغيرة خطوة بخطوة فى باتجاه الاكتشاف العام

✓ يولد الاكتشاف اهتماما بالعلوم، ويزيد من واقعية التلاميذ، ولكنه يستغرق وقتا طويلا، مما لو قام المعلم بالعرض مباشرة .

٧-التدريس المعملى :

تعنى كلمة "المعمل"أو المختبر مكانا مجهزا للدراسة التجريبية فى أحد العلوم أو لإجراء اختبارات أو تحاليل .

كما تعنى مكانا تتوافر فيه فرص التجريب، والمشاهدة، والاستنتاج ، أو التدريب ، فى مجال من مجالات الدراسة العملية فى العلوم.

والتعريف السابق يعطينا وصفا لطبيعة ووظيفة معمل العلوم ، والتدريس المعملى، يؤكد مفهوم "التعليم عن طريق العمل" وفي مرحلة التعليم الابتدائى بالذات، وهى مرحلة العمليات المحسوسة ، يحتاج التعليم فيها إلي أن يكون من خلال الأشياء الملموسة التى تنتمى إلي عالم الطفل الحقيقى ، فوجود التعليم المحسوس، يساعد في إعطاء معنى ومدلول للتمثيل الرمزى للمفاهيم، حيث يمر تعلم المفاهيم بالمراحل التالية:

✓ محسوسات – نصف محسوسات – مجردات .
✓ نقطة البدء، التعامل مع الأشياء المحسوسة(خبرات مباشرة بأشياء فيزيقية).
✓ مرحلة انتقالية خبرات نصف محسوسة (أشكال بيانية – مصورات).
✓ نقطة النهاية خبرات مجردة (رموز – مصطلحات).

وهذا يعنى أن يعد المعلم درسه ، بطريقة تمكن طلابه من الاندماج فى خبرات من خلال أشياء محسوسة معدة خصيصا للتوضيح، أو التعرف علي، أو كشف فكرة علمية معينة ،وليكن قياسا لطول معين أو إجراء عمليات وزن، أو تكمله معادلة كيميائية.

بعد ذلك يتحرك باتجاه التعبير، بصورة أو شكل ، ثم يأتى بعد ذلك يعبر بالكلمة أو الرمز (وبذلك يكون للرمز معنى في البنية المعرفية للمتعلم.
وفي هذا الإطار إذا استخدم المعلم التدريس العملي بكفاءة ، فإنه يمكن أن يوفر للمتعلمين:

✓ فرصة التفكير العلمى الصحيح، وأساليب حل المشكلات بصفة عامة والتخطيط للعمل بدءا من تحديد المطلوب إلي استخدام ما هو متاح والتحقيق من صحة ما يصل إليه إلي الانشغال ببعض الأنشطة التي قد تكون ابتكارية.

✓ إن خبرة التعلم العملية لابد وأن تكون جزءا مشتركا من استراتيجيات تدريس العلوم في جميع المراحل التعليمية ، فقد تستخدم في نشاط جماعى للفصل كله ،أو مجموعة صغيرة ، أو لطالب بمفرده، يكلفه المعلم ببعض الأنشطة العملية لتوضيح العلاقات العلمية المتشابهة.

✓ يحتاج معمل العلوم إلي أدوات علمية، وأوراق قص، ولصق، وأوراق مقواه وقطع خشب أبلكاج ،وأسلاك ، وأدوات لصق، ونماذج ومجسمات لبعض الأشكال المجسمة، ولوحات مصورة، وأوراق عمل عليها تعليمات لكل تجربة أو نشاط معلمى يكلف من خلاله معلم العلوم طلابه اليام بهذا النشاط. ومن الممكن دراسة احتياجات كل منهج من أدوات معملية.

ويحب علي المعلم عند التدريس المعملى للمتأخرين دراسيا ، مراعاة ما يلي:

✓ اندماج وتفاعل نشط للتلاميذ ، فالمعمل يوفر الحركة والتفاعل والتركيز العقلى

✓ العمل في المعمل يمكن الطلاب المتأخرين دراسيا من التحكم، وضبط أنشطتهم ، وضبط بيئة التعليم.

✓ أن التعامل في المعمل مع المجسمات والنماذج تجسد المفاهيم العلمية.

✓ أن المعمل يوفر خبرات تعلم متبادلة بين الأقران ، كما يجد التلاميذ فرصا للإسهام، مما يزيد تقديرهم لذواتهم.

٨-طريقة تحسين القدرات القرائية في العلوم للمتأخرين دراسيا :

توجد بعض المظاهر الواضحة لدي المتأخرين دراسيا أثناء القراءة أو الكتابة منها :
✓ حذف أو إضافة بعض الكلمات من أو إلي الجملة المقروءة أو حذف جزء من الكلمة.

✓ إبدال بعض الكلمات أو الأحرف لكلمة قد تحمل نفس المعنى .
إعادة قراءة بعض الكلمات أكثر من مره عند قراءة الجملة .

✓ قلب وتبديل الأحرف بطريقة عكسية .

طرق تعليم ذوي الاحتياجات الخاصة

✓ صعوبة التميز بين الأحرف كتابةً ولفظاً .

✓ صعوبة في تتبع مكان الوصول في القراءة والانتقال إلى السطر الذي يليه.

✓ السرعة الكبيرة أو البطء في الانتهاء من المهام المكلفين بها .

✓ كتابة الكلمات بطريقة معكوسة .

✓ كتابة الكلمات من اليسار إلى اليمين في اللغة العربية .

✓ كتابة الكلمات من اليمين إلى اليسار في اللغة الانجليزية .

✓ عدم الكتابة على السطر .

✓ عدم معرفة الأرقام ذات الاتجاهات المعاكسة .

✓ عكس الأرقام الموجودة في الخانات .

✓ صعوبة في استيعاب المفاهيم ،خاصة العلمية منها.

وفي هذا الإطار يمكن لمعلم العلوم عند استخدام طريقة تحسين القدرات القرائية للمتأخرين دراسيا ، مراعاة ما يلي:

✓ تحسين القدرات القرائية في العلوم عند المتعلمين المتأخرين دراسيا. ولكى ينجح التلميذ في أى مرحلة لابد وأن يكون قد أنجز كل المراحل السابقة.

✓ إن قراءة العلوم يجب ألا تفصل أو تعزل عن تنمية مفاهيمها.

✓ يجب تنمية مهارات قراءة ودراسة العلوم.

✓ وضوح كل كلمة وكل رمز علمي.

✓ يجب التدريب على قراءة(الجداول – الأشكال البيانية – الأشكال التخطيطية العلمية – الأمثلة العلمية).

✓ التأكيد على أهمية التفكير في خطوات الحل وكل جزء من العمل .

✓ مراعاة القراءة و التفكير ووجود توضيحات إضافية .

✓ قد يحتاج الأمر لقراءات سابقة لفهم ما يقرأ حالياً .

✓ تجنب العلاقات وربطها بين الكثير من المتغيرات، والمفاهيم العلمية والمهارات العلمية من فروع مختلفة.

✓ صعوبة الاعتماد على تذكر حقائق علمية متفرقة دون فهم.

✓ تحسين مقروئية كتب العلوم.

✓ تكوين ثروة لغوية مناسبة للتلميذ في مجال العلوم.

٩- التقويم و علاقته بالتأخر الدراسي :

إن عملية التقويم لا تتناول جانباً واحداً مـن جوانب التلميـذ ، بـل تمتـد لتشمـل جميـع جوانب النمو المعرفي، والجسمي، والاجتماعي ... ، وهي عملية أشمـل مـن أن تكون عملية قياس لجوانب النمو ، ثم رصد درجة هذا النمو ، وإنما تمتـد لتشمل أيضاً دراسـة العوامل التي أدت إلى ضعف هذا النمو في جانب ما والبحث عن أفضل الحلول الممكنة للتخلص من أسباب هذا الضعف. وهكذا يستمر التقويم ملازماً للعملية التعليمية، حيث ينتقل من التشخيص إلى وصف العلاج، بمعنى أن التقويم يجب أن يمتد، ليشمل تقويم نمو التلاميذ وتقويم كل العوامل التي تؤثر في المنهج المدرسي، كالنواحي الإدارية، والمباني والأجهزة، والمعامل ،والمعلمين ،والأنشطة،والإدارة، كما يمتد ليشمل العلاقـة التي تـربط المدرسة بالبيئة .

وبما أن التقويم عملية تشخيصية علاجية، فيمكننا استخدام نتائج تقويم التلاميذ في الكشف عن حالات التأخر الدراسي بقصد رعايتهم في مناحي حياتهم العلمية والمهنية والبيئية.

ومن مقتضيات التقويم السليم لتعليم العلـوم للمتأخرين دراسيا مـن واقع مسؤولية الإدارة المدرسية ما يلي:

✓ أن تدرك إدارة المدرسة أن التقويم - في حـد ذاته - وسيلة وليس غايـة وعـن طريقه يمكنها توجيه العملية التربوية توجيهاً سليماً صحيحاً.

✓ أن تمارس عمليـة التقويم منـذ بـدء العام الـدراسي وتستمر في متابعته حتى نهايته.

✓ أن تتسم عملية التقويم بالموضوعية ، بمعنى عدم خضوع التقويم في تـدريس العلوم للنواحي الذاتية أو الشخصية ،بل عليها مراعاة الصالح العام للعمل التربوي .

✓ تنـوع أسـاليب تقويم العمل المـدرسي ، بمـا فيهـا تعليم العلـوم ، وأن تحسـن استخدامها حتى تؤدي فاعليتها ويتحقق الغرض منها .

✓ شمول عملية التقويم لجميع الطلاب المتأخرين دراسيا.

✓ أن تتعاون إدارة المدرسة مع غيرها من أجهزة المتابعة الميدانية ، لتحقيق الغايـة من التقويم، باعتباره عملية تعاونية يشترك في إتمامها أكثر من فرد وأكثر مـن هيئـة تربوية .

✓ تقويم العمل المـدرسي في ضوء الأهداف الموضوعة، ومنها أهداف تـدريس العلـوم ، وإجراء تعديلات كلمـا لـزم الأمـر ، وإعـادة النظر في أساليب ممارسـة العمليات التربوية والتعليمية ، والأخذ بما يقلل من فاقد التعليم (الهدر التعليمي) ويحقق عائداً أكبر .

مراجع الفصل السادس :

١. جابر عبد الحميد جابر(١٩٩٨).التدريس والتعلم،الأسس النظرية ، الاستراتيجيات والفاعلية ، القاهرة ، دار الفكر العربي.

٢. حامد عبدالعزيز الفقي(١٩٨٧). التأخر الدراسي (تشخيصه وعلاجه) ، دار الثقافة للطباعة والنشر، عالم الكتب.

٣. رجاء حمود أبو علام(١٩٨٣) الفروق الفردية وتطبيقاتها ،دار القلم، الكويت

٤. رشاد صالح دمنهوري(١٩٩٥) التنشئة الاجتماعية والتأخر الدراسي "دراسة في علم النفس الاجتماعي التربوي "، الإسكندرية ، دار المعرفة الجامعية.

٥. سالم ، كمال سالم (١٩٨٢).الفروق الفردية لدى العاديين وغير العاديين.

٦. طلعت حسن عبدالرحيم (١٩٨٣). سيكولوجية التأخر الدراسي ، القاهرة ، دار الثقافة للطباعة والنشر .

٧. فتحى مصطفى الزيات (١٩٩٦).سيكولوجية التعليم بين المنظور الارتباطى والمنظور المعرفى ،القاهرة :دار النشر للجامعات.

٨. فتحى مصطفى الزيات (١٩٩٧).الأسس البيولوجية والنفسية للنشاط العقلى المعرفى المعرفة والذاكرة الابتكار،سلسلة علم النفس المعرفى ،٣،القاهرة :دارالنشر للجامعات.

٩. فتحي مصطفى الزيات (١٩٩٨). صعوبات التعلم "الأسس النظرية والعلاجية" ، القاهرة ، دار النشر للجامعات .

١٠. كمال عبد الحميد زيتون(٢٠٠٢).تدريس العلوم للفهم رؤية بنائية ،القاهرة: عالم الكتب.

١١. محمد عبد الرحيم عدس (١٩٩٩). تدني الإنجاز المدرسي أسبابه وعلاجه ، دار الفكر .

١٢. نبيل علي عبد الله (٢٠٠٥). التأخر الدراسي أسبابه و علاجه .متوفر علي الانترنت.

13.   Bohland, M.(2003). Problem Based Learning: Mystery Disease. U.S.; California.

14.   Bracey, G.(2002). Test Scores, Creativity, and Global Competitiveness. **Phi Delta Kappan**. Vol.83, N.10, P.738-39 .

15.   -Eisent,E.W.(1985).The Educational Imagination :on the Design and Evaluation of School,s programs (2nd)New York,NY:Macmilan Publishing Company.

16.   -Gilbert,J.& Osborn ,R.(1980 A).The Use of Models in Science and Science Teaching **.European Journal of Science Education** ,V,2,N,1,Pp.89-102.

17.   Good,T.L.&Brphy,J.E.(1987).Looking in Class room (4th ed). New York, NY:Harper&Fow.

18.   Goodland,J.(1984).Aplace Called School. New York,:NY Mc Graw.Hill.

19. -Hasting ,S &Nicholas ,C. (1991).The Development and Testing of Measures to Assess Science Concept and Process Acquisition in First ,Second and Third Grade Students. **Science Education** .Vol.12 ,N.1 ,P.30.

20. -Jensen ,E. (1998). Teaching With the Brain in Mind . Association for Supervision and Curriculum Development . Alexandria ;Virginia ,USA .

21. -Jones, G. ; Langrall,C.& Thornton C.(1995). A Framework for Assessing Young Children's Thinking in Probability. A Paper Presented at the Seventh Annual Meeting for the Psychology of Mathematics Education .Columbus ,Oh ,October 21-24.

22. **-Kossan , N.(1981) Developmental Differences in Concept Acquisition Strategies ,** Child Development , **Vol. 52 , N. 1 , Pp : 280-298.**

23. -Lawson ,A (1991).Hypothetic – Deductive Reasoning Skills and Concept Acquisition :Testing a Constructivist Hypothesis .**Journal of Research in Science Teaching** ,Vol.28 , N.10 ,Pp.53-72.

24. -Lawson ,A.(1993).Deductive Reasoning ,Brain Maturation And Science Concept Acquisition :Are They Linked ? **Journal of Research in Science Teaching** ,Vol.30 ,N.9 ,Pp.1029-1051 .

25. -Lawson, A.(2001). Promoting Creative and Critical Thinking Skills in College Biology. Bioscene. Vol.27 , N.1, P.13-24.

26. -Meador ,K. (2003).Thinking Creatively About Science :Suggestions For Primary Teachers ,Science Education ,Vol.26 ,N.1 ,P23-29.

27. -Wasa,C.(Ed).(1983).Curriculum Planning :A new Approach (4th ed).Bewton in Class and Bacon.

28. Williams.P.J(1983).THE Biology of Behavior. In G.Hass(ed) .Curriculum Planning A New Approach (4th ed) .Newton, MA: Alcyme and Bacon.

✱✱✱✱✱✱✱

الفصل السابع

((الموهوبين والفائقين ، فئاتهم، وطرق الكشف عنهم))

- مقدمة.
- مفاهيم الموهوبين والفائقين.
- طرق قياس وتشخيص الموهوبين والفائقين.
- خصائص الطلاب الموهوبين والفائقين وطبيعة تعلمهم.
- الفائقين وخصائص تعلمهم دراسيا.
- العلاقة بين الموهبة والذكاء في تدريس العلوم.
- مبادئ رعاية الموهوبين في تدريس العلوم.
- كيف تكسب ثقة الموهوب.
- طرق وأدوات الكشف عن الموهوبين في تدريس العلوم.
- نظريات تفسير طبيعة الذكاء للموهوبين والفائقين.

الفصل السابع :

• الموهوبين والفائقين ، فئاتهم ، وطرق الكشف عنهم

• مقدمة :

لقد أصبحت العناية بالفائقين والموهوبين، والكشف عنهم ودراستهم، ومعرفة خصائصهم ومشكلاتهم، وحاجاتهم، وظروف تنشئتهم من الاهتمامات الجوهرية في المجتمعات النامية ، ناهيك عن المجتمعات المتقدمة. ويأتي اهتمام الدولة والتوجيه نحو هذه الفئة من منطلق أنها فئة ذهبية وثروة قومية تشكل رأس مال غاليا وثمينا ، بالإضافة إلى أنه أفضل أنواع الاستثمار الذي يساعد الأمة على النمو والتقدم حاضرا ومستقبلا".

• أولا : الموهوبين :

أ -من هو الموهوب ؟

إن المتعلم الموهوب في رأي جماعة من المربين هو الذي يتصف بالامتياز المستمر في أي ميدان هام من ميادين الحياة .

وفي تعريف آخرهو من يتمتع بذكاء رفيع يضعه في الطبقة العليا التي تمثل أذكى ٢% ممن هم في سنه من الأطفال ، أو هو المتعلم الذي يتسم بموهبة بارزة في أية ناحية .

وقد أجمع معظم الباحثين والعلماء على أن الموهوب هو الذي يمتاز بالقدرة العقلية التي يمكن قياسها بنوع من اختبارات الذكاء التي تحاول أن تقيس :

- القدرة على التفكير والاستدلال .
- القدرة على تحديد المفاهيم اللفظية .
- القدرة على إدراك أوجه الشبه بين الأشياء والأفكار المماثلة .
- القدرة على الربط بين التجارب السابقة والمواقف الراهنة .

ومن التعريفات المشهورة للموهوب ما أوردته الجمعية الأمريكية القومية للدراسات التربوية(١٩٥٨)،حيث ذكرت أن المتعلم الموهوب " هو من يظهر امتيازاً مستمراً في أدائه في أي مجال له قيمة " .

كما استخدم مصطلح الموهوبين كل من فليجلر وبيش(١٩٥٩)" الموهوبون هم من تفوقوا في قدرة أو أكثر من القدرات الخاصة " .

ويعرف القانون الفيدرالي الأمريكي الموهوبين"بأنهم الذين يشخصون في مرحلة ما قبل المدرسة، أو مرحلة المدرسة الابتدائية، أو الثانوية على أنهم يمتلكون إمكانات أو قدرات بارزة فكرية، أو إبداعية، أو أكاديمية، أو قيادية، أو أنهم يمتلكون هذه الإمكانيات، والقدرات في مجالات الفنون البصرية، أو الأدائية وبذلك فإنهم بحاجة إلى خدمات ورعاية خاصة، لتطوير هذه الإمكانات والقدرات إلى حدها الأقصى".

و تتفق المعاجم العربية والإنجليزية على أن الموهبة تعتبر قدرة أو استعداداً فطرياً لدى الفرد ، أما من الناحية التربوية والاصطلاحية، فهناك صعوبة في تحديد وتعريف بعض المصطلحات المتعلقة بمفهوم الموهبة ، وتبدو كثيرة التشعب ويسودها الخلط ، وعدم الوضوح في استخدامها ، ويعود ذلك إلى تعدد مكونات الموهبة ، ومع ذلك سننقل بعض التعاريف التي تقاربت حولها وجهات النظر للمصطلحات الآتية:

ب-تطور مفهوم الموهبة في ضوء المصطلحات التالية:

١-العبقرية :

قوة فكربة فطرية من نمط رفيع كالتي تعزى إلى من يعتبرون أعظم المشتغلين في أي فرع من فروع الفن ، أو التأمل أو التطبيق ، فهي طاقة فطرية وغير عادية ، وذات علاقة بالإبداع التخيلي ، وتختلف عن الموهبة.

وقد استخدم تيرمان وهولنجورث اصطلاح العبقرية للدلالة على الأطفال الذين يملكون ذكاءً مرتفعاً ، حيث اعتبر تيرمان كل تلميذ من أفراد العينة التي قام على دراستها ومتابعتها حوالي ٣٥ عاماً ، حصل على + ١٤٠ نقطة ذكاء في اختبار" ستانفورد بينيه" في عداد العباقرة .

٢-الموهبة :

سمات معقدة تؤهل الفرد للإنجاز المرتفع في بعض المهارات والوظائف والموهوب هو الفرد الذي يملك استعداداً فطرياً وتصقله البيئة الملائمة ، لذا تظهر الموهبة في الغالب في مجال محدد، مثل الموسيقى أو الشعر أو الرسم وغيرها .

٣-الإبداع :

إنتاج الجديد النادر المختلف المفيد فكراً أو عملاً ، وهو بذلك يعتمد على الإنجاز الملموس .

٤-الذكاء :

هو القدرة الكلية العامة على القيام بفعل مقصود ، والتفكير بشكل عقلاني والتفاعل مع البيئة بكفاية . فالذكاء قدرات الفرد في عدة مجالات ، كالقدرات العالية في المفردات والأرقام ، والمفاهيم، وحل المشكلات، والقدرة على الإفادة من الخبرات ، وتعلم المعلومات الجديدة .

٥-التميز :

المتميزون كما يعرفهم مكتب التربية الأمريكي : هم الذين يتم الكشف عنهم من قبل أشخاص مهنيين ومتخصصين ، وهم الذين تكون لديهم قدرات واضحة ومقدرة على الإنجاز المرتفع .

٦-التفوق التحصيلي :

يشير إلى التحصيل العالي ، والإنجاز المدرسي المرتفع

كما أن التحصيل الجيد، قد يعد مؤشرا على الذكاء ، ويعرف المتفوق تحصيليا بأنه الطالب الذي يرتفع في إنجازه، أو تحصيله الدراسي بمقدار ملحوظ فوق الأكثرية ، أو المتوسطين من أقرانه .

ويعرف الموهوب بأنه محصلة لثلاثة مجموعات من السمات الإنسانية، تتمثل في :

أ- القدرات العامة :

✓ مستوى عال من التفكير التجريدي .
✓ التفكير المنطقي اللفظي والرياضي .
✓ العلاقات المكانية .
✓ الذاكرة طويلة الأمد .
✓ الطلاقة اللفظية (الفصاحة .)
✓ التكيف في المواقف والبيئات الجديدة .

ب- مستوى عال من الرغبة والحماس والتفاني في أداء الواجب :
(HIGH TASK COMMTMENT): لديهم القدرة على مواجهة الصعاب، وحـل المشكـلات، ولا يرضون بالقليل، بل يطمحون إلى الامتياز، وجودة وإتقان العمل.

جـ-الإبداع (CREATIVITY) : ويتمثل في القدرات التالية:

✓ الطلاقة (FLUENCY) .
✓ المرونة (FLEXIBILTY).
✓ الأصالة (ORIGINALITY) .
✓ غريزة حب الاستطلاع (CURIOUSITY) .
✓ التطوير (التفاصيل ELABORATION) .

● **ثانيا : قياس وتشخيص الموهوبين**

أ- تحديد الموهوب :

تعتبر عملية تشخيص الأطفال الموهوبين عملية معقدة تنطوي على الكثير من الإجراءات، والتي تتطلب استخدام أكثر مـن أداة مـن أدوات قيـاس وتشخيص الأطفال الموهوبين ، ويعود السبب في تعقد عملية قياس وتشخيص الأطفال الموهوبين إلى تعدد مكونات أو أبعاد مفهوم المتعلم الموهوب ، والتي أشير إليها في تعريف المتعلم الموهوب ، وتتضمن هذه الأبعاد القدرة العقلية ، والقدرة الإبداعية والقدرة التحصيلية ، والمهارات والمواهب الخاصة ، والسمات الشخصية والعقلية. ومن هنا كان من الضروري الاهتمام بقياس كـل بعد من الأبعاد السابقة ويمثل الشكل التالي(13) الأبعاد التي يتضمنها مفهـوم المـتعلم الموهوب ، وأدوات القياس الخاصة به .

✓ القدرة العقلية : مقاييس القدرة العقلية.
✓ التحصيل الأكاديمي: مقاييس التحصيل الأكاديمي.
✓ القدرة الإبداعية : مقاييس الإبداع .
✓ السمات الشخصية والعقلية: أحكام المدرسين.

وفيما يلي عرض لهذه الأدوات :

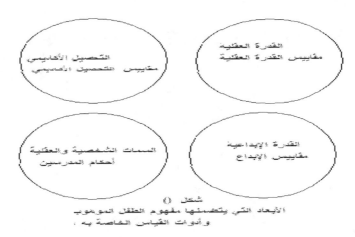

شكل ()
الأبعاد التي يتضمنها مفهوم الطفل الموهوب
وأدوات القياس الخاصة به .

١-مقاييس القدرة العقلية :

تعتبر القدرة العقلية العامة المعروفة، مثل: مقاييس ستانفورد ـ بينية ، أو مقياس وكسلر، اللذان يعدان من المقاييس المناسبة في تحديد القدرة العقلية العامة للمفحوص ، والتي يعبر عنها عادة بنسبة الذكاء، حيث تبدو قيمة مثل هذه الاختبارات في تحديد موقع المفحوص على منحنى التوزيع الطبيعي للقدرة العقلية ، ويعتبر المتعلم موهوبا إذا زادت نسبة ذكائه عن انحرافين معياريين فوق المتوسط .

٢-مقاييس التحصيل الأكاديمي :

تعتبر مقاييس التحصيل الأكاديمي الرسمية ، من المقاييس المناسبة في تحديد قدرة المفحوص التحصيلية ، والتي يعبر عنها عادة بنسبة مئوية ، وعلى سبيل المثال تعتبر امتحانات القبول أو الثانوية العامة ، أو الامتحانات المدرسية من الاختبارات المناسبة في تقدير درجة التحصيل الأكاديمي للمفحوص ويعتبر المفحوص متفوقا من الناحية التحصيلية الأكاديمية إذا زادت نسبة تحصيله الأكاديمي عن ٩٠ % .

٣-مقاييس الإبداع :

تعتبر مقاييس الإبداع أو التفكير الابتكاري أو المواهب الخاصة من المقاييس المناسبة في تحديد القدرة الإبداعية لدى المفحوص ، ويعتبر مقياس تورانس للتفكير الإبداعي والذي يتألف من صورتين : اللفظية والشكلية ، من المقاييس المعروفة في قياس التفكير الإبداعي، وكذلك مقياس تورانس وجيلفورد للتفكير الابتكاري ، والذي تضمن الطلاقة في التفكير ، والمرونة في التفكير ، والأصالة في التفكير ، ويعتبر المفحوص مبدعا إذا حصل على درجة عالية على مقاييس التفكير الإبداعي أو الابتكاري .

✓ القدرة العقلية : مقاييس القدرة العقلية.

✓ التحصيل الأكاديمي: مقاييس التحصيل الأكاديمي.
✓ القدرة الإبداعية : مقاييس الإبداع .
✓ السمات الشخصية والعقلية: أحكام المدرسين.

وفيما يلي عرض لهذه الأدوات :

تعتبر مقاييس السمات الشخصية والعقلية التي تميز ذوي التفكير الابتكاري المرتفـع عـن غيرهم وأحكـام المدرسـين ، مـن الأدوات المناسبة في التعـرف عـلى السـمات الشخصية ، العقلية ، المتمثلة في: الطلاقة، والمرونة، والأصالة في التفكير ، وقوة الدافعية، والمثابرة ، والقدرة على الالتزام بأداء المهمات، والانفتاح على الخبرة .

كما تعتبر أحكام المدرسين مـن الأدوات الرئيسية في التعرف عـلى الأطفـال الموهوبين أو الذين يمكن أن يكونوا موهوبين، والذين يتميزون عـن بقية الطـلاب العـاديين ، وتتكون أحكام المدرسين من خلال ملاحظة المدرس للطلاب في المواقـف الصفية واللاصفية ، فقد يجمع المدرس ملاحظات حول مدى مشاركة الطالب الصفية ، وطرحه لنوعية معينـة مـن الأسئلة ، واستجابته المميزة ، واشتراكه في الجمعيات العلمية ، وتحصيله الأكاديمي المرتفـع ، وميوله الفنية ، والرياضية والعلمية الخ .

ب -خصائص الطلاب الموهوبين وطبيعة تعلمهم في مجال العلوم :
هناك العديد من الخصائص التي تميز الفرد المتفوق بالمقارنـة مـع كـل مـن هـو في فئتـه العمرية ، والمتمثلة في التفوق في:
✓ المفردات .
✓ القراءة والتعبير اللغوي العام .
✓ المهارات الكتابية .
✓ الذاكرة ، وسرعة التعلم ،و مرونة التفكير .
✓ المحاكمات المجردة .
✓ التفكير الرمزي، والقدرة على التعميم والتبصر .
✓ الاهتمام بالغموض والأمور المعقدة .
✓ التخطيط والتنظيم .
✓ الإبداعية والخيال الإبداعي .
✓ الجدة والأصالة ،و حب الاستطلاع .
✓ الحس المرهف بالطبيعة والعالم .
✓ المدى الواسع من المعلومات .
✓ الاهتمامات الجمالية التذوقية .
✓ الانتباه للتفاصيل .
✓ الأداء المتميز .
✓ الإنجاز المدرسي المتفوق .
✓ الانتباه والتركيز .

✓ المثابرة .

✓ نقد الذات .

✓ الفطنة والجد .

✓ الحماس وحب الخبرات الجديدة .

✓ الاتزان الانفعالي.

✓ لديه أفكار وحلول للمشكلات.

✓ سريع البديهة وقوي الذاكرة.

✓ حب الاستكشاف.

✓ يشارك في معظم الأنشطة.

ومن الخصائص العامة التي يتميز بها الموهوبين أيضا:

✓ يتعلمون القراءة مبكرا (قبل دخول المدرسة أحيانا ولديهم ثروة مفردات كبيرة).

✓ يتعلمون المهارات الأساسية أفضل من غيرهم، وبسرعة، ويحتاجون فقط إلى قليل من التدريب

✓ أفضل من أقرانهم في بناء الفكر، والتعبير التجريدي واستيعابه.

✓ أقدر على تفسير التلميح، والإشارات من أقرانهم.

✓ لا يأخذون الأمور على علاتها ، غالباً ما يسألون كيف ؟ ولماذا ؟.

✓ لديهم القدرة على العمل معتمدين على أنفسهم عند سن مبكرة ولفترة زمنية أطول.

✓ لديهم القدرة على التركيز والانتباه لمدة طويلة.

✓ غالباً ما يكون لديهم رغبات وهوايات ممتازة وفريدة من نوعها

✓ يتمتعون بطاقة غير محدودة .

ج-الخصائص الإبداعية للموهوبين في تدريس العلوم:

يتميز الموهوبين بمجموعة من الخصائص الإبداعية ، منها أنهم مفكرون:

✓ قادرون على التصور لعدد من الاحتمالات، والنتائج، والأفكار التي لها علاقة بالموضوع المطروح للنقاش.

✓ مرنون قادرون على طرح بدائل واختيارات، واقتراحات عند اشتراكهم في حلول المشاكل.

✓ لديهم القدرة والإبداع، والربط بين المعلومات، والأشياء، والأفكار، والحقائق التي تبدو وكأنها ليس لها علاقة ببعضها.

✓ مجتهدون وجادون في البحث عن الجديد من الخطوات، والأفكار، والحلول.

✓ مفكرون لديهم الرغبة، وعدم التردد في مواجهة المواقف الصعبة والمعقدة، ويبدون نجاحا في إيجاد الحلول للمواقف الصعبة .

✓ لديهم القدرة على التخمين الجيد، وبناء الفرضيات أو الأسئلة مثل ماذا لو؟

✓ يُعرفون باندفاعيتهم وحدسهم داخل نفوسهم ويبدون حساسية عاطفية تجاه الآخرين

د-الخصائص التعليمية للموهوبين والفائقين: يتميز الموهوبين والفائقين بالعديد من الخصائص التعليمية ، منها أنهم :

✓ يتصفون بقوة الملاحظة لكل ما هو مهم، وكذلك رؤية التفاصيل المهمة.
✓ غالبا ما يقرؤون الكتب والمجلات المعدة للأكبر منهم سنا.
✓ يستمتعون كثيرا بالنشاطات الفكرية.
✓ قادرون على التفكير التجريدي وابتكار وبناء المفاهيم.
✓ يتمتعون بنظرة ثاقبة لعلاقات الأثر والمؤثر.
✓ محبون للنظام والترتيب في حياتهم العامة.
✓ قد يستاءون من الخروج على الأنظمة والقواعد.
✓ يتميزون بحب الأسئلة لغرض الحصول على المعلومات كما هي، لقيمتها الحياتية

✓ يتميزون بسرعة ملاحظة التناقض والتضارب في الآراء والأفكار.
✓ يتميزون بالإلمام بكثير من المواضيع واسترجاعها بسرعة وسهولة.
✓ يستوعبون المبادئ العلمية بسرعة، وغالبا ما تكون لديهم القدرة على تعميمها على الأحداث أو الأشياء.
✓ يتميزون باكتشاف أوجه الشبه والاختلاف وكشف ما يشذ عن القاعدة.
✓ غالبا ما يقسمون المفاهيم المعقدة والمجردة، ويجزئونها إلى مكوناتها الأساسية، ويعملون على تحليلها وفق نظام معين.

هـ -الخصائص السلوكية للموهوبين : يتميز الموهوبين بالعديد من الخصائص السلوكية ، منها أنهم:

✓ يتمتعون بالرغبة لفحص الأشياء الغريبة وعندهم ميل وفضول للبحث والتحقيق
✓ يتصرفون بطريقة منظمة ذات هدف وفعالية، وخاصة عندما تواجههم بعض المشاكل.
✓ يتمتعون بالحافز الداخلي للتعلم والبحث، وغالبا ما يكونون مثابرين ومصرين على أداء واجباتهم بأنفسهم.
✓ يستمتعون بتعلم كل جديد وتصميم الأشياء بطريقة جديدة.
✓ قادرون على الانتباه والتركيز أطول من أقرانهم.
✓ أكثر استقلالية وأقل استجابة للضغط من زملائهم.
✓ يتكيفون مع الآخرين حسب ما تقتضيه الحاجة.
✓ يخفون قدراتهم أحيانا حتى لايبدون شاذين بين أقرانهم.
✓ غالبا ما يكون لديهم الإحساس الواضح والحقيقي حول قدراتهم وجهودهم.

و- الخصائص التعليمية للموهوبين في تدريس العلوم:
قد يبدو هؤلاء الأطفال عنيدين أو مستهترين بأهمية نجاحهم في المدرسة حتى إنهم يشكلون تحديًا للآباء والمدرسين.

ومـع ذلـك يلاحـظ أن هـؤلاء الأطفـال المبـدعين يسـهمون بكفـاءة في المجتمع، عبر ميادين العلوم والفنون، وذلك بقدرتهم على التفكير غير المألوف أو بشكل مختلف عن الآخرين.

ولكن مع مرور الوقت يمكن أن يتعلم المدرسون كيفية التعرف على المفكرين المبدعين، فهناك خصائص تعليمية واضحة، منها :

- ✓ التفكير المختلف: فعلي الرغم من أن الطلاب المبدعين يدخلون البهجة والسرور على قلوب الكبار، لكنهم أحيانًا يحيرونهم، فعندما يطلب منهم المدرس توضيح الإجابة يبدو الواحد منهم أحيانًا غير واثق منها، أو غير قادر على شرح الكيفية التي توصل بها إلى الحل أو ربما غير مقتنع بها أحيانًا .
- ✓ القلق: يظهر على الطلاب المبدعين نوع من القلق، وذلك إذا طلب منهم توضيح كل خطوة من خطوات عملية التبرير لمعرفة معنى تصرفاتهم .
- ✓ التأمل: يميل المبدعون إلى أحلام اليقظة، ويتوقفون أحيانًا عن واجباتهم والمشاركة في الدرس، وربما كانوا مزعجين ومسببين للفوضى .
- ✓ صعوبة التنبؤ بأفعالهم: من الصعب التنبؤ بأفعال الطلاب المبدعين، أو متى سيثير موضوع معين اهتمامهم .
- ✓ حب الهوايات: يستمتع الموهوبين بالهوايات والأنشطة أو الأشياء التي تثير انتباههم، خاصة التي يختاروها بأنفسهم، مثل: كتابة الشعر، أو القصص، أو دراسة التاريخ.
- ✓ يتميزون بميول غير عادية لاستخدام الحاسوب.
- ✓ عدم الالتزام: رغم تمتع الموهوبين بالذكاء الشديد في بعض النواحي، إلا أنهم لا ينتبهون في بعض الأحيان للتفاصيل، وعادة لا نرى من ورائهم جدوى في التزامهم بالمواعيد النهائية لإنجاز شيء ما، فالإدارة الجيدة للوقت ليست من سماتهم، لذلك يحتاج إلى استراتيجيات خاصة لمساعدة الطلاب في الاستمرار في العمل والإنجاز .
- ✓ النقاش المفتوح: يميل الموهوب دائما إلى النقاش المفتوح والحوار المتصل ولاشيء يغضبه أكثر من اختصار النقاش للقيام بمراجعة أخرى، أو يطلب منه التقيد، والامتثال، لذا يعيش المبدعون على تجارب تعليمية مفتوحة النهاية، أو تلك التي لا تحتاج إلى إجابة، أو حل، أو طريقة استكشاف واحدة .

ويمكن التعرف على معظم هؤلاء الطلاب، بملاحظة استعدادهم لتحدي الافتراضات، والمسلمات ودراسة الأمور من وجهات نظر مختلفة .

ل-الخصائص النفسية والاجتماعية للموهوبين والفائقين :

تم وصف المتعلم الموهوب بأنه: المتعلم الذي تصل نسبة ذكائه إلى (١٣٥-١٤٠) ، وتتوافر لديه قدرات فائقة في التحصيل والاستيعاب ، بما لايتناسب مع سنه وعقليته أي المرحلة العمرية التي يمر بها .

ومن الخصائص النفسية والاجتماعية التي توصف بأنها طبيعية لدى الأشخاص من فئة الموهوبين والفائقين :

✓ الأفكار المعقدة والعميقة .
✓ العواطف الحادة (المتطرفة).
✓ طرح العديد من الأسئلة .
✓ الحساسية الشديدة .
✓ حب الفضول .
✓ حب التحدي .
✓ توافر قدر كبير من الطاقة .
✓ حس غير مألوف من روح الدعابة .
✓ الإثارة والغضب من الظلم .
✓ البحث عن معنى للحياة.
✓ الشعور بالحزن والأسى تجاه العالم .
✓ الاتصال الروحي بالحياة .
✓ البحث عن القواعد والسلطة .
✓ التحلي بالمعتقدات الأخلاقية الصحيحة.
✓ الاعتداد بالنفس .

وعلي الرغم من اختلاف العوامل والأسباب، والمداخل والمقدمات، إلا أن الموهوبين والفائقين، وأقرانهم من المصابين بعاهات حسية (عقلية، وبدنية) يشتركون في مظاهر سلوكية نفسية، وانفعالية، واجتماعية تميزهم عن غيرهم ، منها:

✓ عدم النضج الوجداني والعاطفي، متمثلاً في الحساسية، حدة المشاعر.
✓ يعانون الخوف من المجهول، والقلق والشعور بالذنب(الإثم)، والاهتمام بالموت، والميل للوحدة.
✓ الشعور بالغربة، والاكتئاب، وإدراك كبير للظلم والنفاق.
✓ الافتقار المعرفي.
✓ حدة النقد الذاتي لأنفسهم، وردود الفعل المبالغ فيها عند نقد الآخرين لهم.
✓ الشعور بالإحباط في بعض الأحيان عند إدراك الإخفاق.

وقد أثبتت الأدبيات التربوية أن حاجة الموهوبين والفائقين إلى الرعاية والاهتمام، لاتقل عن حاجة الفئات الأخرى من ذوي الاحتياجات الخاصة، وأن الإخفاق في مساعدتهم لبلوغ أقصى طاقاتهم؛ ربما يعتبر مأساة لهم وللمجتمع على حد سواء ، حيث إنهم طالما ينتمون إلى مجتمع ذوي الاحتياجات الخاصة فمن حقهم أن يحصلوا على فرص تربوية تنسجم مع قدراتهم، واستعداداتهم انطلاقًا من نفس المنطق الذي يُستخدم لتبرير إدخال تعديلات على البرامج التربوية العامة لحل مشكلة الطلاب الذين يقعون في أدنى سلم القدرة العقلية أو الذين يعانون من صعوبات ، أو عجز في التعلم .

● **ثالثا : الفائقين : المفهوم والخصائص :**

أ- تعريف الفائقين في ضوء الخصائص السلوكية:

حدد الكونجرس الأمريكي تعريفاً للمتفوقين بأنهم التلاميذ الـذين يـتم التعـرف علـيهم في مرحلة ما قبـل المدرسـة أو المرحلـة الابتدائيـة أو الثانويـة، ولـديهم قـدرات سـواء كانـت ظـاهرة أم كامنـة، وتشـير إلى أداء عـال في الإمكانـات العقليـة والابتكاريـة، والأكاديميـة، والقيادية، والفنون البصرية، والآدائية، والذين يحتاجون إلى خدمات خاصة لا توفرها لهم المدارس العادية (Kitano & Kirby, 1996).

ويرى (Acuerman, 1997) أن الفائقين هم الذي تدل تحليلات التبـاين عـن تميزهم في الخصائص السلوكية العقلية والنفس حركية.

كما يرى قسم التربية بنيويورك الأطفال الفائقين بـأنهم الـذين يظهرون مجموعـة مـن الخصائص السلوكية التي تـدل عـلى قـدرة عاليـة مـن القدرات التاليـة: Van-Tassel,) (1996

✓ القدرة العقلية العامة.
✓ القدرة الإبداعية العالية.
✓ القدرة على التحصيل الأكاديمي المرتفع.
✓ القدرة على القيام بمهارات متميزة كالمهارات الفنية أو الرياضية أو اللغوية.
✓ القدرة على المثابرة والالتزام والدافعية العالية.

كما يرى المجلس القومي للتعليم والبحث العلمي والتكنولوجيا أن المتعلم المتفـوق هـو الذي يتعلم بقدرة وسرعة تفوق بقية الأطفال المساوين له في العمـر الزمنـي، وهـو يعبـر عن هذه القدرة الفائقة بسرعة التعليم في مجال الفنون أو المجالات الأكاديميـة أو أي مجالات أخرى. (مركز تطوير تدريس العلوم والرياضيات والتكنولوجيا، ٢٠٠٠).

وعرف رجال التربية الفائقين عقلياً بأنهم مـن يصـلون في تحصيلهم الـدراسي إلى مسـتوى يضعهم أفضل ١٥% أو ٢٠% من المجموعة التي ينتمون إليها، وهم أصحاب المواهب في العلوم والرياضيات والمجالات الميكانيكية والقيادية ... إلخ. (المـؤتمر القومـي للموهـوبين، ٢٠٠٠).

وبتحليل التعريفات السابقة يتضح عدم وجود تعريف محـدد للأطفـال الفـائقين متفـق عليه بين المتخصصين في مجـال التفـوق، وذلـك لأن تحديد تعريف الفائقين ينـتج عـن أهداف المجتمع وأولوياته كمحددات في انتقاء الفئة التي تحقـق تلـك الأهـداف، ولكـن بعد استقراء التعريفات السابقة يمكن القول بأن المتعلم الفائق يتميز بالخصائص التالية:

✓ يفوق أقرانه العاديين في المستوى العقلي.
✓ لديه قدرات عقلية عالية.

✔ قادر على أداء معظم عمليات العلم الأساسية والتكاملية.

✔ يربط بين النظرية والتطبيق.

✔ يبلغ مستوى ذكائه ١٢٠ فأكثر.

ب-خصائص تعلم الموهوبين والفائقين دراسيا :

إن الموهوب والمتفوق في تعلمهما لا يسيران بالضرورة وفق التسلسل المنطقي لخطوات التعلم للوصول إلى نتيجة ما ،حيث إنه من المنطقي أن يقفز الموهوب والمتفوق عددا من الخطوات المنطقية، وأن يقلل الهوة بينها بسرعة ليصل إلى النتيجة ، في الوقت الذي لا زال المعلم يسير حسب الخطوات التسلسلية لحل المشكلة . وغالبا ما يقود إصرار المعلم على طريقته في الوصول إلى الاستنتاجات إلى خلق الملل والرتابة عند المتعلم المتفوق في أفضل الأحوال .

إن تعليم الموهوب، و المتفوق يقتضي التركيز على تعليمهما كيفية التعلم من ناحية ، وعلى اعتماد الطرق الاستكشافية في التعلم من ناحية أخرى ، حتى يصبحا مستقلين في تعلمهما ، كما أن تشجيع التعلم الاستكشافي لديهما وما يرتبط معه من إثارة ، واستمتاع، وإشباع،فإن ذلك يساعدهما علي تعميم هذا النتاج على شكل اتجاه عام في الحياة، ومن ثم يلزم مساعدتهما بذلك على التكيف الإيجابي مع نفسيهما، ومع المجتمع بشكل عام .

جـ-أشكال التفوق :

للتفوق مجموعة من الأشكال، منها:

✔ التفوق في مجال الذكاء العام .

✔ التفوق في مجال الرياضيات .

✔ التفوق في مجال العلوم .

✔ التفوق في مجال الهندسة .

✔ التفوق في مجال الفنون البصرية (الرسم ، النحت ، الخزف ، الديكور).

✔ التفوق في مجال اللغة .

✔ التفوق في مجال الرياضة .

✔ التفوق في مجال الإبداع .

د-الذكاء:

١-مفهوم الذكاء :

يختلف عامة الناس في نظرتهم للذكاء ، فبعضهم يصف الذكي بأنه ذو اليقظة وحسن الانتباه والفطنة لما يدور حوله أو ما يقوم به من أعمال ، ومنهم من يراه الشخص الذي يقدر عواقب أعماله، ولديه القدرة على التبصر ، ومنهم من يراه بأنه الشخص النبيه ... ومهما يكن من أمر هذه العبارات ، إلا أن عالم النفس ينظر إلى الذكاء بطريقة مختلفة عن تلك التي ينظر بها الآخرون إليه فالذكاء بالنسبة لعلماء النفس سمة يمتلكها كل الأفراد .

٢-تعريف الذكاء :

قدم علماء النفس على اختلاف مذاهبهم تعريفات شتى للذكاء ، بعضها يتعلق بوظائفه ، وبعضها يتعلق بالطريقة التي يعمل بها ، ونتيجة لهذا وجدت تعريفات متعددة لهذا المفهوم الهام، مما حدي ببعض الباحثين إلى دراسة هذه التعريفات، وتصنيفها إلى ثلاث مجموعات :

◄ **الأولى :** تؤكد على الأساس العضوي للذكاء : وهذه المجموعة تعرف الذكاء بأنه قدرة عضوية فسيولوجية تلعب العوامل الوراثية دوراً كبيراً فيها .

◄ **الثانية :** تؤكد على أن الذكاء ينتج من التفاعل بين العوامل الاجتماعية والفرد ، فالذكاء يعني القدرة على فهم اللغة والقوانين والواجبات السائدة في المجتمع ، وهنا تكون العوامل الاجتماعية هي العوامل المؤثرة في الفروق بين الأفراد في الذكاء .

◄ **الثالثة:** تمثل فئة التعريفات التي تعتمد على تحديد وملاحظة المظاهر السلوكية للحكم على ذكاء الفرد .

٣-طبيعة الذكاء :

الذكاء ينظر إليه كقدرة كامنة تعتمد على الوراثة وعلى النمو والتطور السليمين ، فالذكاء كقدرة كامنة يمكن تعديلها عن طريق الاستثارة بالمؤثرات البيئة المختلفة ، كما أن الذكاء يقف في عمر معين عند الفرد، وإن كان هناك اختلاف بين العلماء حول العمر الذي يقف فيه نمو الذكاء.

٤-نظريات تفسير طبيعة الذكاء للموهوبين والفائقين في تدريس العلوم :

◄ نظرية العاملين لسبيرمان : يري أن الذكاء ليس عملية عقلية معينة كالإدراك، والتفكير ، بل هو عامل عام أو قدرة عامة تؤثر في جميع العمليات العقلية بنسب متفاوتة يشترك معه عامل نوعية خاص . والعامل العام في رأيه يؤثر في جميع القدرات، والعمليات الجيدة من استدلال وابتكار، وتصور، وتذكر، وإدراك حسي، ولكنه يؤثر فيها بنسب مختلفة .

◄ نظرية العوامل المتعددة لثورنديك : يري أن الذكاء يتكون من مجموعة من العوامل أو القدرات المتعددة ، وللقيام بعملية عقلية ما يلزم تضافر عدد من القدرات المشتركة فيما بينها، على اعتبار أن هناك ارتباط بين كل عملية وأخرى ، ويرى ثورندايك أن العمليات العقلية هي نتاج لعمل الجهاز العصبي المعقد الذي يؤدي وظيفته على نحو كلي ومتنوع، بحيث يصعب وصفه على أنه مجرد امتزاج مقادير معينة من عام عامل وعوامل نوعية .

◄ نظرية العوامل الطائفية لثيرستون: يري أن الذكاء يتكون من عدد من القدرات العقلية الأولية ، وهذه القدرات مستقلة عن بعضها البعض

استقلالاً نسبياً لا مطلقاً، وأن بعض العمليات المعقدة يوجد بينها عامل رئيسي مشترك يدخل في عدد من العمليات ولا يدخل في البعض الآخر فمثلاً حتى نفهم الهندسة أو الجبر لا بد من تضافر القدرة العددية والقدرة على التصور البصري والقدرة على الاستدلال.

هـ-خصائص الذكاء:

للذكاء مجموعة من الخصائص، منها:

◄ نمو الذكاء: إن الذكاء يزداد بزيادة العمر، وأن هذه الزيادة هي السبب الذي جعل " بينيه " يتخذ من العمر العقلي وحدة لقياس الذكاء، كما اتخذ من نسبة هذا العمر إلى العمر الزمني دليلاً على تقدم المتعلم أو تأخره العقلي.

وفيما يختص بموضوع النمو العقلي أسفر استخدام اختبارات الذكاء عن بعض الحقائق أهمها:

✓ أن النمو العقلي لا يزيد بتقدم المتعلم في العمر، وإنما يكون هذا النمو سريعاً في السنوات الخمس الأولى من حياة المتعلم، ثم يبطؤ بالتدرج بعد ذلك.

✓ السن التي يقف عندها الذكاء: اختلف علماء النفس في تحديدهم السن التي يقف عندها الذكاء، فالبعض يري أن الذكاء يصل إلى أقصاه في سن(١٥ أو ١٦) سنة.

✓ بقاء نسبة الذكاء ثابتة: أسفرت إحدى النتائج الأساسية لاختبارات الذكاء أن نسبة الذكاء تبقى ثابتة بتقدم العمر.

✓ أن نمو الأذكياء أسرع من نمو العاديين والأغبياء: وهذه النتيجة مترتبة على النتيجة السابقة، وهي أن نسبة الذكاء تبقى ثابتة بتقدم المتعلم في العمر.

◄ توزيع الذكاء: عندما نطبق اختباراً في الذكاء في مجتمع ما على مجموعة عشوائية من أفراد هذا المجتمع، يلاحظ أن نسب الذكاء تتوزع بين الأفراد بحيث تتركز غالبيتهم حول المتوسط في جانب، ويتوزع الباقي على الجانبين المحيطين بهذا المتوسط، فما دون المتوسط في جانب ومافوقه في الجانب المقابل، ويتضاءل عدد الأفراد في كلا الجانبين كلما بعدنا عن المتوسط.

◄ تأثر الذكاء بالوراثة والبيئة: للذكاء علاقة بالوراثة والبيئة.

◄ الذكاء والتعلم المدرسي: إن الاتجاه العام الذي أسفرت عنه أغلب الأبحاث الخاصة بهذا الموضوع، هو إمكانية تحسين أداء الفرد في اختبارات الذكاء في حدود معقولة (١٠ درجات) نتيجة التعلم، وإن كان بعض الأبحاث قد وصل إلى نتائج مغايرة.

◄ علاقته بالمهنة .

◄ علاقته بالتكيف الخلقي .

*توزيع نسب الذكاء :

توزيع نسب الذكاء	نسبة الذكاء	التوزيع (%)
عبقري (أو قريب من العبقري)	فوق ١٤٠	٢٥
ذكي جداً	١٢٠ - ١٤٠	٦,٧٥
ذكي	١١٠ - ١٢٠	١٣,٠٠٠
عادي (متوسط)	٩٠ - ١١٠	٦٠,٠٠٠
غبي (أقل من المتوسط)	٨٠ - ٩٠	١٣,٠٠٠
غبي جداً	٧٠ - ٨٠	٦,٠٠٠
ضعيف العقل	أقل من ٧٠	١,٠٠٠

● **رابعا : العلاقة بين الموهبة والذكاء في تدريس العلوم:**

الموهوبين هم من تفوقوا في قدرة أو أكثر من القدرات الخاصة ، وقد اعترض البعض على استخدام هذا المصطلح في مجال التفوق العقلي والإبداع على أساس أن الاستخدام الأصلي لهذا المفهوم قصد به من يصلون في أدائهم إلى مستوى مرتفع في مجال من المجالات غير الأكاديمية ، كمجال الفنون والألعاب الرياضية، والمجالات الحرفية المختلفة، والمهارات الميكانيكية .

وهكذا كان يستخدم مصطلح الموهبة ليدل على مستوى أداء مرتفع يصل إليه فرد من الأفراد في مجال لا يرتبط بالذكاء ، ويخضع للعوامل الوراثية، مما أدى بالبعض إلى رفض استخدام هذا المصطلح في مجال التفوق العقلي والذكاء .

● **خامسا : مبادئ رعاية الموهوبين في تدريس العلوم :**

إن رعاية الموهوبين مهمة المجتمع قبل أن تكون مهمة المدرسة أو الدولة . لذا يجب علي القائمين علي رعايتهم ، ممن لهم صلة بالمجال التعليمي والتربوي تعرف المبادئ الرئيسة في علم رعاية الموهوبين ليتسنى القيام برعايتهم علي الوجه الأكمل . ويمكن تلخيص ذلك في النقاط التالية:

◄ تعرف ثقافة مفهوم الموهبة : تعج أدبيات رعاية الموهوبين بالعديد من التعريفات المقنعة للموهبة، ولكثرتها، فانه يمكن تصنيفها إلى مجموعات منها :

✓ تعريفات تعتمد على المقاييس الموضوعية : وهي تعريفات تعتمد على النسبة التي يحصل عليها الطالب من جراء تقدمه إلى مقياس من المقاييس الموضوعية، مثل مقاييس الذكاء أو الإبداع أو القدرات أو التحصيل . ومن ضمن هذه التعريفات ، تعريف يحدد الموهوبين بأنهم أفضل ١-٢% من المتقدمين إلى اختبارات مقاييس الذكاء.

✓ الاعتماد على التعريفات الرسمية : وهي تعريفات معتمدة رسميا ومنتشرة في مناطق دون أخرى ، حيث تمثل هذه التعريفات الصفات المرغوب فيها في منطقة محددة . بمعنى آخر انه ليس شرطا أن تكون صفات الموهبة المرغوبة في منطقة ما ، تلقى نفس الرغبة لدى مناطق أخرى.

✓ تعريفات تعتمد على السمات الشخصية و السلوكية للموهوبين : وهي قوائم تشمل عددا من الصفات السلوكية المرغوبة ، والتي يتم من خلالها تشجيع الفرد على أدائها.

✓ التركيز على الأداء الموهوب : وهي تشجيع الفرد مهما كان مستواه ، أن يبذل قصارى جهده على إتمام عمله بأفضل ما يستطيع ، وعلى التعامل مع المسائل البسيطة بطرق عظيمة ومختلفة .

◄ كيف تتعرف على الموهوب ؟ يخطئ الكثيرون عندما يعتقدون أنه يمكن التعرف على الموهوب من خلال نتائجه في مقياس واحد فقط ، حيث إن هذا لا يتيح الفرصة لجميع الأفراد على التعبير عن الموهبة التي وهبهم الله إياها ، خاصة تلك المواهب المتخصصة و الدقيقة جدا .

◄ أثبتت الأبحاث العلمية أهمية أسلوب المحكات المتعددة (أي استخدام عدد من المقاييس معا للتعرف على جوانب الموهبة لدى الموهوب قبل الحكم على أحقية الطالب لخدمات الموهوب من عدمه .

● سادسا : كيف تكسب ثقة الموهوب؟ لاكتساب ثقة الموهوب ينبغي عمل مايلي:

◄ تخصيص الوقت بشكل يومي أو أسبوعي للتعامل مع الموهوب ، والتعرف على حياته بشكل قريب حيث الميسرات ، ودعمها ، و المعيقات ، وأساليب تجاوزها .

◄ توفير الخدمة : وهي الخدمة المحدودة التي يحتاجها الموهوب .

لو كنت موهوبا ماذا أفعل ؟ لن نتمكن من خدمة الموهوب ، ما لم تتضح لنا جميعا موهبته ، واحتياجاته ، لذلك يلزم الاهتمام بالنقاط التالية:

✓ تعرف على نقاط القوة لديك. ادرسها بتمعن، طورها، تبناها.
✓ تعلم كيف تتخلص من نظرة الآخرين وتوقعاتهم.
✓ لا تقتل وقتك في محاولة إرضاء الآخرين : احرص على التعلم ، و إشباع كل ما من شأنه تطوير مواهبك . إن عملية إرضاء جميع الناس غاية لاتدرك .
✓ ابحث عن برامج إثرائية لتعزيز موقفك وإشباع رغباتك.
✓ البحث عن مهنة المستقبل

- **سابعا : طرق وأدوات الكشف عن الموهوبين في تدريس العلوم :**

هناك مجموعة من الطرق والأدوات للكشف عن الموهوبين، منها:

١-محك الذكاء : استخدم " تيرمان" مقياس (ستانفورد - بينيه) للذكاء حيث أشار إلي أن الموهوب والمتفوق عقلياً هو من يحصل على درجات على هذا المقياس بحيث تضعه أفضل ١% من المجموعة التي ينتمي إليها في ضوء مستوى الذكاء . ويعتبر هذا المحك المتعلم الفائق هو الذي يحصل على درجة عالية في اختبارات الذكاء للأطفال في مرحلة الرياض، كاختبار رسم الرجل، واختلف الباحثون في تحديد نسبة الذكاء للفائقين، حيث اعتبرها بعضهم ١١٥ فأكثر، واعتبرها بعضهم ١٢٠ فأكثر، واعتبرها البعض الآخر ١٤٠ فأكثر، واعتبرها آخرون أعلى نسبة ١٠% في عنية عشوائية يطبق عليها اختبارات الذكاء.

٢-محك التحصيل المدرسي : يشمل الذين يتميزون بقدرة عقلية عامة ممتازة ساعدتهم على الوصول في تحصيلهم الأكاديمي إلى مستوى مرتفع

٣-محك التفكير الابتكاري : ويعتمد هذا المحك على إظهار المبدعين والموهوبين من الأطفال الذين يتميزون بدرجة عالية من الطلاقة، والمرونة والأصالة في أفكارهم ، حيث يتم من خلاله الكشف عن الفرد المميز، وغير المألوف، وبيان مدى تباين الموهوب عن غيره في طريقة تفكيره . ويقيس هذا المحك ما يسمى بالتفكير التباعدي أو التفكير المنتج، ولا يوجد للسؤال أو المهمة إجابة صحيحة واحدة، حيث يعتبر البعض أن الأطفال لديهم قدرات عالية على التفكير الابتكاري، والبعض يستخدمها كأداة للكشف عن الأطفال الفائقين والموهوبين، إلا أن هذه الدلالات تفقد صدق وثبات مرتفعة، كما أنه يمثل أحد المحددات والمعايير فقط، وغير قادر على اكتساب بعض جوانب التفوق الأخرى، لذلك لابد من استخدام محكات أخرى، للكشف عن الفائقين في مرحلة الرياض، ومن أمثلة اختبارات التفكير الابتكاري التي تقيس قدرات التفكير الابتكاري في مرحلة الرياض هو اختيار التفكير الابتكاري لتورانس.

٤-محك الموهبة الخاصة : اتسع مفهوم التفوق العقلي ، ليشمل مجالات خاصة تعبر عن مواهب معينة لدى التلاميذ أهلتهم كي يصلوا إلى مستويات أداء مرتفعة في هذه المجالات .

٥-محك الأداء(الإنتاج): ويتمثل في قيام الفائقين بالأداء والإنتاج الفائق في مجال متخصص.

٦-قوائم الصفات السلوكية: وهي قوائم تبرز الخصائص السلوكية التي توحي بتميز المتعلم في خصائص سلوكية محددة ، و من أشهر هذه القوائم : " مقياس تقييم الصفات السلوكية للطلاب المتميزين " و التي تعرف

أيضا باسم " SRBCSS ": وهي من تأليف رنـزولي و هارتمـان وآخـرون ويقـيس هـذا المقيـاس صـفات عـدة لـدى الطالـب مـن أبرزهـا : الصـفات الإبداعيـة ، و الصـفات التعلمية ، والصفات القيادية، والصفات الدافعية .

٧-**الأعمال المتميزة :** يفرض عدد من الموهوبين أنفسهم بواسطة أعمالهم المتميـزة على الساحة العملية ، حيث تغطي هذه الأعمال مساحة شاسعة بدءا من الاختراعات العلمية، و حتى الأعمال المهنية. لقد أثبتت نتائج الأبحاث التطبيقية و أدبيات هـذا العلـم (الموهـوبين / وعلـم الإحصـاء) عـلى أهميـة اسـتخدام بطاريـة مـن المقـاييس الموضوعية و التقديريـة، وذلـك لضـمان سـلامة الاختيـار مدمجـة فـيما يعـرف باسـم المحكات المتعددة .

٨-**أسلوب الجدول :** أسلوب يقوم على أساس جمع البيانات (الموضوعية والتقديرية) عن جميع الطلاب (بيانات متكاملة)، يتم من خلاله ترشيح الطالب بموجب نتائج المقاييس المستخدمة للبرامج المناسبة. وعلي الرغم من جودة هذا الأسلوب ، إلا أن عليه بعض المآخذ، منها:

- ✓ أنها بحاجة إلى تجهيزات كبيرة (كالتجهيزات البشريـة المؤهلـة ، و المعـدات ومـا شابه ذلك.
- ✓ تحتاج إلى الكثير من الوقت مقارنة بالأسلوب السابق.

ومن مزايا هذه الطريقة:

- ✓ بناء قاعدة معلوماتية عن جميع الطلاب بشكل شبه دقيق.
- ✓ إمكانية تحديد جوانب القوة و الضعف لدى كل طالب.
- ✓ تخطيط البرامج الاثرائية و الداعمة بشكل دقيق وفاعـل لمقـرر العلـوم بصـورة كاملة.
- ✓ ترشيح الطلاب بشكل فاعل للأنشطة و البرامج.
- ✓ متابعة الطالب لإبراز الأداء الموهوب.

٩-**طرق التقييم الموضوعية :** تمتاز طرق التقييم الموضوعية بدرجة عالية من الصدق والثبات . بمعنى آخر هي الاختبارات التي جربت قبل استخدامها النهائي لعدد من العينات أو المجموعات تحت ظروف مقننة، واشتقت من معايير أو محكات .

◄ **ومن أهم اختبارات التقييم الموضوعي اختبارات الذكاء:** وهي اختبارات تقيس قدرة الفرد العقلية على اكتساب الحقائق، وتنظيمها، واستخدامها حيث تصنف إلي:

◄ **اختبارات الذكاء الفردية : وتتطلب وقتاً طويلاً لتطبيقها ، ومن أنماطها:**

- ✓ الاختبارات الأدائية : وهي اختبارات عملية لا تستخدم فيها اللغة .
- ✓ اختبارات شبه أدائية : وهي اختبارات لقياس ذكاء الكبـار وتتكـون مـن قسـمين أحدهما لغوي والثاني أدائي .

◄ **اختبارات الذكاء الجمعية** : علي الرغم من أنها تعطي فكرة عامة عن الأطفال ، لكنها قد لا تكشف عن الأطفال الذين يعانون صعوبات في القراءة أو من اضطرابات نفسية . ومن هذه الاختبارات :

✓ اختبار ألفا : وهو اختبار ذكاء جماعي لغوي أعد للمتعلمين .

✓ اختبار بيتا : وهو اختبار ذكاء جماعي أدائي (غير لغوي) صمم لقياس ذكاء الأميين .

◄ **اختبارات القدرات الخاصة (الاستعدادات)** : وهي اختبارات تبين ذكاء الأطفال الموهوبين ذوي القدرات الخاصة وتطبق اختبارات الاستعدادات في التعرف على الأطفال الموهوبين البارزين في الميادين الخاصة . ومن أهم اختبارات القدرات الخاصة :

✓ اختبارات القدرات اليدوية : وهي التي تتطلب السرعة والدقة في استغلال حركات اليدين والذراعين والتنسيق بينها .

✓ اختبارات المهارات الميكانيكية : وهي تلك القدرات التي يحتاجها الفرد في ميدان استخدام وصيانة الآلات وإصلاحها .

✓ اختبارات القدرات الكتابية : وهي ضرورة للنجاح في الأعمال الكتابية ، وهي تحتاج إلى السرعة، والدقة في الأداء.

١٠-**طريقة سكامبر Scamper** : تعد أداة من أدوات التفكير تعتمد على الأسئلة الموجهة والتي عادة ما تسفر عن أفكار جديدة. وهي اختصار للكلمات التالية: S substitute تبديل ، C combine ضم،A adapt. تكيف M modify حور، P put to other purpose وضع ، E eliminate امسح / اختزل ، R rearrange reverse اعكس .

وفيما يلي موجز لأدوات التفكير المتعلقة بهذه الطريقة:

◄ **أولا : التبديل substitute** : وتتمثل في تغيير قطعة من القطع الحديدية واستبدالها بقطعة أخرى من الخشب أو البلاستيك حيث يجب أن يكون التغيير إلى الأفضل.فعلي سبيل المثال قطعة الخشب أخف وأرخص. وأحياناً يسأل المرء نفسه هذا السؤال، ماذا يجب أن أغير حتى يتحسن الأداء؟

◄ **ثانيا : الضم combine** : ويعني ضم مفهومين أو أكثر مع بعضهما كإضافة بعض المواد لمنتج معين، لتحسين أدائه، وتطويره إلى الأفضل .

◄ **ثالثا : التكيف adapt** : ويعني تغيير بعض المواصفات، أو الخواص في منتج ما حتى يتكيف مع بيئة جديدة .

◄ **رابعا : التحوير modify** : ويعني تغيير بعض الأجزاء حتى تلائم موقف معين .

◄ **خامسا : ضع لغرض آخر put to anethor purpose** : ويقصد به استعمال شئ واحد لأكثر من غرض واحد،كاستخدام المكيف للتبريد والتدفئة .

◄ **وسادسا : الحذف أو المسح Eleminate:** ويقصد به الاستغناء عن خدمة أو قطعة في منتج ما، فمثلاً في البلاد الحارة يمكن أن تستغني عن أجهزة التدفئة، وفي القطب الشمالي يمكن أن تستغني عن أجهزة التكييف .

◄ **سابعا : العكس Rearrange/Reverse** : وتعني محاولة لتغيير الترتيب أو العكس ثم تنتظر بعض النتائج.

١١-نظرية الذكاء المتعدد : Multiple Intelligence : تعتبر نظرية جاردنر Howard Garduerمن النظريات المفيدة في معرفة أساليب التعلم وأساليب التدريس، حيث إنها تكتشف مواطن القوة والضعف عند المتعلم.

أ- الذكاء والذكاء المتعدد في تدريس العلوم :

إن المتصفح للموضوعات المتعلقة بالبحث في حقيقة الذكاء الإنساني، يلاحظ تنوع الرؤى حول طبيعة الذكاء وتعريفه ،حيث يمثل تعريف الذكاء صعوبة لدي السيكولوجيين والتربويين علي حد سواء (Shepard ,Fasko &Osborn,1999) . كما أشارستيرنبرج وكوفمان (Sternberg & Kaufman,1998,480) إلي أن دراسة الذكاء الإنساني أشبه بمباراة خطرة في عالم الواقع غير معلومة النهاية. كما يشير (Gardner,b,1999,81) إلي أن السيكولوجيين الذين يدرسون الذكاء يناقشون الذكاء من خلال التساؤلات التالية : هل الذكاء نوع واحد أم أنواع متعددة من القدرات العقلية المستقلة عن بعضها أو المعتمدة علي بعضها البعض؟. هل الذكاء وراثي؟ هل اختبارات الذكاء متحيزة ثقافيا ؟

إن التساؤلات السابقة تشير إلي أن هناك مدارس سيكولوجية قديمة (تقليدية) تؤمن بأحادية الذكاء أمثال (Jensen Spearman, ,Galton, Eysenck) ، بينما تؤمن المدارس الأخرى بنظرية الذكاء المتعدد أمثال(,Thurstone Sternberg Gardner,).

ومن المعالم الرئيسة للفلسفة القديمة للذكاء الواحد أن الذكاء طاقة عقلية عامة تنتظم في جميع أشكال النشاط العقلي بشكل عام، وهي موروثة في طبيعتها تتمثل إلي حد ما في فسيولوجيا المخ ،وأن كل فرد له طاقة محدودة ومستوي ثابت من الذكاء ،وأن محاولة زيادة هذا الذكاء تكون عملية صعبة أو مستحيلة (ames,2003,Sakamato&Tsai,2000;Howe,1997,39-40;Gonzalez,1996).

وعلي الرغم من ذلك، ووجهت هذه المدرسة بالعديد من الانتقادات، منها كما يري (Gardner,1993,24) أنها رؤية ضعيفة للعقل الإنساني وتخفق بشكل كبير في تفسير وفهم القدرات.

ويشير (Lawrence&Norman,2003) إلي أن معظم النظريات التي تؤيد التعددية العقلية تكد أن عقول المتعلمين أكثر من كونها درجة ذكاء

واحد IQ . من هذا النقد جاءت انطلاقات المدرسة الثانية التي تؤمن بالأنواع المتعددة للذكاء الإنساني.

وقد أشار العديد من منظري الـذكاء إلى العديد مـن الانتقادات للذكاء الأوحد ، حيث ظهرت في الآونة الأخيرة بعض التوجهات التي تشير إلى أن الذكاء ليس سمة واحدة ،بل عـدد مـن السمات المتنوعة،بالإضافة إلى أن الـذكاء لم يعـد مرتبطا بفئـة لفظي وغير لفظي،بل أصبح انعكاسا لـنماذج وأنماط متعددة مـن التعبير والسلوك (Fasko,2004 , ;Sweeder, Bednar & Ryan,1998).

وتعد نظرية الذكاءات المتعددة لـ (Gardner) واحدة من أكثر نظريات الـذكاء الحديثة انتشارا في الميدان التربوي والتعليمي ، حيث يرفض جاردنر فكرة الذكاء الأوحد كدال علي الطاقة العقلية ، مشيرا إلى وجود العديد من القدرات العقلية المستقلة إلى حد ما لـدي الفرد ،لكل منها خصائصه وسماته الدالة عليه ،حيث انطلقت هذه النظرية مـن أبحاث المخ البشري والمقابلات الشخصية، وعلم النفس المعرفي والـنمائي ، والإنسـاني ، والعصبي والدراسات المتعلقة بالشخصية.

ويشير (Gardner,1999,A) إلى أن هـذه الـذكاءات إمكانيـات بيولوجيـة ونفسية يمكن استخدامها وتنشيطها في المواقف الثقافية لحل مشكلات ، أو ابتكار نـواتج ذات قيمة في ثقافة ما ،أو عدة ثقافات،حيث تلعب الأطر الثقافية دورا مهما في هذه الذكاءات.

وقد بنيت نظرية "جاردنر" علي أساس الاعتقاد بأننا جميعا نملك قدرات مميزة ويمكن من خلالها أن نكون قادرين علي تعليم وتعلم معلومات جديدة وعلي الرغم مـن أن كـل منا يملك قدرات الذكاءات المتعددة ، إلا أنه لايوجد اثنان يمتلكانها بـنفس القدر، وذلك مثل بصمات الأصابع تماما (Gardner,2003.b) ؛لذا فإن ما يتعلق بتعليم الطلاب يوجب علي المعلمين تعديل أنماط التدريس؛ لتلبية حاجات الطلاب بشكل أفضل ،حيث إن التعلم من خلال خبرات متميزة ومتنوعة يتيح فهـما أفضـل للطلاب أنفسهم كمتعلمين مدي الحياة .

ويعد الذكاء أحد المفاهيم المجردة التي اختلف علماء نفس التربيـة في تحديدها ،حيث عرفه "وكسلر " بأنه القدرة الكلية لـدي الفرد علي التصرف الهـادف والتفكير المنطقـي ،والتعامل مع البيئة . كما حاول "جاردنر"(Gardner,1999,b) تقديم تعريـف للذكاء عندما قدم كتابه "أطر العقل "١٩٨٣ ،حيث عرف الذكاء بأنه القدرة علي حل المشكلات وابتكار نواتج جديدة ذات قيمة في موقف أو أكثر من المواقف الثقافية.

ويشير جاردنر (Gardner,1999,A,33) أنـه حـاول جـذب الانتبـاه إلي بعـض الحقائق الأساسية الموجودة في معظم نظريات الذكاء الأخـرى ، حيـث يـري أنهـا

تأخذ بعين الاعتبار مجال حل المشكلات ، وتتجاهل مجال ابتكار النواتج في تعريف الذكاء ،كما أن هذه النظريات تدعي أن الذكاء يمكن أن يشاهد ويلاحظ بغض النظر عن كونه ذا قيمة في ثقافات معينة. وفي المرحلة الثانية قام "جاردنر"بإجراء تعديل علي مفهوم الذكاء في المرحلة الأولي ،حيث عرف الذكاء بأنه إمكانية بيولوجية نفسية أو حيوية نفسية للتعامل مع المعلومات هذه الإمكانية يمكن أن تكون نشطة في موقف ثقافي لحل مشكلات أو ابتكار نواتج ذات قيمة في ثقافة ما. وبإلقاء نظرة علي هذا التعريف يتضح أن الذكاءات إمكانات كامنة وتصبح نشطة،أو غير نشطة بناءا علي القيم الموجودة في الثقافة والفرص المتاحة فيها.ومن هنا يظهر "جاردنر" الذكاء من خلال النواتج وحل المشكلات (Reid&Romanoff,1997) . وتتصف هذه النظرة للذكاء بمجموعة من المهارات التي تمكن المتعلم من حل المشكلات ، وابتكار نواتج فعالة أو تقديم خدمة ذات قيمة في الثقافة التي يعيش فيها ،بالإضافة إلي الكفاءة في إدراك المشكلات وابتكار مشكلات تستخدم في حل مشكلات أخري (James,2003) .

وفي هذا الإطار يختلف مفهوم الذكاء في نظرية الذكاءات المتعددة ومفهوم الذكاء الشائع ،حيث يحدد الذكاء الشائع بأنه قدرة معرفية توجد لدي الفرد وتقاس باختبارات الإجابة القصيرة.

ب -أنماط الذكاءات المتعددة : Multiple Intelligences

حدد جاردنر تسعة أنماط متعددة للذكاء يمكن إيجازها فيما يلي: (جابر عبد الحميد ، ٢٠٠٣، ١١ ; محمد ياسين ،٢٠٠٣، ٣٢ ; كمال زيتون ، ٢٠٠١ ،٢٢-٢٣) ، (Armstrong,2000,104; Gardner, A,1999, 48-50; Ckeckley,1997; Walters &Gardner,1995,57-64):

- الذكاء البدني/الحركي Intelligence Bodily-Kinesthetic :ويعني قدرة المتعلم علي استخدام كل جسمه أو بعضه لحل مشكلة ما ، أو تشكيل الأشياء ،والتعبير عن أفكاره ،حيث تمر الحركة الجسدية بخطة جدولية تطورية محددة وبصورة واضحة عند الأطفال ،خاصة و أن معظم المحكات الخاصة بالذكاء تنطبق علي المعرفة الجسمية ،غير أن هناك شيئا يصعب تصوره ،وهو النظر إلي المعرفة الجسمية والحركية كصورة من صور حل المشكلات ،بمعني قدرة الفرد علي استخدام جسمه من أجل التعبير عن الانفعالات ،وابتكار حركات جديدة ،كل ذلك شواهد، وأدلة علي السمات المعرفية للجسم.ومن أمثلة القدرة علي أداء الأعمال اليدوية بمهارة القدرة في السيطرة علي الحركات وتنسيقها ،كما تضم مهارات فيزيقية نوعية أو محددة: كالتآزر ،والتوازن ،والقوة، والمرونة،والسرعة، والإحساس بمركز الجسم ووضعه.
- الذكاء المنطقي الرياضي Logical-Mathematical Intelligence : ويعني القدرة علي التفكير المنطقي والمحاكات العقلية، والتعامل مع الأرقام

وإنشاء أنماط عددية، والتعرف علي الأنماط المجردة كما يفعل العلماء والفلكيون. وتشير الأدبيات التربوية إلي أن المتعلم الذي يتميز بهذا الذكاء المرتفع قد يفهم ليس فقط كيف يقوم بالعمليات الحسابية والمنطقية وإنما أيضا كيف تتم هذه العمليات ،بالإضافة إلي تمكنه من التنبؤ بالخطوة التالية في العملية، والحساسية للنماذج، أو الأنماط المنطقية والعلاقات، والقضايا ، والتجريدات ،وأنواع العمليات التي تستخدم في خدمة الذكاء المنطقي الرياضي، مثل: الوضع في فئات - التصنيف - الاستنتاج - التعميم - الحساب واختبار الفروض .

◄ الذكاء المنطقي المكاني Logical/Spatial Intelligence : ويتمثل في قدرة المتعلم علي استخدام الصور الذهنية والتصور البصري، وغير البصري للأشياء ،بالإضافة إلي التعامل مع الأشكال ثنائية وثلاثية الأبعاد من خلال التركيب، والتصميم الهندسي ، والتصور البصري في الفراغ أو الفضاء.

◄ وتشير أبحاث المخ إلي أن النصف الكروي الأيمن للمخ أنسب المواقع حساسية للمعالجة المكانية، حيث إن الطلاب الذين يتلقون أولا الأشكال، والخرائط والرسومات، والصور الموجودة في كتبهم،والذين يحبون استعراض أفكارهم قبل الكتابة، أو الذين يملئون الفراغ حول ملاحظاتهم بنماذج عديدة يستخدمون أيضا ذكاءهم المكاني .

◄ الذكاء الاجتماعي Inter Personal Intelligence : ويعني ذكاء التعامل مع الآخرين، ويتمثل في القدرة علي العمل التعاوني، والقدرة علي الاتصال الشفوي، وغير الشفوي مع الآخرين ،بمعني أن هذا الذكاء يسمح للشخص البالغ أو الكبير الماهر بقراءة نوايا ورغبات الآخرين ، ويتضمن استعمال فهم الشخص لأهداف الآخرين ،ودوافعهم ،ورغباتهم لكي يتفاعل معهم بطريقة مرضية ،وتظهر هذه المهارة في أبهي صورها وتطورها عند بعض المعلمين والمعالجين النفسيين .وتشير الأبحاث الخاصة بالمخ إلي أن الفصوص الأمامية تؤدي دورا كبيرا في المعرفة الاجتماعية .

◄ الذكاء الشخصيIntrapersonal Intelligence : ويعني قدرة الفرد علي فهم ذاته من جوانبها المختلفة من المشاعر والعواطف وردود الفعل والتأمل الذاتي ،ويظهر في تقدير الذات المرتفع ومعرفة جوانب القوة والضعف في الشخصية ،بالإضافة إلي حب العمل الفردي والطبيعة الهادئة.

◄ ويشير (Checkley,1997,13) إلي أن الشخص الذي لديه ذكاء شخصي مرتفع لديه القدرة علي توظيف الخبرات التي توجد في البنية المعرفية لمعالجة الخبرات الجديدة ،بالإضافة إلي أن هذا الشخص يكون خياليا بدرجة عالية وقادرا علي ضبط ذاته خلال التعلم.

◄ الذكاء اللغوي Linguistic Intelligence ويعني القدرة علي توليد اللغة والتراكيب اللغوية التي تتضمن استعمال المجاز وكتابة القصص

وهذا يعني توظيف اللغة بشكل فعال والتعبير عن النفس وعن العالم المحيط بطريقة بلاغية واستخدام اللغة كأداة ووسيلة لتذكر المعلومات،بالإضافة إلى أن الذكاء اللغوي هو الذي يختبر قدرة المتعلم في إقناع الآخرين والاتصال بفاعلية معهم ،كما أوضح أن المتعلم الذي لديه مستوي عال من الذكاء اللغوي لديه قدر عال من التعلم.

◄ الذكاء الموسيقي Musical Intelligence ويعني قدرة الفرد علي إدراك الصيغ الموسيقية، وتمييزها، وتحويلها، والتعبير عنها ،وتضم الحساسية للإيقاع، ولون النغمة وغيرها.

◄ الذكاء الطبيعي Naturalist Intelligence ويعني القدرة علي تمييز الأشياء (النباتات والحيوانات .....) ومكونات البيئة والأحداث الطبيعية الأخرى، مثل الغيوم، والتربة، والمعادن ،بالإضافة إلي الحساسية للخصائص المختلفة للعالم الطبيعي ،ويعني هذا ميل المتعلم إلي الملاحظة للأشياء من حوله، وتصنيفها، وإدراك العلاقة بينها ، حيث إن تطبيق هذه القدرات في عمل التصنيفات، وتبريرها يمكن أن يحدث من خلال النظرة العادية للفرد، أو عن طريق وسائل بصرية، أو غير مرئية . وبالحكم علي الذكاء الطبيعي وفقا للمحكات الثمانية يثبت الذكاء الطبيعي أنه ذكاء، مثله مثل أي ذكاء آخر ، فهناك في البداية العمليات الجوهرية في التعرف علي أمثلة أو نماذج وتمييزها علي أنها أعضاء في جسم تنتمي إليه والتمييز بين أعضاء أو أفراد جنس معين والتعرف علي وجود أجناس أخري مجاورة. وتوضح العلاقات الموجودة بين الأجناس المتعددة.وهذا الذكاء قد يكون متوفرا في عالم الطبيعة الذي يمتلك الموهبة الخاصة بالعناية بالمخلوقات الحية، والتفاعل معها .

◄ الذكاء الوجودي Existence Intelligence ويشير إلي نزعة الفرد إلي طرح العديد من الأسئلة لمعرفة أسرار الكون والوجود من حوله، وهو يعني القدرة علي التفكير بطريقة تجريدية ، ويعبر عن هذا الذكاء في شكل رموز كما أنه في كل الأنظمة الثقافية هناك مراحل سفسطائية في نمو الذكاء .

وبوجه عام فإن الأفراد الذين يتمتعون بمستوي مرتفع في أي من هذه الذكاءات تظهر لديهم هذه الخصائص والسمات بصورة واضحة من خلال أدائهم علي مهام وأنشطة كل ذكاء.

وقد اهتمت دول كثيرة بالكشف عن أكبر عدد من أبنائها الفائقين، حيث وضعت الخطط، ورصدت أموالاً كثيرة لذلك، وجندت القوى البشرية التي تساهم في بناء الأدوات، ووضع البرامج للتعرف على الفائقين ، وذلك لما له أهمية كبيرة في تقدم المجتمع والنهوض به.

وتكمن أهمية الكشف عن الفائقين في المراحل المبكرة ، مثل مرحلة الرياض فيما يلي: (Harison, 1995, 4:10)

- ✓ أهمية مرحلة الطفولة المبكرة في تشكيل شخصية وعقلية الفرد في المستقبل.
- ✓ التفوق والموهبة إذا لم تكتشف من الصغر وتوضع لها البرامج الخاصة تندثر ويصعب تنميتها بعد ذلك.
- ✓ مرحلة رياض الأطفال مرحلة خصبة للتعرف على الفائقين والموهوبين لأن الأطفال لم يتعرضوا بعد لصدمات ومشاكل اجتماعية تكتم تفوقهم ومواهبهم.
- ✓ مرحلة الروضة هي مرحلة تهيئة للسلم التعليمي للأطفال وبالتالي إذا اكتشف المتعلم الفائق في مرحلة الروضة يسهل تتبعه في مراحل السلم التعليمي المختلفة التالية بالرعاية والبرامج الخاصة التي تنمي قدراته ومواهبه المختلفة.
- ✓ عند استخدام الأدوات المختلفة للكشف عن الفائقين في مرحلة الرياض من قبل معلمة الروضة فإن هذه الأدوات تلفت انتباه المعلمة إلى أن هناك عوامل أخرى غير التحصيل لقياس التفوق وهذا يجعل المعلمة واقعية في الحكم على تفوق أطفالها.

١٢-مقاييس التقدير كمحك للتعرف على الأطفال الفائقين في مرحلة الرياض:

تستخدم مقاييس التقدير بصورة واسعة في عملية الكشف عن الأطفال الفائقين والموهوبين وهي تحتوي على معلومات حول الخصائص والسمات السلوكية والأدائية للشخصية والأكاديمية وتكون في شكل مجموعة من العبارات أو الجمل السلوكية الوصفية، ويتم تقدير درجة توافرها لدى المتعلم من أقل الآباء أو المعلمين، أو كليهما معاً، فقد يحصل المتعلم على: (١) إذا كان توافر الخاصية بشكل نادر أو (٢) إذا كان توافر الخاصية أحياناً أو (٣) إذا كان توافر الخاصية دائماً، وهي من المقاييس الملائمة للتعرف على الأطفال الفائقين في مرحلة الرياض. (Borland & Wright, 1998).

ومن مقاييس التقدير:

*** مقياس الخصائص السلوكية للأطفال الفائقين في مرحلة الرياض :** يتكون المقياس من خمسة أبعاد كما يلي:

- ✓ البعد الأول: يحتوي على خصائص التعلم وتكون من ثمان عبارات تصف الخصائص السلوكية للتعلم.
- ✓ البعد الثاني: يحتوي على تسع عبارات تصف الخصائص السلوكية للدافعية.
- ✓ البعد الثالث: يحتوي على الخصائص الإبداعية ويتكون من عشر عبارات تصف الخصائص السلوكية للإبداع.

✔ **البعد الرابع**: يحتوي على الخصائص القيادية، ويتكون من تسع عبارات تصف الخصائص السلوكية للقيادة.

✔ **البعد الخامس**: يحتوي على خصائص النفس حركية ومكون من تسع عبارات تصف الخصائص السلوكية النفس حركية.

ويمكن القول بأن مقاييس الخصائص السلوكية تعكس مجموعة من الخصائص السلوكية، إذا   توافرت في المتعلم الفائق بدرجة كبيرة، ولكن بعض الأطفال قد يكون لديهم الاستعداد للتفوق ويكون كامناً لأن ظروف البيئة لم تسمح بظهوره، ولذلك فإن مقاييس التقدير أو مقاييس الخصائص السلوكية غير كافية بمفردها للكشف عن جميع الأطفال الفائقين.

مراجع الفصل السابع :

١-   حسين بشير محمود (٢٠٠٠). (حول الكشف عن الموهوبين) ، **المؤتمر القومي للموهوبين**، **وزارة التربية والتعليم**، القاهرة، ٩ أبريل.

٢-   عبدالرحمن سليمان، وصفاء أحمد (٢٠٠١).المتفوقون عقلياً "خصائصهم   اكتشافهم- **تربيتهم- مشكلاتهم**". القاهرة: مكتبة زهراء الشرق.

٣-   علي عبد الله خليفة حيدر(٢٠٠٥).العلاقة بين الذكاء والتكنولوجيا الحديثة لدي معلمين كلية التربية الأساسية بالكويت، **الهيئة العامة للتعليم التطبيقي والتدريب**.

٤-   فاطمة عباس منذر (١٩٩٨). المتفوقون في رياض الأطفال بدولة الكويت ، **مجلة العلوم الاجتماعية**، العدد(٣) الكويت: جامعة الكويت.

٥-   كمال حسني بيومي (٢٠٠٠). اتجاهات وتجارب عالميه حول تعليم الأطفال الموهوبين وكيفية الاستفادة منها في مصر، **المؤتمر القومي للموهوبين**، وزارة التربية والتعليم القاهرة: ٩ أبريل.

٦-   محمد التويجري، و عبد المجيد منصور (١٤٢١هـ). **الموهوب، آفاق الرعاية والتأهيل بين الواقعين: العربي والعالمي**. الرياض: مكتبة العبيكان.

٧-   محمد سيف الدين فهمي (٢٠٠٠). فلسفة رعاية الموهوبين،**المؤتمر القومي للموهوبين وزارة التربية والتعليم**، القاهرة،٩ أبريل.

٨-   محمد علي نصر (٢٠٠٢). رؤية مستقبلية لتفعيل اكتشاف ورعاية الموهوبين بالمراحل التعليمية بمصر، **المؤتمر العلمي الخامس، تربية الموهوبين والمتفوقين، المدخل إلى عصر التمييز والإبداع** ، كلية التربية ، جامعة أسيوط، ١٤-١٥ ديسمبر.

٩-   مركز تطوير تدريس العلوم والرياضيات والتكنولوجيا (٢٠٠٠). اكتشاف الشباب ذوي المواهب العلمية ورعايتهم، **ورقة عمل مقدمة إلي المؤتمر القومي للموهوبين، ورشة العمل التحضيرية للمؤتمر الدراسات والبحوث**، القاهرة، ٩ أبريل.

طرق تعليم ذوي الاحتياجات الخاصة

10- Ackerman C. (1997). **Identifying Gifted Using Personality Characteristics**, Dabrowk's Over Enitabilitics, Rober Review. Vol. 19, No.4.

11- Belcher, R. **&** Fletcher, C. (1999). Growing Gifted Student's in the Desert; Using Alternative, Community - Based Assessment and an Enriched Curriculum. **Teaching- Exceptional- Children**, 32(1), pp. 17-24.

12- Borland, J. Wright, L. (1998). Identifying Young Potentially, **Gifted Child Quarterly**, Vol. 38, No.4.

13- Clark, B. (1994). **Growing up Giftedness**, New York: Macmillan Publishing Company.

14- Fair Project for Gifted Children in Kindergarten (1995). **Internet http://www.five in arow.com**

15- Feldhusen, J. (1995). Gifted and Talented Children, **Encyclopedia of Special Education**, Vol.2, PP.615-617.

16- Feldhusen, J. (1997). Giftedness-Parents and Schools Should provide For Gifted Childrens, **British Medical Journal**,Vol.307, PP.1088-1089.

17- Harison, C. (1995). Giftedness In Early Childhood, Sydney: **Ku Children's Services**,Vol.15,No,2.

18- Kitano, M & Kieby, D. (1996). **Gifted   Education: A Comprehensive,** View Brown and Company ,Boston .

✱✱✱✱✱✱✱

الفصل الثامن

((المعلم وطرائق تدريس العلوم للموهوبين والمبدعين))

- فلسفة تعليم العلوم للموهوبين والفائقين.
- أنماط التفوق العقلي.
- سمات معلّم العلوم الموهوبين والفائقين دراسياً.
- الإبداع؟ وماذا يقصد بالإبداع؟.
- الصفات العامة لمعلم العلوم للفائقين والموهوبين.
- الأساليب الإبداعية لمعلم العلوم لرعاية الموهوبين والفائقين في تدريس العلوم.
- الجهود العالمية والعربية لرعاية الفائقين والموهوبين.
- سمات البرامج التعليمية المقدمة للطلاب الفائقين دراسياً.
- نظم وأساليب تعلم العلوم للفائقين.
- الأنشطة الإثرائية ومعاييرها وأهميتها في تعليم العلوم للموهوبين والفائقين.
- أمثلة علمية لكيفية تقديم الأنشطة العلمية للموهوبين والفائقين.

الفصل الثامن :

المعلم وطرائق تدريس العلوم للموهوبين والمبدعين

● أولا : فلسفة تعليم العلوم للمبدعين والفائقين :

تختلف فلسفة رعاية وتعليم الفائقين في مرحلة الرياض عن الأطفال العاديين وتعتمد فلسفة تعليمهم على أن الفائق يمتلك قدرات خاصة تميزه عن الأطفال العاديين، وإذا تم اكتشاف ورعاية هذه القدرات في سن مبكرة فإنها تنمو تزداد من خلال برامج خاصة تقدم لهم وإذا لم يتم اكتشافها، وتنميتها من خلال برامج خاصة، فإنها تندثر وتموت ، ويصعب اكتشافها ، وتنميتها بعد ذلك. (Bragett, 1999)

فعلى سبيل المثال نجد أن فلسفة تعليم الأطفال الفائقين في الولايات المتحدة الأمريكية تتميز بالخصائص التالية:

◄ الفائق بعمل أكثر من غيره لأن يكون متعلماً إيجابياً وليس متعلماً سلبياً.

◄ يتعلم الفائق مهارات كمهارات التفكير الابتكاري أو مهارات حل المشكلات...الخ.

◄ يتعلم الفائق بشكل أفضل عندما يكون ما يتعلمه ذو معنى ومرتبط بالظواهر والبيئة التي يعيش بها.

◄ تؤثر عواطف ومشاعر الفائقين بشكل مباشر على تعلمهم واتجاهاتهم الإيجابية ، أو السلبية نحو عملية التعليم.

◄ يتعلم المتعلم الفائق كشخص متكامل عاطفياً، وعقلياً ، واجتماعياً وانفعالياً حيث إن هذه المكونات لها مميزات عن المتعلم العادي؛ لذلك يجب مراعاتها عند المتعلم الفائق.

كما اقترح المؤتمر القومي للموهوبين الذي نظمته وزارة التربية والتعليم بالقاهرة عام (٢٠٠٠) مجموعة من الأسس تقوم عليها فلسفة رعاية وتعليم العلوم للفائقين والموهوبين في مرحلة الرياض نذكر منها:

✓ أن الموهبة والتفوق استعداد كامن يمكن الكشف عنه وأن هذا الاستعداد ينمو عند توافر ظروف معينة.

✓ أن المواهب ومجالات التفوق متعددة فيجب الكشف عنها ورعايتها كل على حسب المجال الذي يمكن أن يتفوق فيه.

✓ أن التفوق والموهبة إذا لم تنمو في الوقت المناسب يمكن أن ينطفئ جذوتها وتختفي شرارتها.

✓ أن الموهبة والتفوق تنموان وتنضجان مع نمو الفرد إذا وجدا البيئة الصالحة التي ترعى نموهما وتتعهد ببروزها إلى أن تصل إلى مرحلة النضج.

✓ أن المتعلم الفائق يتعلم جيداً من خلال تفاعله مع أقرانه سواء من هم في نفس العمر الزمني أو العمر العقلي في الأنشطة الأكثر عمقاً وأتساعاً.

✓ أن النظام التعليمي بدءا من الحضانة هو المسئول الأول عن الكشف عن الموهوبين والفائقين ورعايتهم، وهو الذي يوجد المجتمع والأسرة في تعليمهم ورعايتهم.

✓ أن الموهبة والتفوق لا ينمو إلا في جو من الحرية، ولذلك فإن مناهج تعليم رياض الأطفال التي تعتمد على التلقين والحفظ، تساعد على انطفاء التفوق والموهبة.

وترى "آن استيل" Ann still أن فلسفة تعليم الفائقين في مرحلة الرياض تعتمد على أن هؤلاء الأطفال يمتلكون قدرات غير عادية، وهم في حاجة أكثر من غيرهم من الأطفال العاديين إلى اكتساب مهارات التفكير الابتكاري وحل المشكلات والقيادية والوعي بما لديهم من قدرات خاصة، ولذلك فهم في حاجة إلى برامج خاصة تقدم لهم، لتنمية وإكساب هذه المهارات التي إذا لم تتم منذ الصغر يصعب تنميتها بعد ذلك، وهذه البرامج تراعى الخصائص والحاجات العاطفية والاجتماعية والعقلية لهم .

● ثانيا : أنماط التفوق العقلي :

للتفوق العقلي مجموعة من الأنماط، حيث يتميزون بأنهم ذوي قدرة علي :

✓ الاستظهار ، الفهم .

✓ حل المشكلات ، و الإبداع .

✓ تعلم المهارات .

✓ القيادة الجماعية .

● ثالثا : ما هو الإبداع ؟ وماذا يقصد به؟

هناك تعريفات كثيرة للإبداع، منها أنه" العملية التي تؤدي إلى ابتكار أفكار جديدة، تكون مفيدة ومقبولة اجتماعياً عند التنفيذ.

ويرى هاريس(١٩٨٩) أن الإبداع هو مقدرة واتجاه وعملية . فالإبداع كقدرة هو تخيل شيء جديد وتوليد أفكار جديدة بواسطة ربط أو تغيير أو إعادة تطبيق أفكار موجودة، وكل فرد يملك قدرة إبداعية حقيقية وهبها الله له .

أما الاتجاه فهو المقدرة على قبول التغيير والتجدد، والرغبة في اللعب في الأفكار، والمرونة في الرؤية، وعادة الاستمتاع بالجيد، والبحث عن طرق تحسينه .

أما من حيث أن الإبداع عملية: فالمقصود هو أن الأشخاص المبدعين يعملون بجد كبير وباستمرار لتحسين أفكار وحلول عبر إحداث تعديلات تاريخية وتعديل في أعمالهم.

ويعرف عبد الغفار الإبداع بأنه العملية التي يحاول فيها الإنسان أن يحقق ذاته وذلك باستخدام الأفكار أو الأشياء المادية أو ما يحيط به من مثيرات، لكي ينتج إنتاجاً جديداً بالنسبة إليه وبالنسبة لبيئته على أن يكون هذا الإنتاج نافعاً للمجتمع الذي يعيش فيه .

ومن التعريفات الشاملة تعريف على الحمادي، الذي أورده ضمـن كتابـه الأول مـن سلسـلة الإبداع وهو أنه " مزيج من الخيـال العلمـي المـرن، لتطـوير فكـرة قديمـة، أو لإيجـاد فكـرة جديـدة، مهما كانـت الفكـرة صغيرة، ينـتج عنهـا إنتـاج متميـز غيـر مـألوف،يمكن تطبيقـه واستعماله" .

الإبداع : هو إنتاج أفكار جديدة خارجة عن المألوف، على شرط أن تكون أفكار مفيدة، وقد يكون الإبداع في مجال يجلب الدمار والضرر وهذا لا يسمى إبداع بل تخريب، فلو قلنا أن موظف ابتكر طريقة جديدة لتخفيض التكاليف أو لتعزيز الإنتاج أو لمنتج جديد، فتعتبر هذه الفكرة من الإبداع.

إذا المتعلم المبدع :هو الشخص الذي يستطيع أن يبدع ويبتكر أشياء تفوق أقرانه العاديين.

● **رابعا : صفات المتعلم المبدع :**
يتميز المبدع بمجموعة من الصفات ، منها أنهم:
✓ يكتشفون مجموعة من الطرق والحلول البديلة ولا يكتفـون بحـل أو طريقـة واحـدة للشيء الواحد.
✓ يتميزن بالإرادة القوية.للتوصل إلي حلول للأشياء.
✓ يصلون إلي حل للأشياء المراد تحقيقها في ضوء أهداف واضحة ومحددة .
✓ لا ينظرون للتعليقات غير الايجابية من الآخرين.
✓ لا يخافون مـن الفشل ،حيث جرب أديسون تجربة اختراع المصباح الكهربـائي ١٨٠٠ مرة قبل تعميم استخدامه.
✓ جادين في عملهم بطريقة سهلة ومنظمة.
✓ إيجابيون ومتفائلون،لأنهم يبادرون بالعمل.

● **خامسا :معوقات تعلم الإبداع في تدريس العلوم :**
هناك العديد من معوقات تعلم الإبداع في دروس العلوم ، والتي يمكن أن تكـون مـن المتعلم نفسه أو من أقرانه الآخرين ، وهي بدورها تؤثر في الإبداع تأثيرا سلبيا منها:
✓ الشعور بالدونية مـن قبـل الآخـرين ، والمتمثلـة في أقوالهم وأفعالهم خـلال حصـص العلوم.
✓ عدم الثقة بالنفس .
✓ بطء التعلم والاستمرار وقلة المحصول العلمي في دروس العلوم.
✓ الخوف من سخرية الآخرين السلبية .
✓ الخوف من الفشل،ومن ثم الرضي بالواقع .
✓ جمود الخطط والقوانين والإجراءات المعيقة لتعلم الإبداع.
✓ تبعية الاعتماد على الآخرين أثناء التعلم بصفة مستمرة .
✓ اعتبار الإبداع والابتكار رفاهية لا حاجة ماسة ،خاصة تدريس العلوم.

• سادسا : أساليب تنمية الإبداع في تدريس العلوم:

هناك مجموعة من الطرق والأساليب التي تسهم في تنمية الإبداع لدي المتعلم المبدع، منها:

- ✓ التفكير في البيئة من حولك.
- ✓ حدد فترة زمنية للتخيل والتفكر، كما أمرنا الإسلام في قول ربنا عز وجل (قل انظروا ماذا في السموات والأرض).
- ✓ دائما ناقش الآخرين في الأشياء التي تشغل تفكيرك باستمرار قبل أن تجربها.
- ✓ تعود علي استخدم الرسومات والأشكال التوضيحية والرموز بدل الكتابة خلال عرض المعلومات والأفكار.
- ✓ حدد البدائل المتاحة لحل المشكلة قبل أن تقرر أي شيء لحل المشكلة.
- ✓ تعود علي التجريب واختبار الأشياء وشجع عليها .
- ✓ عبر عما يدور في ذهنك بالصور والرموز والأشكال خلال التفكير.
- ✓ قدم أفكاراً واطرح حلولاً غير تقليدية .
- ✓ كن دائما كثير السؤال .
- ✓ فكر في عمل شيء إبداعي تملأ به وقت فراغك .
- ✓ لا تهمل بعض الأفكار وإن كانت صغيرة .
- ✓ احرص علي إدخال بعض التعديلات علي الأشياء بشيء من الإبداع .
- ✓ درب نفسك عند التعلم علي لعب ألعاب الذكاء والتفكير .
- ✓ خصص دفتر لكتابة الأفكار ودون فيه الأفكار الإبداعية، مهما كانت هذه الأفكار صغيرة .

إن التصدي الفعال لمشكلات مجتمعاتنا العربية الانية والمستقبلية يحتم على كل المخلصين في مؤسساتنا التربوية أن يعملوا بكل الوسائل الممكنة، لتهيئة المناخات الملائمة لأبنائنا الموهوبين والفائقين، كي يتعلموا بالسرعة التي يستطيعون وبالقدر الذي يستوعبون، وإذا كانت الدول المتقدمة تراهن على أبنائها الموهوبين والفائقين في صناعه مستقبلها، والحفاظ على تقدمها، فإن دولنا العربية لذلك أحوج.

• سابعا : سمات معلّم العلوم للطلاب المبدعين والفائقين دراسيا :

هناك مجموعة من السمات اللازم توفّرها في معلّم الطلاب الفائقين التي تؤهله للتعامل بكفاءة وفعالية مع قدرات الطلاب الفائقين ، منها أن يكون:

- ✓ ملما بأساليب رعاية الطلاب الفائقين دراسياً.
- ✓ لديه القدرة على استثارة عقول الطلاب الفائقين.
- ✓ قادرا علي توفير مواقف تعليمية تحثّهم على المبادأة والتفكير؛ واتخاذ القرار يتيح الفرصة لهم ، لاختيار الأنشطة التي تتفق وقدراتهم، وميولهم.
- ✓ قادرا علي إثارة دوافع الطلاب للتعلم ويساعدهم على تنمية مواهبهم وقدراتهم، يحث الطلاب الفائقين على القيام بأنشطة ذاتية معتمدين فيها على أنفسهم.

- ✓ قادرا علي أن يستخدم أساليب متنوعة؛ خاصة التي تؤكد على إيجابية الطالب؛ كالمناقشة وحل المشكلات ، ولعب الأدوار ، والاكتشاف، والعصف الذهني...الخ.
- ✓ متمكنا من المادة الدراسية، يُظهر تعطشه الدائم للتعلم والمعرفة، يوفّر جواً اجتماعياً إيجابياً مريحاً داخل الفصل.
- ✓ ملما بأساليب وأدوات مختلفة للتقويم.
- ✓ قادرا علي إدارة التفاعل داخل الفصل بصورة تضمن إيجابية الطلاب.
- ✓ قادرا علي تصميم أنشطة إثرائية، تسهم في تدعيم نقاط القوة لديهم، يشجع الطلاب على تطبيق ما يتعلمونه في المواقف الحياتية.
- ✓ مستوعبا لإبداعات طلابه ويهتم بتنمية المستويات العليا من التفكير، يقدم التغذية الراجعة بشكل مستمر، يصمم مواقف تعليمية تثير المناقشات والحوار حول قضايا وإشكاليات معيّنة.

إن دور معلم العلوم كقائد تربوي مبدع هو معرفة وتحديد حاجات وإمكانيات طلابه، ومن ثم بناء(رؤية) مشتركة معهم، ثم يأتي دور توصيل الرسالة، وخاصة ماذا يجب أن يقول المعلم؟ وكيف يقوله(التواصل الناجح والفعال)؟.

● ثامنا : الصفات العامة لمعلم العلوم للفائقين والموهوبين :

يعد إعداد معلم الموهوبين ركناً أساسياً في رعايتهم، ومن ثم يلزم توافر مجموعة من الصفات العامة اللازمة للتعامل مع فئة الفائقين والموهوبين ، منها:

- ✓ الإلمام بسيكولوجية الموهوبين لتعرف معنى التفوق و الابتكار.
- ✓ إتقان المادة التي يقوم بتدريسها.
- ✓ الإلمام بالتخصص الماما جيدا.
- ✓ اكتساب مهارة تصميم البرامج الدراسية المتكاملة للتلاميذ الموهوبين يتوافر فيها الخبرات المتعددة و المتنوعة .
- ✓ اكتساب مهارات التنوع في طرائق التدريس المناسبة للمتفوقين و التي تتمشى مع طبيعتهم وحاجاتهم،وذلك لتناول الموضوعات بعمق أكثر من غيرهم.
- ✓ تشجيع روح الابتكار لدي طلابه الفائقين، منع توفير الحرية الكاملة، حتى يحاولوا تجربة ما لديهم من إمكانيات.
- ✓ الإطلاع علي كل ما يفيده من خبرات ومهارات تفيده في التعرف علي طرق البحث العلمي في المجالات العلمية.
- ✓ يتميز ببصيرة نافذة، تساعده في الكشف عن الإمكانات الكامنة لدي طلابه.
- ✓ اكتساب القدرة والمهارة لقيادة الأطفال الموهوبين من خلال أنشطتهم و جماعاتهم المدرسية،ومن ثم تحقيق التوافق بينهم و بين أقرانهم العاديين .
- ✓ التحرر من مشاعر الحسد و الغيرة إزاء قدرات المتعلم الموهوب و يكون معتزا بنفسه .
- ✓ الموضوعية في تقدير قدرات المتعلم الموهوب .

✓ القدرة على استيعاب الخصائص المعرفية، و الاجتماعية، والانفعالية وحاجات التلاميذ الفائقين و مشكلاتهم النابعة من قدراتهم غير العادية .

✓ يتصف بالمرونة، و الفردية، والتنوع بما يتناسب و قدرات الطلاب الفائقين ويغذي روح التفاعل لديهم .

✓ خلق مناخ تربوي يمكن الفائقين من استخدام جوانب القوة لديهم ويستكشفوا من خلاله خصائصهم النمائية و يغامرون في التفاعل مع الواقع والأفكار الجديدة و يشعرون بروح المنافسة .

✓ إتقان تدريس المهارات العالية من التفكير، لإحداث التكامل بين الجسم والعقل ، ومن ثم تحقيق الذات للمتفوق ، و الحدس ، وتقييم الذات .

✓ تغذية القدرات الابتكارية لدى الفائقين،لاكتسابهم مهارات التعبير عن قدرات التفوق من خلال الأعمال التي يقومون بها.

● **تاسعا : معلم العلوم ورعاية الإبداع لدى الموهوبين والفائقين :**

يعتبر إعداد المعلم وتطوير كفاياته من أهم العوامل في تحقيق الأهداف التربوية المرجوة والتي تؤدي إلى نهضة المجتمع في كافة المجالات.

والمعلم المبدع هو المعلم القادر على تحقيق أهداف مجتمعه التربوية بدرجة عالية من الفاعلية والإتقان .

وهناك العديد من الأساليب الإبداعية لمعلم العلوم التي يمكن توظيفها لرعاية الموهوبين والفائقين، منها:

✓ التطور : ويعني السعي دوماً إلى التحسين المستمر وتوليد أفكار جديدة من أفكار أخرى وحلول جديدة، والجديد أحسن من القديم. وهنا ينطبق المبدأ " كل مشكلة تم حلها يمكن أن تحل مرة أخرى بطريقة أفضل ."

✓ التركيب:ويعني ربط الأفكار معاً من أجل إيجاد فكرة جديدة .

✓ الثورية : وتعني التغيير المتميز ،والعمل من اجل الوصول دائما إلى الأفضل .

✓ إعادة التطبيق :ويعني تدوير القديم بطريقة جديدة .

✓ تغيير الاتجاه : ويعني رؤية المشكلة بزوايا متعددة لحلها بالطريقة المناسبة وهذا ما يسمى بالاستبصار الإبداعي .

✓ أسلوب المناقشة الحرة: حيث يشترك المعلم في الحوار أو إشراك أحد الطلاب مع زملائه ويقوم المعلم بجذب الانتباه والحفاظ على سير المناقشة .

✓ التعلم بالاستكشاف(الاستقصاء)، ويتركز في أهميه إعطاء الطالب فرصة التفكير المستقل واستخدام حواسه، وقدراته في عملية التعلم.

✓ أسلوب حل المشكلات والذي يتم من خلاله طرح سؤال محير أو موقف مربك من قبل المعلم لا يمكن إجابته عن طريق المعلومات أو المهارات الجاهزة لدى الشخص الذي يواجه هذا السؤال أو الموقف، مما يجعل الطالب يستنفر قدراته وصولا لحل المشكلات.

✓ أسلوب فرق العمل (التعلم التعاوني)، حيث يتم من خلاله إثراء الموضوع الرئيسي للدرس ، وتوزيع الطلاب في مجموعات متكافئة ، مع توفير الفرص

الحقيقية والمواقف التعليمية المناسبة ، لجعل الطلاب يقومون بعمليه إيجاد الحلول ومن ثم التوصل للحل الأمثل.

✓ أسلوب التعليم المبرمج الذي يركز على المثير والاستجابة والإيحاء، ويكون مخططاً لخطواته مسبقا،حيث يعد من أفضل طرق التدريس للطلاب الموهوبين ، والذي يعتمد على سرعه الفهم،بالإضافة إلي اختصار الزمن والمدى حيث تعتبر هذه الميزة إحدى سمات الموهوبين.

✓ أسلوب التعلم الالكتروني عن طريق الشبكة العنكبوتية، كوسيلة جيدة لمحاكاة الحواس،ويمكن استخدامه كأسلوب لحل المشكلات.

● **عاشرا : مهارات معلم العلوم المبدع :**

إن المعلم المبدع هو المعلم المحب الودود، والذي يعتصر نفسه ليقدم رحيق المعرفة لطلابه ، وهذا المعلم يمتلك العديد من المهارات للتعامل مع المبدعين منها:

✓ جودة مستوى المعرفة والتمكن من المادة العلمية .

✓ الاتصال التربوي الفعال .

✓ تحديد الأهداف وتوضيحها .

✓ إثارة الدافعية لدي المبدعين.

✓ تحليل واختيار الأساليب التعليمية المناسبة للتعامل مع المبدعين.

✓ ضبط الإدارة الصفية .

✓ تخطيط وتنفيذ الدرس بطريقة تتمشي مع طبيعة المبدعين.

✓ استخدام وتفعيل الوسائل التعليمية وتقنيات التعلم .

✓ تنوع أساليب التقويم التي تناسب طبيعة المبدعين.

● **حادي عشر : إستراتيجيات الإبداع في تعلم العلوم**

لكي تنجح عملية تدريس العلوم وتعلمه ،يلزم توافر مجموعة من الاستراتيجيات التي تسهم في إدارة الإبداع في المؤسسات التعليمية، منها:

✓ اعتبار الإبداع أحد الموارد الرئيسية في المؤسسات التعليمية التي ينبغي أن تدار من قبل الإدارة، وعدم ترك العملية الإبداعية للصدفة.

✓ التسليم بأن الجميع لديه القدرة على الإبداع إذا توافرت الإمكانات اللازمة.

✓ اعتبار الإبداع عملية واضحة وسهلة للأفراد ، مع ضرورة إقناعهم بقدرتهم على الإبداع، ومن ثم العمل علي تدريبهم لاكتساب مهارات الإبداع.

✓ اعتبار العملية الإبداعية إحدى الحاجات الرئيسية والإستراتيجية للعمل.

✓ توفير بيئة ثقافية ترفع من مكانة وقيمة الإبداع في المؤسسة التعليمية وذلك من خلال تطبيق العملية الإبداعية بصورة جيدة، خاصة في دروس العلوم ، وكذلك مساواة المهارة الإبداعية بالمهارات الأخرى المطلوبة ، علي الجانب الآخر،اعتبار الإبداع أحد معايير جودة العمل وكفاءة المعلم بالإضافة إلى توفير الحافز للمبدعين.

• ثاني عشر : الجهود العالمية والعربية لواقع رعاية الفائقين والموهوبين

تنبهت الدول ذات الإنجاز العلمي ،خاصة التي وصلت إلى مكانة عالمية في العلم والإنتاج، والتقدم التقني، والتي تحتل مكانة رائدة في مجالات عديدة إلى فكرة تربية الفائقينوالموهوبين، ورعايتهم.

ونعرض لأهم تجارب الدول العالمية والعربية في مجال رعاية الفائقين والموهوبين :

واقع رعاية الموهوبين والفائقين في تدريس العلوم علي المستوي العالمي:

١-الولايات المتحدة الأمريكية :

تم إنشاء مدرسة توماس جيفرسون الثانوية للعلوم (Tomas Jefferson High School for Science and Technology) بالولايات المتحدة الأمريكية ،وذلك لتجميع أفضل الموهوبين والفائقين (العباقرة) في مدرسة خاصة في ولاية فيرجينيا ، بالإضافة إلي ذلك أنشئت مدرسة برونكس الثانوية Bronx High School ،و التي تعتبر من أقدم المدارس التي أنشئت لرعاية ذوي القدرات الخاصة ، حيث يعتمد تعليم العلوم والرياضيات في هذه المدرسة على فكرة الإثراء التعليمي ، بالإضافة إلى وجود العديد من المراكز التي تهتم بشئون الفائقين والموهوبين، والتي تهتم بتقديم برامج إثرائية خلال فصل الصيف ، مثل مركز القرن الحادي والعشرين 21 Century Community learning Centers expanding education at opportunities) ،الذي يهتم بتقديم أنشطة إثرائية لطلاب المرحلة المتوسطة والثانوية الفائقين، تتمثل في القراءات الإضافية في مادة الرياضيات،والتي يتوقف عليها تحديد مستوي الطلاب والسماح لهم بالانتقال من خلالها لصفوف أعلى. وقد أشار التقرير المسحي للمركز القومي لأبحاث الفائقين والموهوبين (NRC /GT) عام ١٩٩٩ عن وجود تميز إلزامي للمتفوقين والموهوبين في ٣٠ ولاية أمريكية في المدارس الثانوية، كما أشار التقرير إلى ضرورة الاهتمام باحتياجات هذه الفئة والعمل على تلبيتها.

٢-اليابان : يرجع تقدم اليابان علي جميع المستويات التعليمية والإبداعية خاصة في مجالات العلوم والرياضيات والتقنيات الالكترونية إلي مجموعة من العمليات التي ساعدت علي تفوق المتعلم الياباني ، منها:

- ✓ اهتمام المعلمين بتنمية قدرات ومهارات المتعلمين الفائقين والموهوبين.
- ✓ الاهتمام بتنمية المواهب والقدرات قبل التحاق الأطفال بالمدارس.
- ✓ النظر إلى كل طفل على أنه يمكن أن يكون موهوباً ومتفوقاً.
- ✓ اعتبار تعاون الآباء والمعلمين ركنا أساسيا في تنمية المهارات التي تؤدي إلى الابتكارية في العملية التربوية.
- ✓ الاهتمام بالبحث الواعي والمستمر عن الأفكار التي تسهم في العثور علي الإبداعات الجديدة .

٣-استراليا : يهدف برنامج الموهوبين الذي تقدمه سبع مدارس لتعليم الموهوبين، والذي يعرف ببرنامج "الطلاب ذوي القدرات العقلية العالية(Ship)

Potential students with High Intellectual ، إلي تدريب المعلمين على عمليات الكشف عن الموهوبين ، بغرض تحقيق العديد من الأهداف ، منها:

- ✓ استيعاب جميع القائمين علي تعليم الموهوبين لحاجاتهم التعليمية.
- ✓ العمل علي استيعاب جميع الطلاب في برامج تعليم الموهوبين.
- ✓ التركيز على تنوع استراتيجيات التعليم لزيادة نواتج التعلم للطلاب الموهوبين في البيئات المحرومة.

٤-فرنسا : اهتمت فرنسا ببحوث الفائقين والموهوبين في المؤسسات التعليمية كما سمحت للموهوبين والفائقين بإمكانية دخول رياض الأطفال قبل السن القانونية.

٥-انجلترا : **يهدف** تعليم الموهوبين والفائقين بانجلترا إلي تزويدهم بخبرات أكاديمية متقدمة في العلوم الطبيعية، والعلوم الإنسانية،والعلوم الرياضية، كما يتعاون كثير من المؤسسات البحثية والجامعية مع المؤسسات التعليمية في تطوير مناهج الفائقين والموهوبين.

واقع رعاية الموهوبين والفائقين في تدريس العلوم علي المستوي العربي:

نتساءل هل هناك نهضة عربية دون الاهتمام بالموهوبين؟ بالطبع لا ، حيث أشار"ميلود حبيبي " مدير إدارة التربية بالمنظمة العربية للتربية والثقافة والعلوم أن مؤتمر رعاية الموهوبين الذي عقد مؤخرا (٢٠٠٨) ،يعتبر مؤتمراً نوعياً نأخذ فيه قضايا تشغل بال المهتمين في قضايا التربية والتعليم في الوطن العربي. وقال إن المؤتمر يناقش قضية الموهوبين، وهي قضية لم تلق العناية الكافية من طرف الدول الحديثة، حيث إن هناك نقصا كبيرا ولا يمكن الحديث عن نهضة عربية دون الحديث عن دور الموهوبين في تحقيق هذه التنمية، وهذا لا يمنع الاهتمام أيضاً في أنواع أخرى في مؤتمرات لاحقة أن نهتم بتعليم المهمشين، وعلى رأسهم المعاقين. وأضاف: إننا ندرس واقع تربية الموهوبين بالعالم العربي وأساليب الكشف عنهم وواقع الاهتمام بهم في المدارس، وأن يكون المعلمون المسؤولون عن مخاطبة المتعلم لهم إلمام بكيفية التعامل مع هذا الموهوب.

كما أشار"ميلود" إلي أن الدول العربية تتفاوت على الأقل في ثلاثة مستويات فدول تهتم بالموهوبين، ودول بدأت تهتم بالموهوبين، ولكن هناك صعوبات، ودول أخرى هدفها الأعداد المتزايدة من الطلاب، وكيفية دمجهم في منظومة التربية. وإدراكاً من الدول العربية بأن الفائقين هم الخامة البشرية التي يجب أن تهتم بها الدولة وترعاها، لأنها ثروة المستقبل وعدته في بناء تقدمه العلمي ، ومواجهة عصر الذرة وغزو الفضاء أخذت تهتم بإعداد هذه الفئة إعداداً حسناً وتقديم الرعاية لهم.

وتعد مصر من أوائل الدول العربية التي أنشأت مدرسة خاصة بالفائقين، وهي مدرسة الفائقين بعين شمس(١٩٩٠) ، حيث تقدم برامج خاصة بالموهوبين والفائقين. وفي عام(١٩٧٧) تم الإعلان عن مشروع مدرسة اليوبيل بالأردن وباشرت المدرسة عملها في السنة الدراسية(١٩٩٣/١٩٩٤) كأول مدرسة متخصصة بتعليم

الطلاب الفائقين في المنطقة العربية ، حيث تقدم برنامجاً تعليمياً متكاملاً للطلبة الفائقين أكاديمياً مدته أربع سنوات.

وتم في عام(١٩٩٦) الإعلان عن تأسيس (المجلس العربي للموهوبين والفائقين AC/GT () في حفل اختتام الورشة الإقليمية حول تعليم الموهوبين والفائقين التي عقدت في عمان بتنظيم من مدرسة اليوبيل، وبدعم من مكتب اليونسكو الإقليمي للتربية في الدول العربية ، ومن أبرز أهداف المجلس :

✓ تحديد إستراتيجية عربية لرعاية الأطفال الموهوبين والفائقين بمختلف مراحلهم العمرية والدراسية، تتضمن آليات عمل محددة وقابلة للتنفيذ بمساعدة الأجهزة الحكومية وغير الحكومية، بما يتلاءم مع تطلعات الأمة العربية.

✓ توثيق الصلات العلمية والتربوية بين أعضاء المجلس من الدول العربية المختلفة وتسهيل تبادل الخبرات العربية فيما بينهم في مجال رعاية الموهوبين والفائقين.

✓ زيادة الوعي والتعريف بحاجات الأطفال الموهوبين والفائقين ومشكلاتهم وأساليب رعايتهم.

✓ إجراء البحوث والدراسات النظرية والتجريبية المتخصصة المتعلقة بالموهبة والتفوق والإبداع.

وقد قدمت الكويت كأول دولة خليجية تهتم بالفائقين ، طرقا مختلفة لاكتشاف الفائقين والموهوبين من خلال البحوث والدراسات في مجال رعايتهم.

وانطلاقاً من أهمية رعاية الفائقين خطت المملكة العربية السعودية خطوة حضارية، تتمثل في برنامج الكشف عن الموهوبين ورعايتهم وهي مبادرة تعتبر ترجمة لما نصت عليه السياسة التعليمية التي أولت اهتماما كبيرا باكتشاف الموهوبين ورعايتهم، وإتاحة الفرص والإمكانات المختلفة لنمو مواهبهم في إطار البرامج العامة ووضع برامج خاصة لهم.

وقد اكتمل لهذا البرنامج الأساس العلمي من خلال البحث العلمي الذي تم بدعم وإشراف وتمويل من مدينة الملك عبد العزيز للعلوم والتقنية وبتعاون مع وزارة التربية والتعليم والتي استمرت خمس سنوات ، وخرجت بتسعة مجلدات تضمنت المقاييس العلمية المقننة على المجتمع السعودي التي سيتم بواسطتها الكشف والتعرف على الطلاب الموهوبين، كما تضمنت نماذج لبرامج في الرعاية الإثرائية في العلوم والرياضيات.

ويهدف البرنامج إلى تحقيق العديد من الأهداف، منها:

✓ تطوير برنامج متميز يتضمن إعداد الاختبارات، والأساليب والطرق العلمية التي تستخدم في التعرف على الأطفال الموهوبين، والكشف عنهم.

✓ تقديم الرعاية العلمية، والتعليمية ، والصحية، والنفسية للطلاب الموهوبين على شكل برامج إثرائية إضافية .

- ✓ تشجيع الموهوبين في التعبير عن مواهبهم، وإبداعاتهم، واختراعاتهم على شكل مسابقات وجوائز مادية ومعنوية .

وفي الإمارات تأسست جمعية الإمارات لرعاية الموهوبين عام(١٩٩٨)،التي عنيت بأهمية اكتشاف الموهوبين ورعايتهم، كما هدفت إلي:

- ✓ ١البحث عن الموهوبين ونشر الوعي حول أهمية رعايتهم.
- ✓ تشجيع ومساعدة الموهوبين على الابتكار والاختراع وإصدار النشرات لإبراز جهودهم.
- ✓ التنسيق مع الجهات والمؤسسات الرسمية لضمان الرعاية الكاملة للموهوبين

وفي البحرين هدفت جمعية الموهبة والإبداع البحرينية إلى زيادة الوعي المجتمعي بالموهوبين والمبدعين، باعتبارهم ثروة وطنية.

أما في قطر فقد تم إنشاء المركز القطري للموهوبين والمبدعين، بهدف الوصول إلى رؤية واضحة المعالم فيما يتعلق بالموهبة، وتنوعها، وأساليب رعايتها.

● ثالث عشر : سمات البرامج التعليمية المقدمة لتعليم العلوم للطلاب الفائقين دراسياً :

للطلاب الفائقين سمات وخصائص تميّزهم عن غيرهم من الطلاب، لذلك فهم يحتاجون إلى رعاية خاصة تختلف عنها لنظرائهم العاديين؛ وذلك من خلال برامج خاصة وخدمات متمايزة عن البرامج والخدمات التقليدية المقدمة للطلاب العاديين، فهم الثروة الوطنية التي يمكن أن تعتمد الدولة عليهم في مواجهة التحديات التي تفرضها طبيعة العصر في المجالات العلمية والتكنولوجية والاقتصادية والعسكرية.

ولإعداد برامج تعليمية متميزة تتناسب وقدرات الطلاب الفائقين؛ أشار كل من جونسون Johnson (1996) ، ورينزولي وريس Renzulli & Reis (1998) إلى أهم الخصائص والسمات التي يجب أن تتوافر في تلك البرامج، وهي:

- ✓ التنوع والمرونة، وإتاحة الفرصة للمتفوقين للاستفادة من مصادر التعلم المختلفة، سواء داخل المدرسة أو خارجها.
- ✓ التأكيد على مفهوم التعلم المستمر، والقدرة على اكتشاف المعارف المتجددة.
- ✓ إتاحة الفرصة للمتفوقين للاختيار من الخبرات التعليمية بما يتناسب مع اهتماماتهم وميولهم.
- ✓ أن تتضمن مستويات أعلى من المفاهيم والعمليات العقلية تفوق ما يقدّم ضمن مناهج العاديين.
- ✓ استخدام أساليب تعليمية متعددة لإثارة دافعية الطلاب نحو التعلم.
- ✓ تعزيز استخدام المنهج العلمي السليم عند التعامل مع المشكلات المختلفة.
- ✓ المزاوجة بين التعليم الجمعي والتعلم الفردي.

✔ التأكيد على تنمية مستويات التفكير العليا، واستخدام مهارات كل من التفكير الناقد، والتفكير الابتكاري، والتفكير المنطقي.

وفيما يلي عرض لبعض نظم رعاية الفائقين ، وأساليب تعليمهم العلوم.

● نظم رعاية الفائقين :

ظهر العديد من النظم التي يمكن من خلالها تقديم الرعاية الخاصة بالفائقين ، وتختلف هذه النظم فيما بينها تبعاً لاختلاف درجة فصل الأطفال الفائقين عن أقرانهم العاديين، ومن هذه النظم :

✔ نظام الفصول العادية: ويعتمد على عدم عزل الأطفال الفائقين في مجموعات خاصة لهم، حيث تتم رعايتهم ضمن الفصول العادية مع أقرانهم العاديين.

✔ نظام المجموعات المتجانسة: ويتيح هذا النظام تقديم عناية أفضل للفائقين نتيجة تقارب القدرات والحاجات وتجانسها، ويتم ذلك عن طريق أسلوبين هما: الفصول الخاصة والمدارس الخاصة بالفائقين.

✔ الفصول الخاصة بالفائقين: وتعد من أكثر الأساليب شيوعاً لرعاية الفائقين، ومن مميزاتها إتاحة الفرصة للمعلم للتعامل مع مجموعة متقاربة فيسهل عليه تقديم المحتوى الدراسي بالشكل الذي يتناسب مع خصائص وقدرات هذه المجموعة.

✔ المدارس الخاصة بالفائقين : وتعد من أفضل أساليب رعاية الفائقين، حيث يمكن تصميم برامج خاصة بالفائقين وتزويد المدارس بالإمكانات التي تحتاجها هذه الفئة، كذلك يمكن توفير المعلمين المعدين إعداداً خاصاً للتدريس للفائقين.

✔ نظام الفصول المفردة: ويسير كل طالب في هذه الفصول بمعدل يتفق مع قدراته وسرعته في التعليم دون أن ينتظر الآخرين لذلك يمكن أن يكون داخل الفصل الواحد طلاب من سنوات دراسية مختلفة. وسوف يتبنى الباحث نظام المجموعات المتجانسة في فصول خاصة حيث يتم تجميع الأطفال الفائقين عينة البحث في فصل خاص بهم طول مدة تدريس البرنامج المقترح معزولين تماماً عن أقرانهم من الأطفال العاديين بالروضة

● أساليب تعلم العلوم للفائقين :

من الطبيعي أن يحتاج المتعلم الفائق إلى برامج وخبرات تعليمية خاصة تثرى تفوقه وتتحدى قدراته وتساعده على التعلم إلى أقصى حد تمكنه منه تلك القدرات، ومن أكثر أساليب تعليم الفائقين انتشاراً وتطبيقاً في الدول التي أخذت على عاتقها رعاية الفائقين من أطفالها أسلوب الإثراء، وأسلوب الإسراع، كما هو موضح فيما يلي :

١-الإثراء التعليمي: تعددت التعريفات الخاصة بمفهوم الإثراء التعليمي ولكنها اتفقت على أنه الخبرات التعليمية المقدمة للفائقين بما يتناسب مع قدراتهـــم

واستعداداتهم وميولهم، ويدرس الطالب المتفوق من خلال هذا الأسلوب نفس محتوى المنهج الذي يدرسه الطلاب العاديون، بالإضافة إلى خبرات تعليمية متقدمة، تتميز بالعمق والأتساع، ويتطلب الإثراء تخطيطاً ورؤية مسبقة لكيفية إثراء المادة بطريقة تتناسب والقدرات المعرفية للفائقين ويمكن إثراء البرنامج التعليمي ليصبح أكثر ملائمة لمستوى قدرات الفائقين بأشكال مختلفة منها:

- ✓ زيادة خبرات المنهج أو تعميق محتواه خلال إضافة خبرات تعليمية تتصل اتصالا وثيقاً بالمنهج الأصلي الذي يدرسه جميع الأطفال.
- ✓ إضافة خبرات تتعلق بالمواهب المتعددة للأطفال.
- ✓ إثراء عن طريق زيادة التدريب والممارسة في مجال التفوق.
- ✓ الإثراء عن طريق تنمية القدرات العقلية باستخدام أساليب تدريس مناسبة لذلك.

٢-**الإسراع التعليمي:** اتفقت الدراسات السابقة في تعريف الإسراع التعليمي على أنه التقدم في الدراسة بمعدل أسرع من المعدل العادي، مما يساعد على تلقي الخبرات التعليمية في سن أصغر من السن المتعارف عليه، بمعنى أن ينتهي المتعلم من البرنامج التعليمي في زمن أقل وفى عمر مبكر.

ويبنى هذا الأسلوب على افتراض أن الأطفال القادرين على التعلم بمعدل أسرع من غيرهم يحتاجون إلى نظام تعليمي صرف يسمح لهم بالسير والتقدم في المراحل التعليمية وفق سرعتهم في التعليم بدون التقيد شرط السن.

ومن أساليب الإسراع التعليمي للأطفال الفائقين:

- ✓ الالتحاق المبكر برياض الأطفال.
- ✓ تخطى الصفوف الدراسية بالروضة.
- ✓ ضغط المستويين الأول والثاني في مستوى واحد.
- ✓ ضغط المنهج في رياض الأطفال.

وقد أعتمد الباحث على أسلوب الإثراء التعليمي باستخدام الأنشطة العلمية الإثرائية التي تمثل خبرات البرنامج المقترح بما يتناسب مع قدرات الفائقين.

٣ -مشروع بنش ماركس (مشروع ٢٠٦١):

American Association for the Advanced of Science Bench Marks for Science Literacy (Project 2061)

أعد هذا المشروع القومي الأمريكي مجموعة كبيرة من العلماء التربويين والمعلمين،ومديري المدارس، وذلك للأطفال من مرحلة الرياض وحتى نهاية الثانوية العامة، حيث إن المفاهيم التي تدرس لطفل الرياض هي نفسها التي تدرس لطالب الثانوية ولكن بصورة أكثر عمقاً وتعقيداً(استمرارية المفاهيم) (A.A.A.S., 2002) .

ويهدف المشروع إلى:

✓ استكشاف طبيعة العالم والكون من خلال الملاحظة والتقصي.
✓ الاتصال باستخدام الرموز واللغة الأساسية للعلم.
✓ ادراك وفهم الأنظمة ودورهم في التنبؤ بالأحداث المستقبلية.
✓ بناء أساس من المعرفة تتكامل فيها فروع العلوم.
✓ إدراك أن التفاعلات بين المعرفة العلمية والتقدم التكنولوجي والقضايا الاجتماعية له دلالة في الحياة اليومية.
✓ إدراك المسئولية تجاه البيئة وحمايتها.

ويركز المشروع على الموضوعات، والمفاهيم التالية:

✓ التكنولوجيا والعلوم (وسائل المواصلات – التليفزيون – بعض المشاريع البسيطة).
✓ البيئة الفيزيقية (الكون – الأرض – تركيب المادة – تحولات الطاقة – الحركة – قوى الطبيعة).
✓ البيئة الحية (تنوع الكائنات الحية – الوراثة – تبادل المنفعة – دورة الكائنات الحية – النباتات).
✓ التجمعات البشرية - حاجة الناس للماء والهواء والطعام.
✓ الناس يختلفون في اللون والطول والحجم.
✓ الأطفال الصغار يحتاجون لرعاية الكبار.
✓ يستخدم الاهتمام بالنظافة الشخصية.
✓ كما يركز البرنامج على تنمية المهارات العقلية، وبعض عادات التفكير، ومهارات الاتصال، والمعالجة، والملاحظة لدى المتعلمين الصغار.

٤ - مشروع المنهج القومي للعلوم في إنجلترا :

The National curriculum project in Science in England and Wales

أعد هذا المشروع في إنجلترا عام (١٩٩٥)، ويحقق هذا المشروع احتياجات الغالبية العظمى من الأطفال، وكذلك راعى وجود أنشطة إثرائية، تتضمن تعميقاً للمعلومات والمعارف الموجودة،حيث أعدت للأطفال من سن ٥-٦ سنوات. (National curriculum of science, 1995)، كما أن من أهداف هذا المشروع في مرحلة رياض الأطفال:

✓ تشجيع الأطفال على الاستفسار وإثارة الأسئلة.
✓ استخدام الاستكشاف والتقصي في اكتساب المعرفة العلمية وفهمها.
✓ ربط العلوم بالبيئة التي يعيشون فيها والظواهر التي تحدث فيها.
✓ تنمية بعض مهارات التفكير العليا.
✓ تنمية حواس الأطفال وتوظيفها في استكشاف البيئة المحيطة به.

ومن الموضوعات والمفاهيم العلمية التي تدرس للأطفال في هذا المشروع: الكائنات الحية – البشر – النباتات الخضراء – الأشياء غير الحية – العمليات الفيزيقية.

٥-مشروع فير للأطفال الفائقين في مرحلة الرياض:

Fair project for Gifted Children in Kindergarten.

أعد هـذا المشروع جـان كلـير لامبـيرت Jan-Clair Lambert عـام ١٩٩٨ واقـترح فيـه أن يشكل الأطفال الفائقين في مرحلة الرياض في مجموعات صغيرة تحتوى على عدد قليـل مـن الأطفال، ويستخدم "جان" مدخل التكامل بين الأنشطة المختلفـة حيـث تكـون البيئـة التـي يعيش فيها الأطفال، هي مصدر الخبرات المختلفة، حيـث يتنـاول الأطفـال المعـارف بصـورة وظيفية مرتبطة بالواقع وبـالظواهر الطبيعيـة عـن طريـق القصـص، وذلـك يجعـل عمليـة التعلم ممتعة وشيقة، كما يتم الإثراء هنا عن طريق البيئة التـي يعـيش فيهـا المـتعلم، كـما يمكن أن تتطلب القصة إجراء تجارب معينة لاختبار فرضيات يقـوم بهـا الأطفـال، وبالتـالي يحب الأطفال التجارب ويستمتعوا بها لأنها جزء من القصة.

http://www.fiveinarow.comInternet:

ومن المفاهيم والموضوعات العلمية التي يمكن أن تتناولها القصص:
الفلك - الحيوانات - النباتات - الماء - حواس الإنسان.

ويمكن أن يستعين الأطفال بقطع الصور الموجودة في المجلات أو الكتب القديمة في عمل القصص المصورة التي تدور حولها الأنشطة المختلفة.

٦-بعض البرامج والمشاريع العالمية لأطفال ما قبل المدرسة الفائقين:

بمراجعة الكتابات المتعلقة بتعليم العلوم للفائقين دراسيا، أمكن التوصل إلى:
برنامج أستور لرعاية الأطفال الفائقين: The Astor Program for Gifted Children .

صمم برنامج أستور للأطفال الفائقين في مرحلة الريـاض والصـفوف الـثلاث الأولى مـن المرحلـة الابتدائيـة في كولومبيـا عـام ١٩٧٩ ، حيـث يهـدف البرنـامج إلى: The Astor Program, (1999) :

- ✓ التعرف على الفائقين في مرحلة الرياض.
- ✓ التعرف على فعالية دمج الأطفال الفائقين مع العاديين.
- ✓ تطوير إجراءات إدارة الفصل المتسقة مع خصائص واحتياجات الأطفال الفائقين.
- ✓ تطوير المناهج في جميع المواد الدراسية طبقاً لخصائص واحتياجات الأطفال الفائقين.

ومن الموضوعات التي تدرس للأطفال الفائقين في مرحلة الرياض:
استكشـاف محتويـات التربـة - تجـارب بسـيطة عـن الهـواء - حواسـنا - المغنـاطيس والجاذبية - البـذور وكيـف تنمـو - الطفـو والغطـس - قـوس قـزح - الألـوان - الريـاح - البطاريات - المصابيح.

٧- برنامج بيجي لأنشطة الأطفال الفائقين الصغار:

The Peggy program of Activities for Young Gifted Children

أعد هذا البرنامج عام (١٩٩٩) في الولايات المتحدة للأطفال الفائقين في عمر ثلاث إلى ثماني سنوات ، وهو يقوم على أربعة أسس هي (Peggy, 1999):

◄ التقوية والتركيز الشديد على اهتمامات الأطفال الفائقين في هذه المرحلة.

◄ التكامل بين الخبرات والأنشطة بعضها البعض بحيث يكون هناك محور تدور حوله جميع الأنشطة.

◄ التوازن بين الأنشطة بعضها البعض.

◄ إضافة أنشطة إثرائية يمارسها الأطفال الفائقين، بالإضافة إلى الأنشطة التي يمارسونها مع الأطفال العاديين، حيث تتمثل هذه الأنشطة في أنها:

✓ تضمن معلومات تنمي القدرات العقلية للأطفال.

✓ تلبي اهتمامات وميول الأطفال الفائقين وتراعى خصائصهم.

✓ تمكن المتعلم من التفاعل بشكل إيجابي مع الظواهر الطبيعية المحيطة به في البيئة.

✓ تؤكد على التعليم الوظيفي.

✓ تؤدى إلى احترام الطبيعة.

كما تعالج هذه الأنشطة مفاهيم علمية في مجالات متنوعة، فعلى سبيل المثال في العلوم (المغناطيس - الصوت - الضوء) ، كما ركز البرنامج على استخدام أسلوب الألعاب العلمية والأنشطة مفتوحة النهاية و التقصي والاكتشاف باستخدام التجريب لممارسة الأنشطة العلمية.

٨- مشروع تايرد لمنهج الأطفال الفائقين :

The Tiered curriculum Project for Gifted Children

أعد هذا المشروع في الولايات المتحدة عام ٢٠٠١، ويهدف إلى بناء مناهج تلبى احتياجات واهتمامات الفائقين وتراعى خصائصهم، وأعد للأطفال الفائقين من مرحلة رياض الأطفال وحتى نهاية المرحلة الثانوية. كما يستخدم طريقة التقصي والاكتشاف والألعاب العلمية والأنشطة مفتوحة النهاية في عرض وتدريس الأنشطة العلمية الخاصة بالمشروع. أما عن الموضوعات والمفاهيم التي تدرس في مرحلة رياض الأطفال للفائقين منهم فهي تتمثل في الموضوعات والمفاهيم ذات العلاقة بالبيئة الفيزيقية، والبيئة الحية في صورة أنشطة علمية إثرائية يمارسها الأطفال.

ومن استقراء مجموعة البرامج والمشروعات العالمية التي اهتمت بتقديم الأنشطة العلمية للأطفال الفائقين، ومن خلال العرض السابق يمكن تحديد الجوانب التالية:

أ- الأهداف: من أبرز الأهداف التي ركزت عليها البرامج والمشاريع العالمية ما يلي:

✓ تنمية مهارات البحث والتفسير وحل المشكلات.

✓ تنمية غالبية العمليات العقلية للأطفال.

✓ تشجيع فضول الأطفال وكثرة أسئلتهم حول المثيرات والمواقف العلمية.

✓ اكتساب معلومات ومعارف بيئية تقوم على أساس التفاعل بين المفاهيم البيئية المختلفة.

✓ التأكيد على وظيفية العلم.

ب –المحتوى : من أبرز الموضوعات والمفاهيم التي تناولتها المشروعات والبرامج هى الموضوعات والمفاهيم المرتبطة ببيئة المتعلم وهى مقسمة كالتالي:

✓ موضوعات ومفاهيم بيئية مرتبطة بالكائنات الحية (الإنسان – الحيوان – النبات – علاقة الإنسان بهما)

✓ موضوعات ومفاهيم بيئية مرتبطة بالأشياء غير الحية (الماء – الهواء – الصوت – الكون – الكهرباء)

جـ–طرق تدريس العلوم والأنشطة للفائقين : ركزت المشاريع والبرامج السابقة على طرق التدريس التالية:

✓ التقصي والاكتشاف.

✓ الأسئلة مفتوحة النهاية.

✓ الأنشطة مفتوحة النهاية.

✓ العصف الذهني.

✓ الألعاب والقصص العلمية.

✓ حل المشكلات.

د–أساليب التقويم : تتلاءم أساليب التقويم مع طرق التدريس المستخدمة.

● **رابع عشر : الأنشطة الإثرائية لتعليم العلوم للموهوبين والفائقين :**

أ–المفهوم :

تعدّ الأنشطة الإثرائية إحدى أنواع الأنشطة العلمية، حيث أشارت بعض الأدبيات التربوية إلى أنّ الأنشطة العلمية تصنّف تبعاً للهدف منها ، كما يلي (الخياط ١٤٢٣هـ):

✓ أنشطة علمية عامة: تهدف إلى تعلم المفاهيم والمبادئ العلمية انطلاقاً من خبراتهم السابقة ، ويقوم بها جميع الطلاب.

✓ مثال ذلك: نشاط يطلب فيه معلم العلوم من الطلاب فحص ورقة نبات متعرقة التوازي ، وتعرّف تركيبها.

✓ أنشطة علمية تعزيزية: تسهم هذه الأنشطة في تثبيت وتعميق وتعزيز تعلّم المفاهيم والمبادئ العلمية لدى الطلاب، و يقوم بها جميع الطلاب.

✓ مثال ذلك: نشاط يطلب من الطلاب استخدام صبغة اليود للكشف عن النشا في الورقة النباتية.

✓ أنشطة علمية إثرائية: ويقصد بها الأنشطة العلمية، أو العملية، أو التطبيقية، أو الميدانية التي يتم إضافتها، أو تضمينها في مقرر ما ، والتي

تتطلب مستويات عقلية عليا، وترتبط بالمقرر وتعمل على إثرائه وتعميقه وتتيح للطالب المتفوق القيام ببعض الأعمال أو الممارسات التي تُشبع احتياجاته العقلية. ويقصد بها أيضا بأنها : مجموعة من الأنشطة العلمية غير الروتينية ذات طبيعة أكاديمية مشوقة ، تستثير لدى الطلاب الرغبة في دراسة المادة من ناحية، وحبها والابتكار فيها من ناحية أخرى، وتهدف إلى إمداد الطلاب ببيئة تعليمية نشطة تتحدى قدراتهم العقلية والجسمية وتنمي مهاراتهم الابتكارية، ومن أمثلتها: الألغاز العلمية، والألعاب التعليمية العقلية، والطرائف العلمية المشوقة، والقصص العلمية التاريخية، وسير العلماء والمخترعين.

لذا يؤكد أندرسون وآخرون Anderson, et al (1994) على أهمية تعليم العلوم المتضمن الأنشطة الإثرائية وزيادتها، لتصبح دعامة أساسية في كل مناهج العلوم لمسايرة الاتجاهات الحديثة في تعليم العلوم، ونقل مركز الاهتمام إلى الطالب وإيجابيته ونشاطه في عملية التعلم من ناحية، والربط بين الجوانب النظرية والعلمية والتطبيقية.

ب -أهمية الأنشطة الإثرائية في تدريس العلوم للفائقين والموهوبين :

تم تطبيق اختبارات في العلوم والرياضيات (TIMSS) عام ٢٠٠٧، (وهى دراسة دولية مقارنة تستهدف قياس مستوى أداء الطلاب، واتجاهاتهم، واتجاهات معلمي العلوم والرياضيات نحو الموضوعات التي يدرسونها،بالإضافة إلي اتجاهات الباحثين المتخصصين) ، وأظهرت النتائج تفوق بعض الدول غير المصنفة، مثل سنغافورة، وتايبيه الصينية، وهونغ كونغ، وكوريا الجنوبية، واليابان في تحقيق المراكز الأولى ، ويمكن إرجاع ذلك إلى مجموعة من الأسباب، منها ما له علاقة بالمعلم، ومنها ما له علاقة بالبيئة المدرسية، ومنه ما له علاقة بحرص تلك الدول على تصميم مناهج متميزة تقوم على أساس التنوّع والإثراء؛ لتتناسب مع قدرات الطلاب المتميزين والفائقين، وإمكانياتهم، في حين احتلت الدول العربية المراكز المتأخرة.

ويمكن إرجاع أهمية الأنشطة الإثرائية إلى أنها تهتم بالعمليات العقلية العليا، وتؤكد على تنمية مهارات عمليات العلم، وتعزّز التحصيل الدراسي وتعطي الطالب فرصاً للتدريب على القيادة، وتحمّل المسؤولية، والتعاون، والثقة بالنفس والغير، واحترام الأنظمة، والتوفيق بين مصالح الفرد والجماعة، كما أنها تفيد في تنمية الميول، واستثمار أوقات الفراغ، وتحسين الخصائص النفسية والاجتماعية، ونمو مفهوم الذات، وتنمية دوافع الاستطلاع، والاستكشاف لدى الطالب، وتتيح فرصاً للتعاون بين المدرسة والمؤسسات الأخرى في المجتمع، ولا تمثل عبئاً إضافياً على ميزانية المدرسة، وتسهم في تنافس المعلمين من حيث تطوير أساليبهم التعليمية.

طرق تعليم ذوي الاحتياجات الخاصة

وعلي الرغم من أن الإثراء قد يكون ضرورياً لكافة الطلاب؛ إلا أنه أكثر إلحاحاً للطلاب الفائقين؛ نظراً لأن الطلاب المتميزين الذين يتعرّضون لمستويات التعليم العادي التي لا تتحدى قدراتهم، يسيرون في عملهم الدراسي بإهمال وتراخٍ ولا تتوافر لديهم الرغبة في بذل الجهد .

وفي ضوء ذلك أكّد كلٌ من تريفز Trefz (1996) ودينوسنتي Dinnocenti (1998) على أهمية تقديم مناهج متميزة في العلوم تراعي إمكانيات جميع فئات الطلاب بما فيهم الفائقين؛ تتضمن عدداً من الأنشطة الإثرائية التي تراعي إمكانيات واستعدادات الطلاب الفائقين، واحتياجاتهم المتمثلة في التعلّم بالبحث والاكتشاف، وإجراء المشروعات الفردية والجماعية وحل المشكلات العلمية.

وفي هذا الإطار تعد الأنشطة الإثرائية مفيدة للطلاب الفائقين، حيث إنها تسهم في:

- ✓ إمكانية بقاء الفائقين مع أقرانهم من نفس الفئة العمرية، وهذا ينعكس إيجابيا علي العاديين .
- ✓ إثارة التحدي والبحث بطرقة متعمقة.
- ✓ تزويدهم بالخبرات التعليمية أكثر في فترة زمنية أقل .
- ✓ كونها وسيلة فعّالة لتفريد التعليم، تمكن الفائقين من الحصول على الخبرة التعليمية التي تتفق وميولهم الخاصة.
- ✓ إشباع الحاجات الفردية النفسية للمتفوقين داخل الفصول النظامية أثناء دراسة العلوم مع الطلاب العاديين (Sherman, 2000).

جـ -أهداف الأنشطة الإثرائية :

تناولت الأدبيات التربوية مجموعة من الأهداف المتعلقة بالأنشطة الإثرائية اللازم توفرها وتحقيقها من خلال البرامج التي تقدم لهم ، والتي تعتمد تنمية مهارات وقدرات الفائقين من خلال:

- ✓ التعامل مع الأنشطة الإثرائية التي تتطلب استمطار الأفكار، والتعامل مع أنشطة أكثر عمقاً واتساعاً.
- ✓ التصميم والابتكار؛ وذلك من خلال التعامل مع الأنشطة الإثرائية القائمة على الاستقصاء والاكتشاف.
- ✓ التعامل مع المواقف المعقّدة التي تتحدى تفكيرهم؛ من خلال الأنشطة العلمية مفتوحة النهاية، وأنشطة حل المشكلات.
- ✓ نقل النتائج ووصفها وصفاً كمياً، من خلال التعامل مع الأنشطة الإثرائية التي تعتمد على القياسات الدقيقة والعمليات العقلية.
- ✓ استخدام التجريد، والتفكير المستقل؛ وذلك من خلال المشاريع البحثية والدراسات المستقلّة.
- ✓ تنمية روح التعاون والانتماء للجماعة، واحترام آراء الآخرين، والانفتاح على الخبرة.

✓ تكوين اتجاهات إيجابية نحو العلوم.

✓ تحقيـق التكامـل بيـن الخبـرات التعليميـة المتقدمـة والمنهج التقليـدي الـذي يدرسـه الطلاب.

✓ تطوير الخيال ، والتنظيم ، والمثابرة.

د-معايير اختيار وتصميم الأنشطة العلمية الإثرائية :

تناولت الأدبيات التربوية مجموعة من المعايير التي ينبغي مراعاتها عند تصميم أو اختيار الأنشطة الإثرائية في تدريس العلوم، منها (عبد السلام، ١٩٩٨) و(رياض، ٢٠٠٢) ورينزوللي (Renzulli, 2002):

✓ تناسب الأنشطة الإثرائية المختارة مـع القيم الإسلامية للمجتمع، ومـع العـادات والتقاليد السائدة في المجتمع.

✓ ارتباط الأنشطة الإثرائية بالبيئة والمجتمع الذي يعيش فيه المتفوق، حيث يسهم ذلك في معالجة مشكلات مستمدة من أرض الواقع.

✓ تناسب الأنشطة الإثرائية مع المستوى العقلي للمتفوق، وارتباطها بالخلفية العلمية لديهم .

✓ تـوافر المواد التعليميـة اللازمـة لإجراء الأنشطة الإثرائيـة للمتفوقين والموهـوبين في الفصل، أو المدرسة، حتى يمكن تنفيذها بسهولة ويسر .

✓ تـوافر مصـادر التـعلم المتعـددة والمتنوعـة اللازمـة لتفعيـل عمليـة الـتعلم والتعليم للمتفوقين والموهوبين.

✓ دعم النشاط الإثرائي لمفاهيم علمية سبق للطلاب دراستها، ومساعدتهم على اكتشاف مفاهيم علمية جديدة .

✓ إحداث التوازن بين سرعة التعليم و مستوى سرعة التعلم.

✓ استثارة الأنشطة الإثرائية لتفكير الطلاب الفائقين والموهوبين وتحدي قدراتهم

✓ تنوع النشاط الإثرائي ليكـون بصـورة فرديـة، أو في مجموعـات صغيرة، أو مجموعـات كبيرة(مجتمع الفصل ككل).

✓ العمل علي جذب اهتمام وانتباه الموهوبين والفائقين أثناء دراسة العلوم .

✓ العمل علي تقديم التفسيرات المتعددة ، والمتنوعة للسؤال الواحـد، ليسهم في تنميـة العقلية الناقدة.

✓ التركيز على إيجابية الطالب المتفوق في الموقف التعليمي، ليقتصر دور المعلـم عـلى التوجيه والإرشاد.

هـ-أنواع الأنشطة العلمية الإثرائية الملائمة للطلاب الفائقين:

هناك مجموعة من أنواع الأنشطة العلمية الإثرائية اللازمة للمتفوقين والموهوبين،حددتها الأدبيات التربوية ، منها :

✓ التجارب والأنشطة العلمية مفتوحة النهاية.

✓ الأنشطة المرتبطة بمهارات حل المشكلات.

✓ المناقشات الاستقصائية والاستكشافية.

✓ الأسئلة مفتوحة النهاية.

✓ شبكة المعلومات العالمية (الإنترنت) لتوفير مختلف الأنشطة الإثرائية.

✓ الألغاز العلمية، الطرائف العلمية.

✓ المشروعات العلمية البحثية، القصص العلمية.

✓ البحث في سير العلماء لاكتساب مهارات وخطوات التفكير العلمي كما كان العلماء .

و- تقويم الأنشطة العلمية الإثرائية:

تتنوع أساليب تقويم الأنشطة الإثرائية التي يمكن استخدامها في تعرف مدي تحقق أهداف تدريس العلوم للمتفوقين والموهوبين ، بالإضافة إلي تعرف مدي نمو القدرات العقلية لديهم، كما يتطلب زيادة فاعلية التعلّم، وتنمية مجالات التفوّق المتعددة؛ استخدام أساليب تقويم متميزة، وذلك لمراعاة الفروق الفردية بينهم ومن ثم التأكيد على تمايز المناهج الدراسية لمقابلة احتياجات الطلاب الفائقين فالأسئلة المتشعبة (التباعدية) تؤدي إلى استجابات متنوعة تتصف بالمرونة والتوسع، وتتطلب أن يمارس التفكير باستقلالية، تسهم في استمتاع المتفوق بتحقيق ذاته، وتذوّق القيم العلمية وتقدير الإنتاج الفكري للآخرين (مصطفى ٢٠٠٢)، وقد أشار (زيتون، ٢٠٠٢) إلى أنّ هذه النوعية من الأسئلة تتضمن قيام المتعلم بمجموعة من المهام والأنشطة تتمثّل في: التصوّر "التخيل" (إنتاج صور عقلية)، وربط الأفكار أو الأشياء بأساليب جديدة، وإنتاج استخدامات بديلة أو غير عادية للأشياء، وحل المشكلات أو الألغاز، وتصميم الأجهزة والآلات، دمج الأشياء في بعضها.

وقد حدد زيتون مجموعة من القدرات التي يمكن استخدامها في تقييم ابتكارية المتفوق في الأنشطة الإثرائية، منها:

✓ خبرات العلوم الموقفية التي تعتمد على تقديم موقف مشكل(وتقديمه إما شفوياً أو كتابةً)، ويتطلب من كل طالب تقديم الحل للمشكلة، ثمّ تخضع المشكلة للمناقشة بهدف التوصّل لحل جماعي، وهذه المواقف يمكن توجيهها لتعرّف طريقة التفكير التي يبديها الفرد في مواجهة المواقف.

✓ مواقف مبتكرة (غير واقعية): وهذه الأداة تصاحب دراسة المفاهيم والعمليات ذات العلاقة، حيث يستخدم الطالب تخيّله، ويشارك بمفاهيم قليلة أو كثيرة حسبما يرى المعلم، وأمثلة ذلك:

✓ ماذا يحدث إذا انقطع عمود الماء المار من الجذر إلي النهاية؟

✓ افترض أننا نعيش في عالم لا يوج به ماء ....

✓ المقارنات: وفيها يتم توجيه أسئلة للطلاب مع تشجيعهم على تدوين استجاباتهم بالتفصيل، ومن ثم يمكن التمييز بين الإجابات ذات التفوق العالي والإجابات ذات التفوق المنخفض، من خلال وضوح الاستجابات وتنوعها وصدقها وقدرتها على إيجاد علاقات وارتباطات ذات رتب عالية، مثال

ذلك: كيف تشبه الأنابيب الشعرية في النبات مكنة المياه التي تضخ الماء إلي الأماكن العليا؟

- ✓ إنتاج الرسوم، ومثال ذلك: التعبير باستخدام مجموعة من الكلمات أو العبارات بالرسم المفهوم الذي يترجم هذه الكلمات لإنتاج رسم له معني .

- خامس عشر: أمثلة لأنشطة إثرائية متنوعة في مجال تدريس العلوم للفائقين والموهوبين :

١-المثال الأول الهواء يحرك الأشياء:

* أوجه التعلم المتضمنة في النشاط.

- الأشياء تتحرك من حولنا بفعل الهواء.

* الأدوات المستخدمة: أكواب ـ صودا ـ حبات زبيب ـ خليط من الماء والصابون * أنابيب رفيعة.

خطوات النشاط :

من خلال إجراء الأطفال للنشاط التالي يتأكدون أن الأشياء تتحرك من حولنا بفعل الهواء المحيط لما له من ضغط أو قوة دفع تساعد على تحريك الأشياء وكيف أنه مهم، وضرورى لحياتنا. ويجرى الأطفال في هذا النشاط تجربة (فقاعات الهواء) كما يلي:

- ✓ يتم تقسيم الأطفال إلي مجموعات ، تتكون كل مجموعة من خمسة أطفال أمامهم كوب جاف به بعض الصودا .
- ✓ يطلب من الأطفال إسقاط خمس من الزبيب في كوب الصودا.
- ✓ يضيف الأطفال بعد ذلك قليل من الماء.
- ✓ تسألهم المعلمة عن ملاحظاتهم بعد لحظات من إجراء النشاط.
- ✓ سيلاحظ الأطفال تحرك حبات الزبيب إلى أعلى وأسفل الكوب.
- ✓ تناقش المعلمة الأطفال لتساعدهم على استنتاج فعالية فقاعات الهواء في تحريك حبات الزبيب.
- ✓ توجه انتباه الأطفال إلى ملاحظة ماذا يحدث لحبات الزبيب في الكوب بعد فترة أخرى من النهار(أي بعد أن يبطل مفعول "الكربونات")،حيث سيساعد ذلك الأطفال على استنتاج أهمية فقاعات الهواء في تحريك حبات الزبيب في الكوب.

وتدعيماً لما سبق استنتاجه من النشاط السابق يمكن القيام بالنشاط التالي:

- ✓ يوزع على الأطفال خليط من الماء والصابون باستخدام سائل منظف يتم وضعه مع الماء في برطمان بلاستيك؛ وكذلك يوزع عليهم شفاطات.
- ✓ تطلب المعلمة من كل طفل أن ينفخ من خلال الأنبوب الرفيع في المحلول الموجود بالبرطمان.
- ✓ توجه المعلمة انتباه الأطفال إلى ملاحظاتهم بعد نفخ الهواء.
- ✓ سيلاحظ الأطفال تكوين فقاعات تتطاير في الهواء.

✓ تسألهم المعلمة عن استنتاجاتهم لهذه الملاحظة وتساعدهم في توضيح أن الأنبوب الرفيع تنقل الهواء من الفم إلى المحلول لتكوين فقاعات تتطاير في الهواء.

٢-المثال الثاني : قدرة الهواء على حمل الأشياء .

أ-أوجه التعلم المتضمنة في النشاط : للهواء قدرة على حمل الأشياء إلى أعلى.

ب- الأدوات المستخدمة :

منفاخ –بالونات –خيط–مجموعة صور تعبر عن قدرة الهواء على حمل الأشياء إلى أعلى (طائر في الهواء ،طائرة ، دراجة ، سيارة)

<u>جـ-خطوات النشاط</u>

◄ تعرض المعلمة للأطفال مجموعة صور تعبر عن قدرة الهواء على حمل الأشياء (دراجة، سيارة ، طائرة ، طائر في الهواء) ثم توجه للأطفال مجموعة من الأسئلة حول هذه الصور كما يلى:

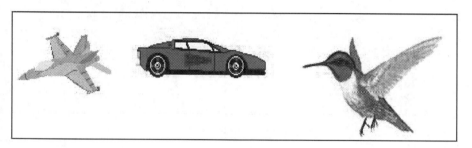

شكل(14) يوضح قدرة الهواء على حمل الأشياء

✓ ما اسم الأشياء الموجودة في الصورة أمامك؟
✓ ما الذي يحمل الطيور و الطائرات لأعلى ؟
✓ ماذا يوجد داخل كاوتش الدراجة و كاوتش السيارة ؟
✓ ماذا يحدث للسيارة أو الدرجة إذا خرج الهواء الموجود في الكاوتش ؟

◄ تقسم المعلمة الأطفال إلى مجموعات صغيرة وتعطي لكل مجموعة منفاخ وبالونة ، وخيط ثم توجه الأطفال لإدخال فوهة المنفاخ في عنق البالونة، وربطها جيدا بالخيط، ووضع كتاب على البالونة، ثم توجه الأطفال لنفخ البالونة فيلاحظ ارتفاع الكتاب ، ثم تسأل الأطفال: ما الذي يجعل الكتاب يرتفع إلى أعلى ؟

◄ تناقش المعلمة الأطفال في الاستنتاج النهائي : للهواء قدرة على حمل الأشياء.

٣-المثال الثالث: حركة الهواء الساخن .

أ-أوجه التعلم المتضمنة في النشاط :

✓ يتحرك الهواء الساخن من أسفل إلى أعلي.

✓ الهواء الساخن أخف من الهواء البارد .

ب- الأدوات المستخدمة :

ورق مقوي مقص – قلم رصاص – فرجار – قرطاسين من الورق- عصي خشبية – خيط – شمعة مشتعلة.

جـ-خطوات النشاط

◄ تسأل المعلمة الأطفال ماذا تشاهدون عند حدوث حريق أو اشتعال النار في القمامة؟ لماذا يتصاعد الدخان دائماً إلى أعلى؟

◄ للتعرف على إجابة السؤال السابق تقوم المعلمة بعمل شرائط من الورق ومراوح ورقية وتقوم بتقريب أطرافها الحرة إلى أعلى شمعة مشتعلة وتطلب من الأطفال وصف مشاهداتهم ثم توجه لهم الأسئلة التالية:

✓ لماذا تتحرك أطراف شرائط الورق الحرة إلى أعلى عند تقريبه من أعلى شمعة مشتعلة؟

✓ لماذا تدور المروحة الورقية عند تقريبها من أعلى شمعة مشتعلة؟

◄ تقوم المعلمة بتعليق كيسين من الورق بحيث يكون طرفهما المفتوح لأسفل أحد القرطاسين، فيلاحظ الأطفال أنه يرتفع إلى أعلى بعد فترة.ثم توجه لهم الأسئلة التالية:

✓ ما الذي يجعل القرطاس يتحرك أعلى؟ وإذا نقلنا الشمعة أسفل القرطاس الثاني ماذا يحدث؟

✓ تستمر المعلمة في مناقشة الأطفال حتى يستنتجوا الآن الشمعة الموضوعة أسفل فوهة القرطاس تجعل الهواء الموجود بالقرطاس ساخنا مما يجعله أخف من القرطاس الآخر فيرتفع إلى أعلى.

◄ تناقش المعلمة مع الأطفال الاستنتاج النهائي: الهواء الساخن أخف من الهواء البارد مما يجعله يتحرك إلى أعلى.

✓ تعرض المعلمة للأطفال صور حرائق وتطلب من الأطفال وصف هذه الصور؟

◄ تسأل الأطفال:

✓ لماذا تدور المروحة الورقية عند وضعها أعلى لهب شمعة (بحيث لا تشتعل).

✓ لماذا يتصاعد الدخان إلى أعلى دائما؟

٤- المثال الرابع : مظاهر تلوث الهواء.

أ-أوجه التعلم المتضمنة في النشاط :

✓ لتلوث الهواء صور متعددة.

✓ هناك طرق للوقاية من تلوث الهواء الجوي.

ب-خطوات النشاط

في هذا النشاط، تقسم المعلمة الأطفال إلى مجموعات بعد أن يدور نقاش معهم حول الإجراءات التي يمكن إتباعها حتى يقي الأطفال أنفسهم داخل الفصل من تلوث الهواء، وحتى يمكن المساهمة في حل المشكلة تقترح على الأطفال عمل مايلي:

* المجموعة الأولى:

✓ عمل ستارة لشباك الفصل للتقليل من الأتربة.

✓ يشترك الأطفال في عمل ستارة من الورق الملون، وتعليقها على شباك الفصل (بمساعدة المعلمة) لحجب الأتربة، وهي عبارة عن: شرائح مستطيلة من ورق المجلات الملونة مقاس ١٠×٥سم يقوم الأطفال بتشكيلها على شكل (أسطوانات)، ثم لصقها ولضمها في خيط من النايلون، ثم تعليقها بالتعاون مع المعلمة على شباك الفصل.

* المجموعة الثانية: عمل سلة مهملات:

✓ تقترح المعلمة على الأطفال عمل سلة للمهملات بغطاء محكم، ووضعها في أحد أركان الفصل، وهي عبارة عن:

✓ دائرتان من الورق المقوي الملون قطر كل منها ٣٠سم، أسطوانة ورقية طولها حوالي ٣٠سم.

✓ يقوم الأطفال بتثبيت الأسطوانة الورقية بعد تلوينها في قاعدة السلة باستخدام مادة لاصقة، ثم تلوين غطاء السلة، وإضافة مقبض من الورق ووضع السلة في أحد أركان الحجرة.

✓ في نهاية النشاط تطلب المعلمة من الأطفال تجميع صور توضح مظاهر تلوث الهواء في البيئة، وأخرى توضح طرق الوقاية من هذا التلوث.

* التقويم :

✓ تعرض المعلمة على الأطفال بطاقات تتضمن صوراً لأشياء ساكنه وأشياء متحركة بفعل الهواء مثل (ملابس تتطاير- قصاصات ورق أمام مروحة إطارات سيارات – بالونات مملوءة بالهواء......)، وتطلب من الأطفال تحديد الأشياء المتحركة بفعل حركة الهواء.

✓ تسأل المعلمة ماذا يحدث لو لم يكن الهواء موجود حولنا؟

✓ تعرض المعلمة على الأطفال صور لبعض السلوكيات البيئة الإيجابية والسلبية وتطلب من الأطفال التعليق عليها.

✓ تسأل المعلمة الأطفال عن أمثلة تعبر عن قدرة الهواء على حمل الأشياء؟

✓ تعرض المعلمة فيلم تعليمي يتضمن زهور ونباتات مختلفة وبعض الحيوانات، وتسأل المعلمة ماذا يلزم للنباتات والحيوانات لكي تعيش؟ هل الهواء ضروري لهما؟ كيف نحافظ على النباتات؟ هل هي هامة لنا؟ كيف؟

✓ تعرض المعلمة صوراً تتضمن بعض مصادر تلوث الهواء، مثل: سيارة يخرج منها عادم، ودخان يتصاعد من المصانع، وتطلب المعلمة من الأطفال التعليق على تلك الصور.

✓ تطلب المعلمة من الأطفال ذكر بعض الأمثلة من حياتهم توضح أهمية الهواء الجوي للاشتعال.

٥-المثال الخامس: النظرية الحركية وحالات المادة:

◆ ما الذي يجعل المادة الجامدة تحتفظ بشكل وحجم ثابتين؟

....

◆ لماذا لا تحتفظ المادة السائلة بشكل ثابت، بينما يبقى حجمها ثابتاً؟

....

◆ لماذا لا تحتفظ المادة الغازية بشكل ولا بحجم ثابتين؟

....

....

*النشاط الإثرائي: (إثبات حركة الجزيئات):

*الأدوات: مجهر ضوئي، مصدر إضاءة قوي، علبة صغيرة(أبعادها بحدود ٢×٢×٢سم) مطلية من الداخل بلون أسود ويوجد في أحد جوانبها فتحة شفّافة/ بإمكانك استخدام علبة أغطية شرائح مجهرية، شريحة زجاجية غير مستعملة ونظيفة، مصدر للدخان(عود ثقاب).

*خطوات العمل:

⇐ ضع العلبة على منضدة المجهر.

⇐ سلّط إضاءة المصباح على الفتحة الشفافة.

⇐ أشعل عود الثقاب وأدخل رأسه في العلبة وأغلق العلبة بالشريحة الزجاجية ثمّ اسحب العود بعد أن ينطفئ

شكل (١٥)

⇐ اضبط المجهر على تكبير متوسط حتى تشاهد دقائق الدخان.

⇐ أنظر من خلال المجهر، ماذا تشاهد؟

....

....

⇐ هل ما تراه جزيئات؟

....

....

ماذا تستنتج :

....

....

هل تستطيع ذكر أمثلة من حياتك اليومية تدل على أن الجزيئات في حالة حركة مستمرّة؟ حاول.

....

....

ولمحاكاة التحكم في درجة الحرارة وملاحظة أثرها في حركة الجزيئات أدخل عبر شبكة المعلومات العالمية على الرابط:

طرق تعليم ذوي الاحتياجات الخاصة

http://www.hazemsakeek.com/Physics_Lectures/Laser/LaserLectures_.htm

* تحولات المادة :

○ كيف تفسّر لنا النظرية الحركية تحوّلات المادة: كالانصهار، والغليان، والتكثّف، والتجمّد، والتسامي؟

○ ما علاقة هذه التحوّلات بتغير طاقة جزيئات المادة؟

الانصهار:

● يعرّف الانصهار بأنه:

....:

....

*نشاط عملي:

*الأدوات: كأس زجاجي مقاوم للحرارة، ثلج، ترمومتر، ساعة توقيت، موقد بنسن، منصب ثلاثي، شبكة.

*خطوات العمل:

ضع الثلج في الكأس واغمس مستودع ميزان الحرارة في الثلج بحيث لا يلامس قعر الكأس أو جدرانه، قس درجة حرارته، ثم ضع الكأس على الموقد ، وراقب درجة حرارة الثلج مع الاستمرار في التسخين حتى يتم انصهار كل الثلج

*ارسم العلاقة البيانية بين درجة الحرارة وزمن التسخين على ورقة رسم بياني، ثم أجب عن الأسئلة التالية:

■ ما درجة حرارة الثلج في البداية؟.

....

....

■ حدّد على الرسم البياني درجة الحرارة التي يبدأ عندها الثلج بالانصهار.

■ في أثناء انصهار الثلج، هل ترتفع درجة الحرارة؟.

....

....

■ أين ذهبت الطاقة الحرارية التي استهلكها الثلج أثناء التسخين؟

....

....

■ لو استمر التسخين بعد انصهار كامل الثلج، فهل يمكن أن ترتفع درجة الحرارة أكثر من الصفر؟

■ إنّ تسخين الجسم الجامد يعمل على تزويده بقدر من الطاقة تكتسبها جزيئاته، فتزداد حركتها أو اهتزازاتها، وتزداد بالمقابل طاقتها الحركية. ويساعدها ذلك في التغلب على قوى الجذب التي تشدّها بعضها إلى بعض ومع استمرار التسخين تصل طاقة الجزيئات مقداراً لا تعود معه قوى الجذب

كافية لحفظ الجزيئات في أماكن اهتزازها. وعندما ينهار التركيب الثابت للجسم الجامد، تبدأ بعض جزيئاته في الانتقال من مراكزها أو الانزلاق على بعضها، ويأخذ الجسم الجامد بالانصهار، أي يبدأ بالتحوّل إلى حالة السيولة.

ولكي تصبح جميع جزيئات الجسم الجامد حرّة في الانزلاق، يتوجب الاستمرار في التسخين. وتستهلك الطاقة الحرارية التي نزوّده بها في تغيير حالة الجسم الجامدة من خلال التغلب على قوى الجذب بين الجزيئات، وفي زيادة طاقتها الكامنة لا في زيادة طاقتها الحركية. وهذا يفسّر لنا ثبات درجة الحرارة منذ بدء عملية الانصهار إلى أن تنتهي ويتحول الجسم الجامد إلى سائل.

مشكلة تحتاج إلى حل: بعد أن توقّف الثلج عن الهطول ، قام رجل بإزاحة الثلج عن مدخل بيته وتكديسه بجانب البيت، وعندما أشرقت الشمس انصهر معظم الثلج الساقط على الجبال والسهول المحيطة به، وما يزال الثلج المتراكم بجانب بيته لم ينصهر مع أن درجة الحرارة واحدة في ساحة بيته وفي المناطق المجاورة؟ما سبب ذلك؟.

....

....

□ أعد النشاط السابق باستخدام كتلة مساوية من مادة أخرى، مثل شمع البرافين(أو شحمة بهيمة) ولاحظ مقدار زمن

التسخين المستغرق لتتحول الكتلة جميعها إلى سائل، وهل تختلف درجة انصهارها عن درجة انصهار الثلج؟..

....

*الغليان :

استمر في أداء النشاط السابق، وسخن الماء مع الاستمرار في متابعة التغير في درجة حرارته.

*ارسم العلاقة البيانية بين درجة الحرارة وزمن التسخين، ثم أجب عن الأسئلة التالية:

⟸ في أثناء غليان الماء، هل ترتفع درجة الحرارة؟ فسّر ذلك.

⟸ حدّد على الرسم البياني درجة الحرارة التي يبدأ عندها الماء بالغليان.

⟸ هل تستطيع تحويل الماء جميعه في الوعاء إلى بخار؟ كيف ذلك؟.

مع بداية الغليان وحتى يتحول السائل بأكمله إلى غاز، نجد أن الطاقة الحرارية التي نزوّد بها ذلك السائل تستهلك في زيادة الطاقة الكامنة لجزيئاته(أي في تغيير حالة السائل)، لا في زيادة طاقتها الحركية.

يعرّف التبخر بأنه: ....

فوّاز يحاول غلي الماء في البالون!
وسعود يحاول سلق بيضة في وعاء من الورق المقوى!
هل هذه تصرّفات أصحاب عقول أم أنهما من المجانين؟

....

....

التسامي: قم بإجراء النشاط التالي. ثم عرّف التسامي.

١ – المثال السادس لنشاط إثرائي (رفع البصمة):

*__الأدوات__: برطبان زجاجي له غطاء محكم الإغلاق، ورق ترشيح، بللورات قليلة من اليود.

*__خطوات العمل__: - ضع بضعة بللورات من اليود الصلب في البرطمان وأغلقه بإحكام.

- قصّ قطعة صغيرة من ورق الترشيح ، واطبع بصمة إبهامك عليها بقوة وضعها في البرطمان وأغلقه.

- اترك البرطمان قليلاً.

-افتح البرطمان واسحب الورقة ثمّ أغلق البرطمان، افحص الورقة، ماذا تلاحظ؟

....

-كيف انتقلت جزيئات اليود(في الحالة الصلبة) إلى الورقة؟.

....

....

-هل تحوّل اليود من حالة الصلابة إلى الحالة الغازية مباشرة أم أنّه تحوّل إلى حالة السيولة أولاً: ماذا تسمى هذه الظاهرة؟..

....

....

-اذكر مواد أخرى تتّصف بهذه الظاهرة؟..

....

....

-اترك ورقة الترشيح قليلاً بجانب النافذة ثمّ افحصها. ماذا تلاحظ؟ لماذا اختفت البصمة؟..

-ماذا حدث لجزيئات اليود التي كانت على الورقة؟

....

....

-كيف نحتفظ بالبصمة واضحة على الورقة؟

....

....

- اذكر بعض مجالات استخدام هذه الظاهرة؟

....

وتحدث هذه الظاهرة للمواد الجامدة التي تكون قوى الجذب بين جزيئاتها ضعيفة.
والآن عرّف ظاهرة التسامي.

التسامي هو:

....

*التكثّف والتجمد:

- هل تزداد قوى الجذب بين الجزيئات عند التجمّد، أم تنقص، أم أنها تبقى على حالها؟

....

هل تبقى المسافات بين الجزيئات عند التجمد على ما كانت عليه، أم أنها تتغير؟

....

- وإذا تغيّرت، هل تزداد أم تنقص؟..

....

- ماذا يحدث للطاقة الكامنة في جزيئات السائل عندما يتجمد؟

....

— هل عملية تحوّل السائل إلى جامد عملية معاكسة لعملية تحوّل الجامد إلى سائل؟

....

— كيف تتأثر قوى الجذب والمسافات بين جزيئات المادة المتحوّلة من الحالة الغازية إلى الحالة السائلة؟

....

ماذا يحدث للطاقة الكامنة في جزيئات الغاز عندما يتكثّف؟

....

ماذا تستنتج بالنسبة لظاهرتي التجمد والانصهار، وكذلك الغليان والتكثّف؟

....

....

-إنّ ازدياد المسافات بين الجزيئات نتيجة تزويد المادة بالطاقة الحرارية يزيد حجمها، أي أن الطاقة الحرارية تجعل المادة تتمدد. كما أنّ فقدان المادة للحرارة يجعلها تتقلص! مما يعني أن المسافات بين الجزيئات قد قلّت.

-جميع السوائل تقريباً تتبع هذا النظام، حتى الماء يتّبع هذا النظام، لكن ليس في جميع درجات الحرارة، حيث إنّه يتمدد أثناء تبريده من ٤°م إلى درجة الصفر، ويتقلّص أثناء ارتفاع درجة حرارته من درجة انصهار الجليد إلى الدرجة ٤°م.

-يقول الله عز وجل: (إنّا كلَّ شيءٍ خلقناهُ بقدر) {القمر:٤٩}، فهل لهذا الشذوذ فوائد؟ اذكرها؟

*التقويم :

١- يمثل الشكل تحولات الماء في حالاته الثلاث ، اكتب في الفراغات ما يحدث لطاقة المادة اللازمة لحدوث التحوّل.

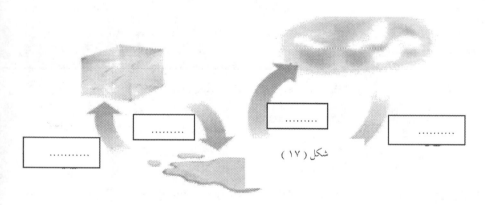

شكل (١٧)

مراجع الفصل الثامن

١. خالد علي الشنبري(١٤٢٩ هـ).تدريس العلوم باستخدام الأنشطة الإثرائية وأثره على التحصيل وتنمية مهارات التفكير الابتكاري لدى طلاب الصف الثالث المتوسط المتفوقين دراسياً، ما جستير غير منشورة،كلية التربية، جامعة الملك خالد.

٢. زينب شقير (٢٠٠٢). رعاية المتفوقين والموهوبين والمبدعين. القاهرة: مكتبة النهضة المصرية.

٣. عبدالحكيم سعيد، و أشرف طه (٢٠٠٢). متطلبات إعداد وتأهيل معلم المتفوقين في الحلقة الثانية من التعليم الأساسي. المؤتمر العلمي الخامس، تربية الموهوبين والمتفوقين، المدخل إلى عصر التمييز والإبداع، مجلة كلية التربية، جامعة أسيوط،١٤ -١٥ ديسمبر، ص ص : ٧٨-١٢٨.

٤. عبدالله علي محمد،وممدوح محمد عبدالمجيد (٢٠٠٤).فعالية برنامج مقترح قائم على الأنشطة العلمية-الإثرائية في تنمية المفاهيم والسلوكيات البيئية وبعض العمليات العقلية لدى أطفال ما قبل المدرسة الفائقـــين،**مجلة التربية العلمية**-المجلد السابع- العدد الرابع ديسمبر .

٥. علي الحمادي (٢٠٠٢) .**سلسلة الإبداع**، الكتاب الأول .

٦. علي سليمان (١٩٩٩). **عقول المستقبل، استراتيجيات لتعليم الموهوبين وتنمية الإبداع**. الرياض: مكتبة الصفحات الذهبية.

٧. فتحي جروان (١٩٩٨). **الموهبة والتفوّق والإبداع**. العين: دار الكتاب الجامعي.

٨. فتحي جروان (٢٠٠٢). **الإبداع: مفهومه- معاييره- مكوناته- نظرياته- خصائصه- قياسه-تدريبه- مراحل العملية الإبداعية**. عمّان: دار الفكر للطباعة والنشر والتوزيع.

٩. مجدي إبراهيم (٢٠٠٢)، منظومة تعليم الموهوبين في عصر التميز والإبداع... إلى أين؟. **المؤتمر العلمي الخامس، تربية الموهوبين والمتفوقين... المدخل إلى عصر التميز والإبداع**، كلية التربية، جامعة أسيوط، ديسمبر، ص ص: ٢٣-٤٤.

١٠. مجدي عبد الكريم (٢٠٠٠). **بحوث ودراسات في الطفل المبدع**، القاهرة: مكتبة الأنجلو المصرية.

١١. محبات أبو عميرة (٢٠٠٠). **المتفوقون والرياضيات "دراسات تطبيقية"**. القاهرة: مكتبة الدار العربية للكتاب.

١٢. محمد الإمام (٢٠٠٦). فعالية برنامج إثرائي قائم على بعض القضايا المثيرة للجدل في تنمية مهارات التفكير الناقد والابتكاري لدى الطلاب المتفوقين. **مجلة الطفولة العربية**، الجمعية الكويتية لتقدم الطفولة العربية، مج٧، ع٢٦، مارس، ص ص: ٢٤-٦٠.

١٣. هاني السليمان(٢٠٠٣).**الشخصية المبدعة ـ كيف تصبح مبدعاً في تفكيرك**

١٤. يسريه محمود (١٩٩٩). تعليم الموهوبين في مصر في ضوء الاتجاهات العالمية المعاصرة، مجلة التربة والتعليم، وزارة التربية والتعليم،القاهرة: يناير.

15. Gohans & Gejman, A. (1997). Constancy of I.Q. **Scores on any Gifted Children** . Roper Review. Vol.15,No.3.

16. Moyesky, M. (1998). **Creative Activities   For Young Children,** Duke University, Delmer Publishing Inc.

17. Peggy, I. (1999). Activities For Gifted Children Using the CIBER Method, **The Gifted Child Today**, Vol.17, No.3.

طرق تعليم ذوي الاحتياجات الخاصة

الفصل التاسع

((مفهوم الذات والاتجاهات نحو تدريس العلوم لذوي الاحتياجات الخاصة))

- مقدمة.
- نظريات الذات .
- مفهوم الذات في العلوم لدي ذوي الاحتياجات الخاصة.
- قياس مفهوم الذات .
- طبيعة قياس مفهوم الذات.
- اتجاهات ذوي الاحتياجات الخاصة نحو دراسة العلوم .

الفصل التاسع :
مفهوم الذات والاتجاهات نحو تدريس العلوم لذوي الاحتياجات الخاصة

- **مقدمة :**

تعتبر دراسة مفهوم الذات بوجه عام ،ولدى ذوي الاحتياجات الخاصة بوجه خاص من الدراسات التي ساعدت على فهم وملاحظة الأطفال في الحياة اليومية والوقوف على التغيرات الكثيرة التي تعتريهم من فترة لأخرى، فالعلم يبدأ من ملاحظات عابرة في الحياة اليومية ، حيث يعتبر مفهوم الذات حجر الزاوية في الشخصية، كما أصبح ذا أهمية بالغة ، فالذات هي الشعور، والوعي بكينونة الفرد .

- **أولا : نظريات الذات :**

◄ نظريات الذات بوجه عام .
◄ نظريات الذات في حالة الإعاقة.
◄ نظريات ذات الكفيف .

وفيما يلي عرض لنظريات مفهوم الذات:

١- نظريات الذات بوجه عام :

تكشف لنا النظريات الخاصة بمفهوم الذات عن اتجاهين رئيسين في نشأة هذا المفهوم ونموه، الاتجاه الأول : يعنى بالسنوات الأولى في حياة الفرد كأساس لتكوين شخصيته وأن البناء النهائي للشخصية لا يخرج عن تراكم التعيينات التي تخضع في الجانب الأكبر منها لشخصية الآباء، ويمثل " فرويد " مركز الزعامة في القول بهذا الاتجاه ، أما الاتجاه الثاني : فيعنى بالعوامل الاجتماعية كبعد له ثقله في بلورة شخصية الفرد إلى جانب الوراثة والنضج في تكوين الشخصية.

وقد أشارت الأدبيات التربوية إلي أن بناء الذات يتم على مرحلتين :

◄ المرحلة الأولى : وتتكون من تنظيم لاتجاهات الآخرين نحو الفرد.
◄ المرحلة الثانية : يتم فيها تنظيم الاتجاهات الاجتماعية للجماعة المنظمة التي تمد الفرد بنواة الذات وتمثل اتجاهات المجتمع بصفة عامة.

٢ - نظريات الذات لذوي الاحتياجات الخاصة :

ظهرت في الحقبة الأخيرة امتدادات منظورة للتنظيم الفرويدى في فهم الشخصية بصفة عامة، وذوي الاحتياجات الخاصة بصفة خاصة ، ولعل أشهر هذه الاتجاهات مدرسة سيكولوجية الذات Ego psychology التي انبثقت من آراء ستام Stamm ، وسوليفان Sullivan ، وفلورنى هوليس Hollis .F ، حيث أشاروا إلى أن سلوك ذوي الاحتياجات الخاصة مرده إلى مدى قدرة الذات الشعورية على المواءمة بين النزعات الداخلية والرواسب الطفلية Infant drives من أوامر ونواهي الذات العليا، كما يتمثل في القيم والأحكام ذات

التأثير اللا شعوري ، وعلى ذلك فقد اعتبر هذا الاتجاه أن اختلال الشخصية ما هو إلا اختلال في وظائف الذات وهى الإحساس والإدراك والتفكير والإنجاز - Feeling Perception- Thinking -Achievement

ويشير "هورمز " Hormuth إلى أن علماء النفس يرون أن مفهوم الذات تركيب يعرض تنظيم الخبرات ،ويوجب العمل ، إنه تركيب دينامى يكتسب باستمرار معارف جديدة مرتبطة بالمعارف القائمة والموجودة عن الذات .لذلك فإنه الأكثر في أن يضيف الاستقرار لمثل هذا التركيب واكتساب المعلومات التي توحد مفهوم الذات ، بينما تُرْفَض المعرفة غير المتناسقة وغير الموائمة مع مفهوم الذات من قبل الشخص .

وقد أشار " روجرز " إلى أن من أهم خصائص الذات : أن الذات ليست تنظيما فطريا بل أنها تكتسب عن طريق الاقتران والمشاركة مع الآخرين.

٣- نظريات ذات الكفيف :

وجد لوكوف Lukoff وآخرون (١٩٧٢) أنه عندما يقترن المكفوفون مع المبصرين، فإن المكفوفين يلتزمون بصورة أكبر بمستويات المبصرين، وليس بمستوى زملائهم المكفوفين ، وعلى العكس من ذلك عندما يقترن المكفوفون بأشخاص مكفوفين آخرين، فإنهم يميلون إلى الاستجابة بشكل كامل لمستويات زملائهم . وفى كثير من الأحيان يواجه المكفوفون عقبات عليهم أن يتغلبوا عليها، كي يتعلموا الثقة بالبيئة المحيطة بهم ومن أجل الشعور بالثقة بالنفس وقد أظهرت الدرجات المستمدة من إحدى الدراسات الموسعة أن المراهقين المعاقين بصريا ينظرون لأنفسهم بصورة أكثر سلبية بالمقارنة بالمجموعة المعيارية للدراسة . إذ كانت أبعاد مفهوم الذات لدى المكفوفين منخفضة بشكل متطرف في المظاهر المرتبطة بالأبعاد الجسمية ، وهذا قد يرجع إلى اختلاف صورة الجسم لدى الفرد العادي عنه لدى الكفيف.

كما يعتمد الكفيف في التعلم على حاسة اللمس والسمع والشم كدوافع للحركة، واكتساب المعرفة بالعالم المحيط ، حيث نجد أن حاسة السمع تغطى على بعض الدلالات عن مسافة الشيء واتجاهه ، بينما حاسة الشم قد تسمح للكفيف بمعرفة ما إذا كانت الشجرة مزهرة أم لا ، وما نوع هذه الشجرة ، إلا أن جميع هذه الدلالات ، السمعية منها والشمية ، لا تعطى للشخص الكفيف أية أفكار عن شكل الشجرة أو حجمها أو تكوين أوراقها، أو مظهرها العام . فالمعرفة بالصفات المكانية للأشياء تكتسب من خلال الملاحظات اللمسية التي تشترك فيها الإحساسات العضلية ـ الجلدية "kines thetic ، وفى بعض الأحيان قد لا يستكشف الكفيف عناصر البيئة من حوله حتى من خلال حاسة اللمس كذلك قد لا يحرك جسمه في نطاق المكان ، ومن ثم لا يحصل على عناصر من التغذية المرتدة خلال الإحساس الجلدي ـ العضلي ، مما يجعل الكفيف يتجه إلى داخل ذاته بقصد الحصول على الاستشارة المطلوبة . مثل هذا القصور والضعف

المفروضين على المكفوفين في كثير من الأحيان يساعد على تكوين بعض اللزمات Mannerisms المعينة يطلق عليها لزمات البصر. وتقترن هذه اللزمات السلوكية بأشكال سلوك الاستشارة كاهتزاز الجسم أو العبث في العينين، ويبدو أن مثل هذه الأشكال تتميز بالثبات وتكون خالية من أي معنى بالنسبة للآخرين الذين يلاحقونها إلا أن المكفوفين يتزودون من خلال مثل هذه الأفعال الحركية بمدخلات ذاتية خاصة عندما يشعرون بنوع من الفراغ في نطاق قنواتهم الحسية .

- **ثانيا : مفهوم الذات في العلوم لذوي الاحتياجات الخاصة :**

جادت الأدبيات التربوية بالعديد من التعريفات المتعلقة بمفهوم الذات منها:

يعرف مفهوم الذات على أنه: مكون معرفي منظم، وموحد ، ومتعلم للمدركات الشعورية، والتعميمات الخاصة بالذات ، يبلوره الفرد ويعتبره تعريفا نفسيا للذات.

ويقصد بمفهوم الذات بأنه ذلك المفهوم الذي يكونه المتعلم في تنظيماته السلوكية في مجال العلوم، والذي يتمثل في عبارات تتضمن صفات سلوكية قابلة للتعديل، والتغيير، وتشير إلى علاقة الطالب بنفسه، أو بالآخرين في مجال تدريس العلوم.

ولذلك استطاع الإنسان خلال تاريخه الطويل أن يتغلب على الصعوبات التي تعترض تقدمه وأن يواجه التحدي ، وأن يحقق انتصارات هائلة رغم العقبات التي اعترضت سبيله ، وكل عائق يوضع في سبيل تحقيق طبيعة لابد من اجتيازه حتى ولو كانت الإعاقة صمماً أو بكماً أو كفاً بصرياً.

ويتغير دور الإنسان في هذا الصراع من عصر إلى عصر، ومن مجتمع لآخر لتغير الظروف المحيطة به ، فتغير الدور هنا تغير نسبى ، وتمثل العلاقات التفاعلية عاملا هاما في تحديد ما إذا كان الإنسان سويا أو معوقا ، ذكرا أو أنثى ، سيفي إحساسه بالانتماء.

وقد أشار فتحى عبد الرحيم لما أوضحه كثيرون في مجال الإعاقة البصرية أمثال: تشيفنى (Chivifny)، بريفرمان (Breverman) وكتسفورت) (Cutsforth إلي أن فقد البصر له تأثير مباشر على تكوين الشخصية ، لذلك فإنهم يرفضون القول بأن فقد البصر كمؤثر مباشر على تكوين الشخصية يمكن أن يكون تفسيرا مقبولا لكل الاختلافات في القدرات وفى الخصائص المشتركة في الشخصية عند المعاقين بصريا.

ويشير(توماس . ج كارول) أن هناك اختلافا واضحا وعادة ما يكون صعبا في أضراره بالعميان ، فالطفل الزنجي وإن لفظه مجتمع البيض من الأطفال فإنه يستطيع الائتلاف مع من يحبهم أكثر من غيرهم ، وأعنى بذلك أسرته

فغالبا ما تكون أسرته ، من الأسوياء، ومن ثم فهي جزء من المجتمع الذي يلفظه أو يرثى له أو يلقبه بأسماء تطارده أينما يكون ، وفى مثل هذه الظروف فإن الجماعة التي يشترك معها في شيء مثلهم مثل إعاقته ، وهى جماعة تدفعه أبعد فأبعد من أن يألف مع جماعته وأسرته.

كما أن وضع الطالب في المجال المتمثل في الأسرة والمدرسة، يجعله محورا لتقييم الآخرين له من الناحية الأكاديمية ، وهو ما يمكن أن ينعكس على مفهومه لذاته ودافعيته، واتجاهاته الدراسية ، وإذا كانت النظريات والآراء قد اختلفت حول طبيعة الذات وبنيتها وتركيبها وأبعادها ووظائفها بل وفى تعريفها، فإن هناك شبه اتفاق على أهمية مفهوم الذات في التأثير على السلوك وعلى ما يقوم به هذا المفهوم من وظيفة واقعية وعلى أنه ينمو تكوينيا كنتاج للتفاعل الاجتماعي جنبا إلى جنب مع الدوافع الداخلية لتأكيد الذات.

وفي إطار تفسير العلاقة التبادلية بين تقييم الغير، وتقييم الفرد لذاته والسلوك الصادر عنه من خلال منظور أن التقدير الصادر عن الغير للفرد يتم على أساس تقييم الغير لأداء الفرد بالنسبة لغيره من بقية أعضاء الجماعة ولإشباع الحاجة إلى تقدير الفرد لذاته نتيجة سلوك الفرد نحو مقابلة متطلبات الغير، فيبذل ما يمكنه من جهد في القيام بما يتوقع أنه عمل له قيمته الإيجابية بالنسبة لهؤلاء الآخرين والحصول على تقديرهم ومن خلال النجاح في ذلك العمل يتولد لدى الفرد تقديرا لذاته وتقييما لقدراته وأدائه ومستواه ،فيتحول سلوك الفرد إلى إشباع هذه الحاجة نحو التوجه الذاتي بعد أن كان قاصرا على التوجه الخارجي .

كما يتضمن الدافع المصاحب لهذه الحاجة للتقدير زيادة الجهد المبذول حيث يتنافس مع غيره وينجز، حينما يعرف أنه سيحصل على التقدير الاجتماعي.

وفى إطار بحث العلاقة بين مفهوم الذات لدى الطلاب وتحصيلهم في العلوم البيولوجية ،أوضحت نتائج بعض الدراسات التربوية في المجال إلي وجود ارتباط موجب بين التحصيل في العلوم ومفهوم الذات ، وأن الطلاب الذين حصلوا على درجات عالية في مفهوم الذات قد حصلوا أيضا على درجات عالية في التحصيل في العلوم البيولوجية . أي إن الطالب الذي لديه مفهوم ذات موجب يتوقع نجاحه في دروس العلوم .ولذلك فإنه يعمل بطريقة تؤدى إلى النجاح ، والطالب الذي يتوقع الفشل لديه عدد محدود من البدائل ليختار منها في الموقف المعقد.

إن رغبات الفرد وأهدافه تنتظم حول مفهومه عن ذاته ويتأثر به ، كما أن الفرد يسعى باستمرار في سبيل حماية ذلك المفهوم وصيانته ، وقد ينجح الفرد أو يخفق في بلوغ هذه الغاية غير أنه يعمل دائما في سبيل تفادى ما يمكن أن يحمل تهديدا لقيمته الذاتية.

وفي إطار دمج ذوي الاحتياجات في دروس العلوم مع العاديين ، أشارت الأدبيات التربوية إلي أهمية ذلك ، حيث يعود ذلك الاندماج بفائدة على الجميع فبالرغم من توقع حدوث بعض التردد الداخلي، أو الإحباط، أو الخوف بالنسبة للطلاب، والمدرسين على السواء ،إلا أنه بمجرد زوال هذه الفترة المؤقتة، فإن المكاسب تكون واضحة ، فذوي الاحتياجات الخاصة يواجهون مجالا شاملا جديدا للفرص التربوية ، والأسوياء يعلمون بأن ذوي الاحتياجات الخاصة لايختلفون عنهم كثيرا، كما تنمو أساليب التعلم المختلفة لدى المدرسين ليصبحوا قادرين على تعديل منهج العلوم ليقابل حاجات الطلاب الشخصية.

ويشير كارن " carin " وصند " sund " بأن مفهوم الذات يعتبر من العوامل التى تؤثر على اتجاهات الطلاب نحو العلوم ونحو المدرسة بوجه عام.

ويتميز تدريس العلوم بطبيعة فريدة، خاصة من حيث استخدام الطلاب للأنشطة والتجارب والتدريبات داخل المعمل، ولذلك عدل مفهوم الذات بما يتلاءم مع سلوك الطالب في مجال تدريس العلوم وظهر تبعا لذلك مفهوم الذات في العلوم .

وقد اشتقت التطبيقات النظرية لمفهوم الذات من أعمال سنج " Snigg " وكومبز " Combs"وروجرز " Rogers " ، حيث أشار كل من :سنج وكومبز بأن سلوك الفرد يرتبط بإدراكه لذاته ، كما يعتقد لاندسمان " Land sman " بأن تعلم الطالب يتحدد ويتأثر وقد يشوه في بعض الحالات بإدراك الطالب لذاته ، وبالتالي فإن التعلم يدمج في النفس بسرعة أكثر، بحيث يصبح مبدأً عاما عندما يدرك بواسطة المتعلم يكون له ارتباط موجب بذاته . كما أن مفهوم الذات الموجب يدل على أن الشخص لديه تكيف جيد.

وتهدف التربية إلى مساعدة الطلاب على أن يكون لديهم مفهوم ذات موجب فقد أوضح روجرز بأن هدف التربية هو مساعدة الطالب على ما يلي :

- ✓ أن يكون قادرا على أن يبدأ عملا نابعا من ذاته وأن يكون مسئولا عن أعماله .
- ✓ يقدر على اختيار أعماله بذكاء وبتوجيه من ذاته .
- ✓ أن يكون متعلما ناقداً .
- ✓ يستطيع أن يجمع المعلومات التي لها صلة بحل ما يواجهه من مشكلات .
- ✓ يكون قادرا على التكيف بمرونة وذكاء مع المواقف الجديدة للمشكلة .
- ✓ يستطيع أن يتبنى صيغة لمدخل معين لمواجهة المشكلات ويدمجها في نفسه مستخدما لتحقيق ذلك جميع الخبرات وثيقة الصلة بالمشكلات .
- ✓ يتفاعل بفاعلية مع الآخرين .
- ✓ يعمل لتحقيق أغراضه الاجتماعية .

وهذه النقاط تعكس صفات الطالب الذي لديه مفهوم الذات الموجب ، كما يمكن اعتباره أهدافا إذا تحققت فإنما تكون عائدا لتدريس العلوم للطلاب المعاقين بصريا الذين لديهم مفهوم ذات موجب في العلوم.

كما أوضحت نتائج بعض الدراسات وجود علاقة ايجابية بين نمو مفهوم الذات الموجب والتحصيل الأكاديمي.

وتنعكس العلاقة القوية بين مفهوم الذات والدافعية على بناء المناهج فيشير " لاند سمان "بأن المنهج الذي يتبع في تنظيم محتواه لمعيار التتابع المنطقي لتعلم المفاهيم الأساسية فإن هذا المنهج قد يؤدى إلى تعلم أفضل إذا تم تنظيم محتواه حول مفاهيم لها صلة بالذات ، كما يجب التعامل مع الفروق الفردية للطلاب من خلال مهارات تدريسية حساسة ومناسبة لهم بدلا من تدريس المنهج لمجموعات كبيرة من الطلاب ، كما يجب أن يكون محتوى المنهج مرنا بدرجة كافية، ليراعى المدى المناسب للتغيرات التي توجد بين المجموعات الصغيرة من الطلاب ومنها المعاقين بصريا.

● **ثالثا : قياس مفهوم الذات :**

يعتبر مفهوم الذات متغيرا هاما من متغيرات الشخصية، حيث يمكن فهم الشخصية فهما كاملا ، أو فهم السلوك الشخصي الظاهري من خلال الصورة التي يكونها الفرد عن ذاته ، لأن الكائن الإنساني لا يقتصر تفاعله مع البيئة سيكولوجيا على مجرد صدور الاستجابات وما يتبعها من عملية تعليم وتعلم أو تعديل، بل إن هذه الاستجابات ذاتها تصبح ضمن المتغيرات الأخرى للبيئة موضوعا لإدراكه وتصوره وانفعاله، بما يمكنه من تصور التنظيمات السلوكية الخارجية والحكم عليها والاتصال بها .

وبعبارة أخرى ،فإن مفهوم الذات هو تقدير الفرد لقيمته كشخص محدد تفكيره، ودافعيته، وسلوكه . فهو يحدد إنجاز المرء الفعلي ويظهر جزئيا من خبرات الفرد بالواقع والاحتكاك به ، ويتأثر بالأحكام التي يتلقاها الفرد من الأشخاص ذوى الأهمية العاطفية في حياته.

ويتكون مفهوم الذات من مجموعة منتظمة من الصفات والاتجاهات والقيم الناتجة عن تفاعل الفرد مع بيئته من خلال خبراته مع الأشياء والأشخاص وقيمهم التي يمكن أن يتمثلها مع ذاته . وعلى ذلك فان مفهوم الفرد عن ذاته يشير إلى كل خواص الفرد من أعمال ومعارف ، وأفكار ، ودوافع ، وانفعالات واستعدادات ، وأنماط سلوكية .

وانطلاقا من هذا، فإن مفهوم الذات يمثل محورا من المحاور المهمة في تفسير أبعاد الشخصية الإنسانية. حيث إن مفهوم الشخصية ومكوناتها يعتمد أساسا على معرفتنا لمفهوم الذات ، وما يتعلق به من فهم الفرد لذاته ، ذلك الفهم الذي يؤكد على تصرفاته وعلاقته بنفسه وبالآخرين.

ولما كانت المدرسة تؤدى دورا مهما في تغذية وتنمية مفهوم الذات، فإن مهمة المدرسة لم تعد مقصورة على نقل المعرفة فقط ، بل امتدت هذه المهمة لتشمل مجموعة من الأدوار التي تسعى المدرسة إلى تحقيقها بهدف تزويد الطلاب

بالمعلومات والمهارات التي من شأنها أن تدعم هذا المفهوم بمنهجية علمية تساعدها على السير في طريقة العملية التعليمية لدى الطلاب ـ خاصة ذوي الاحتياجات الخاصة، مما يمكنهم من مواجهة المتغيرات الجديدة في المجتمع والتي تمثل تحديات مستقبلية . ويؤكد ألبورت "Allport" على أن مفهوم الذات يعتبر حجر الزاوية فى مدى تعرفنا على ذواتنا، وهو المحك الذي يمكن الاستناد إليه عند معرفتنا لمعنى تصرفاتنا إزاء المواقف والأحداث ، وإلى حد يمكن أن ندرك تلك المواقف ، ونتعامل مع هذه الأحداث.

إن بناء مفهوم ذات إيجابي لدى الطلاب ، خاصة من ذوي الاحتياجات الخاصة، يحدث من خلال تراكم الخبرات والاتصالات مع الآخرين من حوله ومع البيئة المحيطة به ، فإذا كان معظم هذه الخبرات إيجابية، فإن ذلك ينعكس على الطفل ويؤدى إلى أن يشعر شعورا إيجابيا نحو نفسه ، حيث إن شعور الطالب المعاق بصريا أنه محبوب ومعتنى به من قبل الآخرين خاصة فى بيئة التعلم سواء من زملائه العاديين ومن معلمه فسوف يبدأ في تطوير مفهومه لنفسه كانسان له قيمته ،وسوف يتجه إلى أن يشبه الآخرين من حوله، ويسلك مثلما يسلكون معه ومثلما يريدونه .

ومن ناحية أخرى إذا تراكمت لدى الطفل استجابات سلبية من الأفراد الذين يتعامل معهم ومع البيئة من حوله، فسوف يؤدى ذلك إلى اعتقاده أن هناك شيئا ما خطأ به ، كما أوضح بياجيه "Piaget" أن الطفل يكون ذاتي المركزية ، فالإطار المرجعي لتفكيره هو ذاته.

ويساعد المفهوم الإيجابي للذات الطالب من ذوي الاحتياجات الخاصة على أن يحيا حياة سوية يشعر فيها بالتوافق النفسي مع ذاته من ناحية، ومع أقرانه العاديين في بيئة التعلم من ناحية أخرى ، أما إذا كون مفهوما سلبيا، فإن ذلك ينعكس على نفسه وعلى معاملاته مع أقرانه العاديين في بيئة التعلم ، حيث لايشعر بالتوافق أو الاستمرار السوي وبِتَقَبُّل ذوي الاحتياجات الخاصة المندمجين دراسيا مع أقرانهم العاديين لذاتهم ورضاهم عنها، يصبح المفهوم الإيجابي للذات واضحا . ويبدو هنا من خلال تعاملهم مع أقرانه العاديين، وما يتطلب من التقدير والاحترام والحرص على المكانة الاجتماعية، وما تضيفه من ثقة واحترام.

وفى هذا السياق نجد أن مفهوم الذات لدى ذوي الاحتياجات الخاصة يُكتسب فى جزء كبير منه من خلال تفاعلاتهم الاجتماعية مع الآخرين ،ويعتمد على توقعات المجتمع منهم ، فإذا توقع المجتمع أن يكون سلوكهم مقيداً وفق معتقداتهم بأن ذوي الاحتياجات الخاصة عاجزون عن القيام بأدوار اجتماعية إيجابية ، فإن هذه القيود سوف تصبح جزءا من مفهومهم عن ذاتهم ، وتنعكس فى سلوكياتهم الاجتماعية ، وبالتالي فإن توافقهم الاجتماعي يرتبط ارتباطاً وثيقا بنمو مفهوم ذات إيجابية لديهم.

أي إن مفهوم الذات ليس ثابتا بل متغيرا نتيجة لتغير قدرة الفرد على إدراك سماته المختلفة ويتفق ذلك مع ما جاء به سميث Smith من أن مفهوم الذات مفهوم مركب متعدد الأوجه ، ويعاد تقديره فى ضوء الآخرين .

ويتأثر مفهوم الذات في العلوم Self concept in Science بمفهوم الفرد عن ذاته بتكوينه الخاص واستعداداته وقدرته على إدراك هذه الاستعدادات ثم نظرة المجتمع إلى الفرد والعوامل الثقافية والاجتماعية التي توجد في إطاره الاجتماعي ، ومدى اهتمام الثقافة نفسها بهذا المفهوم بصفة عامة ، أي مدى ماتصبغه الثقافة عليه من قيمة اجتماعية .

وبوجه عام، فإن مفهوم الذات مفهوم عام متعدد الأبعاد والمكونات قابل للتغيير في ضوء العمر والمستوى الثقافي، والاجتماعي، والاقتصادي، وقابل للتغيير في ضوء المؤثرات الأخرى، ومنها الرضا النفسي الذي يكونه الطالب المعاق بصريا في تنظيماته السلوكية في مجال العلوم، وما له من أثر في تقييم الفرد لذاته كما أنه قابل للتغيير بالإرشاد ، وعلاقته بنفسه ، وبالآخرين في مجال تدريس العلوم .

إن الفرد الذي يعتبر نفسه مسئولا عما يحدث في ذاته يكون ذا تفكير سليم وإرادة قوية، وثقة بالنفس ، أما الفرد الذي يعتبر نفسه غير مسئول عما يحدث له ، ويرجع المسئولية للظروف والأشخاص الآخرين، قد يكون تفكيره مضطربا وغير واثق من نفسه، وبالتالي غير راض عن ذاته.

وبمعنى آخر فان القدرة التي تساعد الفرد الإنساني على أن يعالج من الأمور ما ليس له وجود فعلى في الواقع المحسوس ، والتي تساعده على أن يسترجع الأحداث الماضية ، تلك القدرة ذاتها تمكن الإنسان من أن يتصور التنظيمات السلوكية الخاصة به، وأن يحكم عليها وينفعل بها.

إن مفهوم الذات هو ذلك التنظيم الإدراكي الانفعالي الذي يتضمن استجابات الفرد نحو نفسه ككل ، ومفهوم الذات بهذا المعنى يمثل متغيرا هاما من متغيرات الشخصية ، لأننا لا نستطيع فهم سلوك الفرد إلا في ضوء الصورة التي يكونها عن نفسه (ذاته) ، حيث ينشأ مفهوم الذات شأنه كأي مفهوم آخر عن طريق تفاعل الفرد مع البيئة التي يعيش فيها ، من خلال مروره بمواقف بعضها مثير للتوتر وبعضها مخفق للتوتر ، حيث ينشأ مفهوم الذات عن طريق تعميم الخبرات الانفعالية الإدراكية على الفرد باعتباره جزءا من المجال الكلى الذي يتفاعل معه بنفس الطريقة التي يكون بها الفرد المفاهيم الأخرى عن العالم المحيط .

ويلعب مفهوم الذات دورا محوريا في تشكيل سلوك الفرد وإبراز سماته المزاجية فكل منا ينحو إلى أن يسلك سلوكا يتفق مع مفهومه عن ذاته .

كل هذا يؤكد أهمية استخدام مفهوم الذات فى فهم الشخصية ، وبالتالى معاونة الفرد على حل مشكلاته ، خاصة المعاقين بصريا المندمجين دراسياً .

وقد تزايدت الاهتمامات بدراسة مفهوم الذات ولم تقتصر على النشاط البحثى فقط ، بل امتدت إلى تخصيص المؤثرات والندوات لدراسته ، والإسهام فى تطويره والكشف عن أبعاده النظرية ، وتقويم حصيلة البحوث التجريبية فيه .

ولعل قضية مفهوم الذات وقياسه "Self concept" "من أهم القضايا فى هذا المجال،حيث إن تبنى أحد وجهات النظر يؤدى بالضرورة إلى قبول أو رفض مترتبات كثيرة ، ورغم تعدد مقاييس مفهوم الذات؛ إلا أن الكثير منها يتعرض للنقد بوصفه يقيس أشياء أخرى غير مفهوم الذات، أو بالإضافة لمفهوم الذات وهو ما يؤدى إلى خلط فى النتائج ، وإثارة العديد من المشكلات سواء النظرية أو السيكومترية.

وقد حظى مفهوم الذات باهتمام كبير فى مجتمعنا العلمى الناطق بالعربية وتناوله أكثر من باحث وأسهم فيه البعض بجهود متعددة (إسماعيل، زهران بشاى ومنصور ، عبد الرحيم) ، وامتدت جهود البعض لإعداد مقاييس لمفهوم الذات (إسماعيل، أحمد خليل ،بشاى و منصور)، وما زال المجال متسعا لمزيد من الجهود الزائدة لترسيخ هذا المفهوم فى تراثنا السيكولوجى والعلمى ، وتوفير الحقائق المتعددة حوله .

ويتضح من كل هذا أن طبيعة المفهوم تثير العديد من المشكلات فى تعريفه وبالتالى فى قياسه ، فالباحث دائما يسعى للتقدم من تعريف إجرائى لمفاهيمه حتى يتمكن من القيام بعمليات قياس مقبولة منهجيا، حيث يرى بلز (Bills)   أن التعريف الإجرائى المناسب لمفهوم الذات يتعين أن يصف كيف يعمل المفهوم ،وكيف يكشف عن نفسه وكيف يؤثر فى السلوك ، وكيف يمكن قياسه ويتعين أن يحدد هذا المفهوم إجرائيا .

● **رابعا :طبيعة قياس مفهوم الذات :**

استخدمت على مدار السنوات الأخيرة أدوات مختلفة لقياس مفهوم الذات ومع ذلك فالحاجة مازالت ماسة إلى بناء مقاييس جديدة تتسم بالسهولة من وجهة نظر المفحوصين خاصة مع ذوى الاحتياجات الخاصة المندمجين دراسياً ويقبل التطبيق على نطاق واسع ، وتتوفر فيه جودة التقنين وتعدد الأبعاد فى وصفه لمفهوم الذات خاصة فى مجال العلوم وقد تم الإطلاع على مجموعة من مقاييس مفهوم الذات مثل مقياس " تنسى لمفهوم الذات" ، ومقياس مفهوم الذات (محمد عماد الدين ومحمد أحمد غالى)، ومقياس مقياس للقلق الذاتى للمكفوفين (عادل الأشول ـ عبد العزيز الشخص)، ومقياس مفهوم الذات لدى الكفيف " لبيرس هاريس " ،ومقياس مفهوم الذات لدى الكفيف وعلاقته ببعض العوامل الديموجرافية (أميرة عبد العزيز الديب) ، ومقياس مفهوم الذات فى

مرحلة الطفولة الوسطى والمتأخرة(طلعت منصور، سليم بشاي)، ومقياس مفهوم الذات في العلوم لدوران ـ سيلرز "Doran &Sellers (تعريب أحمد خليل).

ويعرف مفهوم الذات في العلوم في هذا الكتاب بأنه ذلك المفهوم الذي يكونه الطلاب من ذوي الاحتياجات الخاصة المندمجين دراسيا / المنفصلين دراسيا في تنظيماتهم السلوكية في مجال العلوم ، الذي يتضمن صفات سلوكية قابلة للتعديل والتغيير ، وتشير إلى علاقاتهم بأنفسهم أو بالآخرين فى مجال تدريس العلوم ويشمل التعرف ، والرضا النفسي ، والسلوك في مجال تدريس العلوم .

● خامسا : اتجاهات ذوي الاحتياجات الخاصة نحو دراسة العلوم :

لعل النظر إلى مفهوم الاتجاه " Attitude على أنه تكوين فرضي يستخدم لتفسير ترابط استجابات القبول أو الرفض عند الفرد إزاء موضوع معين أو موقف معين يبين أن تحديده لا يتأتى بشكل مباشر، إنما يستدل عليه عن طريق أثاره ونتائجه ، أي من خلال التعبير اللفظي أو السلوك العلني الظاهر للفرد .

وقد ينظر إلى الاتجاه على أنه تنظيم ثابت نسبيا للعمليات الإدراكية والانفعالية، و الدافعية حول بعض الأشياء، أو الأحداث، أو المواقف ، أو أنه يحتوى على مكونات معرفية، وانفعالية، وسلوكية ، وبواسطته يستطيع الفرد أن يميز بين مثيرات البيئة المختلفة ، وبحيث يسلك سلوكا إيجابيا أو سلبيا نحوها.

وللاتجاهات أهمية كبرى في حياة الفرد والمجتمع، وتشترك مع الميول والحاجات في توجيهها لسلوك الأفراد ، حيث إن عملية تكوين الاتجاهات تعتبر هدفا من الأهداف التربوية الكبرى .

ويعرف "تايلور" الاتجاهات بأنها ميل إلى الاستجابة حتى إذا لم تحدث فعلا وتنشأ أهمية الاتجاهات من حقيقة كونها مؤثرات قوية على السلوك، أي على الفعل الظاهر ، وعلى أنواع الإشباعات والقيم التي يختارها الفرد .

أ-مكونات الاتجاه: تعتبر الاتجاهات أساليب متعلمة تدفع الأفراد إلى الاستجابة للموضوعات أو المفاهيم المختلفة بطريقة ثابتة إلى حد ما يمكن التنبؤ بها ، فأي موضوع يواجه الفرد لابد وأن يخضع لتقويمه ، ومن ثم يكون اتجاها نحوه .

ويرى " ارنوويتج " أن للاتجاه ثلاثة مكونات أساسية، هي :

١ـ مكون معرفي : يتضمن الأفكار والمعلومات والمعتقدات التي يكتسبها الفرد حول موضوع الاتجاه .

٢ـ مكون وجداني : يمثل تأثر الفرد بموضوع الاتجاه والانفعال به، بحيث يكون وجهة نظر معينة عنه تستقر في نفسه وتؤثر في سلوكه تجاه هذا الموضوع في المستقبل .

٣ـ مكون سلوكي : يتضمن سلوك الفرد أو استجابته لموضوع الاتجاه.

ب-قياس الاتجاهات : يوجد العديد من الطرق التي تقيس الاتجاهات وتختلف حسب طبيعتها وظروفها ، والمستوى ، ومن هذه الطرق طريقة ليكرت للتقديرات المتجمعة " Likerts method of summated ratings" التي تتميز بسهولة تطبيقها مع قلة الزمن المستخدم لبنائها ، كما أنها تعطى معامل ثبات اكبر من غيرها بأقل عدد من العبارات.

جـ-مظاهر الاتجاهات نحو ذوي الاحتياجات الخاصة: تناولت الأدبيات التربوية دراسة الاتجاهات، وخاصة مظاهرها، بغية التعرف على طبيعة نظرة المجتمع والأسرة نحو ذوي الاحتياجات الخاصة، لأن الاتجاهات الاجتماعية السلبية تؤثر في نموهم وفي شخصيتهم بالكامل وتزيد من عدم تكيفهم مع المحيطين بهم وتخلق لديهم الشعور بالعجز والنقص ،مما يجعلهم يعيشون في حالة توتر وقلق مستمرين.

وهذا ما أشار إليه باركر Barker في دراساته بأن هناك نظرة سلبية لذوي الاحتياجات الخاصة،ومنها الكفيف لكونه عاجزاً يعتمد على غيره ولا يستطيع تحمل المسئولية.

كما تعد اتجاهات الوالدين نحو ذوي الاحتياجات الخاصة من الأمور الهامة جدا في مراحل النمو المختلفة ،حيث اتضح أن سوء التكيف عند ذوي الاحتياجات الخاصة ، يرجع إلى عوامل اجتماعية أكثر، مما يرجع إلى عامل فقد البصر.

د-تنمية اتجاهات ذوي الاحتياجات الخاصة نحو دراسة مادة العلوم : نظرا لأهمية الجانب الانفعالي في مجال تدريس العلوم، فإنه من الأهمية بمكان الكشف عن اتجاهات الطلاب ذوي الاحتياجات الخاصة نحو مادة العلوم ، حيث تتأثر اتجاهات المتعلمين بالتدريس كلما كان مناسبا ومحفزا.

وقد يؤدى اتجاه الفرد إلى الانسحاب من المواقف التي تخالف اتجاهاته وميوله ، تضايقه وتشعره بنوع من التوتر النفسي والضيق ، لذلك كان موضوع تنمية اتجاهات الطلاب من ذوي الاحتياجات الخاصة، وتغيرها من مشكلات الساعة الهامة ، وتجرى البحوث العلمية في هذا الصدد، لمعرفة أنجح الوسائل وأسهلها لتغيير الاتجاهات، و تنمية ما هو موجب وبناء ، والتخلص من الاتجاهات السالبة.

ويرى الكاتبان أنه لتغيير أو تنمية الاتجاهات نحو العلوم ، فيجب أولا معرفة أي نوع من الاتجاهات هو المطلوب محاولة تغييره، أو تنميته ، وكذلك كيفية استفادة الطلاب من ذوي الاحتياجات الخاصة من دراستهم للعلوم ، حيث إن خير وسيلة لتنمية الاتجاهات ، إتاحة المجال لهم لممارستها فعليا، بالإضافة إلي أن حفظ أو ترديد هذه الاتجاهات، لا يؤدى إلى اكتسابها أو تنميتها ، كما أن ممارسة المعلم لتلك الاتجاهات أمام طلابه تحفزهم على اكتسابها وممارستها أيضا .

إن معلم العلوم الذي يدخل المهنة ولديه مسبقا اتجاهات سالبة نحو العلوم فإنه كما أثبتت نتائج بعض الدراسات والأدبيات التربوية في هذا المجال ، فإنه ينقل هذا الاتجاه إلي طلابه.

ويرى الدمرداش سرحان أن للاتجاهات أهميتها التربوية، فهي التي توجه السلوك وتكسبه نوعاً من الثبات، وتحدد الغايات ، ويقصد بها : المواقف التي يتخذها الإنسان تجاه مكونات بيئية ،وسواء أكانت هذه المكونات مادية أم معنوية فهي تمثل وجهة نظره نحوها ، وموقفه منها ، ونظرته إليها وفكرته عنها.

مراجع الفصل التاسع:

١. أميرة عبد العزيز الدين (١٩٩٢). مفهوم الذات لدى الكفيف وعلاقته ببعض المتغيرات الديموجرافية . مجلة مركز معوقات الطفولة . يناير، .ص١٧٩- ٢٣١.

٢. توماس ج .كارول (١٩٦٩). رعاية المكفوفين نفسيا ومهنيا واجتماعيا . ترجمة صلاح مخيمر الأنجلو المصرية .

٣. جابر عبد الحميد (١٩٨٥). سيكولوجية التعلم ونظريات التعلم، القاهرة. دار النهضة العربية.

٤. حليم بشاى وطلعت منصور (١٩٨١). مقياس مفهوم الذات للأطفال فى سن ماقبل المدرسة، القاهرة. الأنجلو المصرية.

٥. سامى محمود عبد الله .لورانس بسطا ذكرى (١٩٩٤). "التطلعات التعليمية والمهنية وتقدير الذات لدى المعوقين" ، دراسة ميدانية نحو مستقبل أفضل للمعوقين .المؤتمر السادس،٢٩-٣١مارس.

٦. صلاح عميرة على محمد(١٩٩٧). " دراسة لبعض متغيرات الشخصية لدى عينة من أطفال فصول التربية الخاصة فى دولة الإمارات العربية". ماجستير غير منشورة. القاهرة : معهد الدراسات العليا للطفولة . جامعة عين شمس.

٧. عبد الرحيم بخيت (١٩٨٤).مقياس تنسى لمفهوم الذات. المنيا :دار مراء.

٨. عبد العزيز الشخص (١٩٨٦). دراسة لاتجاهات بعض العاملين فى مجال التعليم نحوالمعوقين ،عالم الكتب . دراسات تربوية . المجلد الأول.جـ ٤ .

٩. عبد العزيز الشخص (١٩٨٠). أثر المعلومات فى تغيير الاتجاهات نحو المعوقين . مجلة العلوم التربوية. المجلد الثاني. عمادة شئون المكتبات .

١٠. عبد اللطيف محمد خليفة وعبد المنعم شحاتة محمود (١٩٩٥). سيكولوجية الاتجاهات. المفهوم . القياس . التغيير .القاهرة :دار غريب للطباعة والنشر.

١١. عبدالله علي محمد إبراهيم(١٩٩٨).أثر برنامج مقترح في العلوم علي التحصيل ومفهوم الذات في العلوم والاتجاهات نحوها للطلاب المعاقين بصريا بالمرحلة الإعدادية،دكتوراه غير منشورة ،كلية التربية ، جامعة الأزهر.

١٢. على جمال الدين (١٩٧١). الأسس السيكولوجية لتدريس المكفوفين.مذكرة غير منشورة ضمن الدراسات المتخصصة لتأهيل معلمي المكفوفين.

١٣. فاطمة عبد الحق (١٩٧٨): "دراسة مقارنة لبعض أنماط اتجاهات المكفوفين والمبصرين نحو كف البصر وأثرها على الشخصية ". ماجستير غير منشورة . أسيوط : كلية التربية جامعة أسيوط .

١٤. فتحي السيد عبد الرحيم وحليم بشاي (١٩٨٠). سيكولوجية الأطفال غير العاديين، دار القلم .الكويت.

١٥. فتحي السيد عبد الرحيم(١٩٦٩). "أثر فقدان البصر على تكوين مفهوم الذات". دكتوراه غير منشورة. القاهرة :كلية التربية . جامعة عين شمس.

١٦. فتحية طه شلقامى (١٩٨٢). مقارنة لمفهوم الذات وصفات الشخصية للمعوقين والأسوياء لطلبة الكليات . مجلة بحوث ودراسات القاهرة . جامعة حلوان.

١٧. فيوليت إبراهيم (١٩٨٦).دراسة لأثر الإعاقة البصرية والجسمية على مفهوم الذات. الكتاب السنوى لعلم النفس.المجلد الخامس. القاهرة : الأنجلو المصرية .

١٨. نادية الزينى (١٩٩٠). أثر استخدام الجماعة الصغيرة فى تعديل مفهوم الذات لدى مكفوفى البصر .دراسة تجريبية على الأطفال مكفوفى البصر. بحوث المؤتمر الثالث للطفل المصري . المجلد الثاني.القاهرة: مركز دراسات الطفولة . جامعة عين شمس .

19. Bloodworth. A.N. (1985). " The effect of a self concept between program on visually handicapped students in a Residential setting". Dis. Abs- Int.vol.45-No .2. A .

20. Bohrnstedt.G.W (1970)."Reliability and validity Assessment in Attitude Measurement in G.F " : summer ed Attitude Measurment . Chiacago . Ran Mcnally & comp .

21. Chassin . L . Dyoung . R . (1981). "Salint self conception in normal and Deviant Adolescents . Adolescence ".pp. 613 - 620

22. Combs. A . W. . (1981)." Some observation on self - concept Research and theory in M.D" .lynch . et. al Ed.S self - concept advances in Theory and Research . Cambridge . Mass- Ballinger pub.company. pp.24-40.

23. Dankin.p .A. (1983). A comparison of self concept of handicapped children and its relationship to parental attitudes toward children practices family life and handicapped individuals Dis . Abs. Int. vol. 44.No 12 pp 40-57 .

24. Hormuth.M S.E (1990)."The Ecology of the self relation and self concept change education de la maison des sciences" .de l'homme Paris Cambridge university press executive editors j . Richard Eiser and Klaus .R Scherer .

25. Mulchy, et .al (1990)."perceived comptence self concept and locas of control for high ability students as compared to average and learning disabled students ".candian Journal of special education .vol.6 .No.1, 1990.pp.42-49.

26. Shrigly . R. L & Koballa . T .R. JR (1981). "Attitude Measurement .judging Motional intensity of likert - type science statement". Journal Research in science Teaching. pp.110-150.

الفصل العاشر

((إعداد معلم العلوم لذوي الاحتياجات الخاصة))

- مقدمة.
- واقع إعداد معلم العلوم لذوي الاحتياجات الخاصة.
- معايير إعداد معلم العلوم لذوي الاحتياجات الخاصة.
- كفايات معلم العلوم لذوي الاحتياجات الخاصة
- إعداد معلم العلوم لذوي الاحتياجات الخاصة.
- المتطلبات التربوية اللازمة لإعداد معلم العلوم لذوي الاحتياجات الخاصة.
- معلم العلوم في فصول المندمجين دراسيا.
- دور معلم العلوم العادي في فصول ومدارس المندمجين دراسيا.
- تجربة الدمج بمصر والمملكة العربية السعودية.

طرق تعليم ذوي الاحتياجات الخاصة

الفصل العاشر :

إعداد معلم العلوم لذوي الاحتياجات الخاصة

● **مقدمة :**

يعد وجود الفئات مـن ذوي الاحتياجـات الخاصـة في أي مجتمـع مـن المجتمعـات الحديثـة ظاهرة اجتماعية، فرضت نفسها بسبب التعقيد القائم في الحياة الاجتماعية المعاصرة، والتي نشأت نتيجة لظروف الحروب المتتالية وحركة التصنيع المستمرة، وغير ذلك مـن مظاهـر الحياة المتنوعة في عصرنا الحاضر، والتي أدت إلى زيادة نسبة ذوي الاحتياجات الخاصة مـن ناحية ،وتعدد مظاهر الإعاقة من ناحية أخرى.

ولما كانت العلوم لذوي الاحتياجات الخاصة وسيلة فعالة في مساعدة ذوي الاحتياجات الخاصة على التكيف السليم مـع البيئـة التـي يعيشـون فيهـا، وإعـدادهم الإعـداد السليم، لتحقيق أهداف الحياة الخاصة التي يعيشها أقرانهم العاديون.

لذلك تبرز أهمية تربية ذوي الاحتياجات الخاصة في تزويدهم بما يساعدهم على الانـدماج مع الأسوياء، لإحـداث التـلاؤم والتكيـف ،الـذي يمكـن أن يـتم عـن طريـق التعليـم داخـل المؤسسات التعليمية وخارجها، مما يؤدى إلى تحقيق التكيف الملائم .

وفي هذا الإطار فإن المجتمـع مطالـب بـأن يقدم لأفراده مـن ذوي الاحتياجات الخاصـة، الخدمات التربويـة والتعليميـة التـي تصل بهـم إلى استخدام أقصى ماتسمح بـه قـدراتهم ومواهبهم ، في مؤسساته التعليمية مع ضرورة توفير معلم العلوم لذوي الاحتياجات الخاصة المتخصص في هذا الميدان، المعد وفق معايير الجودة ، القـادر عـلى الإسهام في تقديم هـذه الخدمات لهم بالشكل الملائم؛ الأمر الذي يعنى ضرورة تطوير برنامج الإعداد لـه في كليات التربية بالشكل الذي يحقـق أهـداف العلوم لـذوي الاحتياجات الخاصـة، وتلبيـة المتطلبـات التعليمية لهذه الفئات، ونظراً لعدم توافر هذا الإعداد بكليات التربية عـلى مستوى الـوطن العربي ،يتم عرض رؤية تصورية مستقبلية يمكن في ضوئها إنشاء برنامج لإعداد هذا معلم العلوم لذوي الاحتياجات الخاصة ، ويتضمن هذا التصور مجموعة من المحاور، منها:

● **أولا : واقع إعداد معلم العلوم لذوي الاحتياجات الخاصة:**

بالنظر إلى واقع إعداد معلم ذوي الاحتياجات الخاصة يلاحظ وجود إشكالية تربوية، في نظم إعداد معلم العلوم لذوي الاحتياجات الخاصة، تتضح في الاهتمام الشديد بالفئات الخاصة طبقاً لتصنيف الإعاقة وشدتها، في مؤسسات التربية السمعية، أو التربية البصرية، أو في فصول الموهوبين والمتفوقين، وهذه الإشكالية تبرز تساؤلاً هاما وهو: ما مصير الأطفال الذين يعانون مـن إعاقات بسيطة مثل: ضعاف البصر، وضعاف السمع، وبطيء التعلم، وذوي صعوبات التعلم والتخلف الدراسي (نسبة الذكاء بـين ٧٥-٩٠). هذا بالإضافة إلى الفئات متعددة الإعاقات

والمصابون بالاضطراب الانفعالي، وصعوبات النطق والكلام، وهم جملة من الفئات تحتاج لتعليم يعتمد على الدمج في مدارس العاديين، وهى بالفعل إشكالية تربوية عندما يلحقون بفصول العلوم لذوي الاحتياجات الخاصة ذات الإعاقات الشديدة طبقاً لمبدأ العزل، حيث تكون مجموعات الدارسين غير متجانسة من حيث النوع ومستوى الإعاقة، وسرعة التعلم ،مثل الموهوبين والمتفوقين، كذلك فإن إلحاق المتخلفين دراسياً بالفصول العادية ينعكس على العملية التعليمية ويؤثر فيها، وفي ذات الوقت تتسبب المدرسة العادية في الفشل المتكرر لهؤلاء الأطفال عن طريق دخولهم في منافسة غير متكافئة مع زملائهم ممن هم أعلى منهم في المستوى العقلي، فيترتب على ذلك الشعور بالفشل نظراً لما لديهم من قدرات محدودة، حيث يرجع كل ذلك إلى غياب معلم العلوم لذوي الاحتياجات الخاصة المتخصص، والمعد الإعداد المناسب لمواجهة آثار تلك الإشكالية، وهو ما يقع علي عاتق برامج الإعداد بكليات التربية.

- **ثانيا :معايير إعداد معلم العلوم لذوي الاحتياجات الخاصة:**

إن الاقتراب من تحديد فلسفة تربوية لإعداد معلم العلوم لذوي الاحتياجات الخاصة وتوضيح أهداف هذا الإعداد، ووضعها في صورة أنواع محددة من السلوك بالنسبة للمعلم، وأنواع محددة أيضاً من النتائج بالنسبة للمتعلم، تتضح في حركة إعداد معلم العلوم لذوي الاحتياجات الخاصة على أساس مبدأ الأداء Performance Based Teacher Education، ومبدأ الكفايات Competence Based Teacher Education، وذلك لأن أي تغيير يحتاج لتحقيق النجاح على مجموعة من القوى منها ما هو عادى، ومنها ما هو فني ومنها ما هو بشري، وتعتبر القوى البشرية هي أساس العمل ومنطلق النجاح، فلا الأبنية الحديثة ولا الإمكانات التكنولوجية تحقق الأهداف المرجوة من العملية التعليمية ما لم يتوافر لها معلم العلوم لذوي الاحتياجات الخاصة الكفء الذي يستطيع الاستفادة منها وتوظيفها.

ويعتبر مبدأ الكفايات التعليمية بمثابة أحد الاتجاهات المعاصرة في إعداد معلم العلوم لذوي الاحتياجات الخاصة التي نشأت في إطار المدرسة السلوكية وتكنولوجيا التعليم، التي تتعلق بوسائل وطرق التطبيق العملي للعلم التربوي مما أثر على برامج الإعداد.

كما أن عملية إعداد معلمي العلوم قبل الخدمة وأثنائها وتزويدهم بالمعارف التربوية والعلمية المتخصصة في مجال التدريس تخطيطا، وتنفيذا وتقويما، يعد من الركائز المهمة الضرورية للتكوين المهني الجيد ،وأساسا مهما لإكسابهم التطبيقات المهنية ،والتمكن من مهارات إعداد الدروس ،لتدريس المقررات الدراسية، ومنها دروس مقررات العلوم ، وهذا لن يتأتي إلا برفع الكفايات التدريسية لمعلم العلوم .

وتشير الأبحاث إلي أن ما يتمتع به معلم العلوم لذوي الاحتياجات الخاصة من قدرات يؤثر تأثيرا كبيرا علي تحصيل طلابه،الأمر الذي يعزز أهمية وقيمة تحسين وتطوير التدريب الذي يتلقاه معلم العلوم لذوي الاحتياجات الخاصة قبل وأثناء الخدمة.

وينطلق المؤلفان من مجموعة من الافتراضات المتعلقة بالأداء التدريسي لمعلم العلوم لذوي الاحتياجات الخاصة ، منها:

- التدريس محاولة لمساعدة المتعلم من ذوي الاحتياجات الخاصة علي بناء معرفته بنفسه ، حيث إن التلقين لن نجني منه تعلما حقيقيا ، ومن ثم يجب التركيز علي نوعية الفهم Quantity of Understanding، وليس علي كمية المعلومات المقدمة Quality of Information Presented،حيث أشار (Nelson,1999,5)،أنه لكي يتعلم المتعلمون العلوم، فهم يحتاجون إلي وقت(للاكتشاف ـ للملاحظة ـ لاختبار الأفكار ـ لعمل الأشياء ـ اكتشاف الأدوات والتعامل نعها ـ جمع الأشياء ـ بناء النماذج الفيزيائية والرياضية ــ اكتشاف الأفكار ـ للتعامل مع الأسئلة التي تثيرهم ويدورون حولها ــ للبحث للقراءة ـ للمناقشة والتحاور مع الأفكار غير التقليدية،الخ..)، بمعني أنهم يحتاجون إلي وقت لخوض مغامرة التفكير بطرق مختلفة،وهذا هو الاتجاه الذي يقوم عليه التعلم الالكتروني.
- التدريس مهنة ،والسلوك التدريسي هادف ومنضبط،وليس عشوائيا ، بمعني أن معلم العلوم لذوي الاحتياجات الخاصة في ظل التربية العلمية المعاصرة لتعليم ذوي الاحتياجات الخاصة،مطالب بالاطلاع علي كل ما هو جديد في الفكر التربوي المتعلق بهذا المجال ،وكل تطور يطرأ عليه، وأن يكون متمكنا من كفايات التدريس المختلفة.
- معلم العلوم لذوي الاحتياجات الخاصة هو المسئول عن التدريس،فهو صانع التدريس ، وأداته التخطيطية ، والتنفيذية، والتقويمية.
- ينعكس فكر معلم العلوم لذوي الاحتياجات الخاصة علي أدائه ،حيث إن سلوكه التدريسي داخل الفصل هو مرآة لفكره،فمعلم العلوم لذوي الاحتياجات الخاصة الذي يري في التدريس تفاعلا مع طلاب هذه الفئات ،وانفعاله مع المحتوي ،ورغبة في الوصول للتعلم الذاتي ،سوف يتفهم أن دوره هو التوجيه والمتابعة للطلاب ،وتوفير البيئة التعليمية المناسبة لكل فئة من هذه الفئات أثناء قيامهم بمهام تعلم حقيقية .
- الأداء التدريسي سلوك معياري،حيث اعتمدت المحاولات الحديثة لتقويم أداء معلم العلوم لذوي الاحتياجات الخاصة علي صياغة الأداء المرغوب فيه في صورة كفايات Competencies ، أو مهارات قابلة للملاحظة والقياس وتنتمي هذه الملاحظات إلي حركة تربية معلم العلوم لذوي الاحتياجات الخاصة القائمة علي الكفايات Competency- Based Teacher Education

بمعني أن الكفايات حركة علمية ،تستهدف تحديد المهام التي يجب علي معلم العلوم لذوي الاحتياجات الخاصة القيام بها ،ووضعها في صورة كفايات فإتقان الكفاية يتطلب تحقيق عناصر الكفاية الأدائية (المكون المعرفي ـ المكون العملي ـ المكون الوجداني).

ومع التطورات المتلاحقة التي يشهدها العصر لم يعد كافيا أن يتقن معلم العلوم المادة العلمية التي يقوم بتدريسها ،لأنها تتغير وتتراكم بصورة مستمرة ولم يعد معلم العلوم لذوي الاحتياجات الخاصة مجرد ناقل للمعرفة أو ملقن لها ،فثمة وسائل جديدة أكثر قدرة وأسرع علي ذلك منه.

وفي هذا الإطار أصبح للمعلم دور آخر هو توجيه وحفز الطلاب من ذوي الاحتياجات الخاصة للتعلم والبحث عن المعارف الجديدة،واختيارها، ومعالجتها، واستخدامها. وتمشيا مع نتائج البحوث والدراسات التي أجريت في هذا المجال والتي أدت إلي القناعة التامة بين التربويين بعدم مقدرة النظم التقليدية المتبعة في إعداد وتخريج معلم العلوم وتدريبه علي أداء الأدوار، والمهام الحديثة والمتجددة والمطلوبة منه ،سارعت العديد من المؤسسات التربوية والجامعات ومراكز البحث العلمي في طرح وتجريب العديد من الأساليب التربوية الحديثة في هذا المجال . وعليه ظهرت العديد من النماذج، والاتجاهات التربوية الحديثة في مجال إعداد معلم العلوم لذوي الاحتياجات الخاصة،مثل أسلوب الأداء والتمكن ،والأسلوب القائم علي مدخل النظم وتحليلها،والأسلوب القائم علي التحكم بالنشاط العقلي .وبالرغم من أهمية النماذج سالفة الذكر في إعداد معلم العلوم لذوي الاحتياجات الخاصة وتدريبه، إلا أنه يمكن القول أن النموذج القائم علي الكفايات يعد من أهم النماذج التربوية الحديثة في إعداد معلم العلوم لذوي الاحتياجات الخاصة وتدريبه،والتي شرعت بعض الدول بالأخذ به ،حتى انه أصبح من ابرز الملامح الرئيسة للتربية الأمريكية كأسلوب لإعداد معلم العلوم لذوي الاحتياجات الخاصة وتدريبه حتى الآن(زين الدين،٢٠٠٧، ٥٩). والكفايات التدريسية تعرضت لها الأدبيات التربوية بكثرة، وقد خلص المؤلفان إلي التعريف التالي لمفهوم الكفايات التربوية لمعلمي العلوم لذوي الاحتياجات الخاصة بأنها "مجموعة المهارات والقدرات التي يكتسبها معلم العلوم لذوي الاحتياجات الخاصة خلال فترة إعداده أو من خلال الخبرة والتوجيه ، التي تساعده علي القيام بدوره لتدريس العلوم لهذه الفئات ، وتحقيق الأهداف المرجوة منه" .

ونظرا لأهمية اتجاه إعداد معلم العلوم لذوي الاحتياجات الخاصة القائم علي الكفايات كنموذج وأسلوب حديث لإعداد معلم العلوم لذوي الاحتياجات الخاصة ، وتدريبهم، يتناول المؤلفان فيما يلي ماهيته والعوامل التي أدت إلي ظهوره بالإضافة إلي أساليب تحديد الكفايات ومصادرها في ضوء حاجات وقدرات هذه الفئات :

شهد الميدان التربوي علي المستوي العالمي اهتماما كبيرا باتجاه إعداد معلم العلـوم لـذوي الاحتياجات الخاصة القائم علـي الكفايـات Competency-based Teacher Education(C.B.T.E) ، سواء علي مسـتوي الفصول العادية أو فصول ذوي الاحتياجات الخاصة،وأصبح لهذا النموذج قوة فعالة في دفع عملية التعليم وإعداد معلم العلوم لـذوي الاحتياجات الخاصة وتدريبهم ، وانتشر هذا الاتجاه في الولايات المتحـدة الأمريكيـة،واتجهت كثير من المؤسسات التعليمية إلي التحول نحو البرامج التربوية القائمة علي الكفاية ،خاصة في مجال إعداد معلم العلوم لـذوي الاحتياجات الخاصة ،حيث جـاء هـذا التحـول نتيجة للشكاوي من أن برامج التعليم السائدة غير قادرة علي الارتباط بحاجات معلم العلوم لذوي الاحتياجات الخاصة المعاصر.

وتقوم فكرة إعداد معلم العلوم لذوي الاحتياجات الخاصة علي أساس الكفايات علي تحليل الوظائف والمهام المطلوبة منـه بعد التخرج إلي مجموعـة مـن الكفايـات التـي يجـب علـي الطلاب معلم العلوم لذوي الاحتياجات الخاصة إتقانها قبل التخرج.

وفي هذا الإطار قد يرجع انتشار مدخل الكفايات في إعداد معلم العلـوم لـذوي الاحتياجات الخاصة إلي زيادة الاهتمام بإعداد الطلاب معلم العلوم لذوي الاحتياجات الخاصة ، والتغير في التوقعات المرتقبة ، بالإضافة إلي نتائج البحوث المتعلقة بـالتعليم والـتعلم في مجـال ذوي الاحتياجات الخاصة.

ومن هنا أصبح تحديد الكفايات التعليمية أمرا بالغ الأهمية ،وذلك لرسم الخطوط العريضـة لفلسفة إعداد الطلاب معلمي العلوم قبل الخدمة في كليـات التربية ، بالإضافة إلي إمكانيـة تقويم برامج إعدادهم قبل الخدمة من جهة ، وتقويم أدائهـم مـن جهـة أخـري،وعليه فـإن برامج إعداد معلم العلوم لذوي الاحتياجات الخاصـة لتدريس العلوم لـذوي الاحتياجـات الخاصة يجب أن تكون مبنية علي الكفايات التعليمية ، إذ إن هـذا الإعداد يجعل التعلـيم والتدريب أكثر كفاءة وفاعلية .

ومن هذا المنطلق يستند مدخل الكفايات علي تحديد المهام والأدوار التـي يقـوم بهـا معلـم العلوم لذوي الاحتياجات الخاصة، وتحليلها إلي كفايات ، تحدد في ضوئها الجوانب المعرفية، والمهارية، والوجدانية اللازمة للمعلم لأداء عمله بإتقان،ومن ثم ترجمـة هـذه الجوانـب إلي مواقف وخبرات يوجه الطالب من خلالها نحو تحقق الأهداف المرجوة.

ويعتمد إعداد معلم العلوم لذوي الاحتياجات الخاصـة القائم علـي الكفايات علـى أسلوب تحليل النظم، الذي يشير إلى استخدام التفكير العلمي في حـل المشكلات ذات المدى الطويل، مما يستلزم النظر إلى إعداد معلم العلوم لـذوي الاحتياجات الخاصة على أنه نظـام يهـدف إلي تنميـة معـم العلـوم لـذوي

الاحتياجات الخاصة الذين يمتلكون المعرفة والمهارات والاتجاهات التي تساعد التلاميـذ عـلى تحقيق التعلم الجيد، وذلك من خلال القراءات والمناقشات، وأنـواع السـلوك التـي يمـر بهـا معلـم العلـوم لـذوي الاحتياجات الخاصة في محاولته لاكتسـاب مـا هـو ضروري في ضـوء الكفايات التعليمية، حيث اهتمت بضرورة إعداد الشخصية المهنية، والتقييم الدوري لبرنامج الإعداد، والتدريب، مع ضرورة تنظيم وتأسيس برامج تدريبية نظامية، وتنظيم الممارسات، وذلك من أجل تمكين الطلاب/معلم العلوم لذوي الاحتياجات الخاصة من الكفايات الخاصة.

وجدير بالذكر يوجد في جامعة شمال فلوريدا(١٣) برنامجا للكفايات العامة التي يبنى عليها برنامج إعداد معلم ذوي الاحتياجات الخاصة. علي الجانب الآخر يستخدم في جامعة جنوب كارولينا قائمة متدرجة تضم مجموعة من الكفايات التي يجب توافرها في معلمي ذوى الاحتياجات الخاصة، صممت لقياس مهارة الملاحظة، والحاجات، والقدرة على التقييم الذاتي لديهم، كما تشتمل على المبادئ الأساسية لتحسين أدوات التقييم ، وكيفية استخدامها ، وتوظيفها، ومدى فعالية هذه البرامج التي تساعد على إعداد معلم العلوم لذوي الاحتياجات الخاصة وتدريبه على التخطيط المستقبلي في ضوء المتطلبات التربوية لذوى الاحتياجات الخاصة. ومن ثم يلزم توافر مجموعة من المواصفات التي لايستطيع بدونها معلم العلوم لذوي الاحتياجات الخاصة أن يؤدى واجبه ، منها :

✓ تعرف ما يلزم فعله .
✓ القدرة على الأداء طبقاً لتلك المعرفة .
✓ تحقيق التعلم لدى طلابه.

ويعتمد مدخل الكفايات في إعداد معلم العلوم لذوي الاحتياجات الخاصة علي تطبيق الأنظمة التكنولوجية وتحليل المهام ،من خلال استخدام الطرق والأساليب الفنية وتوظيفها في تشكيل السلوك ،سعيا وراء إعداد معلم العلوم لذوي الاحتياجات الخاصة الكفء الذي يتيح تبادل الآراء بين معلم العلوم لذوي الاحتياجات الخاصة والمتعلمين من ذوي الاحتياجات الخاصة حول ما يرتبط بمكان التعلم والمواد التعليمية وأساليب التقويم للتطبيقات التكنولوجية ،وهذا يسهم إلي حد كبير في نجاح التعلم من خلال تقدير الاحتياجات المطلوبة والتطوير المستمر للكفايات ،والحرية في اختيار المواد التعليمية وطرق التعلم المناسبة لذوي الاحتياجات الخاصة.

● ثالثا : أساليب تحديد الكفايات التعليمية ومصادرها لمعلم ذوي الاحتياجات الخاصة

اعتمدت الدراسات والبحوث في مجال الكفايات التعليمية علي عدة مصادر ،تختلف باختلاف الكفايات اللازمة تبعا للمعارف والقدرات والمهارات المطلوب الوصول بها إلي مستوي التمكن المحدد ، ومن هذه المصادر:

✓ طريقة التخمين والاستقراء التي تعتمد علي آراء الخبراء والمتخصصين في مجال ذوي الاحتياجات الخاصة.
✓ الطريقة النظرية .

- ✓ طريقة رصد الأداء النموذجي للمعلم.
- ✓ القوائم الجاهزة التي تحدد الكفايات في ميادين وأدوار متعددة.
- ✓ حاجات الميدان،وترجمة المقررات ،والنظر في البرنامج الموجود.
- ✓ الطريقة التحليلية التي ترتكز علي تحليل أداء وأدوار معلم العلوم لذوي الاحتياجات الخاصة، والمهام ، ومهارات التدريس التي تمكنه من القيام بأدواره المتوقعة .
- ✓ الخريجون للتعرف علي المشكلات التي تقابلهم بعد الانخراط في العمل المهني لتعليم العلوم لذوي الاحتياجات الخاصة.
- ✓ الطلاب من خلال ممارستهم لأنشطة التعلم التي يحتاجون إليها ويودون دراستها كحاجة ملحة .
- ✓ إطار نتائج البحوث والدراسات المتعلقة بذوي الاحتياجات الخاصة التي تحدد الكفايات ،مثل بحوث التفاعل اللفظي ،والتعليم المصغر،وبحوث تعديل السلوك ،وبحوث دراسة حاجات المتعلمين وقيمهم، وبحوث تقدير الاحتياجات في وضع تصور محدد للكفايات.

ونظرا لأهمية نموذج إعداد معلم العلوم لذوي الاحتياجات الخاصة القائم علي الكفايات ونجاحه كاتجاه علمي يستهدف تحديد المهام ووضعها في صورة كفايات يكتسبها معلم العلوم لذوي الاحتياجات الخاصة حتى يتسنى له القيام بدوره بكفاءة وفعالية،فقد لاقي قبولا بين المتخصصين والمهتمين بمجال إعداد معلم العلوم لذوي الاحتياجات الخاصة وتدريبه علي المستوي العربي ،ليكون مؤهلا تأهيلا تاما للتدريس لهذه الفئات ،حيث عقد العديد من المؤتمرات التي اهتمت بتطوير وتجديد أساليب إعداد معلم العلوم لذوي الاحتياجات الخاصة لذوي الاحتياجات الخاصة في مجتمعاتنا العربية والتي ركزت جميعها علي أهمية مراجعة محتوي الإعداد المهني لمعلم ذوي الاحتياجات الخاصة ، بقصد تطويره ،وتوفير الكفاءة المهنية له ،وتنظيم البرامج التي تهدف إلي ملاحقة التغيرات وانعكاساتها علي معلم العلوم لذوي الاحتياجات الخاصة العربي.

وفي هذا الإطار أيضا اهتمت اللجنة القومية المتحدة لتعليم الفئات الخاصة في الولايات المتحدة الأمريكية، منذ عام ١٩٨٢، بإعداد معلم العلوم لذوي الاحتياجات الخاصة من حيث قدراته، ومهارات إعداده التي يجب أن يكتسبها الطالب/ معلم العلوم لذوي الاحتياجات الخاصة في معاهد الإعداد، كما تتميز معايير إعداده بالوضوح كما يلي:

- ✓ معايير خاصة بالمعرفة: وهي التي تستخدم لتقويم مفاهيم معلم العلوم لذوي الاحتياجات الخاصة المعرفية .
- ✓ معايير خاصة بالأداء: وهي التي تستخدم في تقويم أنواع السلوك التي يستخدمها معلم العلوم لذوي الاحتياجات الخاصة في التدريس .
- ✓ معايير خاصة بالنتائج : وهي التي تستخدم في تقويم قدرات معلم العلوم لذوي الاحتياجات الخاصة على التدريس ، وتتضمن امتحاناً لمقدار ماحصله التلاميذ الذين درس لهم.

● **رابعا :متطلبات إعداد معلم العلوم لذوي الاحتياجات الخاصة :**

هناك مجموعة من المتطلبات اللازمة لإعداد معلم العلوم لذوي الاحتياجات الخاصة ، تتمثل في المجالات التالية:

المجال الأول : متطلبات الإعداد :

تهدف متطلبات إعداد معلم العلوم لذوي الاحتياجات الخاصة تنميته في الجوانب التالية:

✓ الجانب الثقافي .
✓ الجانب المهني.
✓ الجانب التخصصي.

وفيما يلي عرض لهذه الجوانب الثلاثة بشيء من الإيجاز:

أ: الجانب الثقافي: تكمن متطلبات هذا الجانب في :

✓ إدراك معلم العلوم لذوي الاحتياجات الخاصة لوظيفة وأهمية التربية في تنمية المجتمع، و النظام الاجتماعي وتطويره .

✓ تعميق الخلفية الثقافية لمعلم العلوم لذوي الاحتياجات الخاصة ، المتعلقة بطبيعة المجتمع العربي الإسلامي ، ومشكلاته، ومتطلباته التنموية .

✓ تنمية وعي معلم العلوم لذوي الاحتياجات الخاصة بالظروف المجتمعية المختلفة، لتبني أطر فكرية منظمة تمكنه من فهم مستجدات الأحداث في العالم، وتطورها، وانعكاسها على تربية وتأهيل ذوي الاحتياجات الخاصة .

✓ إكساب معلم العلوم لذوي الاحتياجات الخاصة الاتجاهات العلمية والاجتماعية، وتنمية مهارات الاطلاع على التطور الفكري للمواد العلمية والمهنية في مجالات التخصص المختلفة لتربية ورعاية ذوي الاحتياجات الخاصة.

✓ تنمية مهارات معلم العلوم لذوي الاحتياجات الخاصة لمواكبة التطورات والتدريب على الأسلوب العلمي في التفكير ، وفي مواجهة المشكلات الاجتماعية في مجالات الإعاقات المختلفة .

✓ مساعدة معلم العلوم لذوي الاحتياجات الخاصة على إدراك العلاقة التكاملية الشمولية بين المواد الدراسية والموقف التعليمي، وغايات العلوم لذوي الاحتياجات الخاصة.

ولكي تتحقق هذه المتطلبات يجب أن يكون مفهوم الإعداد الثقافي جامعاً شاملاً في كل متكامل بين الجانب المعرفي، والسلوكي،مع الاهتمام بتقديم مقررات ثقافية تناسب التعامل مع ذوي الاحتياجات الخاصة ، هذا إلي جانب زيادة الأنشطة المصاحبة لتدريس المقررات الثقافية .

ب : الجانب المهني (التربوي) :

يكمن هذا الجانب في تحقيق المتطلبات التالية :

✓ إلمام معلم العلوم لذوي الاحتياجات الخاصة بأهداف العلوم لذوي الاحتياجات الخاصة، ومبادئها التعليمية المقدمة إليه .

✓ تعرف معلم العلوم لذوي الاحتياجات الخاصة علي طرق بناء شخصية ذوي الاحتياجات الخاصة بطريقة سوية .

✓ اهتمام معلم العلوم لذوي الاحتياجات الخاصة بالعمل في ميدان الإعاقة .

✓ إتقان معلم العلوم لذوي الاحتياجات الخاصة من طرق التواصل التربوي بين المدرسة، والأسرة لمساعدة ذوي الاحتياجات الخاصة ورعايتهم .

✓ إتقان معلم العلوم لذوي الاحتياجات الخاصة لمهارات التعامل مع برامج إعداد ذوي الاحتياجات الخاصة .

✓ التحلي بالمثابرة والتحمل في نقل الخبرة العلمية لذوي الاحتياجات الخاصة دون إرهاق أو تعب .

✓ استيعاب الأنشطة العلمية المختلفة المتصلة ببرامج إعداد ذوي الاحتياجات الخاصة للحياة المجتمعية والمهنية .

✓ اكتساب القدرة لتعويد ذوي الاحتياجات الخاصة على إدراك العلاقات بين الجزئيات والكليات .

✓ التمكن من تصميم وسائل تعليمية تتناسب مع ذوي الاحتياجات الخاصة بفئاتهم المختلفة.

✓ تنمية وتوظيف المهارات اليدوية لدى ذوي الاحتياجات الخاصة .

✓ توظيف واستخدام التقويم الموضوعي المناسب لهذه الفئات المتنوعة .

ولكي تتحقق هذه المتطلبات يجب أن يلم معلم العلوم لذوي الاحتياجات الخاصة بالأصول العلمية والأسس التربوية، والمهارات التعليمية اللازمة للمعلم في المواقف التعليمية التي تواجهه، فيعرف كيف يقوم بالتدريس، وكيف يوظف المواد الدراسية لخدمة حاجات التلاميذ ذوي الاحتياجات الخاصة، ومواجهة ميولهم واستعداداتهم، خاصة وأنه سيتعامل مع تلاميذ غير عاديين يتميزون بصفات وخصائص تختلف عن العاديين، مما يستلزم منه التعرف علي طرائق التعليم المناسبة لهذه الفئات.

جـ : الجانب التخصصي : ويتمثل في :
١-التخصص العلمي:
يهدف هذا البرنامج إلى إكساب الطالب/معلم العلوم لذوي الاحتياجات الخاصة محتوى المقررات العلمية التي سوف يتخصص في تدريسها، (اللغة العربية، اللغة الإنجليزية، الرياضيات ، التربية الإسلامية ، العلوم ، الدراسات الاجتماعية)، وذلك وفقا لاختيارات الطلاب في التخصص العلمي مع ملاحظة ضرورة التكامل مع وزارة التربية والتعليم ، وكليات التربية لمراعاة المحتوى العلمي، ومستواه، وعمقه، بما يتناسب مع نوع الإعاقة ، وشدتها.

٢-تخصص في مجال ذوي الاحتياجات الخاصة :
يتخصص معلم العلوم لذوي الاحتياجات الخاصة في التدريس لنوع معين من ذوي الاحتياجات الخاصة طبقا لنوع وشدة الإعاقة، (مكفوفين، وضعاف بصرصم وضعاف سمع -معاقين ذهنياً،موهوبين ومتفوقين)، وذلك وفقاً لاختيار الطالب مجال تخصصه ، مع ملاحظة أن يكون أعضاء هيئة التدريس من

المتخصصين الحاصلين على درجة الدكتوراه في أحد مجالات العلوم لذوي الاحتياجات الخاصة، في التخصصات المختلفة.

المجال الثاني : المتطلبات التربوية اللازمة لإعداد معلم العلوم لذوي الاحتياجات الخاصة :

تنبثق هذه المتطلبات من فلسفة العلوم لذوي الاحتياجات الخاصة والأهداف التي يسعى معلم العلوم لذوي الاحتياجات الخاصة إلى تحقيقها، وما ينبغي أن يقوم به من أنشطة، ومن الأدوار التي يقوم بها من أجل تحقيق هذه المتطلبات، هي :

◄ تكامل المعلومات ، حيث يعتمد تحقيق أهداف العلوم لذوي الاحتياجات الخاصة على تقديم مناهج تتسم بالتكامل، والبعد عن التخصص الضيق حيث يكمن في تكاملها ضمان نجاح معلم العلوم لذوي الاحتياجات الخاصة في تنفيذها بالدرجة المنشودة .

◄ إعداد معلم العلوم لذوي الاحتياجات الخاصة القادر علي فهم أبعاد العلوم لذوي الاحتياجات الخاصة، ومن ثم يستطيع أداء أدواره بكفاءة، ويتم ذلك بالمزج بين العملي والنظري ، ويشكل محوراً رئيساً يستند إليه تعليم ذوي الاحتياجات الخاصة .

◄ إعداد معلم العلوم لذوي الاحتياجات الخاصة القادر علي فهم البيئة وتنمية المجتمع، بحيث يكون قادراً على المشاركة الفعالة في الأنشطة الاجتماعية مما يتطلب ألا تقف مناهج العلوم عند حد تقديم المقررات بشكل نظري، بل تتيح لطلابها الفرص للتدريب عليها وممارستها في المجال عملياً كجانب أساسي من جوانب إعدادهم لمهنة التدريس في مدارس ومعاهد العلوم لذوي الاحتياجات الخاصة .

◄ إعداد معلم العلوم لذوي الاحتياجات الخاصة القادر علي استيعاب مدخلات نظام تعليم ذوي الاحتياجات الخاصة، ومخرجاته، وذلك بأن يكون متفهما لفلسفة هذا التعليم ، وأهدافه ، وأبعاده الاجتماعية ، من أجل تهيئته لماسيقوم به من أدوار ، ومن ثم يتطلب هذا الإعداد :

✓ فهم فلسفة وأهداف العلوم لذوي الاحتياجات الخاصة وكيفية تطبيقها عملياً .

✓ فهم فلسفة تربية المتعلمين من ذوي الاحتياجات الخاصة، وخصائص نموهم وكيفية التعامل معهم بما يمكن معلم العلوم لذوي الاحتياجات الخاصة من تقييم الصفات الشخصية لهم .

✓ لديه القدرة في التأثير علي المتعلمين من ذوي الاحتياجات الخاصة وكسب حبهم ، وتقديرهم ، حتى يتمكن من بناء شخصياتهم بناءًا سليماً متكاملاً .

✓ استيعاب دوره الجديد في التعامل مع هذه الفئات ، وزيادة دوره كمشرف وموجه، ومرشد، ومخطط للعملية التعليمية.، بدلا من التركيز علي الحفظ والتلقين.

✓ اكتساب مهارات تقويم ذوي الاحتياجات الخاصة سلوكياً، ووجدانياً وتشخيص أسباب القصور لديهم .

✓ اكتساب بعض المهارات اليدوية والعملية اللازمة في تعليم هذه الفئات .

٥- تعرف نقاط الضعف في العناصر الرئيسة في تعليمهم، حيث يسهم ذلك في توظيف الظروف اللازمة لنمو شخصياتهم نمواً متكاملاً، في مناخ اجتماعي سليم يحقق لهم الإحساس بالأمن في بيئتهم التعليمية.

المجال الثالث : نظام الإعداد : ويتمثل في :

أولاً: أساليب الإعداد: يمكن من خلالها توظيف أحد الأسلوبين التاليين:

١- الإعداد التكاملي: لمدة ٤ سنوات، للحاصلين على الثانوية العامة .

٢- الإعداد التتابعي: (دبلوم في العلوم لذوي الاحتياجات الخاصة) لمدة عام للحاصلين على درجة البكالوريوس .

وفي إطار كلا الأسلوبين يتم التعرف علي ميول معلم العلوم لذوي الاحتياجات الخاصة، واتجاهاتهم نحو العمل مع هذه الفئات.

ثانيا: المقررات الدراسية المقترحة :

يمكن اقتراح مجموعة من المقررات الدراسية المتخصصة لذوي الاحتياجات الخاصة:

١-مواد تخصصية أكاديمية: ترتبط بطبيعة التخصص العلمي من بين التخصصات المختلفة مثل: اللغة العربية، واللغة الإنجليزية ، والدراسات الإسلامية والرياضيات، والعلوم، الحاسوب .

٢-مواد تخصصية مرتبطة بذوي الاحتياجات الخاصة (السمعية، والبصرية والذهنية ، والموهوبين والمتفوقين،الخ...) التي يريد الطالب التخصص فيها مثل :

أ- أساليب التواصل مع ذوي الاحتياجات الخاصة، وهي :

- الصم (لغة الإشارة الوصفية وغير الوصفية، الهجاء الإصبعي، لغة الشفاه الاتصال الشامل).
- المكفوفين (طريقة برايل المطورة، وطريقة تيلر).
- ذوي الاحتياجات الخاصة ذهنياً (أسلوب إيتارد، وأسلوب دنكان، وأسلوب منتسوري، وأسلوب ديكرولي، وأسلوب ديسكودر.
- الموهوبين والمتفوقين(الأنشطة الإثرائية، حل المشكلات).

ب- أساليب الاكتشاف المبكر لذوي الاحتياجات الخاصة بفئاتهم المتنوعة .

٣- مواد تربوية مرتبطة بكيفية التدريس لذوي الاحتياجات الخاصة ،منها:

- مناهج وطرق تدريس التخصصات المختلفة (طريقة الإشارة- طريقة برايل- الخ..) المناسبة لكل فئة.
- وسائل تعليمية وتكنولوجيا متطورة تلائم طبيعة ذوي الاحتياجات الخاصة بفئاتهم المتنوعة .
- نظم تعليم وتربية ذوي الاحتياجات الخاصة
- علم نفس الفئات الخاصة .

- صعوبات التعلم .
- الإرشاد النفسي للفئات الخاصة .
- أساليب اكتشاف ذوي الاحتياجات الخاصة بفئاتهم المتنوعة .
- الصحة النفسية لذوي الاحتياجات الخاصة .
- صعوبات الكلام والنطق .

٤- مواد ثقافية عامة مرتبطة بالتعامل مع ذوي الاحتياجات الخاصة، مثل :
أ- الثقافة العلمية .
ب-اللغة الإنجليزية .

- خامسا :أهمية وفوائد دمج ذوي الاحتياجات الخاصة في فصول العاديين والعكس

تقتضى فلسفة الدمج أن تتم تربية ذوي الاحتياجات الخاصة في مدارس العاديين، تمهيداً لدمجهم في النواحي الاجتماعية، والمهنية المستقبلية بطريقة تجنبهم الاغتراب في مجتمعهم ،إلا أن دمج ذوي الاحتياجات الخاصة يحتم على المدرسة ضرورة التعرف على الحاجات التعليمية للتلاميذ بصورة عامة وللمعاقين بصورة خاصة حتى يمكن إعداد البرامج التربوية المناسبة لمواجهتها، حيث يعتمد نجاح الدمج على استخدام برامج تربوية مناسبة،ومتخصصة، لمواجهة حاجاتهم الأكاديمية، والاجتماعية، والنفسية مع أقرانهم العاديين.

كما يتطلب تغيير اتجاهات القائمين على تربية هؤلاء التلاميذ نحو الغرض من المدرسة، وكيفية تحقيقها لأهداف واسعة النطاق تمتد لتشكل تربية ذوي الاحتياجات الخاصة في ثناياها، ويتطلب ذلك تطوير برامج إعداد معلم العلوم لذوي الاحتياجات الخاصة إعداداً مناسباً لهذا الغرض.

إن معظم الاتجاهات العالمية المعاصرة في الدول المتقدمة تطبق سياسة تعليم الأطفال ذوي الاحتياجات الخاصة مع أقرانهم العاديين، سواء في نفس الفصول أم في فصول خاصة ملحقة بالمدارس العادية، حيث يعتبر الدمج ـ بيئة التعليم الأقل تعقيداً ـ أو البديل التربوي الأقل تقييداً ـ مبدأً رئيسا في العلوم لذوي الاحتياجات الخاصة، حيث يتم توفير التعليم الإلزامي للأطفال من سن الخامسة ـ السادسة عشر في الولايات المتحدة الأمريكية وانجلترا ، والنرويج حيث يتعلمون مع أقرانهم العاديين كل حسب قدراته في المدارس التي تستطيع مقابلة احتياجاتهم المتنوعة، كما يوجد مدى واسعا من الاختيار لهؤلاء الأطفال في مدارس وفصول العلوم لذوي الاحتياجات الخاصة .

علي الجانب الآخر في إيطاليا ينص القانون على التعليم الإلزامي لذوي الاحتياجات الخاصة في فصول الأسوياء باستثناء حالات الإعاقة الشديدة، التي تعوق الاندماج في الفصول العادية . وفي السويد تنص القوانين الرسمية على حق الأطفال ذوي الاحتياجات الخاصة في التردد على الفصول العادية والخاصة في المدارس العادية.

إن اندماج الطفل في الوسط المدرسي في مرحلة مبكرة ، يسهم في تحوله إلى عنصر فعال يستعيد مكانه في عائلته ومستقبلا في المجتمع.

وقد رأى كوفمان (Kauffman) أن الدمج أحد الاتجاهات الحديثة في العلوم لذوي الاحتياجات الخاصة ، و يتضمن وضع الأطفال المعاقين بدرجة بسيطة في المدارس الابتدائية العادية مع اتخاذ الإجراءات التي تضمن استفادتهم من البرامج التربوية المقدمة في هذه المدارس.

وقد أشار كل من مادن (Madden) وسلانبن(Slanin) أن الدمج يعني ضرورة أن يقضي المعاقين أطول وقت ممكن في الفصول العادية مع إمدادهم بالخدمات الخاصة إذا لزم الأمر .

وهناك جماعة من المختصين اختاروا مصطلح التكامل(Integration) للتعبير عن عملية تعليم ذوي الاحتياجات الخاصة وتدريبهم ورعايتهم مع أقرانهم العاديين.

وفيما يلي عرض لبعض أنماط ومتطلبات وفوائد الدمج لذوي الاحتياجات الخاصة والعاديين :

أ- أنماط الدمج :

تختلف أساليب إدماج ذوي الاحتياجات الخاصة من بلد إلى آخر حسب إمكانات كل منها حسب نوع الإعاقة ودرجتها، بحيث يمتد من مجرد وضع ذوي الاحتياجات الخاصة في فصل خاص ملحق بالمدرسة العادية إلى إدماجهم كاملا في الفصل الدراسي العادي مع إمدادهم بما يلزمهم من خدمات خاصة. وتتمثل أنماط الدمج فيما يلي:

١-الفصول الخاصة :

حيث يلتحق الطفل بفصل خاص بذوي الاحتياجات الخاصة ـ ملحق بالمدرسة العادية ـ في بادئ الأمر، مع إتاحة الفرصة أمامه للتعامل مع أقرانه العاديين بالمدرسة أطول فترة ممكنة من اليوم الدراسي.

٢-حجرة المصادر :

حيث يوضع الطفل في الفصل الدراسي العادي، بحيث يتلقى مساعدة خاصة بصورة فردية في حجرة خاصة ملحقة بالمدرسة ـ حسب جدول يومي ثابت وعادة ما يعمل في هذه الحجرة معلم أو أكثر من معلمي العلوم لذوي الاحتياجات الخاصة الذين أعدوا خصيصا للعمل مع ذوي الاحتياجات الخاصة.

٣-الخدمات الخاصة :

حيث يلحق الطفل بالفصل العادي مع تلقيه مساعدة خاصة ـ من وقت لآخر ـ بصورة غير منتظمة ـ في مجالات معينة، مثل القراءة، أو الكتابة، أو

الحساب ، وغالبا ما يقدم هذه المساعدة للطفل معلم تربية خاصة متنقل (متجول)، يزور المدرسة مرتين أو ثلاث مرات أسبوعياً.

٤-المساعدة داخل الفصل :

حيث يلحق الطفل بالفصل الدراسي العادي، مع تقديم الخدمات اللازمة له داخل الفصل حتى يمكن للطفل أن ينجح في هذا الموقف، وقد تتضمن هذه الخدمات استخدام الوسائل التعليمية أو الأجهزة التعويضية، أو الدروس الخصوصية.

ب- متطلبات عملية الدمج:

إن دمج ذوي الاحتياجات الخاصة مع الأطفال العاديين ليس عملية سهلة بل أن هناك عدة متطلبات، لابد من مواجهتها:

١-التعرف على الاحتياجات التعليمية:

تتمثل أول متطلبات الدمج في التعرف على الحاجات التعليمية الخاصة للتلاميذ بصورة عامة وذوي الاحتياجات الخاصة منهم بصفة خاصة حتى يمكن إعداد البرامج التربوية المناسبة لمواجهتها من الناحية الأكاديمية ،والاجتماعية، والنفسية في الفصول العادية، فلكل طفل معاق قدراته العقلية وإمكاناته الجسمية، وحاجاته النفسية، والاجتماعية الفردية التي قد تختلف كثيرا عن غيره من المعاقين.

٢- إعداد القائمين على تربية ودمج ذوي الاحتياجات الخاصة .

في دراسة أجراها محمد عبد الغفور (1999) للتعرف على المتغيرات التي تسهم في تدعيم الاتجاه نحو سياسة إدماج التلاميذ ذوى الاحتياجات الخاصة في الفصول العادية، وذلك من وجهة نظر معلم العلوم لذوي الاحتياجات الخاصةين، والإداريين في التعليم العام، أوضحت أن الدمج يهيئ فرصا للتفاعل الإيجابي مع العاديين داخل المدرسة، وكانت أهم الاحتياجات التعليمية للدمج تتمل في :

✓ تحديد الإعاقات القابلة للدمج.

✓ توفير الخدمات الطبية المناسبة للمعاق، والمنهج ومدي مرونته، والمدرس وإعداده للتعامل مع الطفل المعاق، والوسائل التعليمية الخاصة بالمعاق.

وعلى ذلك، فإن تنفيذ برامج الدمج يتطلب التركيز على أربعة نواحي رئيسة ، كما يلي:

◀ إعداد هيئة التدريس، واختيار المناسب منها.

◀ وضع الأطفال في الصفوف المناسبة ويتضمن : قيد ذوي الاحتياجات الخاصة منهم، واختيار العاديين لهم، أو العكس.

◄ تخطيط وتنفيذ الاستراتيجيات المناسبة : التقييم التربوي، البرنامج الفردي التربوي، قواعد ضبط الفصل، البيئة، التخطيط داخل الفصل، الخطة والجداول، اللعب، الاستراتيجيات داخل وخارج الفصل.

◄ المشاركات بين الوالدين والعاملين بالمؤسسات التعليمية لذوي الاحتياجات الخاصة.

جـ-فوائد الدمج لذوي الاحتياجات الخاصة في فصول العاديين خلال تدريس العلوم :

للدمج فوائد ومزايا متعددة لذوي الاحتياجات الخاصة في فصول العاديين، منها :

◄ إن دمج الأطفال ذوى الاحتياجات الخاصة مع العاديين سوف يكون له آثار إيجابية.

◄ إن الطفل المعاق عندما يشترك في فصول الدمج، ويلقى ترحيبا وتقبلا من الآخرين، فإن ذلك يعطيه الشعور بالثقة في النفس، ويشعره بقيمته في الحياة ويتقبل إعاقته، ويدرك قدراته وإمكاناته في وقت مبكر، ويشعر بانتمائه إلى أفراد المجتمع الذي يعيش فيه.

◄ إن الطفل المعاق في فصول الدمج تجعله يكتسب مهارات جديدة، تسهم في مواجهة صعوبات الحياة، ويكتسب عددا من الفرص التعليمية والنماذج الاجتماعية، مما يساعد على حدوث نمو اجتماعي أكثر ملاءمة، ويشجعه على البحث عن ترتيبات حياتية أكثر بصورة عادية .

◄ الدمج يمد الطفل بنموذج شخصي، اجتماعي، سلوكي للتفاهم، والتواصل، ويضيف رابطة عقلية وسيطة أثناء لعب ولهو الطفل المعاق مع أقرانه العاديين.

د-فوائد الدمج للعاديين مع ذوي الاحتياجات الخاصة:

للدمج فوائد ومزايا متعددة للعاديين عند اندماج ذوي الاحتياجات الخاصة معهم،منها:

◄ إن الدمج يؤدي إلى تغير اتجاهات الطفل العادي نحو الطفل المعاق.

◄ إن الدمج يساعد الطفل العادي في التعود على تقبل الطفل المعاق، ومن ثم يشعر بالارتياح مع أشخاص مختلفين عنه. وقد أوضحت الكثير من الدراسات على إيجابية الأطفال العاديين عندما يجدون فرصة اللعب مع الأطفال المعاقين باستمرار.

◄ إن الدمج يعطي فرصة لعمل صداقات بين الأشخاص المختلفين .

وفي هذا الإطار ، يلزم إعداد معلم العلوم لذوي الاحتياجات الخاصة إعدادا تربويا، وتعليميا ، ومهنيا بطريقة جيدة ، ليكون قادرا علي التدريس لذوي الاحتياجات الخاصة في فصول العاديين ، بالإضافة إلي مساعدة معلم العلوم لذوي الاحتياجات الخاصة العادي، ليتمكن من:

◀ تحديد مستوى الأداء الحالي للطلاب من ذوي الاحتياجات الخاصة ، وكذلك طبيعة المشكلات الصحية / السلوكية / التربوية التي يعانون منها .

◀ التواصل مع الطلاب من ذوي الاحتياجات الخاصة.

◀ استيعاب خصائص الطلاب من ذوي الاحتياجات الخاصة، حتى يراعي الفروق الفردية، ومراحل النمو التي يمر بها الطلاب من ذوي الاحتياجات الخاصة .

◀ تحديد الأهداف المراد تحقيقها سواء كانت طويلة المدى أو قصيرة المدى.

◀ توفير التعليم المتعلق بالنشاط الزائد المناسب لطبيعة الموهوبين والمتفوقين .

◀ إعداد الخطط الدراسية والعلاجية للمعلم العادي .

سادسا:دور معلم العلوم في فصول ذوي الاحتياجات الخاصة المندمجين دراسيا :

تتعدد أدوار معلم العلوم في مدارس المندمجين دراسيا مع ذوي الاحتياجات الخاصة، منها:

◀ تعديل محتوى منهج العلوم بشكل يناسب المندمجين دراسيا في فصول العاديين.

◀ التركيز على تعليم المهارات الأساسية في تعليم العلوم لذوي الاحتياجات الخاصة، التي لا يتضمنها البرنامج التدريبي العادي .

◀ توفير بيئة تعليمية تختلف عن البيئة الصفية العادية .

◀ تنوع استراتيجيات التدريس المناسبة لذوي الاحتياجات الخاصة والتركيز على التدريس الفردي، مثل خطة "كيلر" للتعلم الفردي(التعلم بمساعدة موجه) .

◀ التركيز على نقاط الضعف التي يعاني منها ذوي الاحتياجات الخاصة وتقوية الجوانب الإيجابية ونقاط القوة.

◀ عدم التركيز على جوانب القصور التي يعاني منها ذوي الاحتياجات الخاصة .

◀ تطوير الاتجاهات الإيجابية للطلاب العاديين نحو الطلاب من ذوي الاحتياجات الخاصة.

◀ تعزيز التفاعل الإيجابي بين الطلاب من ذوي الاحتياجات الخاصة المندمجين دراسيا مع أقرانهم العاديين .

◀ تعزيز التنسيق الفاعل بين معلم العلوم العادي ومعلم العلوم لذوي الاحتياجات الخاصة، كلما دعت الضرورة لذلك .

◀ تنوع طرائق التدريس الفعالة لتقابل حاجات ذوي الاحتياجات الخاصة

◀ تنوع عمليات التقييم المناسبة لهذه الفئات.

سابعا: تجربة الدمج بمصر والمملكة العربية السعودية:

أ-عرض لتجربة الدمج بمصر :

يعد إنشاء المدارس الخاصة للمكفوفين في مصر من التجارب الناجحة حيث بدأت الوزارة في فتح مدارس أخرى في الأقاليم والمحافظات الأخرى، مثل : الإسكندرية ، وأسـيوط ، وسـوهاج ، وطنطـا ثـم توسـعت الـوزارة بعـد ذلـك في نشر تعليـم

المكفوفين في بقية المحافظات ، وفى يناير ١٩٥٧ وافقت الوزارة على دخول المكفوفين امتحان القبول بالإعدادية ، حيث أثبت المكفوفون تفوقا ملحوظا ، وفى عام ١٩٦٤ وافقت الوزارة على دخول المكفوفين امتحان الشهادة الثانوية لأول مرة في تاريخ تعليمهم ، والغرض من إنشاء هذه المدارس توفير الخدمات التربوية والتعليمية والصحية والاجتماعية والنفسية ، وذلك وفق الأنواع والمسميات التالية :

- ✓ مدارس وفصول النور للمكفوفين ويتراوح عدد الطلاب في الفصل من ٦ ـ ١٢ .
- ✓ مدارس وفصول المحافظة على البصر للطلاب ضعاف البصر ويتراوح عدد الطلاب من ٨ ـ ١٦ تلميذا .

وبالنظر إلى واقع تدريس العلوم للطلاب المعاقين بصريا في مصر، نجد أنها لاتحظى بالاهتمام الكافي، حيث تمثل ٥% فقط من البرنامج الكلى ، كما يتطلب نجاحه حصوله على (٤٠%) كحد أدنى من الدرجة العظمى (٥٠%)درجة ،كما لاتوجد أهداف إجرائية خاصة بتدريس العلوم للطلاب المعاقين بصريا بل يتم الاعتماد على الأهداف العامة للتدريس لهؤلاء الطلاب ، بالإضافة إلي أن محتوى منهج العلوم الذي يقدم للطلاب المعاقين بصريا هو نفس المحتوى الذي يقدم للعاديين مع حذف بعض الرسومات ، والأشكال التي لا يستطيع الطالب استيعابها.

وتتمثل إستراتيجية تدريس العلوم للطلاب المعاقين بصريا في قيام المعلم بكتابة عناصر الدرس على السبورة، ثم يقوم بشرح الدرس شفويا مع تقديم بعض الوسائل التي تقدم للعاديين ، وذلك لتوضيح بعض المفاهيم المتضمنة بموضوع الدرس ، ولا يلجأ مطلقا في تعامله مع المعاق بصريا المندمج دراسياً إلى النماذج أو المجسمات التي تتناسب مع طبيعة الإعاقة البصرية ،أو حتى الاهتمام به كفرد مندمج مع أقرانه العاديين في نفس بيئة التعلم ،و جدير بالذكر أن معظم مدارس الطلاب المعاقين بصريا سواء للمنفصلين دراسيا أو المندمجين دراسيا لا تتوافر فيها المعامل التي يتطلب منها تعديل هذه الأدوات، لتلائم طبيعة الإعاقة البصرية وعدم وجود مرشد للمعلم يوضح فيه كيفية تعديل المحتوى والأنشطة التي تلائم حاجاتهم وقدراتهم ، وتوضح كذلك الاستراتيجيات المناسبة التي يلجأ إليها المعلم أثناء تدريس العلوم،كما في البرامج العالمية، مثل برامج (SAVI/SELPH) و(FOSS) ، وغير ذلك من البرامج التي تقدم للمعاقين بصريا ...

وعلي الجانب الأخر، فإن البرامج المقدمة في العلوم للمعاقين بصريا في مصر سواء المندمجين دراسيا كما في المعاهد الأزهرية أم المنفصلين دراسيا كما في مدارس النور للمكفوفين ، هي نفس البرامج المقدمة للعاديين برغم التغييرات الحديثة والمستمرة التي تطرأ علي هذه البرامج سواء عالميا أو محلياً ، وإن كان الكتاب المدرسي الذي يستخدمه المعاقون بصريا المنفصلون دراسيا بمدارس النور هو نفس الكتاب الذي يستخدمه الطلاب العاديين في المدارس العادية ، ولكنه مكتوب بطريقة برايل بصرف النظر عن معدل المادة المقررة فيه، ومدي مناسبتها أو عدم مناسبتها لهم .علي الجانب الآخر تقدم في المعاهد الأزهرية مناهج العلوم

للمعاقين بصريا المندمجين دراسيا مع العاديين بنفس الشكل والأسلوب، ولا توجد حتى على الأقل كتب بطريقة برايل، مثل التي تقدم لأقرانهم المنفصلين دراسيا بمدارس النور، مما يجعل المعلم ينفر من وجود الطالب المعاق بصريا في نفس بيئة التعلم، وبالتالي يهمله تماما ، حيث لا توجد استراتيجيات تدريس محددة لتدريس هذه المناهج لهم، وذلك لعدم وجود دليل يسترشد به المعلم ليوضح كيفية التعامل مع هذه الفئة من المعاقين في مدارس العاديين . ومهما كانت كفاءة المعلم، فإنه لا يعي أدنى أهمية لهذه الفئة من المعاقين ، ويعد هذا خطأ فادحا في حق هؤلاء المعاقين بصريا في مدارس العاديين ، والتي لا بد أن يعاد النظر في حقوق هؤلاء المعاقين بصريا بمدارس العاديين .

وبناء على ما تقدم يمكن القول بأن مناهج العلوم التي تقدم للطلاب المعاقين بصريا بالمعاهد الأزهرية المندمجين دراسيا، لا تراعي الشروط الواجب توافرها في مناهج العلوم التي تقدم لهذه الفئة من المعاقين سواء المندمجين دراسيا أو المنفصلين دراسيا ، مما يعوق تحقيق الأهداف المرجوة من تدريس العلوم للمعاقين بصريا .

على الجانب الآخر في حالة وجود محتوي دراسي يلائم طبيعة المعاقين بصريا المندمجين دراسيا أو المنفصلين دراسيا، ويوافق حاجاتهم وقدراتهم ، وخصائصهم، فإن هذا يعد مؤشرا جيدا على نجاح العملية التعليمية، إلا أن ذلك لا يجدي طالما افتقدنا المعلم المتخصص والواعي بخصائص هؤلاء المعاقين بصريا المندمجين دراسياً، وكيفية التعامل معهم ، وطبيعة المادة العلمية التي يقوم بتدريسها ، وكذلك استراتيجيات التدريس الملائمة لهم.

كما يعتمد التقويم على تقديم اختبارات تحريرية مرتين ،مرة في نصف العام ، ومرة في آخر العام حتى يمكن من خلالها الحكم على نجاح الطالب المعاق بصريا في الصف الثاني الحالي وانتقاله إلى الصف التالي ، حيث يقوم المعلم بإعداد هذه الاختبارات للصف الأول والثاني الإعدادي ، أما الصف الثالث الإعدادي الذي يحصل الطالب المعاق بصريا على شهادة إتمام المرحلة الإعدادية، فهو اختبار تحريري يقيس مدي ما حصله الطالب المعاق بصريا لبعض جوانب التعلم المعرفية ، ويتم إعداد هذا الاختبار مركزيا بالمعاهد الأزهرية أو على مستوى الإدارات التعليمية للمنفصلين دراسيا، ويطبق على جميع الطلاب المعاقين بصريا بالصف الثالث الإعدادي ، على مستوي الجمهورية ، ومعيار نجاح الطالب المعاق بصريا في مادة العلوم يتمثل في حصوله على (٢٠) درجة وهو الحد الأدنى من النهاية العظمى وهي (٥٠) درجة ،أي أنه يكفي الطالب المعاق بصريا حصوله على (٤٠%) من النهاية العظمي حتى يمكنه النجاح في مادة العلوم .

ب- عرض لتجربة الدمج بالمملكة العربية السعودية:
قامت تجربة الدمج في مدينة الرياض كنموذج واقعي بالمملكة العربية السعودية على خطة تربوية، تم إعدادها من قبل قسم العلوم لذوي الاحتياجات الخاصة، وقد تكونت الخطة من ثلاثة مراحل أساسية، هي :

- ✓ مرحلة التشخيص والتخطيط.
- ✓ مرحلة التنفيذ.
- ✓ مرحلة التقويم والمتابعة .

ويعتمد برنامج الخطة التربوية لدمج ذوي الاحتياجات الخاصة في مدارس التعليم العام علي توجهات وزارة المعارف، والممثلة في الأمانة العامة للتربية الخاصة نحو الارتقاء بمستوى أداء العملية التربوية والتعليمية، وتفعيل دور قسم العلوم لذوي الاحتياجات الخاصة ، قام القسم بالإدارة بعمل آلية عمل لفتح برامج تربية خاصة في مدارس التعليم العام لكل عام دراسي شملت العديد من الأهداف والمهام التربوية والتعليمية، وقامت الخطة على آلية تنفيذ، شملت على العديد من الإجراءات التي نتج عنها فتح أكثر من (٧٢) برنامجا للدمج في مدارس التعليم العام حتى الآن ،(٤٠ برنامجا للتربية الفكرية)، (٢٠) برنامجا للصم وضعاف السمع، و (١٢) برنامجا للمكفوفين. وقد اشتملت هذه الخطة على ثلاثة مراحل أساسية :

المرحلة الأولى : مرحلة التشخيص والتخطيط

تضمنت هذه المرحلة العديد من الإجراءات يتم فيها الوقوف على احتياجات برامج الدمج الفعلية، كما يتم فيها عقد اجتماع ولقاءات مع مديري المدارس ومعلم العلوم لذوي الاحتياجات الخاصة المنقولين للبرامج، ومن خلال ما يحدده المشرف التربوي من أهداف في المرحلة القادمة.

وقد تضمنت هذه المرحلة التالي:

- ✓ تحديد أهداف وشروط برامج الدمج في مدارس التعليم العام.
- ✓ حصر الطلاب في الأحياء حسب مستوياتهم ومراحلهم الدراسية في المعاهد والدين سيتم فتح برامج للتربية الخاصة لهم في مدارس التعليم العام.
- ✓ مخاطبة مركز الإشراف التربوي لترشيح (٣) مدراس مقترحة مناسبة لفتح فصول تربية خاصة .
- ✓ زيارة مشرف العلوم لذوي الاحتياجات الخاصة للمدارس المرشحة واختيار الأفضل منها.
- ✓ توجيه خطاب لمركز الإشراف موضحاً فيه اسم المدرسة، وعدد الفصول التي سيتم اعتماد فتحها للعام الدراسي القادم.
- ✓ توجيه خطاب للمعاهد لإشعار أولياء أمور الطلاب الذين سيتم نقلهم إلى البرامج الجديدة في مدارس التعليم العام.
- ✓ توجيه المعاهد بتحديد احتياجات الطلاب من الحافلات، ورفعها لشئون الطلاب بالإدارة لاتخاذ اللازم قبل بداية العام الدراسي.
- ✓ توعية مدارس التعليم العام التي يلحق بها برامج تربية الخاصة بأهداف وأساليب الدمج.

المرحلة الثانية : مرحلة التنفيذ:

تتضمن هذه المرحلة تنفيذ عدد من الأساليب الإجرائية، لفتح برامج العلوم لذوي الاحتياجات الخاصة في مدارس التعليم العام؛ تتمثل فيما يلي:

- إعطاء معلومات كاملة لإدارة المدرسة عن فئة الطلاب التي سيتم نقلهم للفصول في المدرسة مع توضيح الطرق والأساليب التي يمكن دمج طلاب العلوم لذوي الاحتياجات الخاصة مع أقرانهم العاديين في المدرسة.
- اختيار معلم العلوم لذوي الاحتياجات الخاصة المتميزين من المعاهد، ومعلم العلوم لذوي الاحتياجات الخاصة المنقولين من خارج المنطقة، وتوجيهم للمدارس التي بها دمج ، بما في ذلك معلمي التربية الرياضية، والفنية.
- تجهيز فصول برامج العلوم لذوي الاحتياجات الخاصة في مدارس التعليم العام من الوسائل التعليمية والأثاث قبل بداية العام الدراسي.
- اختيار معلم متابع متميز من المعاهد مع بداية كل برنامج لمتابعة احتياج البرنامج والتنسيق مع قسم العلوم لذوي الاحتياجات الخاصة والمعاهد في نقل الطلاب للبرامج، ومن ثم الرفع بالمعوقات والمشكلات التي تواجه البرنامج.
- تكوين لجنة متابعة في كل برنامج مكونة من الوكيل، والمرشد الطلابي، والأخصائي النفسي، ومعلم من البرنامج في المدرسة ، لمتابعة الجوانب التالية
  - ✓ وضع الخطط الدراسية لفصول برنامج العلوم لذوي الاحتياجات الخاصة.
  - ✓ استقبال الطلاب وتطبيق شروط القبول في البرنامج.
  - ✓ دراسة الحالات الخاصة وعلاجها.
  - ✓ دراسة الحالات الطارئة ورفع تقرير عنها بعد فترة الملاحظة.
  - ✓ دراسة الملاحظات من معلمي البرنامج وضع الحلول المناسبة.

المرحلة الثالثة : مرحلة المتابعة والتقويم :

عملية التقويم عملية مستمرة تصاحب كل مرحلة ، وتنفذ بأسلوب الزيارات الأسبوعية من قبل إدارة التعليم العام للبرامج الملحقة في مدارس التعليم العام والغرض منها قياس مدى تقدم البرنامج نتيجة لما تم في الخطوات السابقة. وتتضمن هذه المرحلة الجوانب التالية:

- تقييم ومتابعة برامج التوعية للطلاب ومعلم العلوم لذوي الاحتياجات الخاصة في المدارس التي افتتح بها برامج للدمج ، أثناء العام الدراسي؛ ومن ذلك متابعة الطرائق التالية : الإذاعة المدرسية، المطويات، الصحائف الحائطية،المسابقات، الاشتراك في المناشط الطلابية .وكذلك حضور معلم العلوم لذوي الاحتياجات الخاصةين في التعليم العام والبرامج للدورات التدريبية والندوات والمحاضرات وورش العمل.
- التحقق من مدى استفادة طلاب ذوي الاحتياجات الخاصة من برامج الدمج .
- متابعة وتقويم أعمال لجنة القبول في البرنامج للتأكد من متابعة الحالات السلوكية، ومتابعة الطلاب الجدد في فترة الملاحظة، ورفع تقارير دورية عن حالاتهم .

◄ متابعة تفعيل ما جاء في الاجتماعات الدورية لمديري ووكلاء المدارس التي يوجد بها برامج للدمج مع مشرفي قسم العلوم لذوي الاحتياجات الخاصة المشرفين المتعاونين.

◄ تقييم برامج الدمج عن طريق استبانة تعبأ من قبل معلمي التعليم العام في المدرسة ومعلمي برنامج العلوم لذوي الاحتياجات الخاصة في نهاية العام.

مراجع الفصل العاشر :

١- عبد العزيز الشخص (١٩٨٧). دراسة لمتطلبات إدماج ذوي الاحتياجات الخاصة في التعليم والمجتمع العربي. رسالة الخليج العربي . العدد ٢١ .الرياض .

٢- عبدالله علي محمد إبراهيم(١٩٩٨).أثر برنامج مقترح في العلوم علي التحصيل ومفهوم الذات في العلوم والاتجاهات نحوها للطلاب المعاقين بصريا بالمرحلة الإعدادية، دكتوراه غير منشورة ، كلية التربية ، جامعة الأزهر.

٣- فتحي السيد عبد الرحيم وحليم بشاي (١٩٨٠). سيكولوجية الأطفال غير العاديين، دار القلم .الكويت.

٤- كمال حسن بيومي و لورانس بسطا زكريا (١٩٩٤). إعداد معلم الفئات الخاصة بأنواعها المختلفة . المركز القومي للبحوث التربوية . شعبة التخطيط التربوى . القاهرة .

٥- لوبوفسكي فلاديمير   (١٩٨١). مدرسة خاصة للمعوقين أم إدماجهم في المدرسة العادية. مجلة رسالة اليونسكو . أكتوبر .ص ١٤ ـ ١٥ .

٦- مؤتمر التربية العلمية للمعوقين بأمريكا .

٧- المؤتمر الثالث لإدماج ذوي الاحتياجات الخاصة في الحياة العامة فبراير ١٩٨٥ .

٨- مصطفى النصراوى (١٩٩٢).دمج ذوي الاحتياجات الخاصة في المدارس العادية بين الشعارات والموضوعية العلمية. المجلة العربية للتربية . المنظمة العربية للتربية والثقافة والعلوم . المجلد ١٢ . ٢٤ ديسمبر .

9- -Embassy of Finland (1990). "**special teacher training courses for Disabled children in Finland**" . University of Jyvaskyla faculty of Education. special teacher training program . June .

10- Garry.R.J.&Ascarelli (1970).Teaching Topographical orientation and special orientation to congenitally blind children. **journal of education**. Abstract **functioning in the blind.**

11- Gearheart . B.R. . Weishan Melw (1980). "**The handicapped student in The regular classroom** ". 2nd ed London .

12- Geraldin T . Scooll (1986). "Foundations of education for the blind and visually handicapped and youth . theory and practice".New York .**American foundation for the blind**

الفصل الحادى عشر

((تقنيات تدريس العلوم لذوي الاحتياجات الخاصة))

- مقدمة.
- مفهوم التقنيات التعليمية المستخدمة وتقسيماتها لذوي الاحتياجات الخاصة.
- صفات المعلمين المستخدمين للتقنيات التعليمية في تدريس العلوم لذوي الاحتياجات الخاصة.
- فوائد استخدام التقنيات التعليمية في تدريس العلوم لذوي الاحتياجات الخاصة.
- معوقات استخدام التقنيات التعليمية في تدريس العلوم لذوي الاحتياجات الخاصة.
- التقنيات التعليمية لذوي الاحتياجات الخاصة في الوطن العربي بين الواقع والمأمول.
- التعليم الالكتروني في تدريس العلوم لذوي الاحتياجات الخاصة.
- تطبيقات التعليم الالكتروني وتفعيلها في تدريس العلوم لذوي الاحتياجات الخاصة.

الفصل الحادي عشر :

تقنيات تدريس العلوم لذوي الاحتياجات الخاصة

• مقدمة :

تشهد البشرية تقدمًا سريعًا متناميًا في جميع المجالات المتعلقة بحياة الإنسان والجانب التربوي بصفة عامة والجانب التعليمي بصفة خاصة والمتعلق بتقنية المعلومات، وهذا ما دعا التربويون إلى إعادة النظر في طبيعة الوضع التربوي والسياسات التربوية، كي تنسجم مع هذه التحولات السريعة وتواكب عصر الانفتاح المعلوماتي والعولمة والثورة التقنية التي أصبحت من القضايا المهمة في كثير من المجتمعات المعاصرة، كما بدأت العملية التعليمية الحديثة تركز على استخدام التقنيات في التعليم، وتوظيفها بشكل يجعلها جزءًا أساسيًا في التعليم وليست مجرد إضافة.

والتلاميذ ذوو الاحتياجات الخاصة هم جزء من هذه المنظومة المستهدفة التي تستهدف تسخير التقنيات التعليمية في تعليمهم ، وتحقيق أهداف عملية الدمج ، حيث لن تتحقق هذه الأهداف جميعًا دون توفر عناصر أساسية مهمة كالمعلم الكفء، وتوفير الوسائل التقنية الهادفة، والدعم المادي والفني.

• أولا:مفهوم التقنيات التعليمية وتقسيماتها لذوي الاحتياجات الخاصة:

إن مصطلح تكنولوجيا Technology يوناني الأصل، وهو مكون من مقطعين صوتيين الأول «تكنو Techno» ويقصد به «المهارة»، والثاني «لوجي Logy» ويقصد به «فن التعليم»، وبالتالي فإن هذا المصطلح يعني «مهارة فن التعليم» والذي يعني التطبيق المنظم للمعارف تحقيقًا لأهداف وأغراض علمية.

وتعرف التقنيات «التكنولوجيا» التعليمية الخاصة لذوي الاحتياجات الخاصة «Assistive Technology» على حسب «IDEA 1997»، بأنها «أي مادة أو قطعة، أو نظام منتج، أو شيء معدل أو مصنوع وفقًا للطلب، بهدف زيادة الكفاءة العلمية والوظيفية لذوي الاحتياجات الخاصة».

ويكاد يجمع المتخصصون في هذا المجال على هذا التعريف الذي يشير إلى أن مسمى التقنيات التعليمية لذوي الاحتياجات الخاصة لا يقتصر فقط على التقنية بمفهومها، ولكنه يعني أي مادة تستخدم لتعليم هذه الفئة. ومن هنا يمكن القول أننا عندما نذكر مصطلح التقنيات هنا، فليس المقصود بها فقط الأجهزة والإلكترونيات، وإنما يقصد بها أي وسيلة تعليمية تساعد في تسهيل فهم المادة العلمية لهذه الفئات، حتى إن كانت السبورة، والطباشير،والكتاب، تعتبر تقنيات تعليمية مساعدة «AT».

ويقسم بعض الباحثين التقنيات التعليمية المساعدة لذوي الاحتياجات الخاصة إلى قسمين رئيسين هما:

التقنيات الإلكترونية «Electronic Tech»، ومن أمثلتها الحاسب الآلي وبرامجه المختلفة، والتلفزيون التعليمي، والفيديو، ومسجل الكاسيت، وجهاز عرض البيانات Data Show ، والآلة الحاسبة وغيرها من الأجهزة الكهربائية والإلكترونية.

التقنيات غير الإلكترونية «No Electro Tech» ومن أمثلتها السبورة والكتاب والصور ، والمجسمات ، واللوحات ، والسبورة الطباشيرية وغيرها من الوسائل غير الكهربائية أو الإلكترونية.

وهناك أيضًا من يقسم التقنيات التعليمية لذوي الاحتياجات الخاصة إلى معقدة أو شديدة التعقيد، وتقنيات متوسطة، وأخرى بسيطة أو سهلة الاستخدام.

١-التقنيات التعليمية لذوي الاحتياجات الخاصة:

هناك مجموعة من التقنيات التي يمكن توظيفها لذوي الاحتياجات الخاصة، منها:

استخدام الحاسب الآلي:

يمكن أن يستخدم الكفيف جهاز الحاسب الآلي ؟ وكيف ذلك؟ هناك العديد من الحلول التي ابتكرت حول العالم خلال العشرين عاما الماضية ، والتي أعطت الفرصة للكفيف لدخول عالم الانترنت والحاسب الآلي.

ومن هذه الحلول البرامج التي تحول النص إلى صوت مسموع ، بحيث يستخدم الكفيف اختصارات لوحة المفاتيح للتنقل داخل جهازه الشخصي وكلما خطا خطوة تعمل مكبرات الصوت بالجهاز على إبلاغه صوتيا بمكانه.كما تمكنه هذه البرامج من قراءة النصوص والكتابة بنفس الطريقة.

وقد اختصرت برامج الويندوز التي هي من إنتاج عملاق البرمجيات، الكثير من هذه البرامج ، فبرامج الويندوز تحتوي على اختصارات كثيرة، بالإضافة إلي إمكانية لعمل اختصارات إضافية. فعلي سيبل المثال يمكنك أن تعمل مفتاحا كاختصار لفتح برنامج الوورد أو متصفح الانترنت.

وبالنسبة لتعلم تشغيل برامج تحويل النص إلى صوت، فانه لا يأخذ جهدا كبيرا ، كما أن مدة تعلم كيفية استخدام لوحة المفاتيح مع وقت بسيط إضافي ، كافية للتعلم.

استخدام السطر الكتروني:

ما المقصود بالسطر الالكتروني؟ وكيف يعمل؟

السطر الالكتروني:

عبارة عن خلايا برايل الكترونية ، حيث تعمل هذه الخلايا الالكترونية بنفس طريقة تحويل النص إلى صوت ، ولكنها بدلا من عمل الصوت تعمل الخلايا

وذلك بان تبرز على لوح بشكل نقاط يمكن لمسها بأطراف الأصابع ، لذا ينبغي أن تكون ملما بلغة برايل ، ليسهل عليك استخدام هذه الطريقة.

وتعمل السطور الالكترونية هذه من خلال برامج أيضا ، حيث تمكنك من التحكم في خصائص ما تريد إظهاره على اللوح ، حتى لا تزعجك بعض الأمور، المتعلقة مثلا بظهور تشكيل الحروف اختصارا للوقت ، وهكذا.

وفي نفس الإطار يمكن التحكم في إظهار الأشياء المتعلقة بالصوت ، وسرعة النطق ، بالإضافة إلي صوت المتحدث (ذكر - أنثي)، وغيرها من الأمور،خاصة وأن هناك العديد من الشركات المنافسة والمنتجة لهذه البرامج، والتي تسعي جاهدة في طرحها تسهيلا للمستخدم الكفيف.

وتتوفر أنواع كثيرة من هذه السطور الالكترونية ، وقد تم الاطلاع على مواصفات عديدة يتجاوز(٦٣) جهازا منها. http://www.almdares.net /braille_image/999874a_thumb.jpg

نموذج لجهاز السطر الالكتروني:

كما هو الحال بالنسبة لمستخدم الكمبيوتر المبصر ، فإن الكفيف بحاجه أحيانا إلى استخراج نسخه مطبوعة من أي مادة قرأها أو كتبها، وقام بحفظها على الحاسب الآلي.

وقد وفرت شركات مختلفة حول العالم حلولا لطابعات تطبع بطريقة برايل ، أي بالرموز البارزة، وهي غير مختصة بطباعة كلمات فقط ، بل يمكنك طباعة أشكال ورسومات وكل ما تريده بطريقة بارزة يمكن لمسها والإحساس بها بل وصل بعض هذه الطابعات إلى الطباعة في الورقة الواحدة طباعة ملونة عادية، مضافا إليها الرموز البارزة ، مما يمكن كل من المبصر والكفيف من قراءة نفس الورقة ، كما أنه جعل شكل الورقة جميلا ومحببا أكثر للمبصرين خاصة إذا كانوا معلمين أو مدربين للمكفوفين، كما أن لهذه الطابعات أوراق خاصة بها وذات مقاسات مختلفة حسب احتياج المستخدم A4، A3 وغيرها،وتعمل بواسطة برامج خاصة بتشغيلها.

صفات الوسيلة التقنية الناجحة في تدريس العلوم لذوي الاحتياجات الخاصة:

تم حصر الكثير من الصفات الواجب توفرها في الوسيلة التعليمية بصفة عامة، لتكون فعالة وناجحة، وبالنسبة للتلاميذ ذوي الاحتياجات الخاصة فإن التقنيات المستخدمة في تعليمهم، يفضل أن يتوافر لها العديد من الخصائص حيث إن الصفات الجيدة لهذه التقنيات توفر لها نسبة عالية من النجاح. وفيما يلي عرض لأهم السمات الجيدة للتقنيات التعليمية لذوي الاحتياجات الخاصة في دروس العلوم:

- ✓ أن تكون نابعة من المنهج المدرسي للعلوم.
- ✓ أن تساعد في تحقيق الأهداف العامة والخاصة لدروس العلوم.

✓ أن تكون مناسبة لمستوى المتعلمين.

✓ أن تحتوي على عنصر التشويق والجذب وتثير الانتباه والدافعية لدى المتعلمين.

✓ أن تكون سهلة وبسيطة وواضحة في عرض المعلومة بدون تعقيد.

✓ أن تتسم بمرونة الاستخدام وقابلية للتعديل والتطوير.

✓ أن تكون جيدة التصميم وغير مكلفة(من البيئة المحلية)، وملائمة للمستوى المعرفي، واللغوي، والانفعالي، والجسمي للمتعلمين.

✓ أن تكون ملائمة لفئات الاحتياجات الخاصة المراد تعليمها.

✓ أن تكون في حالة جيدة للاستخدام المقبول ، فلا يكون الفيلم مقطعًا، والخريطة ممزقة، أو التسجيل الصوتي مشوشًا، أو جهاز الحاسوب بطيئًا جدًا.

صفات المعلمين المستخدمين للتقنيات التعليمية في تدريس العلوم لذوي الاحتياجات الخاصة:

يعتبر المعلم العمود الفقري في مسألة استخدام التقنيات لتعليم ذوي الاحتياجات الخاصة، فالمعلم الكفء القادر على استخدام التقنية بصورة إيجابية هو العامل الرئيسي في إنجاح دور الوسيلة التقنية، حيث إنها تعتمد بشكل مباشر على المعلم في أدائها لأهدافها، وبدونه فإن تلك الوسائل التقنية تظل عديمة الجدوى مهما كانت درجة تطورها أو حداثتها. فمعلم التربية الخاصة الناجح هو الذي يملك الحس المهني، والمهارة التربوية التي تمكنه من اختيار الوسيلة التقنية الناجحة والملائمة لاحتياجات تلاميذه الفردية والجمعية، بما يخدم العمل التربوي داخل الصف الدراسي وخارجه، كما أن لمعلم التربية الخاصة بصفة عامة خصوصيته المهنية، حيث إنه يتعامل مع فئة من التلاميذ تختلف في احتياجاتها عن التلاميذ العاديين، ولكنه مع ذلك لا يختلف عن المعلم العادي من حيث أهمية استخدامه للتقنية التعليمية المناسبة لطبيعة ذوي الاحتياجات الخاصة، ومن أهمها:

✓ قدرته على استخدام الوسيلة التقنية بصورة صحيحة، حيث لا يخفى على الجميع ما ينتج عن عدم كفاءة المعلم في هذا الجانب.

✓ اقتناعه بأهمية التقنية كوسيلة فعالة ومفيدة، فالمعلم الذي يفضل الطريقة التقليدية في التدريس لذوي الاحتياجات الخاصة لا يحالفه النجاح في أغلب الحالات. لذلك فقناعته الذاتية بأهمية تلك الوسائل هي البوابة التي يدخل منها النجاح إلى فصول هؤلاء التلاميذ.

✓ أن يكون لديه اتجاهات إيجابية نحو التقنيات التعليمية، حيث إن اقتناع المعلم بأهمية التقنيات غير كاف لنجاح المعلم في أداء عمله. ولكن يجب أن يحمل أفكارًا إيجابية، وتوجهات غير سلبية نحو تلك الأجهزة.

✓ إلمامه بجوانب عديدة بالتقنيات من حيث، مصادرها وتركيباتها، والقدرة على التشغيل والصيانة البسيطة.

وهناك بعض القواعد العامة التي يجب على معلم التربية الخاصة إتباعها عند استخدامه للتقنيات التعليمية، حيث لا تخرج هذه القواعد عن القواعد العامة لمعلمي التعليم العام عند استخدامهم للوسائل التعليمية،منها:

مرحلة الإعداد: و تعني إعداد الوسيلة التقنية ورسم خطة الدرس، ثم تهيئة أذهان التلاميذ، وقبل هذا كله إعداد المكان والزمان المناسبين لاستخدام التقنيات ،بما يتناسب مع نوعية ذوي الاحتياجات الخاصة.

مرحلة استخدام التقنية: تعتمد عملية استخدام التقنية بشكل رئيسي على معلم التربية الخاصة وطريقته ومدى كفاءته، فعليه قبل استخدام التقنية التأكد من سلامة الوسيلة، فعلي سبيل المثال،أن يكون هناك وضوحا في الصوت والصورة عند عرض الأفلام، أو أن أصوات التسجيلات الصوتية سليمة، مما يتيح للجميع الاستفادة القصوى من تلك الوسائل وغيرها ،لتسهل تعليم العلوم مع هذه الفئات.

تقييم الوسيلة التقنية: ويفيد ذلك في التعرف على مدى فعاليتها ومدى استفادة ذوي الاحتياجات الخاصة منها. فلا ينبغي أن تنتهي علاقة معلم التربية الخاصة بالوسيلة التقنية بمجرد الانتهاء من الدرس، ولكن عليه أن يقوم بعملية تقييم يقيس من خلالها مدى الاستفادة منها من قبل المتعلمين، بالإضافة إلي تعرف نسبة تحقيق الأهداف العامة والخاصة.

فوائد التقنيات التعليمية في تدريس العلوم لذوي الاحتياجات الخاصة:

إن استخدام التقنيات مع ذوي الاحتياجات الخاصة لها العديد من الفوائد التي تعود عليهم سواء من الناحية النفسية أو الأكاديمية أو الاجتماعية أو الاقتصادية.

وفيما يلي عرض لهذه الفوائد:

أولا: الناحية النفسية : هناك العديد من الفوائد النفسية لذوي الاحتياجات الخاصة ، منها:

- ✓ خفض التوتر والانفعالات لدى ذوي الاحتياجات الخاصة، حيث تتوفر برمجيات software فيها الكثير من البرامج المسلية والألعاب الجميلة التي تدخل البهجة والسرور في نفوس هؤلاء التلاميذ، وبالتالي تخفف كثيراً من حدة التوتر والقلق النفسي لديهم.
- ✓ اعتبار الوسيلة بمثابة معزز إيجابي أو سلبي في تعديل سلوك الأطفال ذوي الاحتياجات الخاصة.
- ✓ تحسن بعض السلوكيات المصاحبة لسلوك النشاط الزائد كتشتت الانتباه والاندفاعية وفرط الحركة .

ثانيا: الناحية الأكاديمية: هناك العديد من الفوائد الأكاديمية لذوي الاحتياجات الخاصة ، منها:

✓ تسهيل توصيل وشرح المعلومات لذوي الاحتياجات الخاصة والمساعدة في رفع مستواهم الأكاديمي.

✓ تحسين النطق والكلام لذوي الاحتياجات الخاصة بدرجة بسيطة .

✓ اكتساب مهارات التعامل مع الشبكة المعلوماتية ،حيث يسهم ذلك في دخول المتصفح إلى مواقع عديدة ذات علاقة بالتقنيات الخاصة بذوي الاحتياجات الخاصة.

ثالثا: الناحية الاجتماعية: هناك العديد من الفوائد النفسية لذوي الاحتياجات الخاصة ، منها:

✓ استخدام بعض التقنيات يسهم في تكوين صداقات عديدة بين التلاميذ عندما يعملون كمجموعات أو يتبادلون الخبرات والمعلومات بينهم.

✓ استخدام التقنيات يسهم في خروجهم من العزلة والانطوائية.

✓ تنمية روح العمل الجماعي وحب المشاركة ،حيث يسهم ذلك في تنمية القيم الاجتماعية من خلال احتكاكهم وتفاعلهم مع أقرانهم العاديين.

معوقات استخدام التقنيات التعليمية في تدريس العلوم لذوي الاحتياجات الخاصة:

يواجه ذوي الاحتياجات الخاصة العديد من المعوقات التي يمكن أن تحد من قدرتهم على استخدام تقنيات التعليم، ومن ثم يسهم ذلك في عدم الاستفادة القصوى، منها:

✓ ضعف قدرة معلم التربية الخاصة على استخدام بعض الوسائل المتعلقة بذوي الاحتياجات الخاصة.

✓ صعوبة التعامل مع الوسيلة التقنية ، نظرا لتعقدها أواحتوائها على عناصر كثيرة ومتشابهة، مما يسهم ذلك في إحداث خلط أو لبث في التعامل مع الوسيلة.

✓ ضعف جودة الوسيلة أو تعرضها المستمر للأعطال، وعدم إصلاحها أو صيانتها بصورة سريعة ومستمرة.

✓ ضعف العلاقة بين الوسيلة التقنية وأهداف الدرس.

✓ وجود مشكلات أو إعاقات بدنية، أو حسية، أو ذهنية لدى ذوي الاحتياجات الخاصة.

التقنيات التعليمية لذوي الاحتياجات الخاصة في الوطن العربي بين الواقع والمأمول:

يحظى التعليم المدرسي في الوطن العربي ، ومنها المملكة العربية السعودية بدعم كبير من القيادات الموقرة التي وفرت وما زالت توفر الكثير من الوسائل التقنية للمعلمين والتلاميذ، كي تساعدهم في أداء رسالتهم التعليمية على أفضل وجه، ولعل مشروع «مراكز مصادر التعلم» في المدارس هو من أهم الدلائل على هذا الاهتمام بتوفير التقنية التعليمية للتلاميذ، حيث إن التعلم لم يعد يقتصر على وسيلة واحدة، وإنما أصبح يعتمد على شبكة واسعة من مصادر

المعلومات، كما يمثل مركز مصادر التعلم قاعدة لهذه الشبكة مـن أجـل تحسـين البـرامج التعليمية، بهدف الارتقاء بالأداء الدراسي لذوي الاحتياجات الخاصة من خـلال الاسـتفادة من مراكز مصادر التعلم، وذلك في المدارس التي يوجد بها فصول الـدمج، (كـما في الأزهـر الشريف، البرامج الملحقة بالمدارس العادية التي أصبحت منتشرة في جميع أنحاء المملكة).

وقد استفاد ذوي الاحتياجات الخاصة مـن هـذه المراكـز، مـثلهم مثل أقـرانهم العـاديين، وذلك من خلال تكييف مراكز مصادر التعلم، بما يخـدم احتياجـات ذوي التربيـة الخاصـة المندمجين في مـدارس الـتعلم العـام،كما تتـوافر التقنيـات التعليميـة في معاهد التربيـة الخاصة، والبرامج الملحقة بالتعليم، ولكن السؤال الهام الذي ليس له إجابة شافية (عـلى حد علم الكاتبان) هل هذه الوسائل التقنية مستخدمة بشكل فعـال ومثمـر مـن قبـل المعلمين؟ وهل يجيد جميع معلمي التربية الخاصة استعمال تلك التقنيات؟ وهل يحتاج المعلمون إلى دراسة أو ورش عمل تحقق الاستخدام الأمثل لتلك التقنيات، بما يعود بالنفع على التلاميذ؟ كل هذه الأسئلة تحتاج إلى دراسـات مسـتقبلية لتلقي الضـوء عـلى هـذا الواقع، ولعل بعضها سيرى النـور قريبًـا، ولكن بصـفة عامـة فإن الواقـع الميـداني يحمـل دلالات إيجابية وإن كان يحتاج إلى بعض التحسينات حتى تظهر الصورة في أبهى حلتها.

التعليم الالكتروني في تدريس العلوم لذوي الاحتياجات الخاصة:

يعرف التعليم الالكتروني بأنه: عملية تقديم المعلومات عبر الوسائط الإلكترونية للحاسب الآلي من خلال خدمة الإنترنت، أو غير الحاسب الآلي بطريقة تفاعلية، تمكن المتعلم مـن الوصول إلى مصادر التعلم في أي وقت وفي أي مكان سـواء بـين المعلـم والمتعلـم، أو بـين المتعلمين أنفسهم.

وتشير كلمة التعليم الإلكتروني إلى التطورات المتعلقة بتطور التقنيات التعليمية ، متمثلة في البدء بالصوتيات، ثم الكاست التعليمي، ثم الفيديو الصوتي لضعاف البصر، ثم تطورت إلى برمجيات على CD حتى وصلت إلى تعليم الكتروني للمعاقين بصريا.

إن التكنولوجيا والتقنية ووسائل الأجهـزة التي يسـتخدمها ذوي الاحتياجـات التربويـة الخاصة في مناحي الحياة وممارساتها بشتى الطرق ، قد أسفر عـن تطور وسـائل التعليـم الإلكتروني في السـنوات الماضية القريبة ، حيـث تـم توظيف العديد مـن البرمجيـات والأجهزة التي تسهل من تعليم ذوي الاحتياجات التربوية الخاصة، ومنها وسـائل تعليـم المعاقين بصرياً التي أسهمت في التواصل مع الركب المعلوماتي الشبكي .

أهداف استخدام التعليم الالكتروني في تدريس العلوم لذوي الحاجات الخاصة:

هناك العديد من الأهداف المتعلقة باستخدام التعليم الالكتروني في تدريس العلوم لـذوي الاحتياجات الخاصة ، منها:

- ✓ الحصول على المعارف والحقائق والمفاهيم العلمية في مجال الحاسب وتقنية المعلومات المرتبطة بحياة الفرد ذو الاحتياجات الخاصة، وذلك من خلال تعريفه بمكوناته وبرمجياته المختلفة، والتعرف على جوانب تقنية المعلومات والاتصالات المتعلقة بالحاسب، ومستحدثاتها.
- ✓ تدريب ذوي الاحتياجات الخاصة وتنمية قدراتهم ومهاراتهم العلمية والاستفادة من الحاسب الآلي، لزيادة الإنتاجية الفردية ، كوسيلة تعليمية في التطبيقات المختلفة.ويتحقق ذلك على سبيل المثال عن طريق برمجيات معدة خصيصاً لهم،بالإضافة إلى البرمجيات الشائعة، مثل: معالجة النصوص، وبرامج الرسم، وتصميم وإعداد الشرائح والعروض، وإنشاء صفحات ومواقع بالإنترنت، والتعامل مع البرمجيات التعليمية.
- ✓ تنمية قدرات ذوي الاحتياجات الخاصة خصوصا الإبداعية منها ، ومساعدتهم على التفكير الاستقرائي، والاستنباطي، وتنمية قدراتهم العقلية .
- ✓ مساعدة ذوي الاحتياجات الخاصة على اكتساب الميول الايجابية والهادفة نحو تقنية المعلومات بصفة عامة، وإزالة الرهبة لديهم نحو الحاسب واستخداماته،ويمكن تحقيق ذلك عن طريق التشجيع على متابعة تطورهم التقني، والقراءة العلمية المستمرة، وإشباع الهوايات، وشغل أوقات الفراغ، بما يناسبهم من تقنية الحاسب، كالألعاب التعليمية المفيدة، أو الموسوعات العلمية والثقافية .
- ✓ استخدام الحاسب الآلي كوسيلة مساعدة في شرح الدروس المقررة ، و يمكن تحقق ذلك عن طريق استعراض البرامج التعليمية المختلفة والتي لها صلة وثيقة في المواد الدراسية المختلفة.

أهم أجهزة وبرامج التعليم الالكتروني في تدريس العلوم لذوي الاحتياجات الخاصة:

تكمن أهمية التعليم الإلكتروني في الحاجة التي يحتاجها ذوي الاحتياجات الخاصة من التعليم الإلكتروني ، حيث تطورت هذه الوسائل من وسيلة سمعية بسيطة للكفيف إلى تعليم الكتروني ، تمثل في أدواته وبيئته وأنواعه ليكون في خدمة المعاقين بصريا، كما يتمثل هذا التعليم الإلكتروني في العديد من التقنيات المقدمة للمعاقين بصريا من خلال البرمجيات لقارئات الشاشة، منها :

أولا: أهم أجهزة وبرامج التعليم الالكتروني في تدريس العلوم للمعاقين بصريا:

١-برنامج إبصار للمكفوفين:

أ-المفهوم : ما هو "إبصار"؟

يعد نظام "إبصار" المتكامل حلا مثاليا، ومتكاملا للمكفوفين وضعاف البصر، الذين يرغبون في استخدام الكمبيوتر، والإنترنت بصورة جيدة، كما

يرتكز" إبصار" على محرك للكلام TTS والذي يدعم اللغتين العربية والإنجليزية بأصوات قريبة جدا للصوت البشري.

ب- فوائد برنامج إبصار للمكفوفين:

يسهم برنامج إبصار في تقديم العديد من الفوائد للمكفوفين وضعاف البصر، منها أنه:

✓ يعتمد على محرك نطق النصوص العربية والإنجليزية والقارئ الآلي.

✓ يعمل إبصار على مساعدة فاقدي البصر على قراءة الكتب، أو المستندات المطبوعة، أو الملفات الإلكترونية بدون مساعدة من أحد.

✓ يساعد على كتابة نصوص عربية أو إنجليزية بكفاءة عالية، بالإضافة إلى حفظ هذه النصوص وطباعتها بطريقة برايل.

✓ يساعد هذا الحل المتكامل فاقدي البصر على استخدام الإنترنت، وقراءة المواقع العربية، والمواقع الإنجليزية، وذلك باستخدام طريقة سهلة صممت خصيصاً لضعاف وفاقدي البصر .

✓ يسمح برنامج إبصار لفاقدي البصر بإمكانية إرسال واستقبال، وكتابة، وقراءة البريد الإلكتروني، مما يسهم في تسهيل اتصالهم بالعالم الخارجي.

✓ يتضمن برنامج إبصار نظاماً تعليمياً لتدريب المبتدئين على استخدام لوحة المفاتيح، فهو يرشد المتدرب خطوة بخطوة إلى أن يتقن استخدام لوحة المفاتيح، لاستخدامها في التحكم الكامل بنظام إبصار.

✓ يتضمن برنامج إبصار أيضا قارئ شاشة قوي؛ يحول محتويات الشاشة إلى صوت بشري عالي الجودة، وهذا يمكن المستخدم من التعامل مع كل برامج الحاسب بالعربية والإنجليزية كأي مستخدم محترف.

✓ يمكن المستخدم من التدريب الذاتي .

✓ يحافظ على استقلالية وخصوصية المستخدم .

✓ يخدم فاقدي وضعاف البصر في مجالات التعليم، والثقافة، والتطوير الوظيفي لقدراتهم.

✓ يدعم أي نوع قياسي من الحاسبات، لذا يمكن استخدامه في المنزل والجامعة والمكتب، حيث يعمل على أي نظام تشغيل ويندوز .

جـ-نظام الإبحار في برنامج إبصار للمكفوفين وضعاف البصر:

يتم تشغيل برنامج "إبصار" بالضغط على مفاتيح(Crtl+Alt+A) ، وهي أولى الاختصارات التي يتم التدريب علي كيفية استخدامها، كما يمكن تغيير واجهة البرنامج الأمامية بين العربية والإنجليزية بالضغط على مفتاح (-) .

د-مكونات برنامج إبصار :

يتكون برنامج إبصار من خمسة عناصر رئيسية ، تتمثل في:

- ✓ قارئ الشاشة المدمج: حيث يعمل تلقائيا بتشغيل برنامج إبصار فقط، كما يقوم قارئ المستندات بقراءة ومسح النصوص الإلكترونية، بالإضافة إلي أنه يسمح بكتابة الرسائل النصية، وتخزينها بنسقtxt .
- ✓ النظام التعليمي : يعمل على تدريب المكفوف على استخدام لوحة المفاتيح، وبالتالي التعامل مع البرامج القياسية مثل مايكروسوفت وورد .
- ✓ قارئ البريد الإلكتروني: يتيح فرصة مثيرة للمستخدمين المكفوفين، للتواصل مع الآخرين عبر البريد الإلكتروني: مثل: أوتلوك، و hotmail ، وغيرهما.
- ✓ قارئ الإنترنت: عبارة عن متصفح خاص، يقوم بتصنيف جميع الروابط التي يعرضها أي موقع على شبكة الإنترنت إلى روابط نصية وأخرى للصور، وتفيد هذه الوظيفة في تسريع الوصول إلى مواقع الإنترنت من جهة، كما تعمل على تجاهل عرض الصور التي لا تجلب أي فائدة إلى المكفوف من جهة أخرى . ويمكن الانتقال إلى النصوص والاستماع إليها باختيار أحد عناصر قائمة الروابط النصية، وبعدها تصفح الموقع صوتيا.
- ✓ قارئ المستندات الوثائق النصية بنسقي txt وhtml ، ويستطيع الدمج بين قراءة النصوص العربية والإنجليزية دون الحاجة إلى تغيير إعدادات الصوت، أو واجهة البرنامج، كما لا تنحصر وظائف قارئ المستندات في قراءة النصوص بل يمكن للمستخدم تشغيل نظام الكتابة، والذي يمكنه من كتابة الوثائق النصية، وتخزينها بنسق txt أيضا. ويوجد معالج للنطق يقوم بمعالجة بعض الكلمات التي يتم نطقها بصورة خطأ عن طريق إعادة كتابة الكلمة بشكل صحيح، وبالتشكيل الحركي، والتأكد أولا من نطقها بصورة صحيحة، ومن ثم تخزينها في قاعدة البيانات التي يرتكز عليها البرنامج في نطق الكلمات.

ويهدف النظام التعليمي إلى تدريب المكفوف على استخدام لوحة المفاتيح، وكيفية التعامل مع مفاتيح الاختصارات الشائعة، مثل: "نسخ Copy "باستخدام مفتاحي (Ctrl+C).، كما يقوم النظام التعليمي أيضا بتحسين مستوى أداء المستخدم تدريجيا من خلال تدريبه على كتابة الحروف، ثم الكلمات ، ومن ثم الجمل تبعا لأربعة مستويات تدريبية مختلفة.

يتميز برنامج إبصار بدعم ميزة التحويل إلى لغة برايل بالمستويات A وB وهي اللغة الخاصة التي يمكن للمكفوفين قراءتها. ويمكن تحويل النصوص الرقمية على الكمبيوتر، أو التي يتم مسحها عن طريق قارئ المستندات إلى نصوص برايل، ومن ثم طباعتها على طابعة خاصة تدعم لغة برايل، لتساعد المكفوفين على قراءتها بعيدا عن الكمبيوتر، كما يمكن تحويل الملفات المكتوبة بلغة برايل أيضا إلى نصوص رقمية يتم قراءتها من الكمبيوتر.

ويضم الإصدار الأحدث من برنامج إبصار مجموعة أوامر صوتية، يمكن للمستخدم تنفيذها صوتيا دون استخدام لوحة المفاتيح، وتتطلب هذه الخاصية عملية تعريف صوت المستخدم على البرنامج، وهي لا تتعدى خمس ثوان، ثم تدريبه على كيفية نطق الأوامر، فعلي سبيل إذا أراد المستخدم القيام بتنفيذ أمر القراءة الصوتية لملف نصي، فعليه ان يتلفظ بـ "ابدأ القراءة"، وليس" اقرأ الملف"، وهكذا، كما يحتاج المكفوف للتعامل مع البرنامج بشكل جيد إلى حوالي ٤٨ ساعة متصلة للتدريب على استخدام برنامج إبصار بشكل متقدم.

يدعم برنامج إبصار آلية مساعدة فورية، يطلق عليها اسم "كيف يمكن "والتي تحتوي على شرح مفصل حول كيفية تنفيذ الأوامر من خلال برنامج إبصار. فإذا واجه المستخدم مشكلة ما، لم يستطع اتخاذ أي إجراء تجاهها، فيمكنه تنشيط هذه الآلية، لتزوده بالأسلوب الصحيح والسريع، لتنفيذ الأمر الذي يبحث عنه، كما تم تصميم آلية التكبير Magnifier ، لتساعد ضعاف البصر على قراءة النصوص ورؤية الأشكال بوضوح أكثر، إلا أنها تعمل فقط ضمن برنامج إبصار. وجدير بالذكر أن البرنامج قد تعرّف على معظم مفاتيح الاختصارات التي يتم من خلالها تنفيذ الأوامر في مختلف البرامج القياسية مثل أمر "نسخ" و "لصق "وهكذا

٢-برنامج هال للمكفوفين :
يعد أحد أهم وسائل التعليم الحديثة ،لأنه يمكن المستخدمين من التحكم في إدخال المعلومات من خلال:

✓ لوحة المفاتيح .
✓ آلة كاتبة برايل .
✓ ميكروفون .
✓ إخراج المعلومات عن طريق :
✓ طابعة برايل .
✓ مكبرات صوتية .
✓ السطر الإلكتروني .

٣-جهاز وبرنامج (Kurzuail) الناطق للمعاقين بصريا:
أنتجت شركة كيروزويل جهازاً ناطقاً عن طريق الكمبيوتر ، الذي يحول اللغة المكتوبة إلى لغة منطوقة ، ويمكن لهذا الجهاز إنتاج عدد كبير من الكلمات التي يمكن أن تصدر بطريقتين:

✓ الطريقة المكتوبة.
✓ الطريقة المنطوقة .

كما يستعمل هذا الجهاز من قبل الأشخاص الذي لا يستطيعون استعمال نظام المعلومات الرمزي، وذلك باستعمالهم أدوات النقاط السريعة لنظام إدخال المعلومات في هذا الجهاز. ومن الخدمات المستحدثة من تلك البرمجيات :

✓ القراءة المنطوقة للنص المكتوب.

✓ الطباعة بطريقة برايل.

✓ البرنامج التعليمي للحاسب.

✓ تصفح مواقع الإنترنت.

✓ تكبير النص على الشاشة.

ثانيا: أهم أجهزة وبرامج التعليم الالكتروني للمعاقين سمعيا والصم:

١-جهاز الـ (Palometer) للصم:

تم تطوير هذا الجهاز في مركز برمنجهام الطبي في جامعة الاباما في الولايات المتحدة الأمريكية من قبل الدكتور فلتشر ، وقد صمم هذا الجهاز لمساعدة الأطفال الصم على التدريب الكلامي.

٢-جهاز نطق الأصوات المسمى TRS-80 للصم:

تم تصميم هذا الجهاز الإلكتروني كأداة ناطقة، يمكن توصيله بجهاز كمبيوتر منزلي ، حيث يطلب من مستعمل هذا الجهاز إدخال المعلومات المراد التعبير عنها لفظياً وبطريقة مسموعة في هذا الجهاز ،كما يقوم الجهاز بتحويلها إلى لغة مسموعة.

٣-جهاز الاتصال المتعدد الاستعمال للصم:

يعد أحد أجهزة الاتصال اللغوي ،الذي يمكن حمله، ويتضمن لوحة معدنية مقسمة إلى(١٠٠) مربع [١٠×١٠] ، يوجد عليها بعض الكلمات، أو الرموز، أو الصور، وذلك من أجل أن تتناسب هذه اللوحات مع حاجات وظروف الأفراد الفردية ،كما يعمل هذا الجهاز من خلال الإشارة إلى الرمز، أو الكلمة، أو الصور المطلوبة ، ومن ثم تحويلها إلى لغة منطوقة ، بالإضافة إلي إمكانية احتفاظ الجهاز بالكلمات، أو الرموز التي يطلب التعبير عنها بلغة مسموعة، ومن ثم تتكون جملاً من تلك الكلمات.

٤-أهمية التعليم الالكتروني للمعاقين سمعياً :

جاءت التقنية الحديثة لتفتح أبواباً وتضيء طرقاً كانت مظلمة أمام ذوي الاحتياجات الخاصة وخصوصاً من المعاقين سمعياً، حيث أصبح استخدام التعليم الالكتروني من التقنيات الحديثة التي من الضروري تعلمها، وإتقانها لمواكبة هذا التطور الملحوظ .ومن أجل ذلك فنحن الآن مطالبون بأن نبذل طاقاتنا وجهدنا في سبيل تعليم المعاقين سمعياً من خلال تدريبهم على استخدام هذه التقنية الحديثة لأهداف عديدة تعود عليهم بالنفع ، وتجعلهم مبدعين، ومتألقين في التعامل مع أسرارها.

لماذا التعليم الالكتروني للمعاقين سمعياً؟ :

تكمن أهمية استخدام التعليم الالكتروني في تدريس العلوم إلي :

✓ سهولة الحصول على الحقائق العلمية لدى المعاقين سمعياً، وتوسيع مداركهم العلمية من خلال تعدد المصادر في مجال التعليم الالكتروني، وتقنية المعلومات

المرتبطة بحياة الفرد المعاق سمعياً، وذلك من خلال تعريفه بمكونات وبرمجيات التعليم الالكتروني المختلفة، والتعرف على جوانب تقنية المعلومات والاتصالات، ومستجداتها.

✓ تدريب المعاقين سمعياً وتنمية قدراتهم ومهاراتهم العلمية، والعملية، والاستفادة من تقنيات التعليم الالكتروني، لزيادة إنتاجية الفرد، كما يمكن استخدام تقنيات التعليم الالكتروني كوسيلة تعليمية في التطبيقات المختلفة لتدريب المعاقين سمعياً. و يمكن أن يتحقق ذلك على سبيل المثال عن طريق برمجيات معدة خصيصاً لهم، إضافة إلى البرمجيات الشائعة، مثل: معالجة النصوص والأكسل، والبوربوينت والأكسس، والأوت لوك ، وبرامج الرسم، وتصميم صفحات ومواقع بالإنترنت ، والتعامل مع البرمجيات التعليمية.

✓ تطوير قدرات المعاقين سمعياً خصوصا الإبداعية، وحثهم على التفكير الناتج عن القراءة، والمشاهدة، واكتشاف النتائج المطلوب التوصل إليها،وتنمية قدراتهم العقلية. وكما هو معلوم أن معظم فاقدي السمع يعانون من مشاكل أخرى، إضافة إلى الإعاقة السمعية. لذا يعمل التعليم الالكتروني على تخطي جميع المشاكل المصاحبة للإعاقة السمعية .

✓ غرس حب تقنية التعليم الالكتروني الحديثة لدى المعاقين سمعياً، وإزالة الرهبة لديهم نحو التعليم الالكتروني، واستخداماته .وتحقيق ذلك عن طريق التشجيع على متابعة التطور التقني، والقراءة العلمية المستمرة ، وإشباع الهوايات، وشغل أوقات الفراغ، بما يناسبهم في تقنية التعليم الالكتروني، كالألعاب التعليمية الالكترونية المفيدة ،أو الموسوعات الإلكترونية الثقافية.

✓ إن من أهم الوسائل التربوية الحديثة في التعليم في الوقت الحالي هو استخدام التعليم الالكتروني، كوسيلة مساعدة في شرح دروس العلوم ، وما يشمله الحاسب من بروجكتور، وداتاشو، وشاشات إل سي دي ، حيث يتحقق ذلك عن طريق استعراض البرامج التعليمية المختلفة والتي لها صلة وثيقة في المواد الدراسية المختلفة ، ومنها العلوم.

✓ إن ما يلزمنا بأن نركز على فئة المعاقين سمعياً دون غيرهم من فئات المجتمع هو حاجتهم الماسة للتعليم الإلكتروني، لعدم توفر التعليم التقليدي لهم في مكان إقامتهم، لأنه من الصعب توفير تعليم عالي من جامعات وكليات في جميع المناطق،وذلك نظراً لقلة عدد المعاقين سمعياً.

✓ عدم توفر أساتذة متخصصين لتعليم العلوم لهذه الفئة في كل مكان، مما يصعب أمر إنشاء كليات وجامعات لهذه الفئة. لذا من الضروري إنشاء منظومة تعليمية الكترونية تخدم هذه الفئة في أي مكان وزمان.

✓ تكمن هذه الأهمية في الاستخدام الأمثل في تعليم العلوم للمعاقين سمعياً عن طريق الأسلوب المشوق والجذاب بالتواصل معهم عن طريق العين (بالصور

والكتابة)، وعن طريق التفاعل (باليد)، وهو ما نستطيع أن نحققه عن طريق التعليم الالكتروني بالطرق التالية:

* دمج المتدرب المعاق سمعياً مع المجتمع الخارجي، وكسر جميع حواجز الخجل، والخوف عن طريق الكمبيوتر والإنترنت (منتديات، شاتات، مجلات الكترونية، سجلات الزوار، و البريد الإلكتروني).

* كمية المعلومات المفيدة الكبيرة المقدمة للمعاق سمعيا والمأخوذة من عدد كبير من المصادر، لتوسيع مدارك المعاق سمعياً، وزيادة المفردات لديه التي تنقصه جراء عدم سماعه للكلمات .

* التعليم الإلكتروني يمتاز بالجاذبية، والسرعة، والحركة، والتفاعل، وقدرته على جذب انتباه المتعلم المعاق سمعيا ، نظراً لأن المعاق سمعياً حسب الدراسات يمتاز بدقة الملاحظة البصرية.

* في التعليم الإلكتروني صممت برامج مخصصة للمعاقين سمعياً، لتناسب قدراتهم وتوجهاتهم.

* التعليم الإلكتروني يضمن للمعاق سمعيا التعليم المستمر طوال الحياة وفي أي بلد كان، نظراً لأن المعاقين سمعياً قلة في المكان الواحد ، وفي البلد الواحد، فتكمن أهمية التعليم الإلكتروني للمعاقين سمعياً في توصيل العلم لهم في مقر سكنهم، وبهذه الطريقة لا حاجة لفتح معاهد ومدارس وكليات متخصصة لتعليم ذوي الاحتياجات الخاصة في كل مدينة ولا حاجة لسفر هؤلاء الشباب إلى مكان العلم.

* التعليم الإلكتروني أكثر ترتيبا وتنظيما من التعليم التقليدي، مما يسهم في سهولة استرجاع المعلومات عند المتعلم ، كما يساعد في زيادة ثقة المتعلم بنفسه ، وتكوين صوره ايجابية عن ذاته التي فقدها إثر فقدانه للسمع.

إن كثيرا من المجتمعات في الدول الغربية أولت اهتماما خاصا بذوي الاحتياجات الخاصة، ومنهم المعاقين سمعياً، فأنشئت لهم المدارس، والمعاهد وفتحت أقسام في الجامعات، والكليات لتستقطب هذه الفئة من المجتمع التي سلب منها نعمة السمع، ومع هذا لازالت هذه الفئة تمتلك الكثير لتقدمه للمجتمع من مهارات، ومهن مبدعين فيها أكثر من الأسوياء منا.

فبظهور التقنية الحديثة المتمثلة في التعليم الالكتروني ، ظهرت الكثير من البرامج والأجهزة التي تسهل على المعاق سمعياً التعلم وتوصله المعلومة بشكل أكثر سهولة وأكثر قبولاً. بل إن دول ترى أن استخدام التقنية الحديثة لذوي الاحتياجات الخاصة، أسهل بكثير من استخدامها مع الأسوياء،   وذلك نظراً لعدم الحاجة للتواصل معهم بجميع طرق التواصل الإنسانية البصر، والسمع والكلام ،والحركة. بل يكتفي بواحدة أو اثنتين من هذه الطرق، نظراً لوجود الإعاقة. وبهذه الطريقة حلت عدد من عقبات التعلم الإلكتروني المتعلقة بصغر حجم "الباندودث ."

علي الجانب الآخر ما زلنا في عالمنا العربي لم نعطي المعاق سمعياً حقه في مجال التعليم العالي فلا تزال معظم الجامعات تقتصر على تعليم الأسوياء علي الرغم من أن المعاقين سمعياً حاجتهم أكبر للتعليم من الأسوياء.

وفي إطار تسهيل تعليم المعاقين سمعيا وفق نمط التعليم الالكتروني الذي أسهم في سهولة توصيل المعلومات، والتواصل بين أفراد هذه الفئة من المجتمع، حيث منحت كثير من الدول الغربية درجات علمية عن طريق التعلم الإلكتروني تستهدف المعاقين سمعياً، كما قامت بتصميم، وتأليف مقررات الكترونية،تناسب هذه الفئة من المجتمع، كما تبنت نظم إدارة تعلم، ونظم إدارة محتوى تراعي الإعاقة السمعية، وتركز على الجوانب الأخرى من المهارات التي يمتلكها هؤلاء المعاقين وتطورها، ليستفيد منهم سوق العمل في مجتمعاتهم.

ثالثا: أهم أجهزة وبرامج التعليم الالكتروني للصم والمعاقين عقليا:

١-جهاز الاتصال(Zygo):

يفيد هذا الجهاز الأشخاص الذين لديهم مشكلات لغوية متعلقة بعملية الاتصال كالصمم، والشلل الدماغي، المعاقون عقلياً، كما يتميز هذا الجهاز باحتوائه علي عدد من لوحات الاتصال تستخدم في نظام إدخال المعلومات، ومن ثم تحويلها إلى لغة منطوقة.

٢-جهاز الكمبيوتر المصغر المعروف باسم BARD/CARBA للمعاقين عقليا:

يعمل هذا الجهاز وفق خمسة أنواع من البرامج، وذلك حسب قدرات مستخدم هذا الجهاز بوصلة تلفزيون عادي، كما يهدف إلى تحويل الذبذبات أو الكلمات المكتوبة إلى لغة منطوقة مسموعة.

٣-جهاز التعبير اللفظي Express 1 للمعاقين بصريا والمعاقين عقليا:

يعتبر هذا الجهاز من أجهزة الاتصال المصغرة التي يسهل حملها، كما يمكن أن يبرمج بإدخال المعلومات فيه بطرق مختلفة، حيث يتميز بقدرته على تحويل هذه المعلومات إلى أشكال مكتوبة أو منطوقة من خلال الأجهزة المساعدة التي توصل به، ويمكن لمستعمل الجهاز أيضا القيام بإدخال المعلومات فيه بطريقتين:

✓ طريقة تهجئة الكلمات أو الجمل وكتابتها.

✓ طريقة إدخال الرموز والكلمات. وفي كلا الأمرين يكون الناتج منطوقاً ومسموعا.

٤-جهاز تكوين الجمل القصيرة للمعاقين بصريا والمعاقين عقليا:

يعد من الأجهزة الصوتية والناطقة، حيث يزود بشريط من الكلمات المخزونة المقننة، يتضمن(١٢٨) شحنة من الجمل، كما يتكون كل منها من كلمة إلى خمس كلمات، وبتجميع هذه الشحنات المختلفة، تتكون الجمل الصغيرة المنطوقة، ويصدر مثل هذا الصوت على شكل صوت مؤنث، أو مذكر، أو بصوت طفل.

٥-جهاز الاتصال المسمى بـ The Tufts Interactive Communication للمعاقين عقليا والصم:

ويعد من أجهزة الاتصال الإليكترونية ،التي تعمل على مساعدة الأفراد المعاقين عقلياً، والصم من ذوي المشكلات اللغوية ،لكي يعبروا عن أنفسهم بواسطة نظام إدخال الكلمات بعد هجائها في هذا الجهاز للتحول إلى لغة منطوقة ،و مسموعة ، وقد طور هذا الجهاز في أمريكا عام ١٩٧٦.

٦-مجالات استخدام معلم العلوم للتعليم الالكتروني مع المعاقين عقليا:

هناك العديد من مجالات استخدام التعليم الالكتروني للمعاقين عقليا منها:

أ: تصميم التعليم: مع تطور هذا العصر وانتشار الحاسب الآلي التعليمي أصبح لزاما على المعلم أن يتزود بمهارات المصمم التعليمي، لكي يتسنى له تصميم المادة الدراسية التي يدرسها، وتنظيمها، وإعدادها، سواء كانت هذه المادة معدة للطالب الذي يدرس في نظام التعليم التقليدي المحصور والمقيد بدوام أو الطالب الذي يدرس في نظام التعليم الذي لا ينحصر بجدران، ولا يتقيد بدوام، وانتظام كنظام التعليم عن بعد . وهذا يتطلب من وزارات التربية والتعليم في كل مكان العمل على تدريب المعلمين على التزود بمهارات التصميم التعليمي ليواكبوا العصر التقني المتطور الذي يعيشون فيه، وخاصة التقنيات التي تناسب طبيعة الإعاقة العقلية، والذي يعتمد في جوهره على التخطيط والتنظيم . وقبل أن نتعرف على دور المصمم التعليمي والنشاطات التي ينخرط بها لا بد لنا ان نتطرق لتعريف علم تصميم التعليم والذي نستمد منه تعريف دور المصمم التعليمي ونشاطاته.

وعلم تصميم التعليم : حقل من الدراسة والبحث يتعلق بوصف المبادئ النظرية (Descriptive) ، والإجراءات العملية (Prescriptive)المتعلقة بكيفية إعداد البرامج التعليمية، والمناهج الدراسية، والمشاريع التربوية، والدروس التعليمية، والعملية التعليمية كافة بشكل يكفل تحقيق الأهداف التعليمية المرسومة.

ومن هنا فهو علم يتعلق بطرق تخطيط عناصر العملية التعليمية وتحليلها، وتنظيمها، وتصويرها في أشكال وخرائط قبل البدء بتنفيذها، وسواء كانت هذه المبادئ وصفية أم إجرائية عملية، فهي تتعلق بسبع خطوات أساسية تتمثل في:

- ✓ اختيار المادة التعليمية.
- ✓ تحليل محتواها.
- ✓ تنظيمها.
- ✓ تطويرها.
- ✓ تنفيذها.

✓ إدارة المادة التعليمية.
✓ تقويمها.

ب: **تحليل النظام التعليمي** (Instructional Analysis) : وهو المجال الذي يتعلق بتصنيف الأهداف التعليمية إلى مستويات مختلفة وفق التصنيفات التربوية المعروفة في التربية وتحليل المادة التعليمية إلى المهام التعليمية الرئيسية والثانوية والمتطلبات السابقة اللازمة لتعلمها ، لتناسب طبيعة المعاقين عقليا عند تدريس العلوم في فصول العاديين، كما يتضمن هذا المجال تحليل خصائص الفرد المتعلم(المعاقين عقليا)، وتحديد مستوى استعداداته، وقدراته وذكائه، ودافعيته، واتجاهاته،ومهاراته ... الخ ، للتعلم في فصول العاديين وتحليل البيئة التعليمية الخارجية، وتحديد الإمكانيات المادية المتوافرة، وغير المتوافرة،والمصادر، و المراجع، والوسائل اللازمة لطبيعة الإعاقة العملية ، وتحديد الصعوبات التي قد تعترض سير العملية التعليمية عند تدريس العلوم للمعاقين عقليا.

جـ: **تنظيم النظام التعليمي** (Instructional Design) وهو المجال الذي يتعلق بتنظيم أهداف العملية التعليمية ، ومحتوى المادة الدراسية، وطرائق تدريسها، ونشاطاتها، وطرائق تقويمها بشكل يؤدي إلى أفضل النتائج التعليمية في أقصر وقت وجهد، وتكلفة مادية، ويتعلق هذا المجال أيضا بوضع الخطط التعليمية لتعليم المعاقين عقليا وفق نمط التعليم الإلكتروني ، سواء كانت أسبوعية أو شهرية أو فصلية أو سنوية .

د: **تطبيق النظام التعليمي** (Instructional Implementation) وهو المجال الذي يتعلق بوضع كافة الكوادر البشرية، والأدوات، والمصادر، والوسائل التعليمية، واستراتيجيات التعليم المختلفة، بما فيها طرق التدريس، والتعزيز وإثارة الدافعية، ومراعاة الفروق الفردية بين المعاقين عقليا وأقرانهم العاديين وغيرها موضع التنفيذ والتطبيق .

هـ: **تطوير النظام التعليمي** (Instructional Development) وهو المجال الذي يتعلق بفهم، وتطوير التعليم، وتحسين طرق التعليم عن طريق استخدام الشكل والخارطة، أو الخطة التي يقدمها المصمم التعليمي حول المنهج التعليمي الذي من شأنه أن يحقق النتائج التعليمية المرغوبة وفق شروط معينة .

و: **إدارة النظام التعليمي** (Instructional Management) وهو المجال الذي يتعلق بضبط العملية التعليمية، والتأكد من سيرها في الاتجاه الذي يحقق الأهداف التعليمية التعلمية المنشودة.

ي: **تقويم النظام التعليمي**(Instructional Evaluation) وهو المجال الذي يتعلق بالحكم على مدى تعلم التلميذ المعاق عقليا وفق نمط التعليم الالكتروني وتحقيقه للأهداف التعليمية المنشودة، وتقويم العملية التعلمية التعليمية ككل.

رابعا: أهم أجهزة وبرامج التعليم الالكتروني لذوي اضطرابات الكلام:

١: جهاز الـ Unicom :

يعد أحد الأجهزة التعليمية المعززة ،حيث طور بالولايات المتحدة الأمريكية كما يعتبر أداة للاتصال اللغوي ، ويتكون هذا الجهاز من جهاز تلفزيون، ولوحة وآلة كاتبة متصلة بالجهاز، وآلة إدخال المعلومات في الجهاز.

٢: الجهاز الصوتي اليدوي لذوي اضطرابات الكلام:

يعد أحد أجهزة الاتصال اللغوي النقالة ، يعمل على مساعدة الأفراد الصم وذوي المشكلات اللغوية على التعبير عن أنفسهم لفظياً بصوت يشبه الصوت الإنساني، وقد ظهر هذا الجهاز من خلال نموذجين

٣: جهاز (Omnicom) لاضطرابات الكلام:

يعد هذا الجهاز من أجهزة الاتصال متعددة الأغراض ،حيث طور في مدارس مقاطعة جاكسون بولاية متشجان الأمريكية في عام(١٩٧٧) ، كما يستخدم هذا الجهاز لأربعة أغراض رئيسة هي :

✓ الاتصال اللغوي

✓ استدعاء المعلومات.

✓ التعبير اللفظي.

✓ قضاء أوقات الفراغ.

ويتطلب استعمال هذا الجهاز القيام بإدخال المادة المكتوبة على شاشة التلفزيون، وذلك لتحويلها إلى مادة منطوقة باستعمال هذا الجهاز.

تطبيقات التعليم الالكتروني في تدريس العلوم لذوي الاحتياجات الخاصة:

يتميز العصر الحالي بالتقنية المتقدمة في مجال المعلوماتية ونظم الاتصالات، والتي كان لتطبيقاتها المتنوعة تأثير كبير في شتى مجالات الحياة المعاصرة، ومنها المجال التربوي التعليمي، الذي تأثر بشكل كبير بهذه التطورات التي ساعدت في إبراز أنماط جديدة من التعلم، ساهمت بشكل واضح في تحسين نوعية المخرجات التعليمية، وذلك من خلال التفاعل الإيجابي مع هذه التقنيات التي ساعدت في التغلب على كثير من المشكلات التربوية، كما أمكن عن طريق التقنية ربط الجامعات والمدارس مع مراكز تكنولوجيا التعليم والمعلومات وإتاحة الحرية في الاتصال بمصادر المادة التعليمية، ومواقع الأنشطة المختلفة الأمر الذي قاد إلى إثراء عملية التعلم وتوسيعها.

وفي وطننا العربي برزت الآن العديد من المشاريع والتجارب التي تهدف إلى التوسع في توفير التعليم والتدريب الذي يتناسب مع التطور السريع في تقنية المعلومات والاتصالات، وزيادة القدرة الاستيعابية لنظم التعليم وخفض تكاليف عمليات التعلم، ويمكن أن نشير هنا إلى تجربة مصر،المملكة العربية السعودية في تطبيق التعليم الإلكتروني التي تعد من التجارب الرائدة والواعـــدة في عالمنا

العربي، فقد قامت المملكة العربية السعودية بتدشين ٦ مبادرات لتأسيس البنية التحتية للتعليم الجامعي الإلكتروني والتعليم عن بعد، تشمل مبادرة تجسير التعليم الإلكتروني، البوابة التعليمية، نظام جسور الإدارة في التعليم الإلكتروني إطلاق جائزة التميز في التعليم الجامعي، المستودع الوطني للوحدات التعليمية خدمة تيسير التعلم الإلكتروني. كما قامت السعودية بإنشاء المركز الوطني للتعليم الإلكتروني والتعليم عن بعد لمؤسسات التعليم الجامعي، ومن مهامه تعميم نظام إدارة التعليم الإلكتروني بما يتواءم مع احتياجات التعليم الجامعي بالمملكة، وتدريب الأكاديميين والإداريين على مهارات ونظم إدارة التعليم الإلكتروني والتعليم عن بعد، وبناء المنهج الإلكتروني بمحتوياته وأشكاله الرقمية والمطبوعة لعدد من المقررات الجامعية، وبناء بوابات التعليم الإلكتروني والتعليم عن بعد وبرنامج التوعية بالتعليم الإلكتروني والتعليم عن بعد.

كما تبنت وزارة التربية والتعليم بالمملكة العربية السعودية العديد من المشاريع والبرامج التعليمية التي تعتمد في أساسها على دمج التقنية بالتعليم وتطبيق التعليم الافتراضي، ومنها:

- ✓ مشروع الملك عبدالله لتطوير التعليم (تطوير).
- ✓ مشروع تطوير العلوم والرياضيات.
- ✓ مشروع تفعيل المختبرات .
- ✓ مشروع المختبرات المحوسبة.

وفيما يلي عرض لكيفية تفعيل تطبيقات التعليم الإلكتروني في تدريس العلوم، لخدمة المشاريع السابقة، خاصة في مجال تعليم العلوم لذوي الاحتياجات الخاصة، باعتبار أنها مجالات خصبة لنجاح مثل هذه التطبيقات من خلالها.

أولاً: وسائل العرض: تتمثل هذه الوسائل في شاشات العرض.

تعد شاشات العرض من أهم أجهزة عرض المادة التعليمية علي اختلاف أنواعها،وقد يستخدم نوع خاص من شاشات العرض مع بعض تطبيقات الواقع الافتراضي، بما يوافق متطلبات ذلك التطبيق، فعلي سبيل المثال هناك بعض الشاشات الكبيرة التي يميزها أنها تملأ مجال الرؤية البصرية كليًا، مما يمنح المشاهد شعورًا بالاندماج الكامل، أو ما يعرف بالانغماس بالأحداث المعروضة بحيث يفقد القدرة على التفريق بين ما هو حقيقي وبين ما يعرض على تلك الشاشة. الأمر الذي يفيد في بعض تطبيقات الواقع الافتراضي، مثل: الأجسام ثلاثية الأبعاد، وتركيب الجزيئات والروابط بين الذرات،مثل:

أ-نظارات العرض الإلكترونية:

تعد أحد وسائل العرض المهمة ، حيث تكون هناك شاشة صغيرة على كل عين، كما تتيح هذه النظارات رؤية ثلاثية الأبعاد، وذلك عن طريق عرض نفس المشهد لكل عين ،مع وجود ازاحة، أو انحراف بسيط بين الصورة المعروضة على

العين اليمنى والصورة المعروضة على العين اليسرى، وهو ما يجعل الرؤية بهذه النظارات رؤية مجسمة ذات عمق (رؤية ثلاثية الأبعاد)،وهذه الفكرة مأخوذة من طبيعة عمل البصر لدى الإنسان.

ب-السبورة الإلكترونية (السبورة الذكية):

يمكن وصف السبورة الإلكترونية الحديثة بأبسط صورها على أنها شاشة حاسب آلي كبيرة يتم تحريك المؤشر فيها بواسطة الأصبع أو قلم خاص ويوجد مع بعض أنواع السبورات برامج خاصة بها تحتوي على الكثير من الخدمات، منها:

- ✓ تسجيل ما تمت كتابته على السبورة.
- ✓ وجود خلفيات وصور مختلفة تفيد المعلمين، منها صور لكائنات حية وخلفية شبكات تربيع وأشكال هندسة وأدوات هندسية، منها: المسطرة، والمنقلة، والمثلث قائم الزاوية، فلا يحتاج معلم الرياضيات لحملها معه .

جـ - التصوير المجسم الهولوغرافي (Holography):

تعد تقنية الهولوغرافي (Holography) من إنجازات العلم الحديث التي تمتلك خاصية فريدة تمكنها من إعادة تكوين صورة الأجسام الأصلية بأبعادها الثلاثة بدرجة عالية جدًا حيث يرى الشخص الصورة مجسمة أمامه وباستطاعته أن يراها من جميع الاتجاهات وكأنها حقيقة أمامه، كما حققت هذه التقنية الجديدة نقلة نوعية كبيرة في التعليم من خلال نقل الصور المجردة إلى درجة قريبة من الحقيقة، وتجعل التعليم أكثر وضوحًا وأبقى أثرًا، خاصة فيما يتعلق بالأشياء المجسمة والهندسة الفراغية.

د- المختبر الافتراضي:Virtual lab :

يستخدم الحاسب المعملي في هذه المختبرات في تجارب المحاكاة simulation باستخدام تقنية الواقع الافتراضي ، خاصة التجارب التي يصعب إجراؤها عمليًا يمكن إجراؤها على الحاسب باستخدام برامج معدة لهذا الغرض وبذلك يقوم الطالب بدراسة الظواهر الطبيعية، مثل: مدارات الطاقة، وتجارب الفيزياء، والتفاعلية، والمقذوفات، والكيمياء الذرية، وبعض تطبيقات العلوم في الحياة.

وقد أصبح هذا المختبر الافتراضي في السنوات الأخيرة، من أجهزة المحاكاة الذي يسمح للطلاب بتشريح حيوانات افتراضية، وغيرها من التجارب الكيميائية والبيولوجية، وسيلة تعليم للعلوم واسعة النطاق.

وفي أمريكا قد يضم المختبر الكيميائي الافتراضي ١٥٠ ألف طالب يجلسون أمام شاشات الكومبيوتر في جميع أنحاء الولايات المتحدة لإجراء تجارب، قد تكون مكلفة للغاية أو خطيرة، إذا ما تمت في المدارس المحلية. ومن الأمثلة التطبيقية على المخبرات الافترايـة، يمكنك زيارة الموقع على الرابط:http://www.froguts.com/flash_content/index.html# loaderdone

ثم اختر من القوائم العلوية (demo) ،حيث يستطيع هـذا الموقـع تـوفير فرصـة للزائـر لتشريح الضفدعة.كما يمكـن اختيـار أداة الـتشريح المناسـبة، ونقلهـا، وتحريكهـا بواسـطة الماوس علمًا بأنه يسبق عملية التشريح تقديم مادة علمية عن تصنيف الضفدع وأعضائه الخارجية. كما يوضح الشكل التالي(١٨) مختبر افتراضي في الكيمياء.

شكل (١٨) واجهة تطبيق مختبر افتراضي للكيمياء

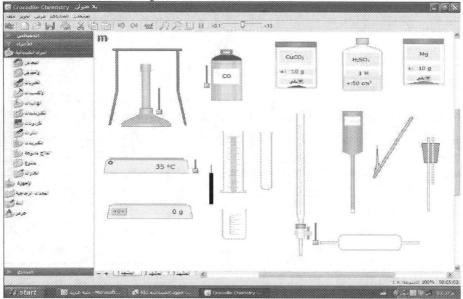

هـ- المختبرات المحوسبة:

تعد هذه الطريقـة ثـورة تقنيـة في مجـال مختـبرات العلـوم، حيـث يعتـاد الطالـب عـلى الحاسب ليس كوسـيلة حسـاب أو تخـزين فقـط، إنمـا كـأداة معمليـة تسـتخدم للقيـاس والتحكم، وأكثر من ذلك الاستذكار، وتوضيح التجارب واتزانها من الناحية النظرية، لـيفهم الطالب مغزى التجارب العملية في وقـت إجرائهـا، ثـم يسـتخدم أيضًـا كوسـيلة لاسـتنتاج القوانين من واقـع القياسـات أثنـاء التجـارب، وبـذلك يكـون الحاسـب أداة فهـم وإقنـاع بالمشاهدة، والتجريـب والاسـتنتاج، ويسـتخدم الطالـب المعمـل التفـاعلي الإلكـتروني للارتقاء بخبرته إلى مستوى واع، فمنذ أن يمارس الطالب العمل باسـتقلالية في عمليـة استكشاف وتقص، يساعده الحاسب ببرامجه الشيقة والموضوعة من قبل مختصـين في مجال التربية والتعليم والحوسبة والوسائط المتعددة في جمع البيانات اللازمة ومن ثم تحليلها، حيث يخرج الطالـب في نهايـة المطـاف وقـد ألـف التقنيـة وانفتحـت أمامـه مجـالات البحـث المتعددة، وأخذ وقتًا كافيًا في التركيز على المحتوى والنتائج دون التفاصيل المستهلكة للوقـت دون عائـد. ولعل المختبر الافتراضي الذي يستخدم الآن على نطاق واسع في دروس العلـوم والكيميـاء والأحيـاء، يعـد

أحـد أنـواع هـذه المختـبرات المحوسبة. كـما دخلـت المختبرات المحوسبة في تعليم الرياضيات، حيث أسهمت في توفير قدرات تجريدية مهمة لاستيعاب المفاهيم الرياضية لدى الطلاب، خصوصًا في مراحل التعلم الأولى. لهذا أجمع خبراء التربية على أهمية إدماج التقنيات الحديثة في تقريب المفاهيم المجردة كالأعداد، والهندسة الفراغية، والزمن ...الخ، كما مكنت هذه المختبرات والبرامج المتعلقة بها، المتعلمين مـن التعامل مع مختلف الرموز الرياضية واكتشاف خصائصها بأنفسهم، واستنتاج القواعد، و العلاقات بين مختلف العناصر، وحل المسائل الرياضية المعقدة، مما ساعد في تطوير مهاراتهم الرياضية، وإنجـاز الأنشطة مرات عديدة، وفي وضعيات مختلفة بشكل ممتع وبزمن قصير.

و- عرض لتجربة المختبرات المحوسبة ببعض الدول العربية:

١) تجربة المملكة العربية السعودية:

تبنت المملكة العربية السعودية كم خلال وزارة التربية والتعليم مشروع المختبرات المحوسبة، ويهدف المشروع إلى تطوير مختبرات العلوم في المرحلة الثانوية باستخدام برامج حاسوبية متقدمة تعتمد علـى نهايات طرفية حساسة (المستشعرات)، لإجراء التجارب، وفيه يتم تجهيز التجربة وأدواتها كما هو المعتاد بالطريقة التقليدية، ولكن تتم عملية أخذ القياسات عن طريق برمجيات تفاعلية في أجهـزة الحاسب موصل بنهايـات طرفية حساسة تسمى المستشعرات «sensors»، حيث يتم تكامل مكونات التجارب العمليـة في مواد العلوم المختلفـة مع الحاسب الآلي كوسيلة قياسية مـع وجود أدوات التجربة العملية، ويتم توظيف هذه القياسات من خلال الحاسب في استنتاج العلاقات الرياضية والرسوم البيانية، والقوانين الفيزيائية. وبـذلك يدخل الحاسب بأحد عناصـر المعمل، وهو استخدام جديد للحاسب في العمليـة التعليميـة. وهـذا المشروع سيحقق العديد من الفوائد ، منها:

✓ تمكين الطلاب من دراسة التغيرات التي تحدث في الظاهرة العلمية.

✓ تمكين الطلاب من تخزين المعلومات حسب زمن حدوثها.

✓ تحاكي رغبة المتعلمين في التجريب العملي وتتيح لهم فرص استكشاف المفاهيم العلميـة خارج نطاق البحث.

✓ تنمي قدرة الطلاب على قراءة الرسوم البيانية والجداول المختبرات المحوسبة.

٢) التجربة المصرية:

سعت السياسة التعليمية للمجتمع المصري في الفترة الراهنة ،لتحقيق عناصر عديدة، منها: تحديث التعليم وتطويره ،بما يواكب التطورات العالميـة التعليميـة والتقنية الحديثـة المتلاحقة من خلال:

✓ قيام المجلس العالي للجامعات المصرية ، بإنشاء شبكات محلية لكل جامعـة تـربط بينهـا شبكة مركزية بمقر المجلس الأعـلى للجامعات،وذلـك بهـدف

تطوير نظام الحصول علي المعلومات والخدمات التي يتطلبها البحث العلمي بالجامعات المصرية .

✓ تصميم مشروع تطوير المناهج الكترونيا ،لتتلاءم مع الدراسة الالكترونية وتطوير قدرات أعضاء هيئة التدريس ،لإنتاج المناهج الكترونيا ،وبما يتناسب مع البنية التحتية المتاحة من خلال الشبكة المعلوماتية،بالإضافة إلي تطوير نماذج رائدة للمقررات الالكترونية.

✓ المشروع القومي لتطوير التعليم في مصر،للتحويل من التعليم التقليدي إلي التعليم الالكتروني ،وإنشاء مراكز لإعداد المناهج الكترونيا ومراكز للوسائط المتعددة.

✓ مشروع التعليم الالكتروني بوزارة التربية والتعليم ،والتي بدأت بتقديم مقررات التعليم الالكتروني للمرحلة الإعدادية ،كخطوة أولي تمتد للمرحلة الثانوية .

✓ مشروع إدارة المجتمع المدرسي الكترونيا Online School Management Community ،بالتعاون مع الجامعة الأمريكية بالقاهرة وعدد من الجامعات الأوروبية ، و الذي هدف إلي ربط (50,000) مدرسة لتشكيل بيئة تعلم الكترونية.

✓ مشروع إنشاء مركز قومي للتعليم الالكتروني،ويهدف إلي تشجيع أعضاء هيئة التدريس بالجامعات المصرية لتحويل مقرراتهم إلي مقررات الكترونية.

وعلي الرغم من الفوائد العديدة والتطبيقات المختلفة للتعليم الإلكتروني في مجال التعليم بصفة عامة، وفي مجال العلوم للعاديين وذوي الاحتياجات الخاصة بصفة خاصة، إلا أنه لاقى نوعًا من المعوقات في الميدان ، وقد يرجع ذلك لعدة أسباب، من أهمها:

✓ أنه قد ينمي السلبية لدى الطالب.

✓ لا يركز على كل الحواس، حيث يقتصر التركيز على حاستي البصر والسمع.

✓ التكلفة المالية العالية للتجهيزات التقنية.

سادسا : تطبيقات التكنولوجيا في تدريس العلوم للموهوبين والمتفوقين :

يحتاج الموهوبين والمتفوقين إلى برامج وخدمات تربويه خاصة، لأنه يوجد لديهم قدرات، وقابليه تعليمية متميزة،لا يسمح الصف العادي بتلبيتها كاملا كما يتميز هؤلاء الطلاب بقدرات خاصة، لاكتساب كم كبير من المعلومات بسرعة، وحل المشكلات بطرق غير تقليدية، والتذكر، والتوصل إلى الاستنتاجات الصحيحة، والناضجة، بالإضافة إلي أنهم يستجيبون بسرعة، ويتميزون بشده الانتباه واليقظة، ويمتلكون ذخيرة لفظية حاشدة، ويتعلمون القراءة مبكرا وبيسر، ويمتازون بحب الاستطلاع .

ويحتاج الموهوبين والمتفوقين إلي برامج تدريسية متقدمة، يمكن تنفيذها داخل المدرسة أو خارجها، كذلك تتطلب حاجاتهم التعليمية الخاصة إجراء

تعديلات خاصة، مثل : التسريع، والإثراء، وتطوير مهارات التحليل المتعمقة والمركزة في مجالات معينة .

وقد حددت الأدبيات التربوية العديد من مبادئ التدريس الفعالة للموهوبين والمتفوقين ، منها :

- الاهتمام بالأنماط التعليمية الخاصة بهذه الفئة .
- تقديم الدعم عند حدوث تطور في ثقتهم بأنفسهم ، وفي إدراكهم لمواطن القوه والضعف لديهم.
- تقدم المستوي بمعدلات ملائمة بالنسبة لهم .
- إمكانية التعلم من بعضهم البعض ومع بعضهم البعض.
- توفير فرص تحليل وحل مشكلات فعلية فرديا وجماعيا .
- تشجيع الطلاب لتطوير وممارسة مهارات التفكير بمستويات متقدمة .
- توفير الفرص لتحديد الأهداف قصيرة المدى والأهداف طويلة المدى لهذه الفئة.
- توفير أنواع متعددة ومدى واسعا من المواد والمصادر.
- توظيف اهتماماتهم وميولهم كقاعدة ينبثق عنها التعلم .

وقد ظلت الحاجات التربوية الخاصة للموهوبين والمتفوقين مهملة إلى عهد قريب، فقد أشار مفوض التربية في أمريكا في عقد السبعينات سدني مارلاند في تقرير له للكونجرس إلى أن الموهوبين هم أكثر الأقليات حرمانا في النظام التربوي الأمريكي، وفي ذلك التقرير الذي أصبح يعرف باسم تقرير مارلاند لاحقا تم تقديم النتائج التي توصلت إليها دراسة شامله لتربية الموهوبين والمتفوقين وقد وصف لايون تلك النتائج بأنها نتائج يائسة في مقالة له بعنوان مصادرنا الطبيعية المهملة، وكان من أهم تلك النتائج، ما يلي :

- إن نسبة من تقدم لهم خدمات تربويه متكاملة من الطلاب الموهوبين والمتفوقين قدرت بحوالي ٤% فقط.
- إن عشر جامعات أمريكية فقط كان لديها برامج دراسات عليا في مجال التربية الخاصة للموهوبين والمتفوقين .
- إن حوالي ٧٥% من مديري المدارس كانوا يعتقدون أن الطلبة الموهوبين والمتفوقين ليس لديهم حاجات تربويه خاصة .
- إن نسبة عير قليلة من الطلاب المتسربين من المدارس كانوا في الواقع موهوبين ومتفوقين، وتسربوا من المدارس لأنها لا تهتم بقدراتهم المتميزة .
- إن الموهوبين والمتفوقين ينجزون رغما عن النظام التربوي الذي يضيقون ذرعا به وليس دعمه وتلبيته لحاجاتهم .

وفيما يلي عرض لكيفية توظيف تطبيقات التكنولوجيا في تعليم العلوم للموهوبين والمتفوقين:

أولا: استخدام التقنيات الحاسوبية في تعليم العلوم للموهوبين والمتفوقين:

يستفيد الموهوبين والمتفوقين في عالم اليوم بشكل متزايد من الاستخدام المتزايد للكمبيوتر، ويكمن ذلك في مراعاة حاجاتهم وخصائصهم الفريدة وتلبيتها من خلال توظيف تكنولوجيا المعلومات بطريقه واعية هادفة .

وبالرغم من ذلك يلاحظ المتأمل في أدبيات تعليم الموهوبين والمتفوقين وبخاصة في الدول العربية، عدم توظيف تكنولوجيا المعلومات بفاعلية وعلى نطاق واسع مع هذه الفئة، فثمة تفاوت كبير ما بين النظرية والتطبيق وفجوة واسعة ما بين الطموح والانجاز في هذا الخصوص وتقدم المراجع ذات العلاقة أسبابا متنوعة لهذا التباين من أهمها:

✓ عدم توفر التمويل الكافي.

✓ الافتقار إلى الإدارة في تطوير البرامج التربوية المقدمة للموهوبين والمتفوقين.

إن الاستخدام الهادف والواعي لتكنولوجيا المعلومات في تطوير مهارات وقدرات الموهوبين والمتفوقين يتعدى مجرد توظيف الكمبيوتر كأداة مساعده في التدريس، فهذا المستوى البسيط الذي يشمل تكييف معدل تقديم المعلومات حسب الحاجات الفردية للطالب، ومراعاة أنماط التعلم المختلفة وإن كان ضروريا لا يكفي الكمبيوتر أصبح يمثل أداة للاستكشاف وتوليد الأفكار، وتبعا لذلك ينبغي زيادة استخدامه لتزويد الموهوبين والمتفوقين بفرص عديدة لإجراء البحث وتطبيق مهارات تفكير معقدة، تسهم في تشجيع هذه الفئة على الانتقال إلى مستويات أعلى وأكثر تطورا في استخدام تكنولوجيا المعلومات .

وتكمن أهمية الحاسوب للموهوبين والمتفوقين في أنه :

✓ يسمح لهذه الفئة بالتقدم حسب الخطو الذاتي دون الحاجة إلى الانتظار الزملاء في الصف من أقرانهم العاديين.

✓ يتيح الفرص لهذه الفئة لفهم آلية عمله وبرمجته، وذلك يشكل أسلوبا متميزا لتعليم مهارات حل المشكلات والمنطق وتطوير بدائل إبداعية.

إن هدف تقنيات التعليم والتعلم هو أن يمتلك المعلم القدرة والمهارة على إحداث عملية التعلم النشط لدى الطلاب بحيث يكونون مشاركين مشاركة تامة في هذه العملية، وتهدف إلى جعل التعليم عملية أكثر حيوية ومتعة وجذباً لعقل الطالب وقلبه .

وفي هذا الإطار توجد بعض التقنيات التي تسهم في تحفيز "التفكير الإبداعي" وتنميته لدى هذه الفئة، منها:

✓ تقنية التعليم بالأسئلة: وهي تقنية طرح أسئلة منتقاة بعناية من أجل مساعدة الطلاب في تطوير فهم عميق للمفاهيم التعليمية ولتعلمهم الذاتي، وتطوير مهاراتهم "التساؤلية"، ولتحفيز التفكير الإبداعي لديهم، وزيادة الوعي، باستخدام أسئلة تشجع التفكير" المتشعب.

✓ تقنية حل المشكلات: هي عملية تعليمية تتكون من مجموعة من الإجراءات المتعاقبة لحل مشكلة معينة، حيث تتمثل هذه الإجراءات في: تعريف المشكلة تحليلها، توليد الحلول، تحليل الحلول، واختيار الحل الأمثل.

✓ تقنية العصف الذهني:هي تقنية لتوليد أكبر عدد ممكن من الحلول لمشكلة معينة، لاختيار الحل الأمثل (أو الحلول المثلى)، منها أنها:

✓ تطبق بشكل فردي، أو بشكل مجموعات.

✓ تشجع الموهوبين والمتفوقين على التفكير أولاً، بالإضافة إلي مناقشة آرائهم مع مجموعة من الأشخاص.

ومن القواعد الأساسية لهذه التقنية:

✓ تأجيل الحكم على الأفكار.

✓ تشجيع الأفكار الجامحة.

✓ الاهتمام بالكم لا بالنوع.

✓ البناء على الأفكار المطروحة من الآخرين.

✓ احترام كل الأفكار والأشخاص.

تقنية التعلم التعاوني: يتم تقسيم الطلاب إلى مجموعات عمل داخل الغرفة الصفية أو خارجها، حول مشاريع معينة أو واجبات، كما أن لهذه التقنية العديد من الأهداف، منها:

✓ تسهيل تعلم الطلاب.

✓ تنمية مهارات الاتصال والتواصل فيما بينهم.

✓ تنمية الشعور بالمسؤولية لدى الطلاب.

✓ الاهتمام بالتعلم الذاتي، والتعلم الجماعي.

تقنية الاستكشاف : تعتمد علي العديد من الطرائق التي تركز على التعلم النشط، والفرص التعليمية المفتوحة للطلاب، تعلم قائم على الاكتشاف وحل المسائل، لإنشاء وتوليد المعرفة، يتم فيه توجيه الطلاب إلى أنشطة تعتمد على اهتماماتهم الشخصية، وتشجيعهم على اكتشاف معرفة جديدة بناءً على القاعدة المعرفية السابقة لديهم.

تقنية الاستقصاء: يسلك الطالب الموهوب في هذه التقنية سلوك العالم باستخدامه مجموعة من الأدوات والطرق التعليمية والمهارات الفكرية، للكشف عن العلاقات بين الأشياء، والظواهر والأحداث في البيئة الطبيعية، وبين ما تعلمه في بيئته التعليمية. ومن المهارات المتعلقة بهذه التقنية:

✓ الأسئلة.

✓ التجريب.

✓ المراجع.

✓ القياس، والتصنيف.

وهنا نتساءل: هـل يستخـدم المعلمـون الوسائل التقنيـة المناسبـة لتعليـم ذوي الاحتياجات الخاصة؟

ثانيا: صفات الوسيلة التقنية الناجحة لذوي الاحتياجات الخاصة في تدريس العلوم:

هناك العديد من الصفات والسمات الجيدة للتقنيـات التعليميـة لـذوي الاحتياجـات الخاصة ، منها أن:

✔ تكون نابعة من المنهج المدرسي في مقرر العلوم.

✔ تساعد في تحقيق الأهداف العامة والخاصة لدروس العلوم.

✔ تكون مناسبة لمستوى التلاميذ.

✔ تحتوي على عنصر التشويق والجذب وتثير الانتباه والدافعيـة لـدى ذوي الاحتياجات الخاصة خلال تدريس العلوم.

✔ تكون سهلة وبسيطة وواضحة في عرض المعلومة بدون تعقيد

✔ تتسم بمرونة الاستخدام وقابلية للتعديل والتطوير.

✔ تكون جيـدة التصـميم، غـير مكلفة وملائمـة للمسـتوى المعـرفي، واللغـوي، والانفعـالي، والجسمي لذوي الاحتياجات الخاصة.

✔ تكون ملائمة لفئة الإعاقة المراد تعليمها.

متطلبات مصادر التعلم لذوي الاحتياجات الخاصة المندمجين دراسيا:

يحتاج ذوي الاحتياجات الخاصة إلى خدمات خاصة تناسب إمكانـاتهم وقدراتهم، ومع ظهور مراكز مصادر التعلُّم لذوي الحاجات الخاصة باعتبارها مركز خدمات خاصة ، تقدم خدمات تربوية خاصة ضمن دوام جزئي، حيث يقضي المعاق معظم وقته في الصف العـادي، ومـع ظهـور مصطلح الـدمج الشامل الـذي يـدعو إلى تـدريس المعـاقين ذوي الحاجات الخاصة في الصف العادي مع ضرورة أن يتم تكييف المباني المدرسية،لتتلاءم مع الحاجات الخاصة لهؤلاء المعاقين ، بالإضافة إلى تـدريب المتخصصـين القـائمين في التعامـل مع العاديين على كيفية التعامل مع هذا النوع من المعاقين.

وتكمن المتطلبات الأساسية لمركز مصادر التعلُّم لذوي الحاجـات الخاصـة في النقاط التالية:

✔ الرغبة الحقيقية في خدمة الفئات الخاصة.

✔ اقتناء مصادر المعلومات المناسبة لهم شكلاً ومضموناً.

✔ إكساب هذه الفئات القدرة على التعامل مع مصادر المعلومات، وكيفية الاستفادة منها.

✔ تهيئة المكان المناسب للبحث والقراءة والأنشطة المختلفة.

✔ تدريب القائمين على التعامل مع هذه الفئات المتنوعة.

✔ تقديم البرامج (الأنشطة والخدمات)المناسبة و المتنوعة.

وفيما يلي عرض لبعض مراكز مصادر التعلم لـذوي الاحتياجـات الخاصـة في تـدريس العلوم:

أ-مركز مصادر التعلُّم للموهوبين والمتفوقين في تدريس العلوم:

تعد البرامج التي يقدمها مركز مصادر التعلُّم خيارا سهلا وجيد التطبيق، لتزويد الموهوبين بخبرات متعمقة في موضوعات ذات اهتمام شخصي مثل تدريس العلوم، والتي يصعب توفيرها داخل الصف العادي، نظرا لضيق الوقت، أو انشغال اختصاصيين بتعليم العاديين.ويقوم المتعلم الموهوب بتقصي قضية ما، أو تعلم مهارات معينة بمساعدة اختصاصي مركز مصادر التعلُّم، وقد تكون البرامج في مركز مصادر التعلُّم متوافرة داخل الصف العادي،حيث يتجه إليها الموهوب حال تلقيه معلومة معينة من اختصاصي العاديين، ليبحث عنها ويتقصاها.

ب-مركز مصادر التعلُّم لذوي الإعاقة السمعية:

يعرف مركز مصادر التعلُّم لذوي الإعاقة السمعية بأنه "مكان لتقديم تسهيلات تعليمية للأفراد ذوي الحاجات الخاصة سمعياَ، لتحقيق أهداف العملية التعليمية ،وهو مجهز بأنواع مختلفة من مصادر التعلُّم المطبوعة، وغير مطبوعة، وأنواع من المعدات، والأجهزة السمعية، والبصرية التي صممت، لتلائم أساليب التعلُّم المناسبة لخصائص واحتياجات هذه الفئة ،ويقوم عليه هيئة مشرفة متخصصة في التعامل مع هؤلاء الأفراد، لتقديم خدمات، وأنشطة وبرامج، لتنمية القدرة لدى الأفراد على التعلُّم.

جـ-مركز مصادر التعلُّم لذوي الإعاقة البصرية:

يندرج مركز ذوي الإعاقة البصرية من الناحية العلمية تحت مظلة المراكز المتخصصة، نظرا لخصوصية مقتنياتها ، وجمهورها، وتجهيزاتها ونظامها، ومن أهم أهدافها التي تسعى هذه المركز إلى تحقيقيها ، ما يلي :

- ✓ تزويد الباحثين بمختلف مصادر المعلومات.
- ✓ القيام بعمل سجلات خاصة لروادها.
- ✓ وضع سياسة واضحة لتنمية المحتويات، بحيث لا يكون هناك تكرار فيها، ويكون التركيز على الكتب التي تناقش المشكلات التربوية والفنية الخاصة بتعليم ذوي الإعاقة البصرية وتثقيفهم.
- ✓ التعرف على ميول المستفيدين ورغباتهم.
- ✓ تقديم الخدمات الاستشارية.
- ✓ القيام بكتابة ونسخ بعض المجلات والنشرات بطريقة برايل بغرض تزويد ذوي الإعاقة البصرية بها.
- ✓ إصدار مجلات ناطقة تربط الكفيف بالأحداث المحيطة به في المجتمع الذي يعيش فيه.
- ✓ عقد الندوات التي تعالج القضايا التربوية والفنية المتعلقة بتعليم ذوي الإعاقة البصرية وتثقيفهم.

مراجع الفصل الحادي عشر :

١- أحمد عصام الصفدي (٢٠٠٨).التعلم الإلكتروني: تعلم بمعنى الخبرة،الرياض:مجلة المعرفة،العدد ١٥٦ - ربيع الأول ١٤٢٩هـ مارس ٢٠٠٨م

٢- أحمد عصام الصفدي (١٤٢٦هـ - ٢٠٠٥). «العيش في القرن ٢١: تطبيق إستراتيجية تعلم إلكتروني موحد»، المؤتمر الرابع لتطبيقات التعلم الإلكتروني. القاهرة: الجامعة الأمريكية في القاهرة.

٣- أنور علي (٢٠٠٦). تحديات التقدم نحو التعلم الإلكتروني: خبرة الجامعة الماليزية المفتوحة، المؤتمر الدولي الأول للتعليم الالكتروني، البحرين،جامعة البحرين.

٤- بدر عبدالـلـه الصالح (٢٠٠٣).مستقبل تقنية التعليم ودورها في إحداث التغير النوعي في طرق التعليم والتعلم .الرياض: جامعة الملك سعود،مركز بحوث كلية التربية.

٥- حاز فلاح سكيك (٢٠٠٧). التصوير ثلاثي الأبعاد الهولوجرافي، منتدى الموقع التعليمي للفيزياء.

٦- عبدالـلـه الكرم، نجيب محمد العلي (٢٠٠٥)."التعلم الالكتروني :المفهوم والواقع والتطبيق".التربية والتعليم وتكنولوجيا المعلومات في البلدان العربية.الهيئة اللبنانية للعلوم التربوية،الكتاب السنوي ٤،ص.ص.١٣١-١٥٦.

٧- عبدالـلـه علي محمد(٢٠٠٩).مجالات استخدام التعليم الالكتروني في تدريس العلوم، بحث مقدم إلي اللجنة العلمية الدائمة لترقية الأساتذة.

٨- فهد سليمان الشايع (١٤٣١هـ) واقع استخدام مختبرات العلوم المحوسبة في المرحلة الثانوية واتجاهات معلمي العلوم والطلاب نحوها. مجلة جامعة الملك سعود، العلوم والتربية الإسلامية. المجلد ١٩.

٩- فيكرز، هوارد(٢٠٠٧). أساليب جديدة في تعليم اللغة تدمج العوالم الافتراضية مع الحياة الواقعية) مقالة مترجمة .(متوفرة على الإنترنت .http://www. saidaonline.com/news.php?go=fullnews&newsid=17

١٠- هدى محمد الكنعان (٢٠٠٨). استخدام التعليم الالكتروني في التدريس ،ورقة عمل مقدمة لملتقى التعليم الإلكتروني الأول ،الرياض،٢٤-٢٥ مايو.

المركز القومي المصري للتعليم الإلكتروني(٢٠٠٨). مقدمة عن التعليم الإلكتروني .متوفر على الانترنت : http://www.nelc.edu.eg/arabic/introduction_ elearning /topic8.php

١١- حسن حسين زيتون (٢٠٠٥).التعلم الالكتروني.المفهوم .القضايا. التخطيط. التطبيق.التقييم. رؤية جديدة في التعلم. الرياض:الدار الصولتية للتربية.

١٢- حسين آل عبدالمحسن (٢٠٠٧) .التصوير المجسم. /http://www.doroob.com ? p=14882" (١٤٢٩/٢/١٣هـ)

١٣- صلاح الدين كامل مشرف (٢٠٠٦). استخدام أشعة الليزر للحصول على الصور المجسمة، مجلة الحرس الوطني.

١٤- عبدالله عبدالعزيز الموسي، أحمد عبدالعزيز المبارك، (٢٠٠٥).التعليم الالكتروني - الأسس والتطبيقات. الرياض:مكتبة الملك فهد الوطنية.

١٥- محمد علي هوساوي(٢٠٠٨). مراكز مصادر التعلُم لذوي الحاجات الخاصة (Learning Resources Center of Special Need).

١٦- محمد محمود زين الدين (٢٠٠٧).كفايات التعليم الالكتروني،سلسلة آفاق تكنولوجيا التعليم،جدة:خوارزم العلمية للنشر والتوزيع.

17- -Balmush. N ; Dumbravianu.R. (2005): **Virtual laboratory in optics.** Third International Conference on Multimedia and Information & Communication Technologies in Education june 7-10th,2005.

18- -Barrett,H.C.(2000).Create Your own electronic Portfolio: Using off- the shelf software to showcase your own or student work .**Learning and Leading with Technology**,27(7),15-17.

19- -Basiel,(2007).**e Pedagogy for Virtual Learning Environments**, A Professional Doctorate Report .

20- -Bates, A. W. (2005). **Technology, e-learning and distance education (2nd ed).** New York: Routledge Falmer Studies in Distance Education.

21- -Dalgarno,b; Bishop,A & Bedgood Jr,D (2003) : **The Potential of Virtual Laboratories for Distance Education Science teaching** : **Reflections from The Development and Evaluation of a Virtual Chemistry Laboratory** , Uni Serve Science Improving Learning Outcomes Symposium Proceeding, Charles Sturt University ,90-95 .

22- -Dalsgaard, C. (2006).Social software: e-Learning beyond learning management systems.**European Journal of Open, Distance and e-Learning**, 2006-07-12.

23- -Evans,s. ; douglas, g.(2008).e-Learning and Blindness: A Comparative Study of the Quality of an E-Learning Experience. **Journal of Visual impairment & Blindness.** Vol.102 no. 6,pp. 77:88

****

Printed in the United States
By Bookmasters